"十二五"职业教育国家规划教材
经全国职业教育教材审定委员会审定

高等院校国家技能型紧缺人才培养工程规划教材
物流管理专业

物流经济地理

WULIU JINGJI DILI

(第3版)

王智利 主 编
吴少勇 朱红星 陈 玲 副主编
靳志宏 主 审

電子工業出版社
Publishing House of Electronics Industry
北京 · BEIJING

图书在版编目（CIP）数据
物流经济地理/王智利主编. —3 版. —北京：电子工业出版社，2015.8
高等院校国家技能型紧缺人才培养工程规划教材. 物流管理专业
ISBN 978-7-121-26159-6
Ⅰ. ①物…　Ⅱ. ①王…　Ⅲ. ①物流－经济地理－中国－高等学校－教材　Ⅳ. ①F259.22
中国版本图书馆 CIP 数据核字（2015）第 114171 号

策划编辑：刘露明
责任编辑：刘淑敏
印　　刷：北京七彩京通数码快印有限公司
装　　订：北京七彩京通数码快印有限公司
出版发行：电子工业出版社
　　　　　北京市海淀区万寿路 173 信箱　邮编 100036
开　　本：787×1092　1/16　印张：16.5　字数：444 千字
版　　次：2007 年 5 月第 1 版
　　　　　2015 年 8 月第 3 版
印　　次：2019 年 12 月第 9 次印刷
定　　价：38.00 元

凡所购买电子工业出版社图书有缺损问题，请向购买书店调换。若书店售缺，请与本社发行部联系，联系及邮购电话：（010）88254888。
质量投诉请发邮件至 zlts@phei.com.cn，盗版侵权举报请发邮件至 dbqq@phei.com.cn。
服务热线：（010）88258888。

高等院校国家技能型紧缺人才培养工程规划教材·物流管理专业

编委会名单

出版说明

21 世纪既是一个竞争日益激烈的世纪，也是一个充满机遇的时代。随着我国经济的发展，物流管理与技术飞速发展的时代已经到来。物流人才被列为全国 12 种紧缺人才之一。为了满足经济建设与人才培养的需要，2005 年 9 月教育部推出了“高等教育物流管理专业紧缺型人才培养指导方案”（以下简称“指导方案”），它的颁布对全国高等院校起到了规范与引导的作用。

为了密切配合教育部此次推出的“指导方案”，满足培养物流技能型人才的需要，我们启动了“高等院校国家技能型紧缺人才培养工程规划教材 · 物流管理专业”的策划、组织与编写工作。图书出版后受到广泛好评，现已全面更新升级到第 3 版。

本套教材约由 20 本组成，由来自高等院校物流专业教学第一线的“双师型”教师参与编写，基本满足高等院校物流管理专业物流运输管理方向、仓储与配送方向、企业物流方向与国际物流方向的培养需求，并将突出以下几个特色：

- 以教育部新推出的“高等教育物流管理专业紧缺型人才培养指导方案”为依据，构建丛书框架结构与每本书的基本内容，从而符合物流管理专业教学指导委员会对本专业建设的规划与精神。
- 针对高等院校学生的特点、培养目标及学时压缩的趋势，控制内容深浅度、覆盖面及写作风格。
- 突出基础理论知识够用、应用和实践技能加强的特色；保持相对统一的活泼的编写体例与丰富的栏目。
- 在内容构建上，将学位教育与职业资格证书考试相结合，满足学生获得双证的需求。
- 写作上强调文图表有机结合，使内容与知识形象化，学生好学易记。
- 配套可免费下载的用于教学的 PPT 及习题参考答案（下载网址：www.hxedu.com.cn），使老师好用、学生好学。

本套教材主要作为高等院校物流管理专业的教材，也可供全国高等教育自学考试物流管理专业、初中级物流专业人才培训或物流行业从业人员的充电参考使用。希望本套教材对我国物流管理人才培养及物流行业的发展有所贡献。

全国高等院校教学研究与教材出版编委会

E-mail:lmliu@phei.com.cn

第3版前言

2009年3月，国务院公布《物流业调整和振兴规划》以来，我国物流产业获得了各级政府和企业的高度重视，物流产业布局发生了巨大变化，物流发展日新月异。实践的发展必然带来理论的突破与进步，为了顺应物流经济发展的新形势，更新知识内容，本教材已经进行了两次修订。这是“物流经济地理”这门课程的特色之一，因为不及时调整与更新，尤其是其中的经济数据，就不能准确、全面地反映当下我国物流产业发展的现实状况。另外，随着物流经济地理课程教学改革的深入，对该课程的方法论研究也取得了新的进展，编者也对该教材的编写框架有了新的思考，针对教学中发现的重点内容不突出、知识脉络不清晰、实训无从下手等问题正积极探索新的解决办法。值本教材第3版出版之际，本书获得了“十二五”国家规划教材立项，得到了国内同行的关注和电子工业出版社鼎力支持，在此表示衷心的感谢。

本书由大连海事大学物流系统工程研究中心主任靳志宏教授（博导、教育部物流类专业教指委委员）担任主审；广州航海学院王智利教授（中国物流学会常务理事、特约研究员）担任主编；吴少勇（广州航海学院）、朱红星（广东省职业训练局）、陈玲（河源理工学校）担任副主编。本书编写工作分工如下：由王智利提出修订大纲，第1、2、6、7、9章由王智利编写，第3章由余洁（广州航海学院）编写，第4章由陈玲编写，第5章由吴少勇编写，第8章由王泽龙（广州航海学院）编写。参加本书统稿工作的有王智利、吴少勇、朱红星、王德欣。王智利、王泽龙制作了本书的PPT。

同时需要说明的是，本书在修订过程中，我们参考借鉴了大量的书籍、论文等文献资料，并尽可能地在书后参考文献中予以列出，对于因种种原因未能列出的，作者在此深表歉意并致以由衷谢意。

王智利

目　录

第1章

绪　论

学习重点

- 物流经济地理的含义
- 研究物流经济地理的意义
- 物流经济地理的研究方法
- 中国物流发展现状

引导案例

初次步入工作岗位的小张

小张以优秀的成绩毕业于某大学物流管理专业，并取得硕士学位，经过公开考试，他被录用到沿海某省份商务厅的物流推进办公室工作。在就业压力越来越大的今天，这份工作的取得对小张而言可谓幸运。上班一周后的一天，处长给他布置了工作任务，要他就该省建设临港到岸商品交易市场这一主题进行调研。小张接受了任务，回到办公室后便开始了思索：领导叫我搞调研，可这个省的经济发展情况怎么样？生产力布局如何？物流基础现状如何？建设临港商品交易市场的条件和障碍有哪些？诸如此类的问题自己一点儿也理不出头绪。那应该从哪里着手工作？如何全面分析这个省的生产力布局现状呢？他想起了在校期间学习过的物流经济地理，从这门课程中学到的知识现在该派上用场了。

思考：小张在学校学过的物流经济地理课程对他今天的调研工作会有帮助吗？他应当从物流经济地理课程中汲取哪些知识？

提示：物流经济地理学是以地理学的观点，从区域经济的角度分析物流现象，研究各种物流的地域布局问题。它涉及各经济部门在地域上的布局，各地区经济部门的结构、规模和发展，地域布局和部门结构的相互联系等，可以为国家或地区物流体系构建提供理论和规划依据。

学习物流经济地理应首先将该学科的研究对象、内容、性质及方法了然于胸，明确学习意义，清楚中国物流发展现状，为以后的更深入学习奠定基础。

1.1 物流经济地理学的研究对象和基本内容

物流经济地理学是一门新兴学科，是伴随着现代物流业的发展而成长起来的，是物流学和经济地理学相结合的一门综合性学科。

物流学以物的动态流转过程为主要研究对象，是揭示物流过程中的运输、储存、装卸、搬运、包装、流通加工与信息处理等物流活动规律的一门学科。

小知识

关于物流的定义

1.《中华人民共和国国家标准·物流术语》GB/T18 354—2006

物流是为物品及其信息流动提供相关服务的过程，是物品从供应地向接受地的实体流动过程。根据实际需要，物流将运输、储存、装卸、搬运、包装、流通加工、配送、回收、信息处理等基本功能进行有机结合。

2. 百度百科

物流是指利用现代信息技术和设备，将物品从供应地向接收地准确的、及时的、安全的、保质保量的、门到门的合理化服务模式和先进的服务流程。

3. 美国物流管理协会

物流是以满足客户需求为目的，以高效和经济的手段来组织原料、在制品、制成品及相关信息从供应到消费的运动和储存的计划、执行和控制的过程。

经济地理学是以人类经济活动的地域系统为中心内容的一门学科，它是人文地理学的重要分支学科，包括经济活动的区位、空间组合类型和发展过程等内容，它把地理环境摆在重要地位，着重探讨经济活动和地理环境的关系，具有自然、技术、经济相结合的特征。

具体来讲，物流经济地理学是以地理学的观点，从区域经济的角度分析物流现象，研究各种物流的地域布局问题的学科。它既包括各经济部门在地域上的布局，也包括各地区经济部门的结构、规模和发展，以及地域布局和部门结构的相互联系，具有综合性特征。

通过表 1.1，可以了解本书全部构架，从而对物流经济地理内容有一个清晰的认识。

表 1.1 物流经济地理基本内容

序号	内容	
1	绪论（知识导引）	
2	中国物流环境	
	中国物流布局	
3	中国物流经济分区地理	东北综合经济区
		北部沿海综合经济区
		东部沿海综合经济区
		南部沿海综合经济区
		黄河中游综合经济区

续表

序号	内容	
3	中国物流经济分区地理	长江中游综合经济区
		大西南综合经济区
		大西北综合经济区
4	中国部门物流地理	农业物流地理
		工业物流地理
		商业物流地理
		交通运输地理
5	港、澳、台地区物流地理	
6	国际物流地理	国际海上运输
		国际航空运输
		国际多式联运及陆路运输

物流经济地理学的研究成果可以为国家和地区物流体系的构建提供理论和规划依据，促进社会经济发展。

1.2 物流经济地理的学科性质

物流经济地理是一门综合性学科。因为它涉及自然、社会经济、技术条件多方面的综合性问题，它同许多相邻学科存在着密切的联系，并相互补充和借鉴，因而具有综合性特征。

物流就其本质而言是一种客观存在的社会现象，物流学的产生就是以解决社会经济活动中的矛盾——流通成本上升而开始的。21 世纪的人类“地球村”概念的产生，标志着生产力获得了长足的发展，经济一体化是其具体体现。新经济形势下，要求生产力布局必须考虑区域之间的关系，以及全球的发展空间。物流经济是联系区域之间、区域与全球间的重要纽带，而这恰恰也是物流经济地理研究的重要领域。

经济地理学的核心内容是生产的地域布局系统。 经济地理学中的部门经济地理学对物流有很深的探讨。例如，运输经济地理学研究交通运输在生产力地域组合中的作用，商业地理学研究商品分布及其流通。在部门经济地理学的研究基础上，结合经济发展特点，吸收其他学科成果，用全新的物流经济理论，对其研究内容进行改革与创新，即产生了物流经济地理学。

与此同时，科学的发展和进步离不开数学理论与方法在其领域中的应用。物流经济地理学也同数学建立了越来越密切的联系。数学模型不仅用于解决具体的物流空间地理分布、物流基础设施的配置、物流空间流向及流量的预测、物流中心和物流网络的建设与规划等问题，而且随着现代物流理论的发展及其与经济地理学科的进一步融合，也逐渐使学科的基本理论定量化。用系统论的方法来解决更综合的物流经济地理问题是当前学科发展的一个新方向。

1.3 学习物流经济地理的意义

1. 学习物流经济地理有助于相关理论研究

中国的物流理论研究开展 20 多年来，特别是进入 21 世纪以后，随着“物流热”升温和对外经济交往的扩大，物流理论研究机构和人员迅速增加，研究领域和门类逐步拓展，研究内容不断深入。目前，我国物流的相关研究主要集中在以下几个方面。

1）关于物流定义的研究。有关物流基本概念的研究，目前主要集中在物流、第三方物流和物流产业这几个最基本的概念上。许多专家学者从不同角度对“什么是物流”这一最基本的概念做出了各种不同的解释。目前，虽然已经有了专门的《物流术语》（2001 年版，2006 年版）对物流进行界定，但物流仍是一个发展中的概念，还需要继续探索。

2）关于物流规划与政策的研究。随着物流实践的发展，特别是许多地方为发展经济大规模开展物流园区建设，物流规划问题自然被提到议事日程。

3）关于物流成本及统计信息体系研究。发展现代物流的根本目的在于降低物流成本，因此，要研究什么是物流成本，物流成本由哪些因素构成，通过什么途径来降低物流成本，如何建立物流统计信息体系和指标考核体系，以及其对促进现代物流发展有何意义，等等。

4）关于传统企业流程再造和业务转型的研究。传统物流企业的流程再造和业务转型的问题，既包括生产企业，也包括流通企业、传统的交通运输与仓储企业。这方面已有不少成功的案例，但还需要深入研究。

5）关于物流市场和需求的研究。发展现代物流必须培育物流市场，培育物流市场必须启动物流需求。也就是说，要学会如何促进生产和流通企业物流外包，如何加快发展专业化的物流服务。与此相关的还有工业品和农产品物流市场总量研究、物流需求结构分析、市场主体的界定与分类、市场准入制度的建立、市场秩序的规范、地方保护和行业分割等问题的解决等。

6）关于供应链理论的研究。很多人认为，供应链理论将成为今后经济发展的主导理论之一，要给予高度重视。

7）关于物流信息化研究。有专家指出，信息化是物流的灵魂，没有物流的信息化，就谈不上物流的现代化。

8）关于物流装备和技术及标准化研究。我国的物流装备和技术及标准化相对落后，这方面的研究推广工作需要特别加强。

9）关于物流人才教育和学科建设研究。人才短缺是制约中国物流发展的一大因素。国家应该启动物流人才教育工程，形成中职、专科、本科、研究生等各级各类学历教育和职业教育，建设具有中国特色的物流职业教育和培训体系。

10）关于国外物流发展趋势的研究。随着跨国公司进入中国和中国物流企业跨出国门，对国外物流的研究开始逐步成为物流研究的一个热点，给中国物流实践的发展以有力的推动。

与此同时，我们也注意到，当前的物流经济地理研究有些过于侧重于空间经济研究的地理学领域，忽视了经济地理学领域关于物流经济的研究。因此，如何以地理学的观点，从区域经济角度分析物流现象、探讨物流经济发展问题，就成为物流经济地理学者们所面临的一个重要课题。

2. 学习物流经济地理是方法论创新的需要

物流产业的产生是经济发展到一定阶段，社会分工不断深化的产物。由于每一种产业活动必然要在一定的地域空间进行，而且必然整合到已有的产业之中，因此，必然会遇到区位及空间组织活动这一类问题，这就为经济地理学的发展提供了机遇。同时伴随着我国市场经济体制的建立，对传统经济体制下单纯的资源配置研究需要转向对经济过程的研究，由静态的空间向“流”的空间转变，实现上述转变就需要加强对物流经济地理的研究，在理论和方法上予以创新。

3．学习物流经济地理是推动国民经济发展的需要

国家《“十二五”规划纲要》强调大力发展现代物流业，而在“十一五”规划中，对物流业的表述，仅有“大力发展现代物流业，建设大型物流枢纽，发展区域性物流中心”三句话。随着金融危机爆发，国家出台的产业调整与振兴规划中首次将物流作为十大振兴规划之一，到“十二五”规划则专门用比较多的篇幅，系统阐述了现代物流服务体系的建设要求，从体系建设、发展方向、基础设施、主要产品专业物流到地域区域发展、管理与技术等诸多方面，给出了明确的指引，这对于未来我国物流产业持续健康发展具有重要的意义。我们相信，物流经济地理学在这些方面将发挥其重要作用，为国民经济的发展做出更大的贡献。

相关链接

“一带一路”国家物流战略：“一带一路”是新一届领导集团所提出来的新的战略，是我国的国家物流战略，是国家有意识地打造陆地物流发展战略，同时打造海上物流发展战略，从而形成陆地和海上两大物流通道，实现中国国际贸易的“一体两翼”的发展战略，即以中国的国际贸易为主体，一翼是“丝绸之路经济带”，另一翼是“海上丝绸之路”，从而促进我国多种物流体系的形成与发展。

4．物流业的发展为物流经济地理学提供了新的学科发展机遇

现代物流业的发展促使物流经济地理学理论进一步适应不断变化的市场经济及全球一体化的发展要求，由“静态”布局向“动态”的经营理念转变，推动了物流经济地理学向更高层次——管理方向迈进。

1.4 中国物流发展现状

中国物流业在改革开放中获得了长足的发展，目前，已建成由铁路、公路、水路、航空和管道五种运输方式组成的综合运输体系。第三方物流企业也开始起步，配送中心稳步发展，现代物流技术的应用得到加强。但从物流业总体发展水平来看，中国的物流业还不够发达，尚有广阔的发展空间和巨大的市场潜力，现代物流业已成为中国经济发展的重要产业和新的经济增长点。

1．中国现代物流的发展现状分析

2006 年开始实施的“十一五”规划纲要，突出强调“大力发展现代物流业”，物流业的产业地位首次在国家规划层面得以确立。2009 年国务院《物流业调整和振兴规划》的出台，明确了“十一五”及“十二五”初期我国物流业的发展任务、重点和政策取向，推动了物流业的发展步伐。“十一五”期间，在政府规划、政策引导和市场化推进的双重作用下，我国物流业逐步实现了从分散、自发发展向规范、有序发展的转变，发展的质量和水平不断提高，物流业已经成为我国重要的服务产业，为服务经济和促进经济发展方式转变发挥了重要作用。

（1）物流市场规模快速扩张

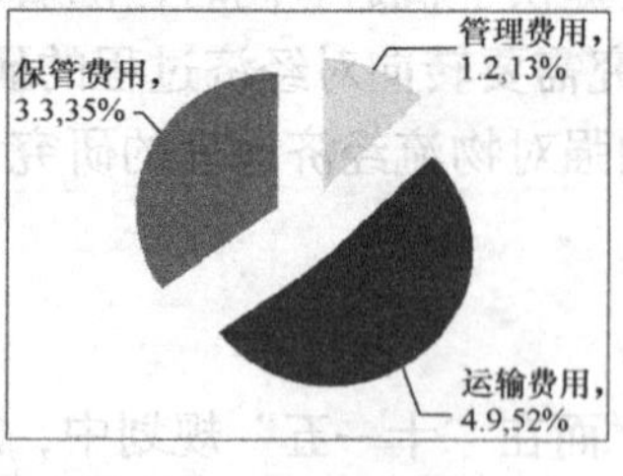

图 1.1　2012 年我国社会物流总费用（单位：万亿元）构成比例情况

2012 年全国社会物流总费用为 9.4 万亿元，按现价计算同比增长 11.4%，高于 GDP 增速 7.8%；从构成情况看，运输费用 4.936 万亿元，同比增长 7%，占社会物流总费用的比重为 52.5%，略低于往年平均值。2012 年我国社会物流总费用构成比例情况和 2004—2012 年社会物流总费用与增长率分别如图 1.1 和图 1.2 所示。

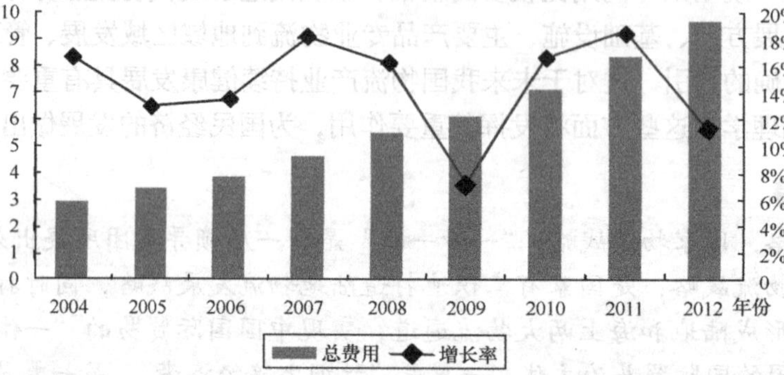

图 1.2　2004—2012 年社会物流总费用（单位：万亿元）与增长率

2012 年全国物流业增加值 3.5 万亿元，同比增长 9.1%，交通运输物流增加值增长 8.7%，仓储物流增加值增长 6.8%，批发、零售物流增加值增长 9.8%，邮政物流增加值增长 26.7%。2012 年物流业增加值占 GDP 的比重为 6.8%，占服务业增加值的比重为 15.3%。2004—2012 年我国物流业增加值及增长率如图 1.3 所示。

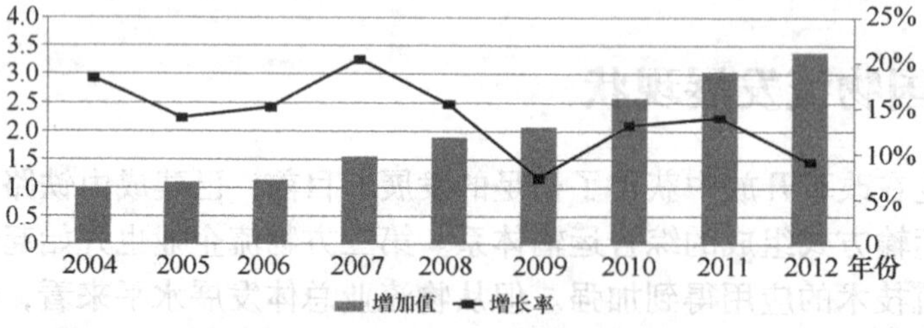

图 1.3　2004—2012 年我国物流业增加值（单位：万亿元）及增长率

资料来源：历年全国物流运行情况通报。

随着工业化推进和产业升级，工业物流运行模式发生深刻变化。工业企业加快资源整合、流程改造，采取多种方式分离外包物流功能。一是分离分立，将企业物流业务从主业中分离出来，成立了面向社会服务的物流企业；二是合资合作，由制造企业与物流企业合资组建物流公司；三是全面外包，物流业务全盘委托给专业物流公司管理。

在一系列扩大消费政策引导下，商贸物流加快发展。一是生产资料流通企业和传统批发市场增加储存、加工、配送、网上交易等物流功能。二是大型连锁零售企业强化物流系统。三是网购物流“爆炸式”增长。截至 2012 年 12 月，中国网络零售市场交易规模达 13

205亿元，占当年社会消费品零售总额的6.3%，网购用户规模达2.47亿人。四是农业和农村物流集中释放。随着“万村千乡市场工程”、“家电下乡”、“汽车摩托车下乡”和“农超对接”等政策的实施，农产品进城、农资和日用工业品下乡带来的物流需求增长较快。

（2）物流企业加速成长

1）各类企业深化兼并重组。一是合并重组。如中铁行包与中铁快运、中邮速递与中邮物流、中外运与长航集团等。二是并购重组。如美国联邦快递对大田、荷兰天地对华宇、美国联合包裹对中外运的股权并购等。三是转型重组。如铁路系统的三大专业公司、地方交运集团等。通过兼并重组，行业资源得到有效整合，企业规模迅速壮大。

2）物流企业核心群体初步形成。2009年50强物流企业主营业务收入达4 506亿元，比2005年增长26%。所有50强企业主营业务收入均超过10亿元，其中9家企业超过百亿元，中远集团超过千亿元。从2005年开始，中国物流与采购联合会依据《物流企业分类与评估指标》国家标准，开展A级物流企业评估认证工作。到2010年年底，全国已拥有A级物流企业1 061家。

3）专业服务能力得到增强。一是运输、仓储、货代、快递等传统物流企业转型发展。如公路货运的天地华宇、佳吉、德邦等，铁路货运的远成、八达等，快递市场的顺丰等。二是围绕企业需要的专业化物流融合发展。如汽车、家电、电子、医药、烟草、图书等行业，基本上形成了物流配套服务能力。三是各类物流企业创新发展。供应商管理库存、供应链金融、卡车航班、越库配送、保税物流、邮政物流等服务新模式得到推广运用。

4）供应链管理有新的发展。物流企业介入代理采购和分销业务，流通企业延伸物流和金融服务。例如，浙江物产集团为造船厂提供供应链一体化服务；物美集团参与社会化物流服务；联想集团、利丰集团等引导上下游企业，打造采购、生产、分销及物流一体化的现代产业服务体系。

物流企业在重大社会事件中表现突出。例如，在北京奥运物流、上海世博物流、广州亚运物流和四川汶川、青海玉树、甘肃舟曲等抢险救灾中，物流企业都发挥了重要作用。应急物流、军事物流的研究和实践取得新的进展。

（3）物流基础设施建设进度加快

“十一五”期间，我国物流类基础设施投资保持了较快增长。五年累计投资超过10万亿元，年均增长27.7%。2008年下半年开始，为应对国际金融危机冲击，国家加大对铁路、公路、水路、机场等交通基础设施的投入，建设速度明显加快。

综合运输体系粗具规模。到2010年年底，我国公路网总里程达398.4万千米，“五纵七横”12条国道主干线全部建成。全国铁路营业里程增加到9万千米以上，高速铁路运营里程已达8 358千米。内河通航里程12.4万千米，5年新增和改善4 181千米，沿海港口深水泊位1 774个，5年建成661个。定期航班机场达176个，5年新增35个。

物流园区（基地、中心）等物流设施发展较快。北京空港、上海西北、浙江传化、山东盖家沟、上海外高桥、苏州综合物流园区等一批重点园区显示了良好的社会经济效益。铁道部规划建设的18个铁路物流中心，已有9个建成投用。仓储、配送设施现代化水平不断提高。化工危险品库、液体库、冷藏库、期货交割库、电子商务交割库及自动化立体仓库快速发展。

（4）物流信息化运用和技术创新取得实效

公共信息平台的建设将加快。由于政府在物流园区、物流监管等方面的投入加大，区域物流信息平台及专业物流信息平台的建设将有快速发展。

仓库管理系统、运输管理系统等业务系统建设将成为信息应用热点。

以移动商务、GPS、RFID 等为代表的物流技术的应用范围将进一步扩展。中国移动、联通、电信三大实力雄厚的运营商，都将物流列为重点推广行业。

信息系统的整合技术受到关注，物流行业各类电子商务网站纷纷涌现。物流配货领域也出现了很多各种类型的配货网站，物流服务网站在专业化方面取得了较大发展，很多物流服务网站都开展了特色鲜明的专业化服务。

（5）物流行业基础工作体系基本形成

1）统计工作不断创新和完善。2006 年起，由国家发改委、国家统计局和中国物流与采购联合会联合制定的社会物流统计核算试行制度转为正式制度。中物联（中国物业联合集团）会同国家发改委、统计局，进行了“全国重点企业物流统计调查”，较全面地掌握了工业企业、商贸企业及物流企业物流发展状况和物流成本变化趋势，发布“中国 50 强物流企业”名单。中国物流与采购联合会从 2006 年开始发布的制造业采购经理指数成为反映我国经济趋势的先行指标，在国内外产生了较大影响。

2）标准化工作有序推进。2010 年，国家标准委等有关部门发布的《2009—2011 年物流标准专项规划》提出了 13 个重点物流领域国家标准和行业标准的项目规划。

3）物流教育和培训工作成效显著。在教育部大力支持和中物联积极推动下，目前全国已有 378 所本科院校、824 所高等职业学校和 2 000 多所中等专业学校开设了物流专业，在校学生突破 100 万人。截至 2010 年年底，已有超过 20 万人参加了全国物流师职业资格培训，其中 12 万人通过全国统一考试，取得了高级物流师、物流师或助理物流师资格证书。

4）物流学术研究和科技创新成果丰硕。中国物流学术年会已经连续举办 12 届，2002 年开始设立了中国物流与采购联合会科学技术奖。

5）行业评选表彰制度相继建立。如全国物流行业劳动模范奖励制度已经建立，中国物流示范基地、实验基地，信用体系评级和产学研基地等评选制度有序推进。

6）行业协会工作得到加强。全国性物流行业协会服务能力和水平不断提高，省区市协会普遍建立并开展工作，部分地州市也开始建立协会，物流协会工作网络逐步形成。

（6）物流业对外开放迈开新的步伐

1）外商外资全面进入。2005 年 12 月 11 日以后，我国履行加入世贸组织的承诺，物流服务领域全面开放。“十一五”期间，国际知名的跨国物流企业加紧布局，我国物流市场国有、民营和外资三足鼎立的格局已经形成。在某些领域，如国际快递、远洋运输和物流地产等方面，有的外资企业已占据明显优势。

2）物流企业开始“走出去”。到 2009 年年底，我国对外直接投资存量达 2 458 亿美元，海外工程承包和劳务合作累计营业额达 3 400 亿美元。国内物流企业跟随制造和商贸企业及工程承包“走出去”。例如，中外运长航海外业务有新的拓展；顺丰速运逐步在周边国家和地区布点；中远物流在核燃料和废料物流、工程物流和会展物流等领域，已具备较强的国际竞争力。

3）区域物流扩大交流与合作。东盟—中国自贸区启动，东北亚加强物流合作，以及上海合作组织经济联系日益密切，推动了我国与周边国家的区域物流合作。2003 年内地与香港和澳门分别签署《关于建立更紧密经贸关系的安排》，2008 年台湾与大陆实现“大三通”，2010 年大陆与台湾《两岸经济合作框架协议》（ECFA）开始实施，两岸四地物流合作进入实施阶段。

2013 年 9 月，习近平在哈萨克斯坦提出共建“丝绸之路经济带”，一个月后，习近平在印度尼西亚提出建设“21 世纪海上丝绸之路”。“一带一路”覆盖 46 亿人，经济总量 21 万亿美元，分别占全球的 63%、29%。“一带一路”的构想和实践对全球物流经济发展将产生巨大促进作用。

（7）物流业政策环境有所改善

1992 年党的十四大确定建立社会主义市场经济体制，改革开放向纵深发展。当年《政府工作报告》提出，要办“为企业服务的原材料配送中心”。随后，物资部在无锡、石家庄、沈阳等地开展物资配送试点。

1999 年 11 月，国家经贸委与世界银行组织召开“现代物流发展国际研讨会”。时任国务院副总理吴邦国提出“要把现代物流作为国民经济的重要产业和国民经济新的增长点，努力实现我国现代物流业的跨越式发展”。

2004 年 8 月，经国务院批准，国家发改委等九部委联合发布《关于促进我国现代物流业发展的意见》。

2006 年 3 月，十届全国人大四次会议批准的《国民经济和社会发展“十一五”规划纲要》提出“大力发展现代物流业”。现代物流的产业地位在国家层面得到确立，我国现代物流业进入全面快速、持续稳定发展的新阶段。

2009 年 2 月 25 日，国务院常务会议审议并原则通过“物流业调整和振兴规划”。会议指出，物流业是融合运输、仓储、货运代理和信息等行业的复合性服务产业，涉及领域广，吸纳就业人数多，促进生产、拉动消费作用大。2009 年 3 月 10 日，“物流业调整和振兴规划”正式发布。

2012 年 12 月 26 日，国务院常务会议，研究确定降低流通费用 10 项政策措施以落实《国务院关于深化流通体制改革加快流通产业发展的意见》。

（8）物流业发展存在的问题

“十一五”期间，我国物流业整体取得较大发展成绩，但也存在一些问题。

1）物流基础设施的整合力度欠缺，跨区域、跨部门、跨企业的设施整合不够，尚存在物流基础设施的重复投资和建设问题，以及建成的部分物流基础设施的利用水平和运作效能不高等。

2）物流企业经营仍然较为分散，物流业的市场集中度亟待提升，尤其是传统的运输和仓储企业的分散化经营、效率较低的问题较为普遍存在，需要寻求创新发展的途径。

3）各地物流政策的差异性过大，不利于全国统一、规范的物流市场的形成，不同城市在物流业发展上的竞争较为激烈，国家规划的区域物流系统和物流节点的建设面临较大的协调问题。

4）物流管理体制需要进一步理顺，以便为物流业的发展营造更好的行业管理环境。

2. 我国物流业“十二五”发展的基本思路

（1）谋划中长期发展战略，注重提升发展

布局谋篇 2011—2020 年物流业发展中长期规划。争取到“十二五”末期，基本形成布局合理、技术先进、节能环保、便捷高效、安全有序并具有一定国际竞争力的现代物流服务体系，物流业由注重基础建设向全面提升服务质量转变。根据经济发展和转变发展方式的需要，大力推进物流需求社会化。物流业在支撑经济平稳较快增长，调整经济结构和转变发展方式中发挥更大作用，为全面建成小康社会提供坚实的物流基础。

（2）推动产业物流社会化，促进融合发展

努力整合工业、商贸业和农业等产业物流需求，促进相关产业转型升级。鼓励工业企业分离分立物流职能，整合外包物流业务，推进工业物流社会化和市场化运作。重视商贸物流配送系统建设，支持流通企业和批发市场增加物流功能，加快电子商务物流发展，提升商贸物流服务水平。支持工商企业与物流企业战略合作，开展供应链一体化服务。发展农产品进城，农资、农机和日用工业品配送下乡的服务方式，改善农业和农村物流条件。鼓励物流企业与工业企业、商贸流通企业、金融企业加强合作，融合发展，提高物流服务的质量和水平。

（3）培育物流企业群体，加快集约发展

加大物流企业政策支持力度。鼓励生产企业和流通企业整合内部物流资源，分离组建专业化、社会化的物流企业。支持现有运输、仓储、货代、联运、快递企业功能整合和服务延伸，加快向现代物流企业转型。鼓励物流企业通过兼并联合、资产重组，壮大企业规模与实力。放宽市场准入，鼓励社会资本进入物流领域。支持物流企业一体化运作、网络化经营，在专业服务领域做强做大。加快培育具有国际竞争力的大型物流企业，扶持引导中小物流企业健康发展。

（4）整合物流基础设施资源，实现协调发展

整合现有运输、仓储等物流基础设施资源，加快盘活存量资产，加强各类物流基础设施的衔接和配套。扩大铁路和水路干线运输比重，发挥公路集疏运与城市配送的功能，积极发展多式联运。根据货运中转、商品配送和生产需要，合理布局物流园区，完善中转联运设施，改造和建设一批现代化的配送中心。加强铁路、机场、港口、码头、货运场站等物流节点设施建设，通过整合优化，协调发展，发挥整体效能。

（5）重视区域、城乡和国际物流，推动集聚发展

按照区域发展总体战略的要求，促进区域物流发展。积极推进不同地区物流领域交流与合作，引导物流资源跨区域整合。进一步完善城市物流体系，注重农村物流系统建设，加快发展农产品物流和农资物流。围绕产业园区、商贸园区、物流园区布局物流功能，推动物流集聚区发展。扩大物流服务领域对外开放，引进消化吸收国外先进的物流管理方法、运作模式和技术装备。构建与周边国家和其他国家有效衔接的物流网络，增加货物贸易中的物流服务比重。为我国工业企业、商贸企业和工程企业“走出去”提供物流服务，逐步建立适应全球化环境的国际物流体系。

（6）推广应用新技术，追求创新发展

紧紧把握新科技革命的战略机遇，大力提高物流科技和信息化水平。增强自主创新能力，更好地发挥科技进步和信息化对物流业发展的支撑和引领作用。推进物联网应用，提高物流信息化水平。建立和完善物流标准化体系，支持物流业一体化运作。

（7）转变物流运作模式，推进绿色物流发展

加快转变物流运作模式，全面推进绿色物流发展。加大相关政策支持力度，引导物流企业加快选用节能环保车辆、新能源汽车和物流设施；加强物流信息互联互通，优化运输组织，减少资源闲置和浪费；扶持发展集装单元技术，积极推广甩挂运输和多式联运；允许中置轴挂车列车在高速公路行驶，提高货车运行效率，加强绿色物流检查与评价，运用政策杠杆，调动企业节能环保的积极性。大力发展有效应对自然灾害、公共卫生事件、重大事故等突发性事件所需的应急物流，尽快形成应急物流体系。通过开展回收物流、逆向物流，优化废弃物、返退货的收集、运输、循环利用、最终处置方法，加快构建低环境负担的循环物流系统。

（8）努力营造体制和政策环境，争取优先发展

现行政策思路不适应物流业一体化运作和网络化经营的发展趋势，物流业的产业地位

难以在具体的经济管理工作中落实。今后一段时间要大力解决物流运作环节税率不统一、税负偏高的问题；仓储类物流企业土地使用税不堪重负的问题；城市交通管理与物流业发展的矛盾问题；执法标准不一，物流企业罚款负担重的问题；物流基础设施建设的用地和融资问题；物流企业异地设点受阻，各类资质无法统一使用、税收不能统一核算的问题，以及在网络化经营和“走出去”中遇到的问题。

1.5　物流经济地理的基本研究方法

物流学和经济地理学的基本研究方法均适用于物流经济地理的研究。根据物流经济地理的特点，其基本的研究方法如表 1.2 所示。

表 1.2　物流经济地理的基本研究方法

类　型		特　点
企业调查及分析法	问卷调查法	书面提问的调查形式
	公司案例调查法	对典型的大企业进行访问研究
实地考察法		赴实地考察、访问
地理信息系统技术分析		科学管理空间和非空间地理数据的技术系统

本章小结

☑ 物流经济地理是一门综合性学科。物流经济地理学是以地理学的观点，从区域经济的角度分析物流现象，研究各种物流的地域布局问题。

☑ 物流经济地理研究内容：物流环境和物流布局、区域物流地理、部门物流地理、港澳台地区物流地理和国际物流地理等。

☑ 研究物流经济地理的意义：填补研究理论空白的需要，满足方法论创新的需要和推动国民经济发展的需要。

☑ 物流经济地理的主要研究方法：企业调查及分析法、实地考察法、地理信息系统技术分析等。

思考题

1．物流经济地理有哪些研究对象？

2．学习《中华人民共和国国民经济和社会发展第十二个五年规划纲要》，领会现代物流对我国经济发展的作用，思考物流经济地理对物流产业发展与布局的影响。

3．研究物流经济地理有哪些方法？

4．试以一微观生产企业为例，分析物流在企业合理配置资源过程中发挥的作用。

5．请登录中国物流与采购联合会网站（http://www.chinawuliu.com.cn），查找我国近几年全国物流费用与 GDP 的比率、社会物流总额、物流总收入等数据，并进行年度阶段对比，看一看会发现什么。

第2章

中国物流环境与物流布局

学 习 重 点

- 中国物流社会经济环境
- 中国主要资源分布情况
- 中国生产力布局
- 中国物流布局

引导案例

拉煤为何不用铁路用公路

在深圳举行的某次"供应链物流高峰论坛"上，一位著名经济学家举了一个例子，两三年前，他从太原坐大巴回北京，在路上看到一个很奇怪的现象：尽管这是一条平坦宽阔的高速公路，但车却非常少。而旁边的一条普通公路，则挤满了车。原因是高速公路要收费，而普通公路不收费。那么这就带来一个问题：消费者为什么选择普通公路？因为他们是按照收费来选择的，一辆车从太原到北京走高速公路比走普通公路要多花过路费600多元。这就导致了高速公路冷清、普通公路不堪重负的窘境。类似的场景是：从大同到北京，可以看到很多拉煤的载重汽车，把公路压得破烂不堪。他们不用铁路用公路，原因是什么？走公路便宜。

问题的关键在于，这样发展下去，不仅国家每年有运费的损失，而且还造成生产力布局错误。例如，一个大矿的前期投资可行性研究中，运输成本是其主要内容。但由于这个成本是虚假的，就可能导致可行性计算的扭曲和投资决策的错误，使我们在不该建矿的地方建了矿，或者在应该建矿的地方却没建。如此形成的巨大经济损失不可估量。

思考：是什么原因引起了上述不同运输方式之间的替代错误，导致了不当的物流布局？

提示：道路收费的价格政策取向会影响物流设施使用的差异，进而影响物流布局。

探讨一个社会或地区的物流发展，必须了解该社会或地区的物流环境，进而才能把握其物流布局。物流环境主要包括社会经济环境、自然环境和与之相关的生产力布局。生产力布局决定和影响着该社会或地区的物流布局。物流布局必须符合八大原则，系统规划物流网络，通过物流基础设施建设构筑物流基础平台。

2.1　中国物流环境

2.1.1　中国物流社会经济环境

人们在一般意义上使用的环境概念，往往是相对于某一中心，即与某一中心事物有关的外部空间、条件和状况。物流经济环境是指在物流业周边对物流业产生影响的重要行业。改革开放以来，中国经济发展迅速，国力增强。市场经济体制的确立和完善使资源配置更加科学化，极大地推动了物流产业的发展。国民经济实现快速增长，产业全面发展，固定资产投资快速增长，居民消费水平不断提高，对外经济迅猛发展，这些都为物流业发展提供了良好的经济基础。

1. 综合

国内生产总值由 1952 年的 679 亿元上升到 2012 年的 519 322 亿元，年平均增长 13.1%，相比较 1961—2008 年期间，世界各国国内生产总值年平均增长速度只有 3.6%。近年，我国的年均增长速度虽有所放缓，但仍快于同期世界经济增速。2010 年开始，中国经济规模超越日本，成为世界第二大经济体。图 2.1 为我国 2008—2012 年国内生产总值及其增长速度。

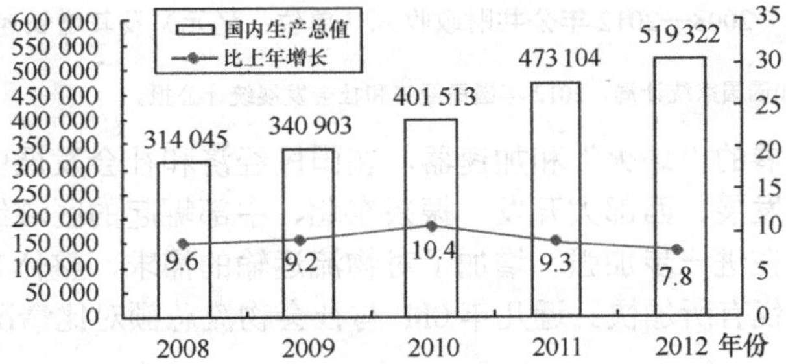

图 2.1　2008—2012 年国内生产总值（单位：亿元）及其增长速度（%）

资料来源：中华人民共和国国家统计局，2012 年国民经济和社会发展统计公报。

2012 年国内生产总值比 2011 年增长 7.8%。其中，第一产业增加值 52 377 亿元，增长 4.5%；第二产业增加值 235 319 亿元，增长 8.1%；第三产业增加值 231 626 亿元，增长 8.1%。第一产业增加值占国内生产总值的比重为 10.1%，第二产业增加值比重为 45.3%，第三产业增加值比重为 44.6%。

2012 年年末国家外汇储备 33 116 亿美元，比 2011 年年末增加 1 304 亿美元。年末人民币汇率为 1 美元兑 6.2 855 元人民币，比 2011 年年末升值 0.25%。2008—2012 年年末国家外汇储备及其增长速度如图 2.2 所示。

2012 年全国公共财政收入 117 210 亿元，比 2011 年增加 13 335 亿元，增长 12.8%；其中税收收入 100 601 亿元，增加 10 862 亿元，增长 12.1%。2008—2012 年公共财政收入及其增长速度如图 2.3 所示。

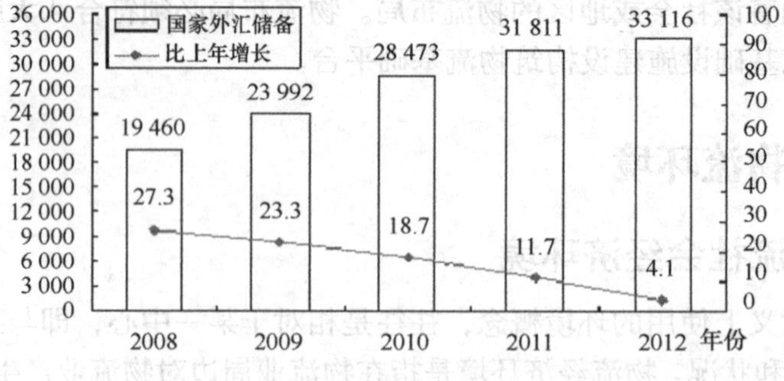

图 2.2　2008—2012 年年末国家外汇储备（单位：亿美元）及其增长速度（%）

资料来源：中华人民共和国国家统计局，2012 年国民经济和社会发展统计公报。

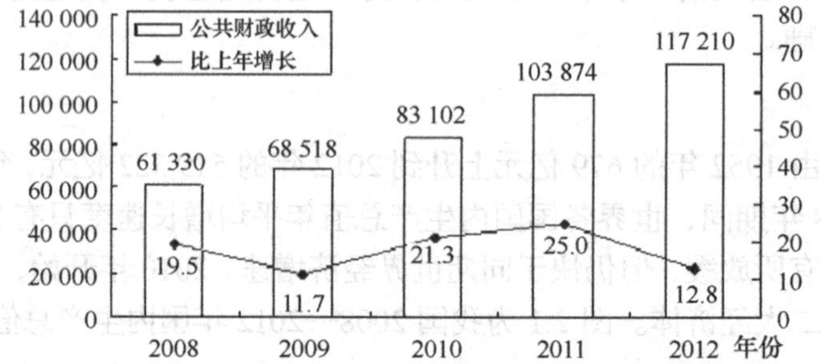

图 2.3　2008—2012 年公共财政收入（单位：亿元）及其增长速度（%）

资料来源：中华人民共和国国家统计局，2012 年国民经济和社会发展统计公报。

物流业是经济发展的“炉火”和加速器，在国民经济和社会发展中发挥着重要作用。在我国实施东部加快发展、西部大开发、振兴东北、中部崛起的区域经济发展战略下，区域间经济社会联系也在进一步加强，增加了对物流运输的需求，整体来说，物流需求在经济增长的带动下，步伐有所加快。近几年 GDP 与社会物流总额对比情况如图 2.4 所示

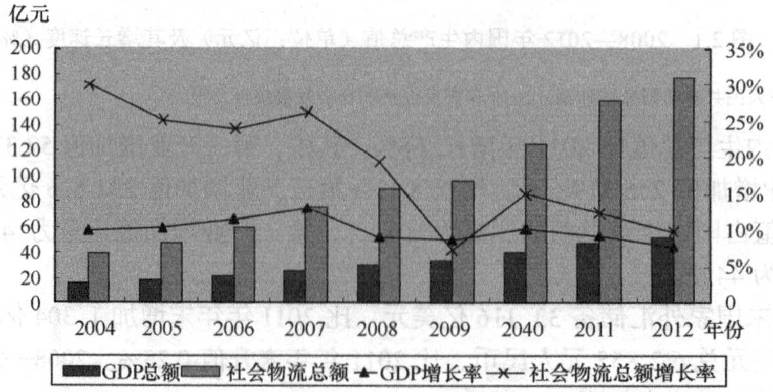

图 2.4　近几年 GDP 与社会物流总额对比图

资料来源：国家统计局统计公报。

2. 农业

1949 年我国粮食产量只有 11 318 万吨。2012 年粮食种植面积 111.27 万平方千米，粮食产量达 58 957 万吨，比 2011 年增加 1 836 万吨，增产 3.2%。其中，主要粮食品种中，稻谷产量 20 429 万吨，增产 1.6%；小麦产量 12 058 万吨，增产 2.7%；玉米产量 20 812 万吨，增产 8.0%。2008—2012 年粮食产量及其增长速度如图 2.5 所示。

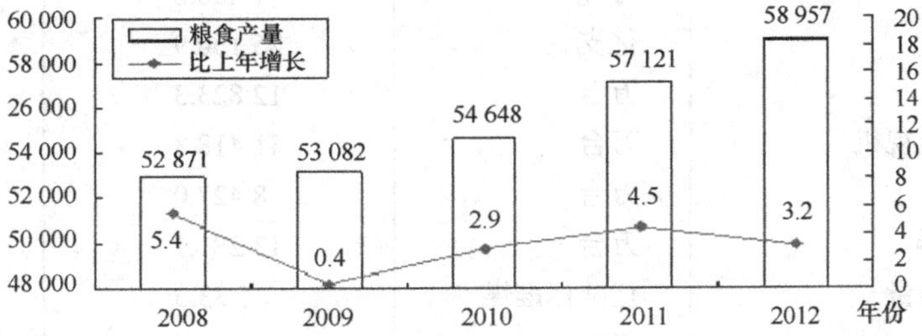

图 2.5　2008—2012 年粮食产量（单位：万吨）及其增长速度（%）

资料来源：中华人民共和国国家统计局，2012 年国民经济和社会发展统计公报。

2012 年棉花产量 684 万吨，比 2011 年增产 3.8%。油料产量 3 476 万吨，增产 5.1%。糖料产量 13 493 万吨，增产 7.8%。烤烟产量 320 万吨，增产 11.5%。茶叶产量 180 万吨，增产 11.2%。

2012 年肉类总产量 8 384 万吨，比 2011 年增长 5.4%。其中，猪肉产量 5 335 万吨，增长 5.6%；牛肉产量 662 万吨，增长 2.3%；羊肉产量 401 万吨，增长 2.0%；禽肉产量 1 823 万吨，增长 6.7%。年末生猪存栏 47 492 万头，增长 1.6%；生猪出栏 69 628 万头，增长 5.2%。禽蛋产量 2 861 万吨，增长 1.8%。牛奶产量 3 744 万吨，增长 2.3%。

2012 年水产品产量 5 906 万吨，比 2011 年增长 5.4%。其中，养殖水产品产量 4 305 万吨，增长 7.0%；捕捞水产品产量 1 601 万吨，增长 1.3%。

3. 工业

工业的快速发展，不仅解决了基本生活必需品的短缺问题，而且还使我国成为一个世界制造业大国。2012 年全部工业增加值 199 860 亿元，比上年增长 7.9%。规模以上工业增加值增长 10%。在规模以上工业中，国有及国有控股企业增长 6.4%；集体企业增长 7.1%，股份制企业增长 11.8%，外商及港澳台商投资企业增长 6.3%；私营企业增长 14.6%。轻工业增长 10.1%，重工业增长 9.9%。2008—2012 年全部工业增加值及其增长速度如图 2.6 所示，2012 年主要工业产品产量及其增长速度如表 2.1 所示。

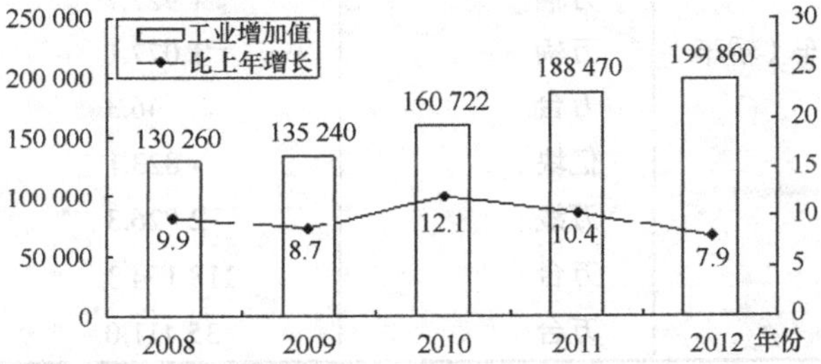

图 2.6　2008—2012 年全部工业增加值（单位：亿元）及其增长速度（%）

资料来源：中华人民共和国国家统计局，2012 年国民经济和社会发展统计公报。

表2.1　2012年主要工业产品产量及其增长速度

产品名称	单　位	产　量	比上年增长（%）
纱	万吨	2 984.0	9.8
布	亿米	840.8	3.3
化学纤维	万吨	3 800.0	12.1
成品糖	万吨	1 406.8	18.5
卷　烟	亿支	25 160.9	2.8
彩色电视机	万台	12 823.3	4.8
其中：液晶电视机	万台	11 418.3	10.9
家用电冰箱	万台	8 427.0	-3.1
房间空气调节器	万台	13 281.1	-4.5
一次能源生产总量	亿吨标准煤	33.3	4.8
原　煤	亿吨	36.5	3.8
原　油	亿吨	2.07	2.3
天然气	亿立方米	1 072.2	4.4
发电量	亿千瓦时	49 377.7	4.8
其中：火电	亿千瓦时	38 554.5	0.6
水电	亿千瓦时	8 608.5	23.2
核电	亿千瓦时	973.9	12.8
粗　钢	万吨	71 716.0	4.7
钢　材	万吨	95 317.6	7.6
十种有色金属	万吨	3 672.2	6.9
其中：精炼铜（电解铜）	万吨	574.0	9.5
原铝（电解铝）	万吨	1 985.8	12.3
氧化铝	万吨	3 769.6	10.3
水　泥	亿吨	22.1	5.3
硫　酸	万吨	7 686.3	2.7
纯　碱	万吨	2 408.8	5.0
烧　碱	万吨	2 696.1	9.0
乙　烯	万吨	1 486.8	-2.7
化　肥（折100%）	万吨	7 296.0	10.1
发电机组（发电设备）	万千瓦	13 005.6	-9.7
汽　车	万辆	1 927.7	4.7
其中：基本型乘用车（轿车）	万辆	1 077.1	6.4
大中型拖拉机	万台	46.3	15.3
集成电路	亿块	823.1	14.4
程控交换机	万线	2 826.3	-6.8
移动通信手持机	万台	118 154.3	4.3
微型计算机设备	万台	35 411.0	10.5

资料来源：中华人民共和国国家统计局，2012年国民经济和社会发展统计公报。

4. 固定资产投资

2012年全社会固定资产投资374 676亿元，比上年增长20.3%，扣除价格因素，实际增长19.0%。2008—2012年全社会固定资产投资及其增长速度如图2.7所示。

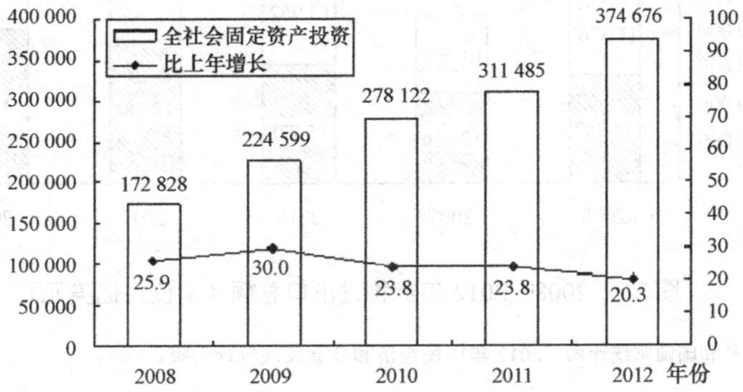

图2.7　2008—2012年全社会固定资产投资（单位：亿元）及其增长速度（%）

资料来源：中华人民共和国国家统计局，2012年国民经济和社会发展统计公报。

5. 国内贸易

2012年社会消费品零售总额210 307亿元，比2011年增长14.3%，扣除价格因素，实际增长12.1%。2008—2012年社会消费品零售总额及其增长速度如图2.8所示。

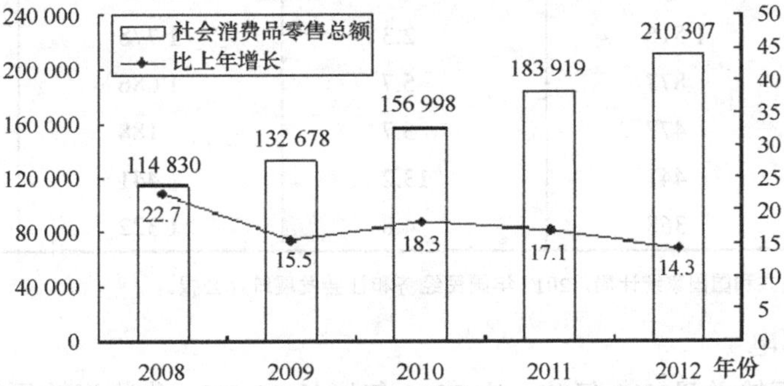

图2.8　2008—2012年社会消费品零售总额（单位：亿元）及其增长速度（%）

资料来源：中华人民共和国国家统计局，2012年国民经济和社会发展统计公报。

6. 对外经济

2012年货物进出口总额38 668亿美元，比2011年增长6.2%。其中，出口20 489亿美元，增长7.9%；进口18 178亿美元，增长4.3%。进出口差额（出口减进口）2 311亿美元，比2011年增加762亿美元。2008—2012年货物进出口总额如图2.9所示，2012年对主要国家和地区货物进出口额及其增长速度如表2.2所示。

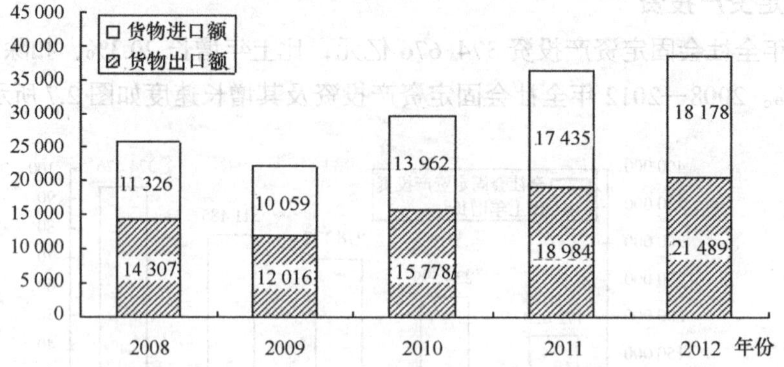

图 2.9　2008—2012 年货物进出口总额（单位：亿美元）

资料来源：中华人民共和国国家统计局，2012 年国民经济和社会发展统计公报。

表 2.2　2012 年对主要国家和地区货物进出口额及其增长速度

单位：亿美元

国家和地区	出口额	比上年增长（%）	进口额	比上年增长（%）
美国	3 518	8.4	1 329	8.8
欧盟	3 340	−6.2	2 121	0.4
中国香港	3 235	20.7	180	15.9
东盟	2 043	20.1	1 958	1.5
日本	1 516	2.3	1 778	−8.6
韩国	877	5.7	1 686	3.7
印度	477	−5.7	188	−19.6
俄罗斯	441	13.2	441	9.2
中国台湾	368	4.8	1 322	5.8

资料来源：中华人民共和国国家统计局，2012 年国民经济和社会发展统计公报。

7．交通和邮电

2012 年货物运输总量 412 亿吨，比 2011 年增长 11.5%。货物运输周转量 173 145 亿吨千米，增长 8.7%。全年规模以上港口完成货物吞吐量 97.4 亿吨，比上年增长 6.8%，其中外贸货物吞吐量 30.1 亿吨，增长 8.8%。规模以上港口集装箱吞吐量 17 651 万标准箱，增长 8.1%。2012 年各种运输方式完成货物运输量及其增长速度如表 2.3 所示。

表 2.3　2012 年各种运输方式完成货物运输量及其增长速度

指　　标	单　　位	运输量	比上年增长（%）
货物运输总量	亿吨	412.1	11.5
铁路	亿吨	39.0	−0.7
公路	亿吨	322.1	14.2
水运	亿吨	45.6	7.0

续表

指　标	单　位	运输量	比上年增长（%）
民航	万吨	541.6	-2.0
管道	亿吨	5.3	-7.8
货物运输周转量	亿吨千米	173 145.1	8.7
铁路	亿吨千米	29 187.1	-0.9
公路	亿吨千米	59 992.0	16.8
水运	亿吨千米	80 654.5	6.9
民航	亿吨千米	162.2	-6.8
管道	亿吨千米	3 149.3	9.1

资料来源：中华人民共和国国家统计局，2012 年国民经济和社会发展统计公报。

2012 年完成邮电业务总量 15 022 亿元，比 2011 年增长 13.0%。其中，邮政业务总量 2 037 亿元，增长 26.7%；电信业务总量 12 985 亿元，增长 11.1%。邮政业全年完成邮政函件业务 70.74 亿件，包裹业务 0.69 亿件，快递业务量 56.85 亿件。

2.1.2　中国物流自然环境

自然资源是自然环境中与人类社会发展有关的、能被用来产生使用价值并影响劳动生产率的自然要素。它包括有形的土地、水体、动植物、矿产和无形的光、热等资源。自然资源是社会物质财富的源泉，是社会生产过程中不可缺少的物质要素，是人类生存的自然基础。

自然资源的类型，有多种划分方法：①按其在地球上存在的层位，可分为地表资源和地下资源。前者指分布于地球表面及空间的土地、地表、水生物和气候等资源，后者指埋藏在地下的矿产、地热和地下水等资源。②按其在人类生产和生活中的用途，可分为劳动资料性自然资源和生活资料性自然资源。前者指作为劳动对象或用于生产的矿藏、树木、土地、水力、风力等资源，后者指作为人们直接生活资料的鱼类、野生动物、天然植物性食物等资源。③按其利用限度，可分为再生资源和非再生资源。前者指可以在一定程度上循环利用且可以更新的水体、气候、生物等资源，也称为“非耗竭性资源”，后者指储量有限且不可更新的矿产等资源，也称为“耗竭性资源”。④按其数量及质量的稳定程度，可分为恒定资源和亚恒定资源。前者指数量和质量在较长时期内基本稳定的气候等资源，后者指数量和质量经常变化的土地、矿产等资源。基于物流经济地理学科研究的内容要求，这里主要探讨能够产生大量货流的矿产资源和林业资源。

1．矿产资源

矿产泛指一切埋藏在地下（或分布于地表）的可供人类利用的天然矿物资源。矿产的范畴一般有以下 3 类：①可以从中提取金属元素的金属矿产。②可以从中提取非金属原料或直接利用的非金属矿产。③可以作为燃料的可燃性有机矿产。

矿产资源是人类社会得以发展的重要物质基础，自世界各国先后进入工业化发展阶段以来，矿产资源的消耗快速增长。20 世纪以来，全球累计消费了 1 420 亿吨石油、78 万亿立方米天然气、2 650 亿吨煤、380 亿吨铁（钢）、7.6 亿吨铝和 4.8 亿吨铜，以及大量的支撑现代经济社会发展的众多矿物原料。

（1）中国矿产资源状况

目前，中国已发现171种矿产，探明储量的矿产159种，其中能源矿产10种，金属矿产54种，非金属矿产92种，水气矿产3种，是全球矿产资源种类比较齐全的国家之一。我国矿产资源状况呈现出以下几个特点。

1）矿产资源总量相对较为丰富，人均占有量少。中国已查明的矿产资源总量相对较多（见表2.4），约占世界的12%，居世界第二位。煤、钛、钨、钼、锑、稀土、菱镁矿、萤石、重晶石、芒硝、锶、石墨、硅藻土、硅灰石等15种矿产储量居世界第一、二位，在数量或质量上具有一定优势，有较强的国际竞争能力。但是矿产资源人均占有量仅为世界平均水平的58%，居世界第53位。36种主要矿产中，人均储量处于世界平均水平以上的仅有10种，它们是钨、钼、锑、稀土等小宗金属和石墨、重晶石、菱镁矿等非金属矿产。而另26种矿产人均储量不足世界人均的1/5，尤其是石油、天然气、铬、钴、金刚石、钾盐等不到世界人均的1/10。

表2.4　2011年年底我国主要矿产查明资源储量

矿　种	单　位	查明资源储量	矿　种	单　位	查明资源储量
煤炭	亿吨	1 3778.9	锌	金属万吨	1 1568.0
石油	亿吨	32.4	钨	WO_3万吨	620.4
天然气	万亿立方米	4.0	锡	金属万吨	441.1
铁	矿石亿吨	743.9	钼	金属万吨	1 935.9
铜	金属万吨	8 612.1	金	金属吨	7 419.4
铝	矿石亿吨	38.7	硫铁矿	矿石亿吨	56.8
铅	金属万吨	5 602.8	磷	矿石亿吨	193.6

注：石油、天然气为剩余技术可采储量。

资料来源：国家统计局。

2）优质、大宗矿产资源相对不足。石油、天然气储量不足，铁、锰、铬、铜、铝、钾盐等用量较大的大宗矿产资源储量不足。据统计，至2014年年底，我国石油消费对进口的依赖程度已达到59.5%。

3）中国矿产资源贫矿多，难选矿多，中小型和坑采矿多，大型、超大型矿与露采矿少。

4）经济可利用的资源储量少。许多矿产资源的经济可采储量仅仅相当于其查明资源量的20%～30%。

5）资源产区与加工消费区错位。中国90%的煤炭查明资源储量集中于华北、西北和西南地区；70%的磷矿查明资源储量集中于云、贵、川、鄂四省；铁矿主要集中在辽、冀、川、晋等省。北煤南调、西煤东运、西电东送和南磷北调的局面将长期存在。

6）成矿地质条件良好，找矿潜力大。中国地处环太平洋、古亚洲和特提斯三大成矿域交会处，构造岩浆活动频繁，演化历史复杂，成矿条件良好。几十年来中国地质工作者发现了大量的物化探异常和矿化点，但大部分尚未检查、验证、评价，具有很大的找矿潜力。中国西部地区矿产调查勘察程度很低，但成矿条件很好，有很大的找矿余地。中、东部地区已知的重要成矿带找盲矿床及新类型矿床的潜力也很大。老矿山深部与外围资源潜力大。

（2）中国矿产资源的需求

随着工业化和城市化进程，中国已经进入矿产资源高强度、快速耗费时期。中国已经成为世界多种矿产资源的第一消费大国，对外依存度不断增加，中国矿产供需矛盾将十分突出。

从矿产资源需求与保证程度的角度来看，根据国家提出的经济发展目标，2020年GDP较2000年翻两番，一般需要用矿产资源翻一番或略多来保证。以2002年年底可供储量静态（石油、天然气除外）计算对2020年目标的保证程度，45种主要矿产中有9种可以保证（天然气、稀土、菱镁矿、钠盐、芒硝、膨润土、石墨、滑石、硅灰石），10种矿产基本保证（煤、钛、钨、钼、磷、玻璃硅质原料、石材、石膏、硅藻土、石棉），21种矿产不能保证（铁、锰、铜、铅、锌、铝土矿、锡、金、银、锶、萤石、硼、重晶石、石油、铀、镍、耐火材料、硫、水泥灰岩、高岭土），短缺矿产5种（铬铁矿、钴、铂、钾盐、金刚石）。矿产资源能否可持续供应是全社会关注的重大问题，它关系到中国经济与社会能否可持续快速发展。

中国要继续加强矿产勘察工作，部分大宗支柱性矿产资源，如石油、富铁、铜、优质铝、优质锰、铬、钾盐，必须充分利用国外资源。优势矿产，如稀土、钨、锡、钼、锑、煤及某些非金属矿产，应采取有效措施，继续保持储量优势，缓解资源供需矛盾。

2．林业资源

中国现有林区按地域可分为三大区域，即东北林区、西南林区和南方林区。其中东北林区和西南林区是中国主要的天然林生产基地。

2011年，新造经济林面积1.218 3万平方千米，比2010年增长9.67%。各类经济林产品总量达到1.34亿吨。竹材产量为15.39亿根，比2010年增长7.64%。年末实有花卉种植面积0.862 2万平方千米，切花切叶142亿支。

林业产业强劲增长。2011年，实现林业产业总产值首次突破3万亿元，比2010年增加7 818亿元，增长34.32%。其中第一、二、三产业分别增长24.29%、40.51%和42.12%

2011年，木材产量保持稳定，达到8 145.92万立方米。锯材产量持续增长，产量为4 460.25万立方米，比2010年增长19.81%。人造板产量快速增长，产量达到20 919.29万立方米。木竹地板产量快速增长，达到6.29亿平方米。干鲜果品、木本油料、木本药材等特色经济林产品产量1.34亿吨，居世界首位。全国主要林产品进出口贸易额达到1 203亿美元，同比增长28.25%，世界林产品生产贸易大国地位进一步巩固。

相关链接

2011年是开展全民义务植树30周年，全国共有6.14亿人次参加义务植树，植树25.14亿株。截至2011年年底，全国参加义务植树人数累计达133亿人次，义务植树614亿株。

资料来源：国家林业局．2012中国林业发展报告．2012。

2.1.3 中国生产力布局

生产力布局制约着物流布局，物流布局必须为生产力布局服务。

1．生产力布局的概念

生产力布局也称生产力配置，指生产力在地理位置上的分布和配置，即在一定范围内（国家、地区、城市）生产力系统的空间分布与组合。其经济渊源有两个方面：①各类生产部门和企业所需要的空间条件上的差异性；②地域空间上的各特定地区所具备的空间条件的差异性。由此就产生了一定的生产实体配置在哪一地区和地点才能获得最大经济效益的问题，也就是生产力合理布局问题。

生产力布局包括相互联系的 3 个方面内容：①在特定时间内，国民经济总投资的地区分配及重大建设项目分布地区、地点的选择。②再生产的各个环节、各生产部门、各生产要素空间组合的安排，包括各地区内的投资结构的确定。③各经济区域之间、各经济中心之间、城乡之间、城市与地区之间的分工协作及其发展比例关系的确定。这些是生产力布局的内涵。

生产力布局是一个由点、线、面、网组成的多层次、多侧面、纵横交织的网络系统。生产力布局包括工业生产布局、农业生产布局、商业布局和交通布局等。其中最重要的是工业生产布局。从国民经济的不同角度进行考察，生产力布局包括国民经济宏观布局、地区布局和地点微观布局 3 个层次。生产力布局的 3 个层次相互之间有着密切的关系。国民经济宏观布局是确定全国性的生产力布局的总体部署，带有全局性战略意义。地点微观布局是基层单位的布局，是具有局部意义的战术性布局，它是生产力布局的最后落实与体现。地区布局则介于国民经济宏观布局与地点微观布局之间，具有承上启下的作用。从整体看，宏观布局对其他两个层次具有指导意义，其他两个层次的布局必须服从它的利益和需要。下一层次的布局应当服从上一层次布局的要求，微观布局应为实现宏观布局服务，但宏观布局也必须顾及微观布局的需要与可能。合理的微观布局是宏观布局的基础，只有这样，各个层次的生产力布局才能层层相连，环环相扣，组合为一个生产力布局的大系统。

2. 中国生产力布局的原则

必须按照生产力布局的 3 个层次，由上而下地布局生产力，使之趋于合理化，才有利于促进生产力的发展。中国生产力布局应遵循的原则有以下几个。

1）统一计划原则。从发展国民经济的全局出发，有计划地安排各地区的经济发展速度和各项比例。

2）合理利用资源原则。充分利用当地的自然资源、技术资源、劳动力资源和其他社会资源，保护生态平衡。

3）减少不合理运输原则。生产接近原料地、燃料地和消费地。

4）发展生产地域分工原则。加强地区的专门化和综合发展，开展地域间的生产协作，成组地部署工业，发挥集聚效益。

5）尽可能地平衡发展原则。扶助边远地区和落后地区发展，尽可能地平衡发展各地区的生产力。

6）缩小城乡差别原则。加强工业和农业协作、城市和乡村协作，逐步缩小城乡差别。

7）巩固国防原则。

大致可将上述生产力布局原则分为两部分。一部分是经济原则，以提高经济效益和劳动生产率为目标，如减少不合理运输原则、发展生产地域分工原则等。在这部分原则中，距离衰减规律有决定性影响，不少内容与区位理论相通。另一部分是政治原则，如缩小城乡差别原则、尽可能平衡发展原则、巩固国防原则。中国生产力布局原则如图 2.10 所示。

- 中国生产力布局原则
  - 经济原则
    - 统一计划原则
    - 合理利用资源原则
    - 减少不合理运输原则
    - 发展生产地域分工原则
  - 政治原则
    - 尽可能平衡发展原则
    - 缩小城乡差别原则
    - 巩固国防原则

图 2.10　中国生产力布局原则

3．中国生产力布局的重心演变、成就与问题

（1）重心演变

新中国成立以来，中国生产力布局的重心演变经历了 4 个阶段。

1）三年恢复时期至“一五”时期，以协调沿海与内地关系为主线，工业布局由沿海向内地转移。

2）从“二五”时期开始，至“五五”时期结束，以“三五”、“四五”时期大“三线”建设为中心，以备战和建设战略后方为基调，以工业布局为主体的生产力布局跳跃式地向西推进。

3）20 世纪 80 年代以来，以争取国民经济发展的总体速度、宏观效益为目标，生产力布局大幅度向东部地区倾斜。

4）20 世纪 90 年代以来，中央开始实施内陆地区发展战略。第九届全国人民代表大会第三次会议通过的《关于政府工作报告的决议》明确指出：“要统筹规划、突出重点，积极实施西部大开发战略，加快中西部地区的发展。”中国生产力布局新一轮调整的序幕已经拉开。

小知识

中国是以五年一个时间段来做国家的中短期规划的，第一个“五年计划”是 1953—1957 年，我们就简称为“一五”，第二个五年计划因为苏联援华中断胎死腹中，第三个五年计划是 1966 年重新启动的，为 1966—1970 年，以后的五年计划都未中断，为每一个年代十年中的前五年和后五年。其中，“一五”至“十五”称“计划”，“十一五”起改称“规划”。“十二五”规划的全称是：中华人民共和国国民经济和社会发展第十二个五年规划纲要。“十二五”规划的起止时间：2011—2015 年。

（2）成就

1）在巩固和加强原有经济重心区的同时，逐步形成了一批具有全国意义的新的经济重心区。几十年来，在充分利用原有工业的基础上，加强和改造了以上海为中心的长江三角洲工业区、京津唐工业区和辽中南工业区；改革开放后，珠江三角洲、山东半岛、闽南三角地区、以武汉为中心的长江沿岸地区、成渝地区正在崛起和成长为新的具有全国意义的经济重心区，从而奠定了沿海沿江“T”字形经济密集带的生产力布局的基本框架，大大增强了全国经济增长的“动力源”和“发展极”。

2）一大批能源、原材料基地建设建立，生产力布局西移。以山西为中心的能源重化工

基地已具相当规模，其开发重点正在向陕北、蒙西地区转移，黄河中上游、长江干流、乌江、红水河、澜沧江等能源、原材料基地的建设已有较大规模，新疆石油基地也已揭开大开发的序幕。这种能源、原材料工业布局西移态势，适应了中国能矿资源的分布格局，因而从生产力布局角度上看是合理的，对于促进国民经济和区域经济进一步持续协调发展具有战略意义。

3）全方位开放格局逐步形成。随着改革开放的逐步推进，一个多层次、有重点、点面结合的“经济特区—沿海开放城市—沿海经济开发区—内陆省会开放城市—沿边开放区—沿江开放区”的全方位对外开放格局正在形成。

4）生产力布局机制发生重大变化，市场机制的作用越来越明显。改革开放后，随着市场机制的引入和市场体制的建立及投资主体的多元化，中国生产力布局的机制逐步转向国家制定生产力布局总体目标和基本框架（规划各地带、各地区经济发展的主要方向和任务、国家级产业带走向、重点开发区域和增长极等），综合运用经济手段、法律手段和必要的行政手段调节市场，通过要素市场的经济参数，引导企业和各投资主体，围绕国家生产力布局目标，自主做出投资区位选择的方向转变。

（3）问题

目前，一个能够比较有效地发挥各地区优势、促进各地区共同繁荣、机制灵活有效的生产力布局体系已初步形成。然而，也必须看到，现阶段中国生产力布局还存在着一些重大问题，主要表现在：

1）生产力布局重心一度过分向东倾斜，加剧了区域经济发展的不平衡状况，并强化了“双重错位”的区域格局。中国自然资源分布偏重于中、西部地区，而生产能力和生产要素偏重于东部地区的“双重错位”格局，是中国区域经济发展的主要矛盾之一。

首先，这种“双重错位”的格局造成了中国宏观经济效益自1984年以来显著下降。其次，“双重错位”的区域格局是造成中国自20世纪80年代以来交通运输全面紧张的根本原因。“双重错位”的区域格局的不断强化还造成区域经济关系日益对立。

2）重复建设，重复布局严重，区域产业结构不合理趋同。各地区在地方利益的驱动下，盲目追求高技术、高附加价值、高收入弹性和综合发展，重复建设，重复引进。小规模、低水平的结构趋同，抑制了各地区比较优势和规模经济的发挥，导致了国民经济效益的持续下降。

3）生产力布局机制仍不完善，计划手段与市场手段存在着“断层”。一是生产力布局总体目标和基本框架尚不够明确，国家对各地区的经济发展和生产力布局缺乏有效的指导；二是调控生产力布局的政策手段严重缺乏，特别是经济和法律手段不完备、不配套，甚至相互掣肘；三是各种要素市场的发育刚刚起步，与经济发展和生产力布局的要求相去甚远，而且全国统一市场远没有形成，市场割据，地区封锁严重；四是生产力布局主体企业的地位没有得到确认，政府与企业间的行政依附关系还没有消除，政府对企业过多的、不合理的行政干预和企业应有的经营自主权被不合理地剥夺，都使企业难以在区位选择中进行有效的决策。旧机制已经削弱，而新机制迟迟不能形成，这是导致中国目前生产力布局一系列矛盾的重要原因之一。

生产力布局的种种问题，必然带来中国物流布局发展的不均衡。

2.2　物流布局

物流布局必须与中国的生产力布局相适应，在遵循物流布局原则的前提下，有层次地进行规划设计。首先是宏观全国物流网络的规划，着重以物流基础设施和物流基础网络为核心的物流基础平台建设；其次是中观省、市级的物流节点及物流园区规划布局；最后是微观企业层面的以提高企业竞争力为目的的营销支持、流程再造等企业物流资源的合理配置。本书将对物流布局的基本原则、宏观国家级的物流网络布局和基础设施空间布局进行分析。

2.2.1　物流布局的基本原则

物流布局的目的是实现物流的合理化，而要实现物流的合理化必须遵循以下基本原则。

1．计划化原则

物流计划化是指物流的组织管理要科学规划和计划。这是实现物流合理化的首要条件。

2．直达化原则

物流直达化是指物流企业在组织货物运送的过程中，应尽量减少中间环节，特别是物流过程中运输、储存等环节。物流直达化，既可以缩短商品运送时间，创造时间价值，又可以降低物流费用支出，是物流企业组织物流合理化的主要形式和目标。

3．短距化原则

物流短距化是指在物流过程中，要根据货物的发、到地点，设计最佳的运送路径，使运送距离最短，减少物流费用。

4．钟摆化原则

物流钟摆化也称钟摆式运输，是指在组织货物运送过程中，要尽可能组织双向物流运输，提高运输工具的回运系数或里程利用率。组织双向运输的主要途径是形成全国和区域物流运输网络并配套建立有效的信息系统，及时传递物流信息。物流钟摆化可以大大提高运输工具的效率，减少运力浪费，节约能耗，降低物流成本。

5．集中化原则

物流集中化，也称物流大量化，是指物流企业在组织货物运送时，把几个货主的多种商品，凡发往同一地区、同一方向的小批量、零星货物，在计划化的基础上，集零为整，变小量为大量，采用混装的形式，进行集中运送。因而是物流合理化的一种重要形式。

6．社会化原则

物流社会化是指物流活动商品化、专业化和社会化。在经济体制改革中，物流布局要遵循社会化大生产分工协作和市场经济运行的客观要求，加快物流活动商品化、专业化和社会化进程，使物流成为相对独立的系统。这是物流合理化的必要条件。

7．服务化原则

物流服务化是指明确和规范物流活动及其行为的属性。物流企业属于第三产业，它既有经营又有服务，是以服务为主的经营服务型企业，应当树立“用户至上、服务第一”的经营宗旨，加强服务教育，提高员工的服务意识和素质，制定服务规范，为社会提供高标准的服务水平。

8．标准化原则

所谓标准化，是指系统内部及系统与系统间的软件口径、硬件模式的协同，从而便于系统功能、要素间的有效衔接与协调发展。物流标准化是以物流为系统，制定系统内部设施、机械设备、专用工具等各个分系统的技术标准，通过对各分系统的研究，达到技术标准与工作标准的配合一致的效果。

2.2.2 中国物流网络布局

1．中国物流业格局的形成

经过近几十年的发展，中国物流业已经取得了很大的成绩，在东部地区已经形成了以沿海大城市群为中心的四大区域性物流圈格局。

1）以北京、天津、沈阳、大连和青岛为中心的环渤海物流圈。

2）以上海、南京、杭州和宁波为中心的长江三角洲物流圈。

3）以厦门和福州为中心的环台湾海峡物流圈。

4）以广州和深圳为中心的珠江三角洲物流圈。

这四大物流圈以滚动式、递进式的扇面辐射形态，带动中国中部和西部地区的发展，激活和融通了全国范围的物流、人流、资金流和信息流。四大物流圈的形成使中国物流业的发展呈现出“区域引力场”的现象，周围地区包括中、西部地区都处于物流圈的引力场的吸引范围内。同时部分大城市和特大城市已经成为区域性物流产业发展中心，而且全国范围内以基本交通运输干线为基础形成若干物流通道，使中国物流业发展呈“点—轴—面”系统样式。

2．中国物流网络格局存在的主要问题

（1）东中西部物流业发展的不平衡

东部沿海地区历史上经济发达且改革开放较早，经济发展快，基础设施完善，物流需求比较旺盛，提供物流服务的企业和机会较多，物流发展水平高，较易实现物流现代化；中、西部地区由于经济水平、区位条件、历史因素、国家经济政策等原因，物流业发展水平低，发展物流业的难度较大，使我国在全国范围内出现物流业发展的东、中、西差异。

（2）南北物流产业的发展存在差距

物流产业作为流通领域中最重要的产业，是整个国民经济发展的衔接地带，经济发展的差距问题深刻影响了物流经济活动的发展。从1992年开始，南方地区的物流产业迅速发展，北方地区虽然也在加快发展，但已经明显落后于南方地区，南北地区差距客观存在。

（3）城乡物流业发展的不平衡

物流企业、物流设施、物流活动高度集中在交通极为发达的大城市中，形成辐射功能极强的物流中心城市，而在乡村地区物流业的发展比较缓慢，使城市物流与乡村物流在过程上相脱节，甚至少数乡村物流几乎为零，造成物流市场的地域化、畸形化。无论我国的东部地区还是中西部地区都是首先在城市发展起物流业，然后以交通运输线（如铁路、河流、公路等）为纽带形成物流节点，向周围地区（主要包括乡村地区）辐射。

3．中国物流业格局发展趋势分析

尽管由于各种原因形成了中国物流业发展的东中西部不平衡、南北差距、城乡和区域差异，但物流业的发展最终会趋向平衡。这是因为中国正在实施西部大开发战略和扩大内需政策，扩大内需必将极大地促进物流量的增加，给中国物流业发展带来新的机遇。西部大开发将有数以万亿元的资金投入中、西部的基础设施建设中，其中很大一部分是用于交通运输工程的。西部铁路网的建设首先将和东部已有铁路网的主干道相连接，同时连接西部各省，将成为东西部交流和西部各省相互联系的重要通道，为西部地区协调统一发展提供支持条件。

此外，新亚欧大陆桥作为西部铁路网的一条主干线，也为西部地区经济走向国际、发展国际物流创造条件，这必将推动中西部与东部的商品交流及对外贸易的增加，拓展中国物流市场发展的空间。

中国国情使物流业首先在经济发达地区得以发育、成长，并且在这些区域中物流业首先在城市中兴起，使城市成为物流业发展的中心，带动周围地区和邻近城市的发展，然后向区域中的农村地区辐射、蔓延，最后由点到线，由线到面，最终覆盖全国，并且与世界物流业发展接轨，与全球物流业融为一体，形成遍及全世界的物流网络。

2.2.3　中国物流基础设施空间布局

物流基础设施布局是否得当直接影响着物流效率。物流园区、物流中心、配送中心、运输枢纽仓储设施等是社会和地区布局物流经济必须考虑的重要因素之一。

1．物流基础设施的定义

现代物流是将运输、仓储、装卸、加工、整理、配送与信息等方面有机结合，形成完整的供应链，为用户提供多功能、一体化的综合性服务。从上述思路出发，物流基础设施的内涵自然是提供物流相关功能和组织物流服务的场所。

物流基础设施大体可以分为两类。

1）专门化设施。它是指在特定区域，因具有上下游业务关系和产品生产过程联系的企业相对集中，或者作为一定区域货流较为集中的节点地区，需要提供满足集中物流组织管理要求的专门化设施，包括物流园区、物流中心、配送中心，以便在特定区域实现供应链集中管理的功能。

2）专业化设施。它是处在供应链的不同环节，在不同的空间位置上对供应链具有支持作用，满足供应链管理要求的单个功能，或者以单个功能为主，兼具其他辅助功能的专业化设施。该类设施具有按照自身服务对象的需要进行布局和功能设置的特点，这些设施包括各种运输方式的运输枢纽、场站、仓储设施等。

2．物流基础设施的基本功能

物流基础设施的基本功能应当体现在物流服务上。

（1）专门化设施的功能

对于按照成本、效率、服务要求可以进行集中提供物流组织服务的专门化设施，应按照专门化的设施进行建设，从而使其具有相应的综合物流组织功能。

1）物流中心。它是指从事物流活动的具有完善的信息网络的场所或组织，它面向社会服务，物流服务的物理设施（场、站、库房及装备）健全，信息网络和服务能力齐备，辐射范围较大，适应少品种、大批量存储吞吐能力要求，能够统一经营和管理供应链物流业务。

2）配送中心。它是指从事配送业务，具有完善的信息网络的场所或组织，能够为特定的用户提供服务，商品配送服务的物理设施（场、站、库房及装备）健全，信息网络和服务能力齐备，辐射范围主要以城市或企业销售网络为依托，适应多品种、小批量、高频率配送要求，以配送服务为主兼具产品库存控制与储存服务。

3）分拨中心。它主要面向快递业、运输业，功能与物流中心相同。

4）物流园区。它也称物流基地，是多种物流设施和不同类型物流企业在空间上集中布局的场所。其功能由物流中心、配送中心等专门化综合设施，以及运输场站、仓储等单一功能的专业化设施共同组成，可以集中提供各种形态和环节的物流组织服务。正是由于物流园区的这种特征，其建设应当采取慎重的态度，作为物流中心、配送中心和物流服务企业在空间上相对集中布局的场所，它需要更大规模的供应链物流组织需求的支撑，需要运输服务的合理化组织和仓储设施的合理规模与之相适应。

（2）专业化设施的功能

专业化设施是指仅在供应链的某个环节提供运输、仓储组织服务的设施。依托这些专业化设施，物流组织的功能得以提升，满足经济发展对物流的需要。

1）各类运输场站。它是根据一定区域的货运组织和货流特点进行规划和建设的，货运场站具备满足分散的物流组织服务需要的功能。需要注意的是，货运场站除具备货运节点功能外，还需要提升或充实其服务功能。

小知识

物流节点，是物流网络中连接物流线路的结节之处，所以又称物流结节点。例如，各类运输场站、海港、空港、仓储设施等。

2）仓储设施。无论作为调节生产过程中对零配件供应的时间和空间差异的手段，还是在流通中满足市场供应的商品与生产、需求之间在时间与空间上的不统一性，均需要一定能力的库存和仓储设施，所谓“零库存”也仅仅是针对库存处在不同环节而言的。

3. 中国物流设施空间布局的思路

尽快形成各种物流、运输、仓储设施的综合开发和资源整合与利用局面，是推进现代物流发展的前提条件，更是推动运输设施合理发展，营造多式联运、集装箱运输、运输网络等综合运输环境，提高运输效率，帮助物流组织实现高效率、低成本和优质服务的关键。

（1）提高既有资源的整合和设施的综合利用

首先，要从各种现有设施自身的角度考虑，对其规模、布局、功能等进行科学整合，提高现有设施的使用效率。其次，考虑到不同领域物流基础设施在服务上的可替代性和竞争性，各种现有设施在进行功能转型发展时，要积极进行跨行业和企业的整合，实现设施的综合利用。

（2）加强新建设施在规划上的宏观协调和功能整合

按照物流组织需要，物流基础设施建设需要占用大量土地，在土地资源的约束不断加大的情况下，若不能处理好各种基础设施发展规划之间的关系，将不利于相关设施的建设发展，并产生严重的相互制约和干扰。同时，推进现代物流的发展需要积极制定政府规划，规划中必须确立物流基础设施的发展重点与空间布局。更重要的是，物流基础设施规划应在综合考虑相关专业化设施规划的基础上确立，实际上是进行相关规划的宏观协调和相关功能在规划层面的整合。

（3）推进物流基础设施的合理空间布局与功能完善

无论现有设施整合和综合利用，还是在新建设施上进行规划的协调，要真正做到按照“全面、协调和可持续”的发展观推进相关设施的合理布局，必须改变条块分割的做法。这就需要在以物流基础设施规划为指导的前提下进行相关实施上的宏观协调，改变过去传统的各自实施规划的做法，否则无法推进物流基础设施的合理空间布局与功能的不断完善。这种协调的基本思路应当体现在三个方面。

1）运输场站在与物流基础设施规划重合时，应使两者在布局上实现合并建设，并按照物流基础设施规划确立的功能和规模进行运输设施的建设，或者依托运输设施进行满足物流组织要求的功能拓展建设，避免功能性的重复建设。要从物流基础设施整体布局的角度审视重复建设，加快已有及规划的运输设施的整合，从而推进综合运输的发展和社会整体物流效率的提升。

2）对于城市生活功能区和工业产业、企业集中区域，在进行仓储用地审批和建设时，必须通过土地置换方式，引导企业在规划区域内进行建设。推进仓储设施的社会化服务。

3）在城市新工业开发和商贸功能区域，不再分散进行各种运输方式的场站建设和立足于企业自动仓储设施的建设，而是通过统一规划的相关运输、仓储功能得到集中体现。

（4）提高物流基础设施网络化和信息化功能

凭借对物流发展具有重要影响力的大型物流园区、物流中心，以及运输场站、仓储设施的功能，积极探索基础设施之间的资源共享，提高基础设施的网络化服务能力，开发和建设公共物流信息平台，构建适应经济发展需要的高效物流基础设施体系。

本章小结

☑ 中国具备发展物流经济的良好社会经济环境、自然环境和一定水平的生产力布局。

☑ 物流布局应遵循的基本原则：计划化原则、直达化原则、短距化原则、钟摆化原则、集中化原则、社会化原则、服务化原则、标准化原则。

☑ 物流布局既是一个过程，也可以理解为物流设施利用配置的一种状态。完善物流网络布局，开发建设物流设施公共平台是推进现代物流发展的前提条件。

思考题

1．谈一谈中国物流网络布局情况。

2．中国生产力布局经历了哪几个发展阶段？

3．考察一个距离你所在学校最近的物流园区，了解其功能，分析它在区域物流经济中的地位和作用。

第3章 中国物流经济分区地理

学习重点

- 经济区与行政区的关系
- 经济区划对物流的影响
- 各地方出台的主要物流政策
- 中国不同时期的经济区划
- 各综合经济区的经济与产业基础

引导案例

中国经济要快速发展必须打破行政区划条块分割

2005年6月，前博鳌亚洲论坛秘书长龙永图在江苏吴江参加“民营企业发展之路”经济论坛时指出，随着经济全球化的不断深入发展，中国必须打破以行政区划为基础的经济规划。龙永图说，现在全球竞争格局发生了重大的变化。过去的竞争是国家与国家的竞争、地区与地区的竞争、企业与企业的竞争、产品与产品的竞争；而现在的竞争是生产链与生产链的竞争、供应链与供应链的竞争。中国的民营企业尤其是中小型企业必须有意识地融入全球化大公司中，进入全球产业链中，这是国际经济发展的趋势。这种趋势要求加强地区间的经济合作，促进共同发展。“但中国经济的发展和规划，仍然是以行政区划为基础进行的”，这与经济全球化趋势下的经济规划是相违背的。“这种以行政区划为基础的经济规划不打破，必然会制约中国经济的发展”。

思考：中国经济区划现状怎样？为什么必须打破以行政区划为基础的经济规划？

提示：目前中国的现实是以行政区划为基础的经济规划，具有“多而全、小而全”的特征。判断一个企业是否有竞争力，要看其整合资源的能力。一个地区如果从供应、生产到销售，什么都是自己做，由于受资源等各方面因素的限制，势必会分散自身的优势，形成不了竞争力。

中国内地经济区域可以分为东部、中部、西部、东北四大板块，与此对应划分成八大综合经济区，本章将对其物流发展情况一一述评。

3.1　经济区划概述

长期以来，中国的经济发展和规划是以行政区划为基础进行的，分析中国经济必须结合行政区划来进行。

3.1.1　经济区划与行政区划

1. 经济区划

经济区划是在客观存在的经济区的基础上，根据特定时期国民经济发展的目标和任务，对全国区域进行分区划片，目的是阐明各经济区经济发展的条件、特点和问题，指出它在国民经济体系中的地位和发展方向，最终为中央政府对区域经济进行宏观调控、地方政府制定区域发展规划及企业进行区域分析活动提供科学的依据。

小知识

经济区是指以劳动地域分工为基础，客观形成的不同层次、各具特色的经济地域，它具有如下特点：①经济区的区内一致性和区外差异性。②当经济区的层次和规模达到一定程度时，它的合理发展通常受到政府的重视，并通过经济区划和制定区域规划来规范经济区的发展。经济区是生产力发展的产物，是客观存在的。如果经济区存在的客观性得到科学的认识，并通过经济区划来实现合理的劳动地域分工，便能够极大地促进国民经济的发展。

经济区也可以理解为一种以专业化地区经济为特色、以中心城市为依托，在生产、流通等方面紧密联系、互相协作、内部具有很强经济集聚性的经济综合体。

（1）经济中心

任何一个经济区都必然有自己的经济中心，而且往往是一个大城市或一组城市。经济中心是经济区经济发展的核心，其集聚和辐射效果对整个经济区的经济发展具有举足轻重的影响。举例来讲，中国最大的广域经济区——长江三角洲经济区，就以上海或者说以由沪、宁、苏、锡、常、杭等城市组成的城市群为核心。长江三角洲经济区的成长，在相当大的程度上依赖于这一城市群本身的成长，以及城市群对周边地区的辐射和牵引。

（2）经济腹地

经济腹地是一个与经济中心或中心城市相对应的概念。其内涵是经济中心的吸收和辐射能力能够达到并能促进其经济发展的地域范围。如果没有经济腹地，经济中心也就失去了赖以存在的基础，而没有经济腹地，也就无所谓经济中心。以上海为例，其狭域经济腹地是上海市域，而其广域经济腹地则是整个长江三角洲地区。

（3）经济联系

经济联系既包括经济区内的商品流通、技术协作、资金融通、信息传递，也包括经济区内的交通运输网络和通信网络。一般来讲，经济区内的经济联系越紧密，经济区的一体化程度也就越高。

2．行政区划

行政区划是国家为便于行政管理而分级划分的区域。因此，行政区划也称行政区域。我国的行政区域划分如下。

1）全国分为省、自治区、直辖市。

2）省、自治区分为自治州、县、自治县、市。

3）县、自治县分为乡、民族乡、镇。

4）直辖市和较大的市分为区、县，自治州分为县、自治县、市。

自治区、自治州、自治县都是民族自治地方，国家在必要时设立特别行政区；在特别行政区内实行的制度按照具体情况，由全国人民代表大会以法律形式予以规定。

目前中国有34个省级行政区，包括23个省、5个自治区、4个直辖市、2个特别行政区。图3.1为中华人民共和国行政区划图。在历史上和习惯上，各省级行政区都有简称。省级人民政府驻地称省会（首府），中央人民政府所在地是首都——北京。

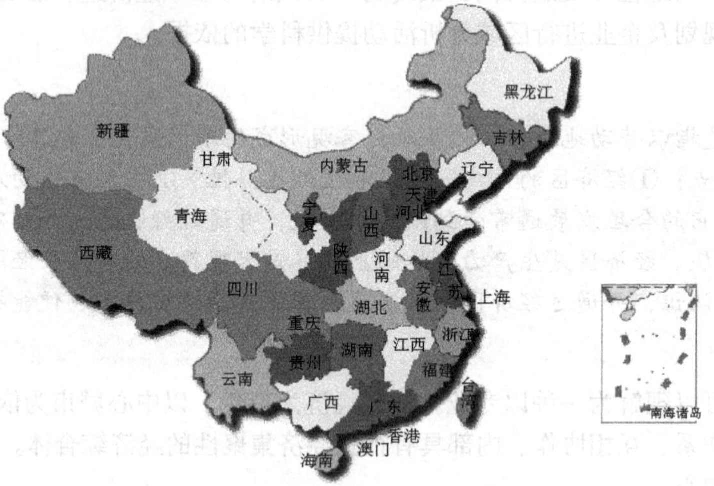

图3.1 中华人民共和国行政区划图

3．经济区与行政区的关系

中国的行政区除政治功能外，还有自己的经济功能。一是各级政府既有发展经济的责任，也有发展经济的需求。二是各级政府不仅拥有组织和调控经济的工具，而且拥有一定的经济资源，有能力参与经济活动。三是按照目前的体制，各级政府不仅要对行政区内企业、居民负责，还要对上级政府负责，而上级政府考核下级政府政绩的好坏又常与下级政府管辖区域的经济发展状况的好坏相关联。

在行政区与经济区关系方面，有4个方面值得注意。一是行政区经济具有自然经济和产品经济的特点，而经济区经济则具有市场经济和商品经济的特点。二是行政区与经济区不是一对一的关系，行政区在很大程度上源于政治统治和行政管理，经济区则以社会化大生产、分工和比较优势为前提，经济区经常要跨越几个行政区。三是行政区经济以地区经济利益为着力点，经济区经济则以一个更大的地域甚至整个国家的利益为着力点。四是行政区经济有自己特定的边界，而且相对稳定，经济区则可能因为区域经济的发展、经济中心辐射能力的提升而扩张其边界。

3.1.2 中国不同时期的经济区划

中国是一个大国，幅员广阔，陆上国土总面积960万平方千米，2012年年末，人口达13.54亿人。由于历史和现实诸多方面的原因，中国各地区之间的发展水平存在巨大差异。如2012年，上海市人均GDP高达85 646元，而贵州省人均GDP只有19 608元，只有上海人均GDP的22.9%。因此，讨论中国的区域问题，必须把中国分成若干不同的区域。

区域划分既要遵循区域经济发展的一般规律，又要方便区域发展问题的研究和区域政策的分析。借鉴国际经验，结合中国国情，为适应区域研究和区域政策分析之需，进行区域划分主要考虑以下因素：①空间上相互毗邻。②自然条件、资源禀赋结构相近。③经济发展水平接近。④经济上相互联系密切或面临相似的发展问题。⑤社会结构相仿。⑥区块规模适度。⑦适当考虑历史延续性。⑧保持行政区划的完整性。⑨便于进行区域研究和区域政策分析。

20世纪50年代，有学者将中国大陆分为沿海和内地；20世纪60年代，有学者将中国大陆分为一线、二线和三线地区。改革开放以后，随着区域经济研究的活跃和深化，人们提出了更多的划分方法，主要有以下几种方法。

1）三大地带。这一方法将中国大陆划分为东、中、西三大地带，但不同的时期，每个地带覆盖的地域范围不同。随着西部大开发战略的实施，三大地带覆盖的地域范围逐渐被确定下来。东部地带包括北京、天津、河北、辽宁、上海、江苏、浙江、福建、山东、广东和海南11个省市；中部地带包括山西、吉林、黑龙江、安徽、江西、河南、湖北、湖南8省；西部地带包括重庆、四川、贵州、云南、西藏自治区（以下简称西藏）、陕西、甘肃、青海、宁夏回族自治区（以下简称宁夏）、新疆维吾尔自治区（以下简称新疆）、广西壮族自治区（以下简称广西）、内蒙古自治区（以下简称内蒙古）12个省、自治区。

2）六大综合经济区。它们包括东北地区、黄河中下游地区、长江中下游地区、东南沿海、大西南综合经济区、西北地区。

3）七大经济区。它们包括东北、西北、华北、华东、华中、华南、西南经济区。

4）八大经济区。这里有两种划分方法。第一种划分方法将全国划分为东北地区（东北三省、内蒙古东部）、环渤海地区（北京、天津、河北、山东）、黄河中游流域（山西、河南、内蒙古中西部）、长江三角洲地区（上海、江苏、浙江）、长江中游地区（湖北、湖南、安徽、江西）、东南沿海地区（福建、广东、广西、海南）、西北地区（山西、甘肃、青海、宁夏、新疆）和西南地区（重庆、四川、云南、贵州）。第二种划分方法将全国划分为东北地区（东北三省）、北部沿海（北京、天津、河北、山东）、北部内陆（山西、陕西、内蒙古）、东部沿海（上海、江苏、浙江）、东部内陆（河南、安徽、江西）、中部内陆（湖南、湖北）、南部沿海（福建、广东、广西、海南）和西部、西南内陆（甘肃、青海、宁夏、新疆、西藏、重庆、四川、云南、贵州）。

5）八个“大都市经济圈”。它们包括沈大（沈阳、大连）、京津冀（北京、天津、唐山、秦皇岛、石家庄）、济青（济南、青岛、烟台）、大上海（上海、苏州、无锡、常州、宁波、杭州）、珠江三角洲（广州、深圳、珠海、汕头）、吉黑（长春、哈尔滨）、湘鄂赣（武汉、长沙、南昌）和成渝（成都、重庆）。

6）八大综合经济区。2005年国务院发展研究中心发布了《地区协调发展的战略和政策》报告，报告指出，中国所沿袭的东、中、西区域划分方法已经不合时宜。为此，报告提出“十一五”期间内地划分为东部、中部、西部、东北四大板块，并可将 4 个板块划分为八大综合经济区的具体构想。其中包括东北综合经济区、北部沿海综合经济区、东部沿海综合经济区、南部沿海综合经济区、黄河中游综合经济区、长江中游综合经济区、大西南综合经济区和大西北综合经济区。下面我们围绕八大综合经济区划分展开学习。

3.1.3 经济区划对物流的影响

随着区域经济发展水平的提升和产业布局的调整，区域经济发展问题已经上升到国家经济发展的战略层次。2005 年，中国确立了推进西部、中部、东部、东北地区四大区域经济发展的总体战略新格局，启动了跨省区统一规划的区域经济协调发展战略构想。2011 年，中国确立了“两横三纵式”的经济区域空间布局，为促进区域经济的协调发展、构筑区域经济的优势互补、构建综合交通运输体系奠定了基础。

1. 实施区域发展总体战略，完善区域物流系统发展格局

2011 年，中国提出了“充分发挥不同地区比较优势，促进生产要素合理流动，深化区域合作，推进区域良性互动发展，逐步缩小区域发展差距”的区域发展总体战略。

1）推进新一轮西部大开发。中央提出了要坚持把深入实施西部大开发战略放在区域发展总体战略优先位置，要加强基础设施建设，扩大铁路、公路、民航、水运网络，建设一批骨干水利工程和重点水利枢纽，加快推进油气管道和主要输电通道及联网工程。坚持以线串点、以点带面，推进重庆、成都、西安区域战略合作，通过改善物流发展的基础条件，提高资源的辐射半径，降低资源开发的物流成本，提高效率。

2）全面振兴东北地区等老工业基地。东北地区要发挥产业和科技基础较强的优势，完善现代产业体系，推动与装备制造、原材料、汽车、农产品深加工等优势产业相关的物流配送系统的建设和服务外包项目的进行，完善支持装备工业发展的物流基础设施建设和服务体系。重点推进辽宁沿海经济带和沈阳经济区、长吉图经济区、哈大齐和牡绥地区等区域的发展。

3）大力促进中部地区崛起。中部地区的产业重点是粮食主产区建设、具有比较优势的能源和制造业、流通组织服务。因此中部地区的物流发展重点是，依托承东启西的区位优势，建设农业生产资料和农产品的配送服务系统，促进流通产业发展的区域物流网络系统建设，巩固提升其综合交通运输枢纽地位。重点推进太原城市群、皖江城市带、鄱阳湖生态经济区、中原经济区、武汉城市圈、环长株潭城市群等区域发展。

4）积极支持东部地区率先发展。要发挥东部地区对全国经济发展的重要引领和支撑作用，在更高层次参与国际合作和竞争。东部地区经济发展的任务是保持既有产业的发展能力和拓展国际国内市场。物流发展的重点是国际物流和国内物流系统的建设。推进京津冀、长江三角洲、珠江三角洲地区区域经济一体化发展，打造首都经济圈。

2. 区域规划蓝图基本完成，推动区域物流中心建设

区域规划方案的制订，有利于改变地理区域产业结构趋同的状况，进一步推动生产要素在地理区域间的自由流动和优化配置，改变物流活动的环境条件，并将在区域之间、区域内部不同地区之间产生新的依托通道、枢纽的网络化、规模化物流需求，从而导致区域

物流发展格局的变化。

为继续推动“打破省级行政区划，进行跨省区的统一规划”构想的进一步实施，国务院先后批复了《珠三角洲地区改革发展规划纲要》、《长江三角洲地区区域规划》等，并发布了《京津冀都市圈区域规划研究报告》。长江三角洲、泛珠江三角洲、京津冀、东三省和中部地区都在积极推动区域物流的整合，区域物流中心与国际物流中心正在形成。长江三角洲地区提出以上海为核心、以江浙港口群为依托，全力打造国际物流中心。珠江三角洲地区提出打造泛珠江三角洲地区物流网络，成为面向东南亚乃至世界的物流重地。京津冀地区提出把天津打造成华北物流重地，打通西北物流。东三省地区提出以大连为门户，在哈尔滨、长春、沈阳建立以内陆港为基地的东北亚物流主廊道，形成东北快速出海大通道。中部地区提出利用武汉、郑州的地理优势，建成东西南北贯通的物流中心。

3．城市化快速发展，促进物流系统向高效率演进

区域经济的发展离不开城市化进程的加速发展。近年来，中国城市化进程明显加快，2010 年中国城市化水平达到约 47.5%，预计到“十二五”末，这一比例将超过 51%。城市化是中国现代化进程中的必经阶段，城市化的发展将带来生产要素和人才的聚集以及技术创新的不断涌现，对生产力布局、城市消费区位的选择产生重要影响，进而影响中间产品、最终产品和消费品的物流流量和流向。

城市化的快速健康发展有助于促使物流系统的效率不断提高。“以大城市为依托，以中小城市为重点，逐步形成辐射作用大的城市群，促进大中小城市和小城镇协调发展”为目标的城市化发展战略的提出，有利于加强城市群内部的分工协作和优势互补，更好地发挥城市群的聚集和扩散效应，以及对区域经济的辐射带动作用。这一城市化发展战略的实施，要求加快城市配送体系的建设和不同城市间配送网络的完善，以及与城市产业布局相配套的生产型物流中心、物流基地的建设，以提高城市物流效率。构建综合交通运输体发展思路的确立，为城市物流系统向高效率方向发展创造了条件。

区域经济发展战略的制定、实施和城市化的快速发展，在很大程度上造成了经济要素流量、流向和强度的改变，进而要求物流在更大的区域范围内加快物流通道和节点的整合，最大限度地提高物流资源的配置效率，提升物流管理技术和专业化物流服务水平。

3.2 综合经济区

3.2.1 东北综合经济区

东北综合经济区包括黑龙江、吉林、辽宁 3 省，总面积 79 万平方千米，截至 2012 年年底，总人口 10 973 万人。这一地区自然条件和资源禀赋结构相近，历史上相互联系比较紧密，目前面临的共同问题多，如资源枯竭问题、产业结构升级换代问题等。

1．黑龙江省

（1）地理位置

黑龙江省因境内最大河流黑龙江而得名。黑龙江省位于中国的东北部，是中国位置最北、纬度最高的省份。它介于东经 121°11' ~ 135°05'、北纬 43°26' ~ 53°33'。北部和东部隔黑龙江、乌苏里江与俄罗斯相望，西部与内蒙古自治区毗邻，南部与吉林省接壤。全省土地面积47.3万平方千米，占全中国总面积的4.9%。

（2）自然资源

1）生物资源。黑龙江省土地条件居全国之首，总耕地面积和可开发的土地后备资源均占全国1/10以上，人均耕地和农民人均经营耕地是全国平均水平的3倍。全省现有耕地11.87万平方千米，土壤有机质含量高于全国其他地区，黑土、黑钙土和草甸土等占耕地的60%以上，是世界著名的三大黑土带之一。黑龙江省盛产大豆、小麦、玉米、马铃薯、水稻等粮食作物以及甜菜、亚麻、烤烟等经济作物。

全省草原面积约4.33万平方千米，草质优良、营养价值高，适于发展畜牧业。其中松嫩草场是世界三大羊草地之一。

2）矿产资源。全省已发现的矿产达132种，已探明储量的矿产有81种。保有储量位居全国首位的有10种，即石油、晶质石墨、颜料黄黏土、长石、铸石玄武岩、岩棉玄武岩、火山灰、水泥用大理岩、矽线石、铼矿。煤炭储量居东北三省第一位。黑龙江省现已开发利用的矿产达71种，各类矿产年产值居全国第二位。

3）森林资源。全省林业经营总面积31.75万平方千米，占全省土地面积的2/3。有林地面积20.07万平方千米，活立木总蓄积15亿立方米，森林覆盖率达43.6%，森林面积、森林总蓄积和木材产量均居全国前列，是国家最重要的国有林区和最大的木材生产基地。

4）能源。黑龙江省是国家重要的能源工业基地。2012年全省生产原煤8 267万吨，是主煤炭调出省之一。除此之外，该省的电力和燃气在全国也占有重要地位。

5）动植物。全省野生动物兽类6目、20科、88种，占全国种数的21.6%。有经济价值的野生植物资源蕴藏量约250万吨，可食用的在25万吨以上，野生条草造纸原料100多万吨，各种药材125万吨。

（3）经济与产业基础

1）国内生产总值。初步核算，2013年全省实现生产总值（GDP）14 382.9亿元，按可比价格计算，比上年增长8%。

2）财政收入。2013年全省全年实现地方财政收入1 277.4亿元，比上年增长9.8%，其中公共财政收入3 369.2亿元，增长6.2%。

3）外贸状况。2013年全省全年实现进出口总值388.8亿美元，比上年下降3.4%。其中，出口162.3亿美元，下降12.4%；进口226.5亿美元，增长2.2%。

4）交通运输。2013年全年各种运输方式共完成货物周转量1 965.8亿吨千米，比上年下降2.7%。其中，铁路928.0亿吨千米，下降10.9%；公路986.5亿吨千米，增长6.2%；水运7.7亿吨千米，增长2.2%；航空2.0亿吨千米，增长10.6%；管道41.6亿吨千米，增长0.7%。年末公路线路里程16.0万千米，比上年增长0.7%，其中高速公路4 083.5千米，与上年持平。

5）支柱产业。装备、石油、能源、食品是黑龙江省四大支柱产业。

2. 吉林省

（1）地理位置

吉林省位于中国东北地区中部，北界黑龙江省，南接辽宁省，西邻内蒙古。处于日本、俄罗斯、朝鲜、韩国、蒙古国与中国东北部组成的东北亚的腹心地带，地处东经

122°~131°、北纬 41°~46°，面积为 18.74 万平方千米。东南部高，西北部低，中西部是广阔的平原。

（2）自然资源

1）林业、草原资源。吉林省是中国六大林区之一。长白山脉连绵千里，素有“长白林海”之称。全省林业用地面积 9.828 6 万平方千米，占全省土地面积的 52.03%；西部草原地处松嫩草原中心，是中国著名的草原之一，也是国家北方商品牛、细毛羊主要产地之一。吉林省草原可利用面积达 4.379 万平方千米，主要集中于西部和东部地区。吉林西部是欧亚草原的最东端，水源丰富，草质良好，是科尔沁草原的一部分，是吉林省畜牧业的发展基地。

2）矿产资源。吉林省矿产资源丰富，发现的矿藏 158 种，已探明储量矿产 120 种，有 28 种矿产保有储量居全国前五位。其中资源储量丰富的矿产有镍、钼、油页岩、硅灰石、硅藻土、膨润土、矿泉水等，在全国资源储量中占有重要地位。

3）野生动植物。吉林省山地资源丰富，尤以长白山区野生动植物资源为最。吉林省是闻名中外的“东北三宝”——人参、貂皮、鹿茸的故乡。灵芝、天麻、不老草、松茸、猴头菇、田鸡油等都在国内外较有影响。

4）农作物。吉林省土质肥沃，特别适宜种植粮豆、油料、甜菜、烟、麻、薯类、人参、药材、水果等各种作物，盛产玉米、大豆、水稻等，是中国最大的商品粮基地。吉林省的松辽平原是中国重要的粮食生产基地、世界著名的玉米带。

（3）经济与产业基础

1）国内生产总值。2014 年全省实现生产总值（GDP）13 803.81 亿元，比上年增长 6.5%。按常住人口计算，2014 年全省人均 GDP 达到 50 126 元，比上年增长 6.5%。

2）财政收入。2014 全年完成地方级财政收入 1 203.4 亿元，增长 4.0%。其中，全年完成税收收入 884.4 亿元，增长 3.3%。全年完成地方财政支出 2 906.9 亿元，增长 5.9%。

3）外贸状况。根据海关统计，2014 全年累计实现外贸进出口总值 263.78 亿美元，增长 2.1%。其中，实现出口总值 57.78 亿美元，下降 14.3%；实现进口总值 206.00 亿美元，增长 7.9%。

4）交通运输。2014 年，全省各种运输方式完成货物周转量 1 861.54 亿吨千米，比上年增长 1.0%。货物发送量 5.30 亿吨，增长 7.07%。2014 年年末，全省铁路营业里程达到 4 345.2 千米；公路总里程 9.6 万千米，其中，等级公路总里程 8.87 万千米，占公路总里程的 92.3%；全省公路总里程中，高速公路 2 348 千米。

5）支柱产业。汽车行业、石油化学工业、食品工业、医药工业、电子工业等是吉林省的支柱产业。

3．辽宁省

（1）地理位置

辽宁省位于中国东北的南部。地理位置介于东经 118°53′~125°46′、北纬 38°43′~43°26′。

辽宁省大陆海岸线长 2 178 千米，约占中国的 12%。东部山地丘陵区为辽宁省主要林区；西部山地丘陵区东缘的临海狭长平原，习惯上称为“辽西走廊”，是中国东北地区沟通华北地区的主要陆上通道，中部辽河平原是东北平原的一部分，由辽河及其支流冲积而成，地势平坦，土壤肥沃，水源充足，是辽宁省主要农业区和商品粮基地。

（2）自然资源

1）生物资源。辽宁全省森林面积 5.645 万平方千米，森林覆盖率为 38.8%。全省有各种植物 161 科 2 200 余种，具有经济价值的 1 300 种以上。动物种类繁多，有两栖、哺乳、爬行、鸟类动物 7 纲 62 目 210 科 492 属 827 种。

2）矿产资源。辽宁省已发现矿藏 120 种，探明储量的有 116 种，其中菱镁矿、铁矿、硼矿、熔剂用灰岩和金刚石的保有资源储量居全国首位。 全省石油累计探明地质储量 23.7 亿吨，剩余技术可采储量 1.9 亿吨。辽河油田是中国第三大油气田。

（3）经济与产业基础

1）国内生产总值。2014 年全省实现生产总值（GDP）28 626.6 亿元，按可比价格计算，比上年增长 5.8%。

2）财政收入。2014 全年公共财政预算收入 3 190.7 亿元，比上年下降 4.6%。全年公共财政预算支出 5 075.2 亿元，比上年下降 2.4%。

3）外贸状况。2014 全年进出口总额 1 139.6 亿美元，比上年下降 0.5%。其中，出口总额 587.6 亿美元，下降 9.0%；进口总额 552.0 亿美元，增长 10.5%。

4）交通运输。2014 年全年各种运输方式完成货运量 222 097 万吨，比上年增长 7.4%。全年港口货物吞吐量 103 675 万吨，比上年增长 5.4%，其中全年港口集装箱吞吐量 1 860 万标箱，比上年增长 3.4%。

5）支柱产业。装备制造业、冶金、石化和农产品加工业是辽宁省四大支柱产业。

4. 东北综合经济区物流发展

（1）物流发展规划制定情况

东北综合经济区物流发展已形成以大连、沈阳、长春、哈尔滨等主要城市为中心，多个物流网络交叉的格局。东北综合经济区的物流发展以辽宁省为重点，而辽宁省的物流发展又以沈阳和大连为重点。到 2015 年，初步建立布局合理、技术先进、便捷高效的现代物流服务体系，有力地支撑东北老工业基地全面振兴。

1）黑龙江省物流发展。《黑龙江省物流业发展“十二五”规划》中提出，到 2015 年，物流业将成为促进黑龙江省经济社会发展的先导产业。重点打造哈大齐物流发展区、哈牡绥物流发展区、东部城市群物流发展区和沿边物流发展带“三区一带”物流区域的区域性物流业。把黑龙江独特的地缘优势上升为产业发展优势，即所谓“沿边物流带”：根据不同国界区域，提出了以绥芬河（东宁）为节点，辐射穆棱、宁安、林口、虎林、密山、鸡东等县（市）东部沿边物流带，重点发展木材、建材、机电、轻纺等产业物流和保税物流；江沿边物流带以同江（抚远）为节点，辐射富锦、桦川等县（市），重点发展矿产、冶金、木材、食品等产业物流；北部沿边物流带，以黑河（漠河）为节点，辐射呼玛、塔河等县，重点发展石油、冶金、木材等产业物流。

2）吉林省物流发展。吉林省人民政府下发的《关于促进物流业健康发展政策措施的实施意见》中指出，吉林省计划到 2015 年，物流业增加值实现 1 250 亿元，年均增长 20%左右。为支持物流业调整和振兴，吉林省将拓宽融资渠道，调整和优化信贷结构，并将加大对物流业资金倾斜力度。

鼓励企业实行制造业与物流业主辅分离，整合物流设施资源。支持大型优势物流企业通过兼并重组等方式，对分散的物流设施及物流信息平台资源进行整合，优化资源配置。

为优化管理体制，吉林省将实现“属地申报，口岸验放”和分类通关管理的海关监管模式，同时支持符合条件的物流园区设立公共保税仓库。物流企业通关时，可享受大型企业同等优惠政策和服务。

吉林省将加大土地、交通等政策支持物流园区建设。物流园区用地，70%可用作仓储设施建设，30%可用作综合配套设施建设。落实税收优惠政策，新建物流园区、新开业的物流企业当年上缴所得税的地方所得部分，实行先征后返的办法。

此外，吉林省将优先发展农产品物流业，大力发展“农超对接”“农校对接”“农企对接”等多种形式的产销衔接，支持农民专业合作组织发展产地到销地的直接配送方式。逐步建立蔬菜保供稳价体系，要在大中城市设立蔬菜仓储基地，以解决吉林省季节性生产与均衡消费之间的矛盾以及应急需求，确保全省蔬菜供应和菜价稳定。

3）辽宁省物流发展。辽宁省人民政府在 2010 年发布的《辽宁省物流业调整和振兴实施方案》中指出，要围绕物流中心城市，打造“一圈两区三带”的物流产业发展空间布局。“一圈”是以沈阳市为中心的沈阳经济区物流发展圈；“两区”是辽东半岛沿海物流发展区和辽西物流发展区；“三带”是辽宁沿海物流产业带、沈大物流产业带和锦阜朝物流产业带。目前，辽宁省正在积极推广制造业与物流业的联动发展工程、物流通道和区域联动工程、物流园区建设工程、第三方物流及物流配送体系建设工程、物流公共信息平台工程、重点领域专项物流工程、物流标准化和物流新技术推广工程等，在向着建立起布局合理、信息畅通、技术先进、管理规范、节能环保、安全有序的现代物流服务体系这一目标不断迈进。

点评

东三省（黑龙江省、吉林省、辽宁省，统称“东三省”）是中国传统上的老工业基地，具有发展现代物流业的深厚物质基础、发达的交通运输条件、富饶的自然资源。随着振兴战略的深入实施，东北地区经济规模、综合竞争力将进一步提升，物流需求快速增长，为物流业发展奠定了坚实基础。东三省与俄、日、韩等国的经济贸易往来有着深厚的历史渊源，也具有发展绿色物流的区位优势。目前应当协调步伐，对这些物流资源进行整合开发。

（2）物流企业发展情况

随着中国加入世界贸易组织（WTO）和国务院提出振兴老工业基地的政策，东北综合经济区物流企业发展速度也在逐渐加快。

1）黑龙江省。边境贸易的不断壮大使黑龙江省初步形成了一支以原有外运、外贸企业为骨干，多种所有制并存的国际物流企业队伍。在绥芬河、黑河和东宁等口岸城市，一些生产型工贸企业投入巨额资金购买大型货车，组建国际运输车队，特别是绥芬河市还辟建了国内首家民营国际直升机（货运）机场，形成了一条通往俄罗斯境内的空中运输走廊。

随着中国物流业对外开放的进一步扩大，国内外的大型物流供应商将继续大举进入东北地区。这些企业的进入一方面对东北地区的物流企业的发展提出了更高的要求，另一方面也有利于改善东北地区的物流服务质量，提高整个东北地区的物流水平。

《黑龙江省物流业发展“十二五”规划》中提出，要鼓励第三方物流企业承担起制造企业的原材料采购、生产、销售等环节或整体的物流业务；鼓励大型商贸流通企业大力发展连锁经营、物流配送；积极推广电子商务、网上采购等现代流通方式；发展农产品从产地到销地的直销和配送。

2）吉林省。吉林省发展现代物流业总的目标是：再经过 5～8 年的努力，培育出年物流储运收入 10 亿元的物流企业 10 个，年物流储运收入超亿元的物流企业 50 个。

吉林省已基本形成以大型商业企业为龙头、特色化商业街和中小商业网点为补充的商业流通体系；门类比较齐全，功能比较完备，超亿元销售额的大型商贸企业已达 98 家，连锁经营也粗具规模。

长春、吉林两市，将在长吉腹地重点依托汽车、石化、冶金、轻纺、农副产品深加工等产业的进向、销向物流体系；构造粮食、汽车及零部件、果品蔬菜、长白山特产、化肥农药农机具、钢材、小商品批发等专业化有形市场体系。形成一批年销售收入超过 5 亿元以上的大型商贸、连锁企业集团。积极扶持大型商贸企业的发展，提高小型商贸企业进入市场的壁垒，为大型商贸企业的发展壮大创造良好环境。

3）辽宁省。辽宁省依托自身的地理和区位优势，在东北地区的物流发展规划中起到了龙头作用。辽宁省现有的物流企业已在不同层次、不同环节上推行了现代物流配送管理，现有物流配送企业共有 4 种类型。

第一种是商品流通领域的传统物流配送体系。它除为企业自身经营提供仓储和运输服务外，同时可使企业逐步转换经营机制，对外提供物流配送业务。如沈阳储运集团是东北地区较大的商业储运企业，现在是可口可乐、百事可乐、统一方便面等知名企业的代理配送商。

第二种是依托交通、邮政、民航等行业优势发展起来的物流配送企业。

第三种是以沃尔玛、客来多、家乐福为代表的以商业批发、流通、餐饮为主的商业企业。

第四种是登陆东北地区的国内外专业物流公司和本土兴办的物流企业。如国际大型物流旗舰马士基公司已经登陆辽东半岛，在大连开设分公司，广东宝供、上海联华等一批国内物流配送企业也相继进入辽宁。

目前，辽宁省已确定了 60 家全省现代物流示范园区和示范企业。计划到 2015 年年底，辽宁省将在全省重点培育和扶持 50 个示范园区，200 家示范企业，形成一批具有国际竞争力的现代物流企业，一批具有较强集聚辐射能力的现代物流产业集群。

点评

透过来自国内外市场环境的压力，我们可以看到东北地区正面临着调整经济结构的战略任务。东北地区产业结构调整的方向是大力发展第三产业，培育壮大物流企业。

3.2.2 北部沿海综合经济区

北部沿海综合经济区包括北京、天津、河北、山东两市两省，总面积 37 万平方千米，2012 年总人口 20 454 万人。这一地区地理位置优越，交通便捷，科技、教育、文化事业发达，在对外开放中成绩显著。

1．北京市

（1）地理位置

北京是中华人民共和国的首都，是中国政治、文化的中心，也是国际交往中心。北京位于北纬 39°56'、东经 116°20'，地处华北大平原的北部，东面与天津市毗连，其余均与河北省相邻。

（2）自然资源

1）矿产资源。目前，在北京市已发现的矿产共 126 种，矿床、矿点产地 476 处，列入国家储量表的矿种 44 种。

2）动植物资源。北京地区的动物区系中有兽类约 40 种，鸟类约 220 种，爬行动物 16 种，两栖动物 7 种，鱼类 60 种；地带性植被类型是暖温带落叶阔叶林并兼有温带针叶林的分布。

（3）经济与产业基础

1）国内生产总值。2014 年全市实现生产总值（GDP）21 330.8 亿元，比上年增长 7.3%。

2）财政收入。2014 年全市完成地方公共财政预算收入 4 027.2 亿元，比上年增长了 10.0%。地方公共财政预算支出 4 510.5 亿元，增长 8.1%。

3）外贸状况。2014 全年北京地区进出口总值 4 156.5 亿美元，比上年下降 3.3%。其中出口 623.5 亿美元，下降 1.2%；进口 3 533.1 亿美元，下降 3.7%。

4）交通运输。2014 年全年货运量 29 513.4 万吨，比上年增长 4.3%。2014 年全年货物周转量 672.8 亿吨千米，比上年下降 1.2%。其中，铁路 284.4 亿吨千米，下降 12.0%；公路 165.2 亿吨千米，增长 5.8%；民航 55.4 亿吨千米，增长 12.6%；管道 167.9 亿吨千米，增长 10.2%。

5）支柱产业。电子信息、汽车、机电一体化装备、生物工程和新药、新能源和环保设备等现代制造业，金融服务、信息服务、科技服务、交通与物流服务等现代服务业，文化产业、旅游产业等是北京市的支柱产业。

2．天津市

（1）地理位置

天津市地处华北平原东北部，东临渤海，北枕燕山，位于北纬 38°33' ~ 40°15'、东经 116°42' ~ 118°03'。北与首都北京毗邻，东、西、南分别与河北省的唐山、承德、廊坊、沧州地区接壤。海岸线长约 133 千米，面积 11 305 平方千米。

天津市位于海河下游，地跨海河两岸，市中心距海岸 50 千米，离首都北京 120 千米，是海上通往北京的咽喉要道。天津市还是北方十几个省市通往海上的交通要道，拥有北方最大的综合性港口——天津港，现有水陆域面积 336 平方千米，陆域面积 131 平方千米，拥有各类泊位总数 159 个，同世界上 180 多个国家和地区的 500 多个港口有贸易往来，是从太平洋彼岸到欧亚内陆的主要通道和欧亚大陆桥的主要出海口。其地理区位具显著优势，战略地位十分重要。

（2）自然资源

天津市已探明的金属矿、非金属矿和燃料矿有 20 多种。金属矿主要有锰硼石、锰、金、钨、钼、铜、锌、铁等，非金属矿主要有水泥石灰岩、重晶石、迭层石、大理石、天然油石、紫砂陶土、麦饭石等，都具有较高的开采价值。

天津市有充足的油气资源。燃料矿主要埋藏在平原区和渤海湾大陆架，有石油、天然气和煤成气等。天津有渤海和大港两大油田，是国家重点开发的油气田。已探明石油储量40亿吨，油田面积100多平方千米，天然气地质储量1 500多亿立方米，煤田面积80平方千米。

（3）经济与产业基础

1）国内生产总值。2014年全市实现生产总值（GDP）15 722.47亿元，按可比价格计算，比上年增长10.0%。第一产业增加值201.53亿元，增长2.8%；第二产业增加值7 765.91亿元，增长9.9%；第三产业增加值7 755.03亿元，增长10.2%。

2）财政收入。2014年一般公共预算收入2 390.02亿元，增长15.0%。其中，税收收入1 486.55亿元，增长13.5%，占地方一般预算收入的62.2%。

3）外贸状况。2014年外贸进出口总额1 339.12亿美元，增长4.2%。其中，进口813.16亿美元，增长2.3%；出口525.97亿美元，增长7.3%。

4）交通运输。2014年全市货运量50 947.75万吨，其中，公路31 130.00万吨，增长10.4%；铁路8 872.37万吨，增长5.0%，水运9 749.32万吨。全年货物周转量3 354.40亿吨千米，其中，公路349.02亿吨千米，增长11.3%；铁路265.17亿吨千米，下降3.0%；水路2 734.01亿吨千米。全年港口货物吞吐量54 001.80万吨，增长7.9%。其中，集装箱吞吐量1 406.10万标准箱，增长8.1%；货邮吞吐量23.34万吨，增长8.9%。

5）支柱产业。航空航天、石油化工、装备制造、电子信息、生物医药、新能源新材料、国防科技和轻工纺织是天津市的八大支柱产业。

3．河北省

（1）地理位置

河北省地处华北平原的北部，兼跨内蒙古高原。全省中环首都北京和北方重要商埠天津市，北与辽宁、内蒙古为邻，西靠山西，南与河南、山东接壤，东临渤海。海岸线长487千米。总面积187 693平方千米。

（2）自然资源

1）矿产资源。目前已发现各类矿产156种，资源储量（矿石量）416.77亿吨。全省矿产地共1 193处，已经开发利用的矿产地817处，占用资源储量254.69亿吨。

2）能源。河北能源资源比较丰富，一次能源的原煤、石油、天然气都有相当的储量。有开滦、峰峰两大煤矿区和华北油田。

（3）经济与产业基础

1）国内生产总值。2014年全省实现生产总值（GDP）29 421.2亿元，比上年增长6.5%。其中，第一产业增加值3 447.5亿元，增长3.7%；第二产业增加值15 020.2亿元，增长5.0%；第三产业增加值10 953.5亿元，增长9.7%。

2）财政收入。2014年全部财政收入3 764.6亿元，比上年增长3.4%，其中公共财政预算收入2 446.6亿元，增长6.6%；税收收入1 865.1亿元，增长8.1%；公共财政预算支出4 638.1亿元，增长6.5%。

3）外贸状况。2014全年进出口总额完成598.8亿美元，比上年增长9.1%。其中，出口总值357.1亿美元，增长15.4%；进口总值241.7亿美元，增长0.9%。

4）交通运输。2014 年全年货物运输总量 21.1 亿吨，比上年增长 6.0%；货物运输周转量 12 631.4 亿吨千米，增长 8.3%。港口货物吞吐量达 9.5 亿吨，增长 6.8%；港口集装箱吞吐量 183.7 万标准箱，增长 36.5%。全省公路通车里程 17.9 万千米（包括村路），比上年增长 2.7% 。

5）支柱产业。河北省培育壮大的战略性新兴产业包括七大领域：新能源产业、新一代信息产业、生物医药产业、高端装备制造业、新材料产业、节能环保产业和海洋经济。

4．山东省

（1）地理位置

山东省位于中国东部沿海，黄河下游，境域包括半岛和内陆两部分，山东半岛突出于渤海与黄海之中，同辽东半岛遥相对峙。全境南北最长 420 多千米，东西最宽 700 多千米，总面积 15.71 万平方千米。

（2）自然资源

1）动植物。山东省境内有各种植物 3 100 余种，其中野生经济植物 645 种。树木 600 多种，分属 74 种 209 属。各种果树 90 种，分属 16 科 34 属。陆栖野生脊椎动物 450 种，占全国总数的 21%。山东是全国粮食作物和经济作物重点产区，素有“粮棉油之库，水果水产之乡”之称。

2）矿产资源。山东省现已发现 150 种矿产资源，查明资源储量的有 81 种，其中能源矿产 7 种，金属矿产 25 种，非金属矿产 46 种，水气矿产 3 种。在查明储量的矿产中，保有储量居全国前 10 位的矿产有 70 种，居全国前 5 位的有 41 种。国民经济赖以发展的 15 种支柱性重要矿产山东均有查明资源储量，其中石油、铁、铝、金、钾盐、矿盐、石灰岩等矿产保有资源储量居全国前 10 位。

3）能源。山东省是全国重要的能源基地之一。胜利油田是中国第二大石油生产基地，中原油田的重要采区也在山东省，山东省原油产量占全国 1/3。山东省境内含煤地层面积 5 万平方千米，兖滕矿区是全国十大煤炭基地之一。

（3）经济与产业基础

1）国内生产总值。2014 年全省实现生产总值（GDP）59 426.6 亿元，比上年增长 8.7%。产业结构调整稳步推进。三次产业比例由上年的 8.3∶49.7∶42.0 调整为 8.1∶48.4∶43.5。人均生产总值 60 879 元，增长 8.1%，按年均汇率折算为 9 911 美元。

2）财政收入。2014 年全省财政收支平稳增长，公共财政预算收入 5 026.7 亿元，比上年增长 10.2%。其中，税收收入 3 965.6 亿元，增长 12.2%，占全省财政收入的 78.9%，比上年提高 0.4 个百分点。公共财政预算支出 7 175.9 亿元，增长 7.3%。

3）外贸状况。2014 年对外贸易低速增长。进出口总额 2 771.2 亿美元，比上年增长 4.0%。其中，出口 1 447.5 亿美元，增长 7.9%；进口 1 323.7 亿美元，总量与上年持平。

4）交通运输。交通运输业保持稳定。2014 年铁路、公路、水路共完成货运量 26.1 亿吨，增长 0.2%。年末高速公路通车里程 5 108.0 千米。沿海港口货物吞吐量 12.9 亿吨，增长 8.9%。

5）支柱产业。为加快实现工业体系由大变强的转变，山东省确立了十大重点产业，包括钢铁、汽车、船舶、化工、轻工、纺织、有色金属、装备制造、电子信息和现代物流。

5. 北部沿海综合经济区物流发展

作为中国物流发展较早的地区，北部沿海综合经济区各省市地方政府大都从战略高度出发，把现代物流作为经济腾飞的重要措施，制定了一系列的相关制度，如表 3.1 所示，并致力于物流规划的有效执行。

表 3.1　北部沿海综合经济区物流规划制定状况

地　　区	出台时间（年）	政 策 规 划
北京市	2002	《北京市商业物流发展规划（2002—2010 年）》
	2002	《北京城市物流系统规划》
	2007	《北京市”十一五”期间物流业发展规划》
	2010	《北京市物流业调整和振兴实施方案》
	2011	《北京市“十二五”时期物流业发展规划》
天津市	2001	《天津市现代物流发展纲要》
	2003	《天津市发展现代物流业的综合政策意见》
	2003	《2003—2007 年天津市现代物流发展实施意见》
	2009	《天津市贯彻落实国务院物流业调整和振兴规划的工作方案》
	2009	《关于推动我市农村邮政物流发展的实施意见》
	2009	《天津市现代服务业布局规划》
	2011	《天津市现代物流业发展“十二五”规划》
河北省	2006	《河北省现代物流业发展规划》
	2008	《关于促进现代物流业发展的实施意见》
	2011	《河北省现代物流业“十二五”发展规划》
山东省	2002	《关于加快全省现代物流发展的意见》
	2006	《山东省“十一五”现代物流发展规划》
	2009	《山东省现代物流业振兴发展规划（2009—2011 年）》
	2011	《山东省现代物流业“十二五”发展规划》

（1）北京市物流发展

北京市物流产业总体情况：第一，总体规模快速增长，运行效率不断提升。2010 年，北京市社会物流总额达 5.04 万亿元，较 2006 年的 2.54 万亿元增长 98.4%。“十一五”期间，北京市物流效率不断提高，社会物流总费用与 GDP 的比率由 2006 年的 17.7%下降到 2010 年的 15.5%，低于全国平均水平 2.3 个百分点，促进了首都经济社会发展环境的进一步优化和企业运行效益的普遍提高。第二，基础设施日益完善，网络格局基本形成。公路、铁路都是国内一流水平，公路已组成一个完整的网络，拥有一个全国最大的环状的铁路网络，并拥有国内一流机场。”十一五”期间，北京市形成了以物流基地、物流中心为载体，专业物流为特色的多层次节点布局，以及与交通线网有效衔接的物流网络。第三，专业物流体系基本建立，运行保障能力显著增强。专业物流体系建设取得长足进展，医药、图书、冷链等专业化物流快速发展，已成为北京市物流业发展的重要推动力量。“电子商务+物流”、“总部+物流”、“展示交易+物流”等新模式日益成型，满足“最后一千米”物流需求的快递服务实现基本覆盖。物流技术支撑体系逐步完善，物流快速响应能力大幅提高，应急体系建设加快推进。第四，口岸体系加快建设，国际物流发展空间不断拓展，初步形成了以首都机场空港口岸为核心，北京西站铁路口岸、朝阳口岸、丰台口岸、北京平谷国际陆港为重要补充的布局合理、功能齐全的口岸体系，为提高国际物流运行效率创造了条件。第五，骨干企业实力不断壮大，市场集中度进一步提高。“2010 中国物流企业 50 强”有 19 家总部设在北京，位居前 20 的有 9 家。2010 年，北京市物流业务收入达 1 686.1 亿元，其中，817 家规模以上专业物流企业实现物流业务收入 1 260.2 亿元，占总量的 75%。物流资源和市场进一步向优势企业集中，大中型物流企业市场占有率不断扩大。

同发达国家和国内发达的城市相比，北京市物流产业还面临三方面的突出问题：第一，土地资源、交通、人力等物流业发展的投入要素成本相对较高，影响到物流企业扩张发展的能力；第二，北京市服务型经济主导的产业结构调整，要求物流业加快转变发展方式，实现集约式发展，第三方物流、专业化物流服务能力需要进一步提高；第三，公共物流区的设施、功能以及吸引集聚能力有待加强。

（2）天津市物流发展

作为北方重要的经济中心和港口城市，天津市对现代物流业的发展予以高度重视，将现代物流业列为五大支柱产业之一，早在 2001 年就制定了《天津市现代物流发展纲要》，确定了天津市现代物流在城市发展中的定位。

2003 年 1 月和 3 月天津市又分别颁布了《天津市发展现代物流业的综合政策意见》和《2003—2007 年天津市现代物流发展实施意见》，逐步细化了天津物流发展的规划。

为确保天津市现代物流业沿着健康的轨道，实现跨越式发展，天津市政府于 2003 年 3 月 11 日批准成立了天津市现代物流业管理办公室，该办公室设立在天津市交通委员会。

目前，天津市物流业规模和效益逐渐提高，“十一五”期间，全市物流业增加值（现价）年均增长 20%，全社会物流总费用与地区生产总值的比率为 18.4%，比“十五”末期下降 0.6 个百分点。已集聚了一批专业性或综合性物流企业，在仓储、运输、配送服务基础上，优势物流企业正积极向流通加工、信息服务、物流金融等领域拓展。天津港与 500 多个港口有贸易往来，开辟了 100 余条集装箱航线，滨海国际机场通航 66 个城市，开辟了 116 条航线，公路网承担着北京、东北、西北、华北和华东方向的货物流转功能，铁路网形成了通往北京、上海、秦皇岛、蓟县、黄骅的运输通道，大陆桥运输优势明显，现代化综合交通网络已经形成。物流园区围绕海港和空港形成集聚区，物流园区的服务功能显著增强，实现了海陆空重点物流园区保税物流功能全覆盖。

天津市物流业发展存在的问题突出表现在三个方面：一是传统物流服务多，国际化、高端化和多样化物流服务少。交通运输、仓储和邮政等传统行业增加值占物流业增加值的比重超过 70%，高附加值服务能力亟待加强。二是综合类物流园区多，专业化物流园区少。多数物流园区的服务对象面向各种行业，服务特色不明显，一些领域、一些行业的专业化物流发展水平有待提高。三是口岸集疏运体系有待进一步完善。天津重载铁路路网通行能力不足，缺乏直通西部的铁路通道，通往腹地的“五定班列”密度偏低。天津港周边的交通比较突出的问题是港口车辆和城市通行车辆混行严重，通道运输不畅、运能不足。

（3）河北省物流发展

近年来，河北省现代物流业保持了持续快速发展的态势，产业规模进一步壮大。据测算，“十一五”期间全省物流业年均增长 8.9%，2010 年全省物流业增加值实现 1 489 亿元，占全省生产总值比重达到7.4%。物流业专业化、社会化、市场化进程不断加快，传统物流企业加大功能整合与服务延伸，涌现出开滦国际物流、冀中能源国际物流、唐山远大、沧运、万和等一批全国物流百强企业。唐山海港、丰润北方等19个首批省级物流聚集区和7个环首都现代物流园区建设进度加快，产业集聚态势凸显。物流业与制造业联动效应初步显现，长城汽车、天威大型输电设备等制造业与物流业的协调联动日益深入，冀中能源、石药等大型企业加快拓展物流业务。传统专业商品交易市场逐步向区域性商贸物流中心和分拨中心转型，大型商贸流通企业加快完善信息化、自动化物流功能，拓展服务网络，助推城乡物流一体化发展。

河北省现代物流业发展仍存在一些突出矛盾和问题，体现在：一是沿海港口优势发挥不充分。综合物流功能较弱，高端物流发展滞后，初级基础物流服务较多，高端增值物流服务较少，对腹地及国际市场的辐射带动能力不强。二是专业化水平不高。企业物流外包比例偏低，产业联动效应较弱，不能适应重点产业园区和大型企业发展需要，社会物流总费用占全省生产总值比重高于全国平均水平 1.3 个百分点，现代物流的增值潜力没有得到有效挖掘。三是空间布局不合理。项目布局小、散、乱现象仍然突出，土地集约利用效率不高，基础设施配套性、兼容性不强，交通设施衔接不畅，区域一体化运作能力较弱，物流园区缺乏统一规划，内部功能划分不合理。四是发展环境有待完善。从事供应链管理和物流方案策划的高端人才不足，物流信息化、标准化程度较低，制约物流业发展的土地、税收等瓶颈性因素仍很突出。

（4）山东省物流发展

“十一五”期间，山东省经济快速增长，产业集群特色鲜明，产业联动趋势强劲，为现代物流业的快速发展提供了有力支撑。2010年，山东省社会物流总额105 831亿元，同比增长22.7%；物流业增加值2 871亿元，占GDP的7.28%；社会物流总费用7 080.9亿元，与GDP的比率下降为17.9%；物流产业投资2 190亿元，同比增长25.7%。经过多年的建设，山东省铁路、公路、海港、内河水运、航空、管道交通四通八达，“五纵四横一环八连”高等级公路网主骨架初步形成，全省四纵四横和城际铁路正在规划建设当中，快捷高效的现代化铁路运输体系即将形成。各地结合经济发展的需要，不断加大对物流园区（中心）建设的投入，已建成物流园区245个，在建园区94个，规划新园区37个，在建和规划物流中心407个。各种运输方式有机衔接，为现代物流业的发展奠定了良好的基础。

近几年来，山东省各类物流企业成长迅速，从事物流业务的企业达到 1.7 万多家，骨干物流企业 661 家，形成了由多种所有制、不同经营规模和各种服务模式构成的、具有行业特色的物流企业群体。国外知名物流企业如丹麦马士基、日本伊藤忠、英国铁行集团、新加坡胜狮、以色列以星轮船、韩国韩进海运以及美国普洛斯物流地产的进入，加快了物流企业核心群体的形成。

2010年，山东省开展了制造业与物流业的联动发展示范工程项目，促进了制造企业物流供应链的一体化管理，使得物流业务剥离外包进一步推进，物流企业承接物流外包的能力不断提升。目前，全省现代商贸物流体系已基本形成，限额批零企业12 000家，连锁总店116家，门店总数8 960家，商品集散和配送功能进一步增强。

山东省物流业发展中存在的一些问题包括：物流管理体制和环境有待完善；物流多式联运尚未实现无缝连接，对多种运输方式的一体化运作形成障碍；第三方物流企业规模普遍较小，基础设施和技术装备条件较差，服务水平不高，总体竞争力较低；物流业标准化和信息化水平不高，物流公共信息网络系统建设相对滞后；物流统计指标体系需进一步完善等。

点评

北部沿海综合经济区的物流发展涵盖首都北京，其发展具有得天独厚的政治优势。该区域也是人们常说的环渤海地区，物流发展潜力巨大。

3.2.3 东部沿海综合经济区

东部沿海综合经济区包括上海、江苏、浙江一市两省，总面积 21 万平方千米，2012 年总人口 15 777.4 万人。这一地区现代化起步早，历史上对外经济联系密切，在改革开放的潮流中许多领域先行一步，人力资源丰富，发展优势明显。2008 年，国务院颁发的《国务院关于进一步推进长江三角洲地区改革开放和经济社会发展的指导意见》，正式确立“长三角”为江苏省、浙江省和上海市两省一市全境，苏北和浙西南被纳入“长三角”。

1. 上海市

（1）地理位置

上海简称“沪”，位于北纬 31°4′、东经 121°29′。地处长江三角洲前缘，东濒东海，南临杭州湾，西接江苏、浙江两省，北界长江入海口，正当中国南北海岸线的中部，交通便利，位置优越，是一个良好的江海港口。

（2）自然资源

1）生物资源。上海东临东海，有丰富的水产资源，据统计，东海、黄海的水产资源有 700 多种。此外，上海地处长江口，这里江面宽阔，海淡水交汇，有各种鱼类 108 种，其中经济鱼类有 20 多种。

2）能源。上海具有一定数量和较高质量的“二次能源”生产，产品主要是电力、石油产品、焦煤和煤气（包括液化石油气）。据初步估算，东海大陆架油气资源储量约有 60 亿吨，是中国近海海域最大的含油气盆地。附近的南黄海，经过调查和勘探，也发现油气资源，估算有 2.9 亿吨储量。

（3）经济与产业基础

1）国内生产总值。2014 年全市实现生产总值（GDP）23 560.94 亿元，按可比价格计算，比上年增长 7.0%。按常住人口计算的上海市人均生产总值为 9.73 万元。

2）财政收入。2014 年上海市一般公共预算收入 4 585.55 亿元，比上年增长 11.6%。一般公共预算支出 4 923.44 亿元，增长 8.7%。

3）外贸状况。2014 年上海市货物进出口总额 4 666.22 亿美元，比上年增长 5.6%。其中，进口 2 563.45 亿美元，比上年增长 7.9%；出口 2 102.77 亿美元，增长 3.0%。2014 年上海关区货物进出口总额 8 634.55 亿美元，比上年增长 6.3%。其中，进口 3 402.43 亿美元，增长 8.6%；出口 5 232.12 亿美元，增长 4.8%。

4）交通运输。2014 年实现交通运输、仓储和邮政业增加值 1 044.46 亿元，比上年增长 9.4%。全年各种运输方式完成货物运输总量 90 340.88 万吨，比上年增长 1.3%。全年上海港口货物吞吐量达到 75 528.89 万吨，比上年下降 2.6%。集装箱吞吐量 3 528.53 万国际标准箱，增长 5.0%。

至2014年年末，全市轨道交通运营线路达到14条，运营线路长度达到548.44千米（均不含磁浮线路）。

5）支柱产业。新能源、民用航空制造业、先进重大装备、生物医药、电子信息制造业、新能源汽车、海洋工程装备、新材料、软件和信息服务业是上海市高新产业的九大方向。

2．江苏省

（1）地理位置

江苏简称“苏”，位于中国大陆东部沿海中心，介于东经116°18′~121°57′，北纬30°45′~35°20′。跨长江下游两岸，东濒黄海，有近1 000千米的海岸线，西北连安徽、山东，有低山丘陵错落，东南与浙江、上海毗邻。

（2）自然资源

江苏省地跨华北地台和扬子地台两大地质构造单元，有色金属类、建材类、膏盐类、特种非金属类矿产是江苏矿产资源的特色和优势。目前已发现的矿产品种有133种，探明资源储量的有65种，其中铌钽矿、含钾砂页岩、泥灰岩、凹凸棒石黏土、二氧化碳气等矿产查明资源储量居全国前列。

江苏省水资源十分丰富，降雨年径流深在150～400毫米。地处江淮沂沭泗五大河流上游，境内河渠纵横，水网稠密，长江横穿本省南部，江水是最可靠的水资源。平原地区广泛分布着深厚的第四纪松散堆积物，地下水源丰富。

（3）经济与产业基础

1）国内生产总值。2014年全省实现生产总值（GDP）65 088.3亿元，比上年增长8.7%。全省人均生产总值81 874元，比上年增长8.4%。

2）财政收入。财政收入稳定增长。2014年公共财政预算收入7 233.1亿元，比上年增长10.1%。公共财政预算支出8 466.5亿元，比上年增长8.6%。

3）外贸状况。2014年全年进出口总额5 637.6亿美元，比上年增长2.3%。其中，出口总额3 418.7亿美元，增长4.0%；进口总额2 218.9亿美元，与上年持平。

4）交通运输。2014年交通运输业基本平稳。全年货物运输量比上年增长7.5%，货物周转量增长4.7%。完成港口货物吞吐量22.6亿吨，比上年增长5.7%，其中外贸货物吞吐量3.8亿吨，增长8.1%。港口货物吞吐量中，集装箱吞吐量达1 500.5万标准集装箱，下降9.7%。年末，全省公路里程15.8万千米，新增1 427.3千米，其中高速公路里程4 488.3千米，新增45.3千米。铁路营业里程2 632.4千米，铁路正线延展长度4 200.3千米。

5）支柱产业。新能源、新材料、生物技术和新医药、节能环保、软件和服务外包、物联网和新一代信息技术六大新兴产业正成为江苏经济新的支柱产业。

3．浙江省

（1）地理位置

浙江省位于中国东南沿海、长江三角洲南翼，其东北部与上海相邻。有面积500平方米以上的岛屿3 061个，是中国岛屿最多的一个省份。

（2）自然资源

1）生物资源。省境内的海岸线包括海岛线总长6 486千米，内海面积为3.09万平方千米。浙江海域是中国最大的渔场，可供养殖的浅海面积有400余平方千米。

2）矿产资源。浙江省矿产资源种类较多，已发现矿产 113 种。截至 2012 年年底，全省统计矿产资源储量的矿产 93 种（不包括油气、放射性矿产）。全省有矿区 1 452 个，其中固体矿产矿区 1 391 个，地热矿泉水矿区 49 个。非金属矿产丰富，以探明资源储量而言，明矾石、叶蜡石居全国之冠，萤石、伊利石居全国第二位，膨润土、高岭土、水泥用石灰岩、沸石、硅灰石、珍珠岩等列前 10 名之内。

（3）经济与产业基础

1）国内生产总值。2014 年全省实现生产总值（GDP）40 154 亿元，比上年增长 7.6%。人均 GDP 为 72 967 元（按年平均汇率折算为 11 878 美元），增长 7.3%。

2）财政收入。2014 年浙江省财政总收入 7 522 亿元，比上年增长 8.9%，增速比上年回落 1.1 个百分点。地方公共财政预算收入 4 121 亿元，增长 8.5%，增速比上年回落 1.8 个百分点。

3）外贸状况。2014 年进出口总额 3 551.5 亿美元，比上年增长 5.8%。其中，进口 817.9 亿美元，下降 6.0%；出口 2 733.5 亿美元，增长 9.9%。民营企业出口 1 911 亿美元，比上年增长 14.3%，高于全省出口平均增速 4.4 个百分点，占全省出口总值的 69.9%，比上年提高 2.9 个百分点。

4）交通运输。2014 年交通运输、仓储和邮政业增加值为 1 517 亿元，比上年增长 8.0%。全年铁路、公路和水运完成货物周转量 9 548 亿吨千米，比上年增长 6.7%。港口完成货物吞吐量 13.9 亿吨，比上年增长 0.7%，其中，沿海港口完成 10.8 亿吨，增长 7.5%；内河港口完成 3.1 亿吨，下降 17.5%。

5）支柱产业。浙江省的九大战略性新兴支柱产业为生物产业、新能源产业、高端装备制造业、节能环保产业、海洋新兴产业、新能源汽车、物联网产业、新材料产业及核电关联产业。

4. 东部沿海综合经济区物流发展

东部沿海综合经济区以上海为龙头，以苏、浙为两翼，物流业飞速发展。所有省市都已完成本地物流发展纲要或规划的编制工作，并已进入实施阶段。表 3.2 所示为东部沿海综合经济区物流规划制定情况。

表 3.2　东部沿海综合经济区物流规划制定情况

地　区	出台时间（年）	政　策　规　划
上海市	2001	《上海市“十五”现代物流产业发展重点专项规划》
	2007	《上海市现代物流业发展“十一五”规划》
	2012	《上海市现代物流业发展“十二五”规划》
江苏省	2002	《江苏省现代物流业发展规划》
	2006	《江苏省“十一五”现代物流业发展规划纲要》
	2011	《江苏省“十二五”现代物流业发展规划纲要》
浙江省	2002	《浙江省现代物流发展纲要》
	2009	《浙江省交通物流基地布局规划》
	2012	《浙江省“十二五”物流业发展规划实施方案》

（1）上海市物流发展

“十一五”期间，上海物流业增加值年均增长10%，保持了快速增长的良好势头。口岸物流实现了海、陆、空港保税物流功能全覆盖。国际航运发展综合试验区建设积极推进，洋山保税港区营业税免征政策效应初显，出口加工区拓展保税物流等功能有序开展，跨国采购、国际配送、贸易展示、出口集拼、中转分拨等业务得到拓展，上海物流业国际竞争力进一步提升。

物流企业与制造企业深入合作，9家企业被评为“全国制造业与物流业联动示范企业”，物流业对制造业支撑能力得到强化。城市配送物流推广配送标准、优化通行政策，上海城市配送的物流效率、服务能力和交通管理水平进一步提升，为上海世博会的成功举办提供了有力保障。

功能性、枢纽型、网络化的综合交通基础设施建设取得重大突破。洋山深水港三期和外高桥港区六期建成使用；浦东国际机场、虹桥国际机场的扩建工程完工并投入运营；高速公路网基本建成。重点物流园区和专业物流基地建设稳步推进。

信息化和标准化得到加强。上海电子口岸平台主要口岸物流单证电子化率达75%，管理信息系统、全球定位、标准化立体仓库、自动拣选设备等物流信息系统和技术装备逐步推广和应用。物流标准化工作稳步推进，累计研究各类物流标准达20多项，牵头研制的《物流中心作业通用规范》、《物流园区分类与基本要求》等多项国家标准已获国家标准委评审通过。

企业主体不断发展壮大，截至2010年年底，上海已有国家A级物流企业107家，其中4A级以上企业54家。30家企业获评“全国先进物流企业”，石化、汽车、医药、电子等专业物流与产业融合互动，带动产业转型升级。区域物流联动效应显现。上海、江苏、浙江一市两省有关部门联合制定了《关于推进长三角地区现代物流联动发展的若干措施》，联合发布了《关于推进长三角地区道路货运（物流）一体化发展的若干意见》。

“十一五”期间，上海现代物流业发展跃上了一个新的台阶，但与加快建设“四个中心”和现代化国际大都市的要求相比，还存在着明显不足。一是高端物流功能亟待加强。物流业总体仍处于产业链中低端，特别是在本市土地、交通、人力等投入要素成本相对较高的情况下，迫切需要提高物流业的增值能力。二是物流集约化程度有待提升。物流设施的相互衔接和社会化运营水平仍然较低，中小物流企业的专业服务能力欠缺和“散、乱”现象并存，产业集中度较低。三是物流运行方式亟待进一步转变。传统运输、仓储等物流环节的节能减排和交通组织压力较大，全社会运用信息化有效配置物流资源的能力仍显不足，各物流环节标准化的统一和宣传贯彻力度有待加大。四是现代物流发展面临的体制机制障碍有待进一步突破。物流一体化运作需要尽快改变条块分割管理，发展物流总部、物流金融等高端功能需要进一步完善利益分配机制和外部管制。

（2）江苏省物流发展

“十一五”以来，江苏省把大力发展物流业作为落实“服务业提速计划”的重要内容，完善扶持政策，优化发展环境，推动了物流业平稳快速的发展。“十一五”期间，全省物流规模不断扩大，物流业增加值由1 361.2亿元扩大到2 659.5亿元，占GDP比重由6.3%

提高到 6.5%。物流运行效率明显提高，社会物流总费用与 GDP 的比率由 17.8%下降到 15.5%。

全省综合交通运输体系不断完善，基本形成“四纵四横”综合交通运输网络。物流政策环境不断改善。部门合作协调机制初步形成，在财税、土地、价格、人才、投融资、交通运输等方面出台了一系列鼓励现代物流业发展的政策措施，物流统计等行业基础性工作得到加强。

物流服务专业化、规模化水平明显提高。形成了一批较有影响力的本土第三方物流企业，物流配送体系不断完善，农产品区域物流网络初步形成，冷链物流粗具规模，粮食仓储物流能力逐步提高。南京、无锡、苏州、南通等地物流公共信息平台建设成效显著，条形码、智能标签、自动拣选、无线射频识别等先进适用的物流技术逐步推广应用，集装箱运输、甩挂运输及多式联运等现代化运输方式快速发展。

2010 年，江苏省主营业务收入超亿元的物流企业达 132 家，136 家省级重点物流企业平均业务收入 3.66 亿元。物流企业结构调整步伐加快，一批传统运输、仓储、联运企业通过模式创新、流程再造和服务延伸，加速向现代物流企业转型；一批重点物流企业通过兼并、上市等形式推进资产重组和资源整合，发展成为具有竞争优势的大型物流企业；一批实力强、知名度高的国内外大型物流企业入驻江苏，提高了物流业整体发展水平。

依托交通枢纽、经济开发区、制造业集聚区和商贸集中区，江苏省建设了一批投资多元、功能集成、特色鲜明的物流园区和物流基地。到 2010 年年底，省级物流集聚区达 32 家，省级重点物流基地（园区）达 55 家。此外，还建成 4 个综合保税（港）区和一批叠加保税物流功能的出口加工区，有力提升了保税物流服务能力。

随着沿海开发步伐的加快，江苏省与新亚欧大陆桥沿线地区、淮海经济区等地的物流合作不断加强，与上海、浙江在物流领域合作不断深入。省内三大区域间在口岸合作机制建立、基础设施建设、物流信息共享等方面统筹力度加大，形成了区域物流联动发展格局。

江苏省物流业虽然取得了长足发展，但是，与发达国家和地区相比，还存在着一些问题：①物流质量和效益有待进一步提高。从总体上看，省内物流组织化、规模化程度不高，物流园区集约化程度低，物流质量和物流效益普遍较低。各种运输方式之间缺乏有效衔接。物流信息共享机制尚未形成，物流标准推广力度还不够，物流技术、服务标准体系仍需进一步完善。②物流服务能力有待进一步提升。城市物流功能不够完善，缺乏合理规划。物流园区功能重复、同质竞争现象严重。物流企业核心业务不突出，功能单一。缺少拥有跨地区或全国性经营网络的综合性物流服务企业。第三方物流发展不够充分，大量的物流需求未能得到有效释放。③物流区域城乡协调发展有待进一步加强。苏北地区物流企业在服务水平、创新能力等方面与苏南地区相比，仍存在较大差距。农村地区物流、农产品物流不发达。物流园区、企业、专业市场等重要物流节点之间及物流枢纽城市与周边城市之间缺乏有效衔接，没有形成一个完整的物流体系。④体制机制有待进一步完善。物流管理体制尚未完全理顺，行政壁垒、行业壁垒仍然存在。中高级专业物流人才匮乏，不能满足现代物流业发展的需要。对物流基础设施、物流技术研发等投入不足，不能有效支撑物流业发展需求。

（3）浙江省物流发展

“十一五”期间，浙江省物流发展全面提速，物流业增加值和社会物流总额年均增长率分别为 12.9%和 13.5%。2010 年全省实现物流业增加值 2 550 亿元，分别占全省服务业增加值和生产总值的 21.7%与 9.4%；实现社会物流总额 8.75 万亿元，约占全国总量的 7.0%。但从物流成本看，2010 年全省物流总费用与生产总值的比率约为 17.6%，仍大大高于发达国家 10%左右的水平。

2010 年全省有物流法人单位 1.1 万余家，3A 级以上物流企业 105 家，占全国总数的 12.27%。越来越多的物流企业从原来提供单一的运输仓储服务向提供全方位、多层次、一体化服务转变，从简单的承揽物流业务向根据客户需要开发专业物流服务转变。公路港、“无水港”、物流金融、物流总包等新业务模式不断涌现。但从总体结构看，小型物流企业居多，从事传统装卸、储存、运输服务的企业依然占很大比重，无序竞争还比较严重。

“十一五”期间，包括交通、信息网络在内的物流基础设施建设成效显著。截至 2010 年年底，浙江省铁路营业里程达到 1 761 千米；通村以上公路总里程达到 11 万余千米，其中高速公路里程 3 383 千米；内河航道通航里程达到 9 704 千米；杭州、宁波等空港建设进展顺利。物流园区建设加快推进，传化物流基地和义乌国际物流中心等一批物流园区和物流中心项目示范作用凸显。但是，物流信息化水平仍然不高，公共物流信息平台建设尚处在探索阶段，物流标准化建设进展缓慢，物流园区建设缺乏统一规划，存在一定盲目性。

从企业层面看，尽管近几年来对第三方物流的认识已有较大提高。但是，不少企业仍固守“大而全、小而全”的传统经营方式，企业集成的物流业务外包比例仍然较低，社会化物流需求相对不足，影响了物流企业创新动力和专业化服务能力的提升。

就目前的状况而言，高端人才缺乏和体制政策障碍是浙江省物流业发展的主要瓶颈。全省现有物流企业中约有 50%的从业人员是从传统的物资储运企业中转型而来的，缺乏现代物流所需要的统筹运营意识和经营管理能力。而随着物流业的快速增长，社会对物流人才的需求正急剧扩大，全省物流人才特别是中、高级物流管理人才和工程技术人才匮乏的问题突出。同时，现有条块分割的体制壁垒以及一些政策障碍成为制约物流业一体化、网络化发展的瓶颈。

点评

以上海为中心、苏浙为两翼的“长三角”城市圈地处亚太核心，内外交通发达，地理位置显要，是我国经济规模最大、潜质最好的区域经济体，是我国经济重要的增长极，独特的地理位置和经济发展水平，奠定了该地区发展现代物流业的良好基础。目前，中远、中海、中外运、中储和中集等物流集团都已经在“长三角”建立了自己的根据地，联合包裹（UPS）、马士基、联邦快递（FedEx）、日本通用株式会社、佐川急便和荷兰天地快运（TNT）等国际物流巨头也先后进驻上海、南京、杭州、苏州和宁波等城市，促进了地区物流业的发展。已基本形成了以上海为中心、约 150 千米半径区域，包括苏州、无锡、南通、嘉兴和湖州等城市的上海物流圈；以南京为中心，包括镇江、扬州、常州和泰兴等城市的南京物流圈和以杭州为中心，包括宁波、绍兴、舟山等城市的杭州物流圈三个物流圈，如图 3.2 所示。

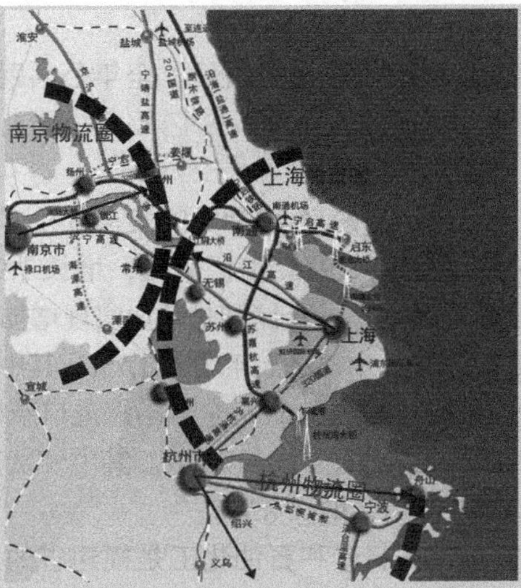

图 3.2　“长三角”地区物流圈

当前“长三角”物流发展的重点方向是抓住物流发展升级的机遇，把制造业/商贸业的产业升级作为物流发展的考核目标。随着梅山保税港区的启动建设，杭州湾跨海大桥和苏通大桥的相继通车，“长三角”物流发展迎来了新机遇。在良好的物流发展环境下，加快国际物流中心建设，提升城市核心功能是其既定不变的目标。

3.2.4　南部沿海综合经济区

南部沿海综合经济区包括福建、广东、海南 3 省。总面积 33 万平方千米，2012 年总人口 15 228 万人。该地区面临港、澳、台地区，海外社会资源丰富，对外开放程度高。

1．福建省

（1）地理位置

福建省地处祖国东南部、东海之滨，陆域介于北纬 23°30′ ~ 28°22′ 、东经 115°50′ ~ 120°40′。全省海域面积 13.6 万平方千米，比陆地面积还大；海岸线长达 3 324 千米，居全国第二位。

（2）自然资源

1）生物资源。福建省是全国重点林区之一，森林覆盖率为 65.95%，保持全国首位。拥有 766.67 亿平方千米的森林面积，为全国六大林区之一。福建海域面积 13.6 万平方千米，水深 200 米以内的海洋渔场面积 12.51 万平方千米，有闽东、闽中、闽南、闽外和台湾浅滩 5 大渔场，海洋生物种类 2 000 多种，其中经济鱼类 200 多种，贝、藻、鱼、虾种类数量居全国前列。

2）矿产资源。福建地质构造复杂，矿产资源中已探明储量的矿种有 118 种（含亚矿种），其中能源矿产有无烟煤、地热 2 种，金属矿产 31 种，非金属矿产 82 种，水气矿产 1 种。金、银、铅、锌、锰、高岭石、水泥石灰岩、花岗石材、明矾石、叶腊石、硫等矿产储量也较大。石英砂储量、质量冠于全国。

（3）经济与产业基础

1）国内生产总值。2014 年全省实现生产总值（GDP）24 055.76 亿元，比上年增长 9.9%。

人均地区生产总值63 472元，比上年增长9.1%。

2）财政收入。2014年全省财政收入稳定增长。全年公共财政总收入828.02亿元，比上年增长11.6%，其中，地方公共财政收入2 362.29亿元，增长11.5%；公共财政支出3 300.70亿元，增长7.6%。

3）外贸状况。2014年全年进出口总额10 902.95亿美元，比上年增长4.8%。其中，出口6 969.24亿美元，增长6.6%；进口3 933.71亿美元，增长1.9%。

4）交通运输。2014年全省交通运输、仓储和邮政业实现增加值1 320.35亿元，比上年增长10.7%。公路通车里程101 189.60千米，比上年增长1.7%。其中高速公路4 053.02千米，增长3.0%；铁路营业里程2 759.1千米，增长0.6%。全年沿海港口新增货物通过能力3 968万吨，沿海港口完成货物吞吐量4.92亿吨，比上年增长8.1%。其中外贸货物吞吐量2.10亿吨，增长13.1%。集装箱吞吐量1 270.71万标箱，增长8.7%。

5）支柱产业。电子信息、装备制造和石油化工是福建省的三大支柱产业。

2. 广东省

（1）地理位置

广东省位于中国大陆最南部，陆地面积17.8万平方千米，海岛面积1 600平方千米，南临南海，大陆海岸线总长3 368千米，岛屿众多。2 122千米长的珠江为中国第三大河流。珠江三角洲土地肥沃，是著名的“鱼米之乡”。

（2）自然资源

1）生物资源。广东省海域辽阔，河网纵横，水库众多，鱼塘遍布，水产资源丰富。海水养殖可养面积0.78万平方千米，淡水养殖可养面积0.43万平方千米。全省森林覆盖率57%，主要林木有松、梓、杉、桉等，水果有200多种。

2）矿产资源。广东地处欧亚板块与太平洋板块交接处，是国内具有丰富矿产资源的省份之一，有“稀有金属和有色金属之乡”之称。全省已发现矿产148种，探明储量的有101种（《2009年广东省矿产资源年报》）。矿产资源储量列全国第一位的有高岭土、泥炭土、水泥用粗面岩、碲；列第二位的有油页岩、重稀土、独居石、锗、铋、铊、锆、硒、冰洲石、饰面用大理岩、冶金用脉石英；列第三位的有银、铅、镉、钛、玉石；列第四到第六位的有钨、锡、硫铁矿、铌、钽、压电水晶、玻璃用砂、陶瓷土、汞、锌、萤石、叶腊石等。广东省比较短缺的矿产资源主要有煤、铁、磷、钾、菱镁矿、铜、铝以及优质耐火黏土、云母、石棉等。

（3）经济与产业基础

1）国内生产总值。2014年全省实现生产总值（GDP）67 792.24亿元，比上年增长7.8%。2014年，广东人均GDP达到63 452元，按平均汇率折算为10 330美元。

2）财政收入。2014年广东省地方公共财政预算收入8 060.06亿元，增长13.9%；其中，税收收入6 505.89亿元，增长12.9%。

3）外贸状况。2012年全省进出口总额10 767.34亿美元，比上年增长1.4%。其中，出口6 462.22亿美元，增长1.5%；进口4 305.12亿美元，下降5.5%。进出口差额（出口减进口）2 157.10亿美元，比上年增加347.45亿美元。

4）交通运输。2014年交通运输、仓储和邮政业实现增加值2 663.11亿元，比上年增长9.7%。货运运输总量357.448万吨，增长8.9%。全年全省港口完成货物吞吐量156 370

万吨，比上年增长 4.7%，其中，外贸货物吞吐量 50 896 万吨，增长 2.6%；内贸货物吞吐量 105 474 万吨，增长 5.7%。港口集装箱吞吐量 5 292.43 万标准箱，增长 7.3%。年末公路通车里程 21.21 万千米，其中，高速公路里程 6 280 千米，比上年末增长 10.1%。

5）支柱产业。三大新兴产业是电子信息、电气机械及专用设备、石油及化学；三大传统支柱产业是纺织服装、食品饮料、建筑材料；三大潜力产业是森工造纸、医药、汽车及摩托车。

3．海南省

（1）地理位置

海南省位于中国最南端，北以琼州海峡与广东省划界。海南省的行政区域包括海南岛和西沙群岛、中沙群岛、南沙群岛的岛礁及其海域。全省陆地（包括海南岛和西沙、中沙、南沙群岛）总面积 3.5 万平方千米，海域面积约 200 万平方千米。

（2）自然资源

1）生物资源。海南省陆生脊椎动物有 500 多种，其中，两栖类 37 种；爬行类 104 种；鸟类 344 种；哺乳类 82 种。海南省的植被生长快，植物繁多，是热带雨林的原生地。

2）矿产资源。海南省矿产资源种类较多。在国内占有重要位置的优势矿产主要有玻璃用石英砂、天然气、钛铁砂、锆英石、蓝宝石、水晶、三水型铝土、油页岩、化肥灰岩、沸石等 10 多种。其中，石绿铁矿的铁矿储量约占全国富铁矿储量的 70%，位居全国第一。

（3）经济与产业基础

1）国内生产总值。2014 年全省实现生产总值（GDP）3 500.7 亿元，比上年增长 8.5%。按常住人口计算，全年人均 GDP 达到 38 924 元，按现行平均汇率折算为 6 337 美元，比上年增长 7.5%。

2）财政收入。2014 年全省全口径一般公共财政收入 919.5 亿元，比上年增长 11.9%。其中，地方一般公共财政预算收入 555.3 亿元，增长 15.4%；全年地方一般公共财政预算支出 1 094.4 亿元，比上年增长 8.2%。

3）外贸情况。2014 年对外贸易进出口总值 975 亿元，比上年增长 4.3%。其中，出口总值 271.4 亿元，增长 17.8%；进口总值 703.6 亿元，下降 0.1%。

4）交通运输。2014 年全省交通运输、邮电和仓储业实现增加值 185.1 亿元，比上年增长 16.4%。全年货物运输周转量 1 440.52 亿吨千米。港口货物吞吐量 11 839.94 万吨，比上年增长 7.5%。

5）支柱产业。农业、旅游业、石油化工、电子信息、海洋生物制药等是海南省的支柱产业。

4．南部沿海综合经济区物流发展

南部沿海综合经济区的物流发展具有良好的市场需求、得天独厚的区位优势和深厚的基础条件。其中广东省是全国物流业最为发达的地区之一。

（1）广东省物流发展

作为经济强省，广东省现代物流的发展值得重点关注。近年来，广东省的现代物流发展明显加快，表现为：一是传统运输仓储业的转型加快。在市场需求和市场意识不断提高的推动下，传统储运企业和邮政企业通过资产重组和流程再造，加速向第三方物流企业转型，围绕货运代理、商业配送、多式联运等物流职能或环节的专业化物流服务发展迅速。

如中国外运广东分公司、广东邮政物流配送服务有限公司、广东物资集团公司、广东省航运集团有限公司等，通过提供流通加工、物流信息、库存管理、成本控制等增值性服务，以及物流方案设计和供应链全程服务发展，不断提升服务手段和服务功能，逐步由传统仓储业向现代物流业转变，进一步提高了现代物流业的发展水平。二是第三方物流方兴未艾。在市场旺盛需求的有力推动下，已涌现出了一批规模大、发展快、效益好、后劲足的第三方物流企业。如广东宝供物流、深圳招商物流、佛山顺德安得物流等，这些物流企业，在服务功能、服务技术、服务水平上比传统储运企业均有极大的提高。三是物流龙头企业发展势头迅猛。涌现出一批像中国外运广东分公司、广东省航运集团有限公司、广东邮政物流配送服务有限公司这样的营业额超10亿元以上的物流企业。此外，广州宝供物流、深圳招商物流、广东南粤物流等龙头企业通过开拓新业务、在国内主要城市扩建物流基地、加大信息化技术投入等手段，使业务保持了高速增长势头，市场竞争力进一步增强。

广东省现代物流信息化水平显著提高。先进的信息管理技术是现代物流企业核心竞争力的重要组成内容。广东省正积极推进全国高速公路干线通信系统建设，省厅综合监控中心大厅已基本建成并投入使用，西江86千米数字航道建设也已经启动了，交通运输信息感知基础设施建设正在加快推进，物联网在交通引导、停车诱导、城市公交智能管理、实时路况、客货车辆管理、危险品运输管理、电子通关等方面广泛应用；省综合运输体系规划信息平台（一期）如期投入使用，初步实现了“一张图”规划管理；佛山、东莞、中山等制造业发达地区的工商企业，根据本地实际，积极发展电子商务，通过应用条形码技术、GPS、MRP、ERP等物流管理软件，以及以EDI、互联网等为基础的物流信息系统，以信息化促进产业升级。部分地区已搭建起社会公共物流信息交流平台，实现以电子商务物流平台为核心的物流、商流、资金流、信息流四流合一管理，使流通效率、效益和服务质量得到同步提高，实现了高效率运营，为企业做大做强、参与国际竞争奠定了良好的基础。

广东省物流园区建设蓬勃兴起。这些物流园区大多集市场信息、仓储、配送、多式联运及展示、交易等功能于一体，为现代物流业的发展提供了有利的基础条件。如广州南沙物流园区、白云空港物流园区、黄埔国际物流园区、广钢专业物流园区；深圳盐田港、前海湾、航空港、平湖、笋岗—清水河、龙华以及大铲湾七大物流园区；佛山三山国际物流园建设规模300万平方米，建设现代化仓库30万平方米，投资规模25亿元，是国际货运枢纽型物流园区；中山市根据自身的区位优势和交通条件，规划建设火炬商贸中转物流园区、西部工业组团产业物流园区、城市配送物流园区三个类型不同、功能各异的物流园区；珠海高栏港保税港区和国家物流园区；惠州港港口物流园，惠州市与中国物流集团合作规划建设的金通达物流配送中心（占地面积20万平方米）；东莞市将重点建设虎门港物流基地和中国外运东莞物流中心。“十二五”期间，广东省物流园区的重点建设项目还包括：汕头广澳港国际物流园、湛江保税港区、揭阳港惠来物流园、潮州亚太码头物流园区、肇庆高新区空港综合物流园、云浮新港物流园、阳江高新区B型保税物流中心、清远粤中物流产业基地等。

广东省多种所有制共同发展的格局基本形成。民营物流企业不断发展壮大，一批具备现代物流功能的物流企业逐步形成，成为新兴的专业物流公司。国有物流企业通过整合和优化资源，不断提升物流水平，使传统物流企业迅速转轨变型，成为第三方物流企业。外资物流企业加速抢滩，开办连锁超市配送中心、建设物流基础设施、投资采购中心、组建

IT 物流，已经成为新的投资方向。

广东省的物流业发展应注意物流定位问题，要从区域经济协调发展的需要出发，规划物流发展蓝图。

（2）福建省物流发展

《2009—2015 年福建省交通物流发展专项规划（试行）》，计划从交通物流基础设施建设、交通物流信息化建设、物流企业发展和物流市场需求 4 个方面出发，重点建设“一二一工程”，即构建一个交通物流支撑体系，建设交通物流基础、物流信息两大平台，培育一批交通物流龙头企业，实现到 2015 年初步建成我国东南沿海的现代物流中心。

福建省将按“物流枢纽—物流园区—物流中心（配送中心）”的布局模式，规划建设厦门和福州两个国家级综合交通物流枢纽，以及若干主要物流园区和一批交通物流基础设施项目，形成配套、完善的现代交通物流体系。

在构建交通物流支撑体系方面，一方面将重点加快“两集两散”重点港口港区建设，大力发展石化、冶金、造船、木材加工等临港产业；另一方面着力建设公路集疏运网络、港口集疏运网络。以干线公路网络为依托，大力发展省内主要城市至国内主要城市的干线运输网络；整合城乡区域配送资源，形成省、市、县（区）三个层面的区域集散网络；鼓励专业配送、集中配送、协同配送，发展城市一体化配送网络；建立以沿海港口为核心，以干线公路、铁路等为通道的港口集疏运网络，加快实现港口与公路、航道的无缝衔接。

在交通物流基础平台建设方面，加快以高速公路、快速铁路、大型海港和空港为主骨架和主枢纽的海西“两纵五横”综合运输主通道、“三纵八横”高速公路网、“八纵九横”省道等交通运输通道的建设；加快形成以厦门和福州两个国家级交通运输枢纽为中心的涵盖全省的“半日交通经济辐射圈”，覆盖海峡西岸经济区（以福建为主体，涵盖江西、浙江西南部，广东东北部）和湖南南部等地的“一日交通经济辐射圈”，并形成快速集疏运体系。以厦门和福州两个国家级综合交通物流枢纽建设为重点，积极推进龙岩、三明、南平、莆田、宁德等综合交通枢纽建设；近期重点建设福州江阴保税物流园区、厦门海沧保税物流园区、莆田湄洲湾港口物流园区。

加快交通物流信息平台建设，在交通运输信息的采集和监控、交通信息资源的整合开发与利用、交通综合运行分析和辅助决策、交通信息服务和信息化保障体系建设 5 个方面实现重点突破，实现公路、水路、铁路、航空及邮政等交通运输物流信息的集成和共享；实现全省交通物流跨区域、多业务部门的综合管理。

在培育物流企业方面，对龙头企业实行分级培育，省级道路运输龙头企业按特种物流、干线物流、平台物流、配送物流和综合物流五个业务领域分别认定；省级水路运输龙头企业按集装箱、散杂货和液货危险品运输业务领域分别认定。同时，将培育出涵盖各物流领域的龙头企业集群。

（3）海南省物流发展

海南省的经济具有典型的岛屿型经济特征，“两头在外”的经济现实为海南的现代物流提供了生存和发展的基础。

2010 年，由海南省商务厅委托国家发改委宏观经济研究院编制的《海南省现代物流业发展规划（2010—2020 年）》获得通过。按照规划发展目标，到 2015 年，海南省将基本形成以全省综合运输网络为主体支撑的、较为完善的多式联运体系，第三方物流服务所占比重超过 30%，到 2020 年，将形成 3 ~ 5 个产值规模超 100 亿元的大型现代物流园区，全省物流业增加值达到 340 亿元。

海南省现代物流业尚处于起步阶段，省内各市县虽已规划了一批各类各型的物流基础设施，不过缺乏统一规划，布局较为分散，市场与功能定位相对含混。针对省内物流业在基础设施、特色产业服务等方面存在的问题，未来十年，海南将通过提高物流产业聚集程度、加强基础设施建设、推广和应用物流技术、培育各类物流服务企业、搭建物流信息平台等五大方面来推动现代物流业发展。

按照规划，海南省物流产业的空间分布将依托海口、三亚、五指山、琼海—万宁和儋州—东方五大经济功能组团的分布，以岛内综合运输网络、港口和进出岛航线为岛内支撑，以国家综合运输网络为延伸支持，整合各类物流基础设施和交通运输网络设施，以物流服务企业为服务运行主体，形成以海口和洋浦为主核心，以三亚、东方、琼中、琼海等城市为次核心，联系全省北、南、中、东、西几个物流主要发展区域的“三纵一横、六点支撑”的物流产业空间布局系统。

按照海南省物流产业总体布局，将在未来 10 年重点建设 7 大物流园区、5 个物流中心和 2 大配送中心群等 14 大物流基础设施，这 14 大物流基础设施重点建设项目的物流操作量，2015 年将达 4 600 万吨，2020 年达 7 000 万吨，项目规划用地 2015 年达 1 400 万平方千米，2020 年达 2 000 万平方千米。

点评

在南部沿海综合经济区里，广东省自然是龙头，这个全国经济强省早早地经受了改革开放的风雨洗礼，正在加快升级转型步伐，努力保持“排头兵”的优势。南部沿海综合经济区紧邻港、澳、台地区，要进一步开放物流市场，整合分散的物流资源，在竞争中壮大实力，构建粤、港、澳大物流圈，增创地缘新优势。

3.2.5 黄河中游综合经济区

黄河中游综合经济区包括陕西、山西、河南、内蒙古三省一区，总面积 160 万平方千米，2012 年总人口 20 396.77 万人。这一地区自然资源尤其是煤炭和天然气资源丰富。地处内陆，战略地位重要，对外开放不足，结构调整任务艰巨。

1．陕西省

（1）地理位置

陕西省居于黄河中游，地处中国内陆腹地，是中国大西北的门户，是连接中国东、中部地区和西北、西南地区的交通枢纽。东起连云港，西至荷兰鹿特丹，跨亚欧的国际经济大通道“新亚欧大陆桥”横贯陕西省中部；省境南北长 1 000 多千米，东西宽约 360 千米。境内最高峰为秦岭主峰太白山，海拔 3 771.2 米。中国大地原点在陕西省泾阳县永乐镇。全省总面积为 20.58 万平方千米。

（2）自然资源

1）生物资源。全省森林覆盖率 41.42%，有野生脊椎动物 750 多种，野生植物 3 300 余种，药用植物近 800 种。丰富的沙棘、绞股蓝等保健药材资源极具开发价值。生漆产量和质量居全国之冠。红枣、核桃仁、桐油是传统的出口产品。

2）矿产资源。目前，已查明有资源储量的矿产 92 种，其中能源矿产 5 种，金属矿产 27 种，非金属矿产 57 种，水气矿产 3 种。储量居全国前 10 位的有 58 种。其中黄金储量居全国第五位，产量居第四位。钼精矿产量占全国的 1/2。煤炭探明储量 1 618 亿吨，是陕西省第一大矿种。

（3）经济与产业基础

1） 国内生产总值。初步核算，2014 年全省实现生产总值（GDP）17 689.94 亿元，比上年增长 9.7%。人均生产总值（GDP）46 929 元，比上年增长 9.4%。

2）财政收入。初步统计，2014 年全省全年财政总收入完成 3 144.9 亿元，增长 8.3%。

3）外贸状况。2014 年全省全年外贸进出口总额 1 683.53 亿元，比上年增长 35%。其中，出口 855.54 亿元，比上年增长 34.9%；进口 827.99 亿元，增长 35.0%。在进出口总额中，进料加工贸易 935.81 亿元，增长 98.7%。

4）交通运输。2014 年全省全年完成货运量 15.70 亿吨，比上年增长 10.9%，其中，铁路 3.75 亿吨，增长 4.7%；公路 11.93 亿吨，增长 13.0%。货物周转量 3 523.50 亿吨千米，增长 9.8%。

5）支柱产业。电子、机械、医药、化工、能源、食品、旅游业等产业是陕西省的支柱产业。

2．山西省

（1）地理位置

山西省地处黄河流域中部，位于北纬 34°34' ~ 40°44'、东经 110°15' ~ 114°32'。因地属太行山以西，故取名山西。全省总面积 15.67 万平方千米。地形多为山地丘陵，山区面积约占全省总面积的 80%以上。东有太行山，西有吕梁山，西、南以黄河与内蒙古、陕西、河南等省区为界。

（2）自然资源

1）生物资源。山西省野生动物以陆栖类为主，已知的有 400 多种，属于国家级保护动物的珍稀动物有 70 多种，药用动物有 70 多种。已知的种子植物有 134 科，约 1700 种，其中木本植物有 480 多种。山西省森林资源稀少，是全国森林资源最少的省份之一。

2）矿产资源。山西省矿产资源极为丰富，已发现的地下矿种达 120 多种，其中探明储量的有 53 种。煤、铝矾土、珍珠岩、镓、沸石的储量居全国之首，其中尤以煤炭闻名全国。目前，山西省已探明煤炭储量达 2 612 亿吨，占全国总储量的 1/3，故有“煤乡”之称。

（3）经济与产业基础

1）国内生产总值。初步核算，2014 年全省实现生产总值（GDP）12 759.4 亿元，按可比价格计算，比上年增长 4.9%。

2）财政收入。2014 年全年全省财政总收入 1 820.1 亿元，增长 7.0%。税收收入 1 133.8 亿元，下降 0.3%。

3）外贸状况。2014 年全年全省海关进出口总额 162.5 亿美元，比上年增长 2.9%。其中，进口额 73.1 亿美元，下降 6.3%；出口额 89.4 亿美元，增长 11.8%。

4）交通运输。2014 年全省全年完成货运量 164 909.7 万吨，比上年增长 5.7%，其中，铁路76 412.6万吨，增长4.4%；公路88 492.0万吨，增长6.8%；民航5.1万吨，增长1.4%。全省公路线路里程14.0万千米，其中高速公路5 011.1千米，与上年持平。

5）支柱产业。煤炭、冶金、机械、电力、化学、轻工、纺织等产业是山西省的支柱产业。

3．河南省

（1）地理位置

河南省位于中国中东部、黄河中下游、黄淮海平原西南部，大部分地区在黄河以南，故名“河南”。全省总面积约16.7万平方千米。黄河流经河南境内700多千米。

（2）自然资源

1）生物资源。河南省的生物资源，仅高等植物就有197科、3 830余种，动物418种。在全国占有重要地位的有小麦、玉米、棉花、烟叶和油料等。

2）矿产资源。河南地质构造复杂，成矿条件优越，蕴藏着丰富的矿产资源，是全国矿产资源大省之一。目前，已发现各类矿产126种；探明储量的73种；已开发利用的85种。其中能源矿产7种，金属矿产18种，非金属矿产58种，水气矿产2种。

（3）经济与产业基础

1）国内生产总值。2014年全省实现生产总值（GDP）34 939.38亿元，比上年增长8.9%。

2）财政收入。2014年全省全年地方财政总收入4 094.78亿元，比上年增长11.0%。地方公共财政预算收入2 738.47亿元，增长13.4%，其中，税收收入1 950.67亿元，增长10.5%。

3）外贸状况。2014年全省全年进出口总额3 994.36亿元，比上年增长7.5%。其中，出口总额2 418.81亿元，增长8.4%；进口总额1 575.55亿元，增长6.1%。

4）交通运输。2014年全省全年交通运输、仓储和邮政业增加值1 613.97亿元，比上年增长3.4%。年末铁路营业里程4 874千米，高速公路通车里程5 859千米。全年各种运输方式货物运输量比上年增长9.4%；货物周转量增长3.2%；机场货邮吞吐量增长44.6%。

5）支柱产业。机械电子、化工、食品、轻纺、建材等产业是河南省的支柱产业。

4．内蒙古

（1）地理位置

内蒙古位于中国北部边疆，由东北向西南斜伸，呈狭长形，东西直线距离2 400千米，南北跨度1 700千米。土地总面积118.3万平方千米，占全国总面积的12.3%，在全国各省、市、自治区中名列第三位。东、南、西与8省区毗邻，北与蒙古国、俄罗斯接壤，国境线长4 200千米。

（2）自然资源

1）生物资源。内蒙古有各类植物2 351余种，其中草本植物分布面积最广。野生动物众多，共有兽类117种，鸟类362种，其中，列入国家和地区重点保护的动物有49种，珍贵、稀有动物10多种。

2）矿产资源。内蒙古的矿床类型比较齐全。截止到2011年年底，在全国已发现的172种矿产资源中内蒙古就有143种，其中查明资源储量的有98种。资源储量居全国之首的有12种、居全国前3位的有30种、居全国前10位的有70种。其中，稀土资源储量8 459万吨，占世界储量的80%，占全国储量的90%以上；已探明煤炭储量2 247.5亿吨，居全国第二位；石油、天然气储量十分可观，已探明13个大型油气田，预测石油资源总量为20亿～

30 亿吨，天然气总量为 10 000 亿立方米。矿产资源储量（不含石油、天然气）潜在价值达 13 万亿元，占全国的 10%以上，居第三位。

（3）经济与产业基础

1）国内生产总值。初步核算，2014 年全区实现生产总值（GDP）17 769.5 亿元，按可比价格计算，比上年增长 7.8%。

2）财政收入。2014 年全区全年完成公共财政预算收入 1 843.2 亿元，比上年增长 7.1%。公共财政预算支出 3 884.2 亿元，增长 5.4%。

3）外贸状况。2014 年全区全年海关进出口总额 145.5 亿美元，比上年增长 21.4%。其中，出口总额 63.9 亿美元，增长 56.2%；进口总额 81.6 亿美元，增长 3.3%。

4）交通运输。2014 年全区全年完成货物运输总量 20.4 亿吨，比上年增长 18.9%。其中，铁路 7.8 亿吨，增长 3.7%；公路 12.7 亿吨，增长 30.5%。

5）支柱产业。农畜产品加工业、能源工业、冶金工业、化学工业等产业是内蒙古的支柱产业。

5. 黄河中游综合经济区物流发展

（1）陕西省物流发展

陕西省贯彻落实物流业调整和振兴规划实施方案，提出了当前和今后一个时期物流业调整和振兴的八大重点工程和 80 个重点项目。这些项目将重点推进全省多式联运、制造业与物流业联动发展、城市配送、大宗商品以及重要行业物流发展。陕北地区重点抓好能源化工与物流业联动发展，以及煤炭、油气及农特产品物流项目；关中地区重点抓好装备制造与物流业联动发展以及粮食、农产品冷链以及城市配送方面的项目；陕南地区要重点抓好循环经济产业与物流业联动发展工程、绿色产品物流项目。

实施方案确定要加大西安、宝鸡、咸阳、榆林和汉中五大物流园区的建设力度。同时，加快推进农村物流体系建设，重点抓好城乡日用消费品连锁配送网络、再生资源回收网络、农资配送网络项目建设。

规划实施方案还提出陕西省将着重建设“四大物流体系”、“七大物流通道”、“六个物流节点城市”。四大物流体系包括以西安为中心，辐射带动咸阳、渭南、商洛、铜川的关中物流核心区域；以宝鸡为中心，辐射带动杨凌、天水的西部物流区域；以汉中为中心，辐射带动安康及南部周边省份的陕南物流区域；以榆林为中心，辐射带动延安及周边省份的陕北物流区域。七大物流通道为，以陇海铁路、连霍线宝鸡—西安—潼关高速公路为主的陆桥物流通道；以包西铁路、西安—安康—重庆铁路、包茂线榆林—西安—安康高速公路为主的南北物流通道；以西安—平凉铁路、西安—合肥铁路和沪陕、福银线长武—西安—商南高速公路为主的西北华南物流通道；以侯西铁路、京昆线韩城—西安—汉中高速公路为主的西南物流通道；以宝中铁路、宝成铁路、平凉—宝鸡—汉中高速公路为主的宝成物流通道；以阳安铁路、白河—安康—汉中高速公路为主的汉江物流通道；以西安咸阳国际机场为主，4 个支线机场为辅，辐射周边省区和国际主要城市的航空物流通道。重点发展六个物流节点城市，西安为国家级物流节点城市，宝鸡、咸阳、渭南、榆林、汉中为省级物流节点城市。

（2）山西省物流发展

近年来，山西省陆续建成一批交通、通信、基础设施和公共服务设施，基本形成了四通八达的交通运输网络。大型生产型物流、生活型物流、连锁配送网络网点的经营和建设取得较快进展。太原、大同、晋中、侯马物流园区建设步伐加快，山西方略保税物流中心获批设立，信息化、保税、仓储、配送设施水平不断提高。

省内物流企业结构调整步伐加快，太钢、煤销集团、太铁联合物流等大型企业实施供、销环节的服务外包和流程改造，取得了初步成效。省物产集团、省汽运集团、美特好等传统运输、仓储、零售企业加强了功能整合和服务延伸。城乡新型流通网络配送体系粗具规模。同时，沃尔玛、华联集团、豪德集团、宅急送等大型物流企业相继入驻太原、大同、朔州、运城等中心城市。

山西省的现代物流已开始起步，经过多年的努力，发展势头良好，但也不可避免存在一些问题：一是物流企业普遍存在竞争力不强，能够全方位承接大型工商企业物流业务的综合第三方物流企业少；二是物流业与综合交通网络、物联网公共信息平台和保税政策功能尚未进行充分有效衔接，货物运输方式的转换不够顺畅，物流基础设施的系统性、兼容性有待提升；三是物流等现代服务业与实体产业有机融合、相互促进不够。

（3）河南省物流发展

河南省已经初步形成了公路、铁路、航空运输并存的综合运输体系。建设了多种交通方式为一体的新郑州东站和郑州机场综合交通换乘中心；郑州铁路集装箱中心站建成投用，郑州国家一类铁路口岸的货运吞吐能力大幅度提升；郑州、洛阳等 9 个国家公路运输枢纽建设全面展开；郑州航空港保税物流中心等一批大型物流园区建设粗具规模。信息基础设施加快发展，电子商务、电子口岸等网络建设取得积极进展。

为了加强物流资源整合，打破行业和地区界限，实施现有物流设施资源的整合和有效联动，河南省确立了要以郑州国际物流中心建设和冷链、粮食、医药、钢铁、邮政等行业建设为突破口，整合行业物流资源，加强外部物流系统的协调。

“十一五”期间，河南省物流企业不断壮大，实力增强。目前，全省共拥有 A 级物流企业 29 家，其中 4A 级物流企业 12 家，3A 级物流企业 14 家，2A 级物流企业 2 家。工商企业逐步意识到了物流链整合在降低企业生产、销售成本、提升核心竞争力方面的重要作用，与第三方物流企业互相联动，共同发展的趋势显现。如新飞电器有限公司、金龙集团等大型企业成功剥离物流业务与资产，通过招标方式确定了第三方物流供应商；许继集团、许昌电厂、内燃机配件厂、许昌市烟草局等单位相继与万里运输集团签订了长期运输合同；河南煤业化工集团实施重组，成立国龙物流有限公司，搭建了资源型企业大物流框架，当年累计实现销售收入 101 亿元，位居河南物流商贸企业之首。

目前，国际大型物流企业在我国东部地区布局已经基本完成，布局重点正转向我国中西部地区，河南现代物流业发展面临着重大战略机遇。

（4）内蒙古物流发展

内蒙古自治区“十二五”物流业发展规划中提到，要根据区内的经济结构、产业布局、交通条件、区位特点等因素，构建西部物流区域、东部物流区域和口岸物流带“两区一带”的现代物流业发展格局。

西部物流区域要发挥呼和浩特、包头国家级物流节点城市的作用，重点围绕呼包鄂城市群和沿黄河沿交通干线产业带建设，推进物流产业集聚，加强与京津冀协作，形成连接西北、华北经济区，连通欧亚大陆的我国西北地区重要的物流基地。

东部物流区域要发挥海拉尔、乌兰浩特、赤峰、通辽、锡林浩特等中心城市作用，重点围绕蒙东地区煤电、煤化工、有色金属冶炼加工、绿色农畜产品加工等基地建设，打通出海通道和连接俄蒙的口岸通道，加强与环渤海、东北经济区及俄蒙的物流协作，形成连接东北、华北经济区，连通俄罗斯、蒙古的重要物流基地。

口岸物流带包括自治区沿边开放的19个口岸，要以满洲里、二连浩特、策克、甘其毛都、满都拉、珠恩嘎达布其、室韦等口岸为重点，进一步完善口岸基础设施，充分利用“两种资源、两个市场”，围绕煤炭、石油、木材、矿产品等进口资源及食品、服装、机电等出口产品，积极承接国际物流外包业务，大力发展国际物流，形成连接俄蒙及欧洲的陆路口岸物流产业带。规划中还提出，要围绕新型工业化、城镇化、农牧业现代化和新农村新牧区建设，发挥陆路口岸优势，构建工业物流、农牧业物流、城乡物流和国际物流四大物流体系。

点评

黄河中游综合经济区自然资源丰富，因而商品货流大，但物流发展水平总体不高，基础设施不完善是制约其前进发展的瓶颈性因素。所以要想尽办法加大基础设施投资力度，同时务必注意物流基础设施建设要与产业相关联，只有这样才能收到成效。当然，为解决投资薄弱问题，培育投资主体是一件重中之重的大事。

3.2.6 长江中游综合经济区

长江中游综合经济区包括湖北、湖南、江西、安徽四省，总面积68万平方千米，2012年年底总人口23 450.8万人。这一地区农业生产条件优良，人口稠密，对外开放程度低，产业转型压力大。

1. 湖北省

（1）地理位置

湖北省地跨长江和汉江两大水系，在长江中游的洞庭湖以北，故称湖北，简称“鄂”。东西长约740千米，南北宽约470千米，面积18.59万平方千米。

（2）自然资源

1）生物资源。全省已发现的木本植物有1 300种，其中乔木425种、灌木760种、木质藤本115 种。这在全球同一纬度所占比重是最大的。湖北在动物地理区划系统中属东泽界、华中区，有陆生脊椎动物562种。全省被国家列为重点保护的野生动物112种。

2）矿产资源。湖北省各类资源十分丰富，全省已发现矿种138种，约占全国已发现矿种数的81%，已查明资源储量的矿种89种，新发现矿种2种。矿盐、芒硝、石膏、铁、铜、金、银、石灰岩等是湖北省具有优势的矿产。化肥用橄榄岩、碘、溴、石榴子石、累脱石黏土、建筑用辉绿岩居全国首位。

（3）经济与产业基础

1）国内生产总值。2014年全省实现生产总值（GDP）27 367.04亿元，按可比价格计算，比上年增长9.7%。

2）财政收入。2014年全省全年完成财政总收入4 095.80亿元，比上年增长14.8%，其中地方公共财政预算收入2 566.90亿元，增长17.1%。在地方公共财政预算收入中，税收收入1 873.11亿元，增长16.7%。全年财政支出5 008.85亿元，增长14.6%。

3）外贸状况。2014年全省全年实现外贸进出口总额430.64亿美元，比上年增长18.4%，其中，出口266.46亿美元，增长16.7%；进口164.18亿美元，增长21.2%。新批外商直接投资项目301个。全年外商直接投资79.28亿美元，增长15.1%。

4）交通运输。2014全省全年完成货物周转量5 798.12亿吨千米，比上年增长15.1%。

5）支柱产业。湖北的六大经济支柱产业为汽车产业、机电产业、冶金产业、化工产业、轻纺产业、建材和建筑产业。

2．湖南省

（1）地理位置

湖南省地处东经108°47′～114°45′与北纬24°39′～30°28′，东西宽667千米，南北长774千米，总面积21.18万平方千米。省境绝大部分在洞庭湖以南，故称湖南。

（2）自然资源

1）生物资源。湖南省地处中亚热带地区，气候温和，植被繁茂，为野生动物提供了适宜的生存场所。野生动物资源中，对农业有益的动物有265种；属国家级保护的珍稀动物有90种，其中国家一级保护动物有白鳍豚、华南虎等18种，二级保护动物有猕猴、短尾猴等65种。

2）矿产资源。湖南是“有色金属之乡”。目前已发现各类矿产143种。已探明储量的有色金属37种，其中锑的储量居世界首位。非金属矿是仅次于有色金属矿的第二大矿产资源，在已探明的储量中，重晶石、长石、海泡石等储量均居全国第一位。

（3）经济与产业基础

1）国内生产总值。2014年全省实现生产总值（GDP）27 048.5亿元，比上年增长9.5%。

2）财政收入。2014年全省一般公共预算收入3 629.7亿元，比上年增长9.5%。地方财政收入2 259.9亿元，增长11.3%。其中，税收收入1 438.2亿元，增长10.7%。

3）外贸状况。2014年全省全年进出口总额1 906.9亿元，比上年增长22.2%。其中，出口1 230.4亿元，增长33.9%；进口676.5亿元，增长5.4%。

4）交通运输。2014年全省全年货物周转量4 159.3亿吨千米，比上年增长7.7%。其中，铁路货物周转量858.3亿吨千米，减少11.5%；公路货物周转量2 578.9亿吨千米，增长10.7%。

5）支柱产业。湖南省的工业门类齐全，已初步形成以冶金、机械、电子、食品、能源、建材等工业为主体的产业结构体系。

3．江西省

（1）地理位置

江西省简称“赣”，位于中国的东南部，在长江中下游的南岸，处于北纬24°29'14"～30°04'40"与东经113°34'36"～118°28'58"。全省总面积16.69万平方千米。

（2）自然资源

1）生物资源。江西省植物资源十分丰富，种子植物有4 000余种，蕨类植物约470种，苔藓植物有100种以上。全省现有脊椎动物600余种。其中鱼类170余种，约占全国的21.4%。

2）矿产资源。江西省矿产资源极为丰富，在目前已知的 150 多种矿产中，江西已发现各类固体矿产资源 140 多种，其中探明工业储量的 89 种，居全国前 5 位的有 33 种。江西省已建成亚洲最大的铜矿和全国最大的铜冶炼基地。

3）森林资源。江西全省森林覆盖率已达 50.9%，木材蓄积量 2.5 亿立方米，毛竹蓄积量 10 亿根，均位于全国前列。

（3）经济与产业基础

1）国内生产总值。2014 年全省实现生产总值（GDP）15 708.6 亿元，比上年增长 9.7%。

2）财政收入。财政收入稳定增长。2014 年全省全年财政总收入 2 680.5 亿元，比上年增长 13.7%。其中，公共财政预算收入 1 881.5 亿元，增长 16.1%。税收总收入 2 179.8 亿元，增长 13.8%。

3）外贸状况。对外贸易形势向好。2014 年全省全年进出口总额 427.83 亿美元，比上年增长 16.4%，同比加快 6.5 个百分点。其中，出口 320.38 亿美元，增长 13.7%；进口 107.45 亿美元，增长 25.2%。

4）交通运输。交通运输业基本平稳。2014 年全省全年完成货物运输量 151 767 万吨，比上年增长 12.0%。其中，铁路运输 4 821 万吨，减少 5.0%；公路运输 137 784 万吨，增长 13.6%；水运运输 9 162 万吨，增长 5.6%。

5）支柱产业。汽车航空及精密制造产业、特色冶金和金属制品产业、中成药和生物医药产业、电子信息和现代家电产业、食品工业、精细化工及新型建材产业为江西省的支柱产业。

4．安徽省

（1）地理位置

安徽省简称“皖”，位于中国东南部。全省南北长约 570 千米，东西宽约 450 千米，总面积 13.96 万平方千米。

（2）自然资源

1）生物资源。安徽的动植物资源相当丰富。全省林业用地约 4.18 万平方千米，约占全省总面积的 30%，草地 1.66 万平方千米，占 12%。全省植物种类丰富，有木本植物 1 300 余种，草本植物 2 100 余种，动物 500 余种，其中兽类 90 多种，鸟类 320 种，爬行类和两栖类 90 多种。

2）矿产资源。安徽省矿产资源种类繁多，储量丰富，分布集中。已发现各类矿产 130 多种，其中探明储量的有 67 种，已开发利用的有 49 种，保有储量居全国前 10 位的矿产有 38 种。

（3）经济与产业基础

1）国内生产总值。2014 年全省实现生产总值（GDP）20 848.8 亿元，按可比价格计算，比上年增长 9.2% 。

2）财政收入。2014 年全省全年财政收入 3 663 亿元，比上年增长 8.9%，其中，地方财政收入 2 218.4 亿元，增长 6.9% 。

3）外贸状况。2014 年全省全年进出口总额 492.7 亿美元，比上年增长 8.2%。其中，出口 314.9 亿美元，增长 11.5% ；进口 177.8 亿美元，增长 3%。

4）交通运输。2014 年全省全年货物运输量 43.4 亿吨，增长 9.6%。货物运输周转量

13 486.1 亿吨千米，增长 9.4%。全年港口货物吞吐量 4.4 亿吨，增长 10.8%，其中外贸货物吞吐量 419.6 万吨，增长 26.6%。

5）支柱产业。材料产业、汽车及零部件制造业、能源产业、食品工业、化工产业等是安徽省的支柱产业。

5．长江中游综合经济区物流发展

（1）湖北省物流发展

湖北省现代物流业发展“十二五”规划明确提出，到 2015 年，充分依托湖北的区位优势、交通条件、产业基础和物流需求，逐步构建物流圈（带）—物流节点城市—物流园区—专业化物流中心为骨干的现代物流服务网络体系，发展辐射全国的中部物资集散中心、商贸流通中心和物流信息中心，建设南北物流通道中心枢纽和长江物流通道中心枢纽，力争建成以“一主两副”中心城市为核心，立足湖北、面向全国、连接国际的中部物流核心区域，确立现代物流业作为全省支柱产业之一的重要地位。

物流圈（带）包括以武汉为核心，辐射武汉城市圈及周边地区；依托鄂西生态文化旅游圈，以宜昌、襄阳两个省域副中心城市为支撑，辐射湖北西部及周边地区的鄂西物流圈；依托长江经济带，辐射带动长江沿岸及周边地区的长江物流带。

“十二五”时期是湖北省物流网络布局的形成期。一是“两圈一带”战略的推进实施将促进物流网络的完善，全省物流业发展的区域聚集和辐射态势将进一步形成。二是区位交通的新变化将促进物流网络的完善。武汉将向中部中心城市的建设目标迈进，全省实现由区域性的“九省通衢”向全局性的“九州通衢”的跨越，必将促进全省物流网络骨架的完善。三是国家和全省物流园区专项规划出台将促进物流网络布局的形成。

（2）湖南省物流发展

目前，湖南省物流发展的主要任务是：①优化物流发展总体布局。围绕“四化两型”战略要求，结合省内不同区域经济发展特点和产业特色，在有效整合资源、强化集约发展的基础上，重点发展长株潭核心物流区以及环洞庭湖、大湘西和泛湘南等“一核三区”四大物流区域。②创新物流业发展模式。鼓励物流业实施流程再造，提高供应链的核心竞争力。鼓励现有运输、仓储、货代、联运、快递等企业进行功能整合和服务延伸，加快推进传统物流向现代物流企业转型，进一步提高物流服务能力和服务水平。③着力发展第三方物流。鼓励物流企业通过参股、控股、兼并、联合、合资、合作等多种形式进行重组，有效整合现有物流资源，实现规模经营，形成一批骨干龙头企业。引导生产型企业与物流企业实现多业联运，培育一批第三方物流企业，积极引进一批国内外知名物流企业。④加强物流基础设施建设。进一步完善综合运输体系建设，实现多式联运的有效衔接。加强新建铁路、港口、机场、公路和管道转运设施的统一规划和建设，优化站、场布局，完善中转联运设施和集疏运体系，实现各种运输方式的有效衔接。重点抓好一批物流园区、物流中心和物流节点的建设。⑤大力发展国际物流和保税物流。抓住经济全球化和区域经济一体化历史机遇，充分利用国际、国内“两个市场、两种资源”，大力发展国际物流，为承接沿海产业转移、参与国际和区域竞争与合作提供有力支撑。

（3）江西省物流发展

江西省的物流发展规划，是要构建较为完善的现代物流服务体系，主要包括建成与经济发展相适应，与国际通行规则接轨的社会化、专业化现代物流网络，形成多种运输方式相协调的物流运输格局，建设一批重点物流基础设施，培植一批现代物流龙头企业。

江西省现代物流空间布局结构是以南昌为核心枢纽，以服务鄱阳湖生态经济区城市群和产业集聚区为基础，构建支撑中部地区物流发展，服务全国的现代物流体系。建设五大物流服务大通道，突出现代物流业的服务功能，将行业内生发展与对外开放相结合，将省内鄱阳湖生态经济区城市群和产业集聚区与周边发达地区最具活力的经济区域相连接，促进江西省与发达地区的产业对接。

五大物流服务大通道包括：以南昌、九江为枢纽，以对内服务好“南昌核心增长极”、“九江沿江产业带”和“昌九工业走廊”，对外对接武汉城市圈、皖江经济带为主要任务，建设赣北物流服务大通道；以上饶、景德镇为枢纽，以对内服务好鄱阳湖生态经济区东北产业集聚区、对外连接长三角经济区为主要任务，建设赣东北物流服务大通道；以鹰潭、抚州为枢纽，以对内服务好鄱阳湖生态经济区东南产业集聚区，对外连接海峡西岸经济区为主要任务，建设赣东南物流服务大通道；以新余、宜春、萍乡为枢纽，以对内服务赣西产业区，对外对接长株潭城市群为主要任务，建设赣西物流服务大通道； 以赣州、吉安为枢纽，以对内服务好吉泰走廊、赣南原中央苏区，对外对接珠江三角洲为主要任务，建设赣中南物流服务大通道。五大物流服务大通道不是孤立的，通道与通道之间以高速公路、铁路和水路相连接，共同构筑成江西省有机的物流网络。

（4）安徽省物流发展

近年来，随着区域经济的整体发展，安徽省物流业取得了长足进步，其发展重点主要集中在以下几个方面。

1）安徽省是我国重要的粮食生产基地、能源原材料基地、现代装备制造基地，大力发展大宗商品和农村物流是安徽产业发展对现代物流的基本要求，同时要加快推进能源原材料等大宗商品的物流工程，建设以煤炭外运为重点的煤炭物流通道，完善煤炭物流体系。

2）加强综合交通运输建设的规划和引导，推动各类交通运输设施的统筹规划建设和合理分工布局。在合肥、蚌埠、芜湖、安庆、阜阳等交通运输枢纽地区，集中建设一批集装箱多式联运中转设施和连接两种以上运输方式的转运设施。切实优化行业管理，鼓励推广多式联运经营人以及规模运营、规范经营、服务及区域较广的货运代理，全面提高综合货物运输服务效率和水平。

3）科学制定全省和区域物流园区发展规划，充分发挥芜湖、马鞍山、铜陵、安庆等综合交通和产业基础优势，以江海联运和服务外向型经济为重点，规划建设芜湖保税港区、裕溪口煤炭配送中心、马鞍山钢铁物流园等。依托沿淮城市群，围绕食品加工、特色农业、中药材、医药、商贸和农资流通，建设市场流通型物流园区等。规划建设综合保税区、合肥空港物流园区等综合型物流园区，加强与武汉、郑州物流中心的联动发展。

4）推动制造业与物流业联动发展。引导传统运输、仓储企业加快向现代物流服务提供商、供应链集成商转变。根据现代物流一体化运作、网络化经营的要求，鼓励和支持物流企业向规模化、一体化、网络化发展。鼓励制造、商贸流通企业集中精力做强做大主业，与物流企业加强各种形式的战略合作，促进共赢。

5）面向“十二五”发展，安徽物流业应紧紧把握皖江城市带承接产业转移、科技创新试点省和加快皖北崛起的机遇，充分利用国家和省区振兴产业规划特别是包括现代物流业在内的现代服务业振兴规划带来的新空间，建立起布局合理、技术先进、节能环保、便捷高效、安全有序的现代物流服务体系，这是安徽物流业发展的必然走向。

点评

长江中游综合经济区承接东西，贯通南北，是全国物流网络中的重要环节，近年来呈现出加快发展的良好势头，未来发展空间很大。但地方保护主义对当前该地区物流发展造成了一定影响，从某种程度上阻碍了物流一体化运作，阻碍了投资环境的改善和经济发展。扩大开放，打破地方封锁，清除现代物流发展的体制性障碍已成安徽省物流业的当务之急。

3.2.7 大西南综合经济区

大西南综合经济区包括云南、贵州、四川、重庆、广西三省一市一区。总面积134万平方千米，2012年总人口23 846.2万人。这一地区地处偏远，土地贫瘠，贫困人口多，对南亚开放有着较好的条件。

1. 云南省

（1）地理位置

云南简称"云"或"滇"，地处中国西南边陲，北回归线横贯云南南部。总面积39.4万平方千米，占全国总面积的4.1%。东与广西壮族自治区和贵州省毗邻，西部与缅甸唇齿相依，共有陆地边境线4 061千米。

（2）自然资源

1）生物资源。云南省拥有丰富的自然资源，素有"植物王国"、"动物王国"、"有色金属王国"、"药材之乡"的美誉。云南省是全国植物种类最多的省份，在全国近3万种高等植物中，云南就有1.8万种，占全国总数的一半还多。森林面积为15.60万平方千米，居全国第3位。脊椎动物达1 737种，占全国58.9%。

2）矿产资源。云南省目前已发现可用矿产150余种，保有储量的潜在价值可达3万亿元，其中燃料矿产约占40%，金属矿产占7.3%，非金属矿产约占52.7%。已探明储量矿的矿种有86种，矿产地2 700处。有61个矿种的保有储量居全国前10位，其中，铅、锌、锡、磷、铜、银等25种矿产含量均居全国前3位。

（3）经济与产业基础

1）国内生产总值。初步核算，2013年全省实现生产总值（GDP）11 720.91亿元，比上年增长12.1%，高于全国4.4个百分点。

2）财政收入。2013年全省全年财政总收入达2 975.68亿元，比上年增长13.4%。全省地方公共财政预算收入1 610.69亿元，比上年增长20.4%。

3）外贸状况。2013年全省全年外贸进出口总额达258.29亿美元，比上年增长22.9%。其中，出口159.6亿美元，增长59.3%；进口98.7亿美元，下降10.2%。

4）交通运输。2013年全省全年交通运输、仓储和邮政业增加值为273.51亿元，比上年增长9.1%。完成货物运输量8.42亿吨，比上年增长13.0%。其中，铁路运输1.19吨，比上年增长1.6%；公路运输7.15亿吨，增长13.0%；水运运输0.05亿吨，增长4.1%；民航运输8.80亿吨，增长26.4%；管道运输0.03亿吨，减少24.6%。货物运输周转量1 271.49亿吨千米，增长9.2%。

5）支柱产业。烟草业、生物业、矿产业、旅游业等产业是云南省的支柱产业。

2．贵州省

（1）地理位置

贵州省位于中国西南部云贵高原东部，东经 103°36' ~ 109°31'、北纬 24°37' ~ 29°13'。面积为 17.61 万平方千米，是全国唯一没有平原支撑的省份。境内有乌蒙山、大娄山、苗岭山、武陵山四大山脉，山地和丘陵占全省面积的 92.5%，喀斯特（出露）面积为 10.9 万平方千米，占全省国土总面积的 61.9%，该省山高谷深，有千平方千米以上坝子（枣形盆地）300 多个。

（2）自然资源

1）生物资源。贵州省生物资源丰富，种类繁多。有药用植物 3 700 余种，占中国中草药品种的 80%。有野生植物 3 800 多种，其中珍稀植物 70 种；野生动物资源 1 000 余种，其中 83 种列为国家保护的珍稀动物。该省是全国重要的动植物种源地和中药材四大产区之一。

2）　矿产资源。贵州省是中国的矿产资源大省之一，矿产资源分布相对集中，全省已发现矿产（含亚矿种）128 种，其中 76 种探明了资源储量。有 42 种矿产的保有储量排名中国前 10 位，列第一位至第三位的有 22 种。其中煤、磷、汞、铝土矿、锰、锑、金、重晶石、硫铁矿、水泥与砖瓦原料以及各种用途的白云岩、砂岩、石灰岩等优势明显，在我国占有重要地位。

（3）经济与产业基础

1）国内生产总值。初步核算，2014 年全省实现生产总值（GDP）9 251.01 亿元，比上年增长 10.8%。

2）财政收入。2014 年全省全年财政总收入 2 132.16 亿元，比上年增长 11.2%。一般公共财政预算收入 1 366.42 亿元，比上年增长 13.3%；其中，税收收入 1 026.45 亿元，比上年增长 22.3%。

3）外贸状况。2014 年全省全年进出口总额 108.14 亿美元，比上年增长 30.5%。其中，进口 14.17 亿美元，比上年增长 0.9%；出口 93.97 亿美元，比上年增长 36.5%。

4）交通运输。2014 年全省全年铁路、公路、水运共完成货物周转量 1 326.25 亿吨千米，比上年增长 12.7%；民航完成货邮吞吐量 8.31 万吨，比上年增长 7.1%；公路通车里程 17.91 万千米，比上年年末增长 3.8%，其中高速公路里程 4 006.81 千米，增长 22.0%，79 个县通高速公路。

5）支柱产业。原材料工业、机械电子、轻纺工业等产业是贵州省的支柱产业。

3．四川省

（1）地理位置

四川省位于中国内陆西部腹地，占据着四川省盆地的绝大部分；四面环山，气候温和湿润。总面积约 48.6 万平方千米，是承接华南华中、连接西南西北、沟通中亚南亚东南亚的重要交汇点和交通走廊。

（2）自然资源

1）生物资源。四川省动、植物资源丰富，有高等植物近 1 万种，其中有国家重点保护野生植物 63 种，包括国家一级保护野生植物 14 种；全省森林覆盖率为 35.3%。全省有脊椎动物近 1 300 种，其中，国家重点保护野生动物 145 种，包括国家一级保护野生动物 32 种。

2）矿产资源。四川是中国矿产资源丰富的省份之一。现已探明资源储量的矿种达到 101 种，其中有 57 种矿产的保有资源储量位居全国前 5 位；已探明的地下矿藏有 132 种，其中钛、钒、锂、轻稀土、岩盐、芒硝等14种矿产储量居全国首位。钛储量居世界第一位，钒储量居世界第三位。

（3）经济与产业基础

1）国内生产总值。2014年全省实现生产总值（GDP）28 536.7亿元，按可比价格计算，比上年增长8.5%。

2）财政收入。2014年全省全年地方公共财政收入3 058.5亿元，比上年增长9.8%。其中，地方公共财政支出6 784.3亿元，增长9.1%；税收收入2 311.7亿元，增长9.9%。

3）外贸状况。2014年全省全年进出口总额702.5亿美元，比上年增长8.8%。其中，出口448.5亿美元，增长6.9%；进口254.0亿美元，增长12.3%。

4）交通运输。2014年全省全年公路、铁路、航空和水路等运输方式完成货物周转量2 474.4亿吨千米，比上年增长9.5%；铁路营运里程3 958千米；高速公路通车里程5 506千米；内河港口年集装箱吞吐能力44.1万标箱。

5）支柱产业。电子信息产业、水电产业、机械冶金产业、医药化工产业、旅游产业、饮料食品产业等是四川省的支柱产业。

4．重庆市

（1）地理位置

重庆位于中国内陆西南部、地处长江上游，与川、陕、鄂、湘、黔接壤。东西长470千米、南北宽450千米，总面积8.24万平方千米。地貌以丘陵、山地为主，其中山地占76%，有“山城”之称。

（2）自然资源

1）生物资源。重庆生物物种较为丰富。全市有维管植物2 000种以上，至今还保留着1.6亿年以前的“活化石”水杉及伯乐树、飞蛾树等世界罕见的珍稀植物。世界濒危物种，在世界仅存数十株的野生南川木菠萝，几乎全部分布在重庆金佛山。有各类动物资源380余种。

2）矿产资源。重庆市有丰富的矿产资源，已探明的主要有煤、天然气、锶、铝土、锰、石灰石、大理石、晶石、石膏、石英石、汞、盐岩等68种，其中锶矿储量居中国第一位、世界第二位。

（3）经济与产业基础

1）国内生产总值。初步核算，2014年全市实现生产总值（GDP）14 265.40亿元，比上年增长10.9%。

2）财政收入。财政收支保持平稳。2014年全市全年一般公共预算收入1 921.88亿元，比上年增长13.9%。其中，税收收入1 281.70亿元，增长15.2%。

3）外贸状况。2014年全市全年实现货物进出口总额5 863.22亿美元，比上年增长37.6%。其中，出口3 894.76亿美元，增长34.1%；进口1 968.46亿美元，增长45.1%。

4）交通运输。2014年全市全年交通运输、仓储和邮政业增加值705.83亿元，比上年增长7.4%，占全市地区生产总值的4.9%。全市高速公路通车总里程超过2 400千米，路网密度2.9千米/百平方千米，居西部第一。全市铁路运营里程达到1 774千米，形成了“一枢纽六干线二支线”的网络格局。轨道交通运营里程202千米。全市乡镇通畅率和行政村通达率均达100%，行政村通畅率达83.9%。全年主要运输方式完成货物运输9.73亿吨，比上年增长11.7%。

5）支柱产业。汽车摩托制造业、化工医药业、建筑建材业、食品业、旅游业等产业是重庆市的支柱产业。

5．广西

（1）地理位置

广西地处中国南部，位于北纬 20°54′～26°23′、东经 104°29′～112°04′。陆地区域面积 23.67 万平方千米。

（2）自然资源

广西矿产资源种类繁多，储量较大，以有色金属矿藏最丰富，素称“有色金属之乡”，是中国 10 个重点有色金属产区之一。已发现矿产资源矿种 167 种（含亚种），查明资源储量的矿产 124 种，列入矿产资源储量统计表的矿种有 95 种，储量居全国首位的有锰、锡、砷、膨润土等 13 个矿种。

（3）经济与产业基础

1）国内生产总值。2014 年全区实现生产总值（GDP）15 672.94 亿元，比上年增长 8.5%。

2）财政收入。2014 年全区全年财政收入 2 162.4 亿元，比上年增长 8.1%。公共财政预算收入 1 422.05 亿元，增长 7.9%，其中，税收收入 977.79 亿元，增长 11.7%。公共财政预算支出 3 475.92 亿元，增长 8.3%。

3）外贸状况。2014 年全区全年货物进出口总额 405.53 亿美元，比上年增长 23.5%。其中，货物出口 243.30 亿美元，比上年增长 30.2%；货物进口 162.23 亿美元，增长 14.8%。进出口差额（出口减进口）81.07 亿美元。

4）交通运输。2014 年全区全年交通运输、仓储和邮政业增加值 714.37 亿元，比上年增长 4.9%。全年港口完成货物吞吐量 3.11 亿吨，比上年增长 5.9%，其中外贸货物吞吐量 1.29 亿吨，增长 10.1%。港口集装箱吞吐量 173.01 万标准箱，增长 16.8%。

5）支柱产业。制糖业、电力业、机械业、冶金业、医药业等产业是广西的支柱产业。

6．大西南综合经济区物流发展

大西南综合经济区毗邻东盟和东南沿海经济发达地区，具有独特的区位优势，并且大西南综合经济区工业基础雄厚，如近些年来发展起来的汽车制造业，历史悠久的烟草和花卉产业，有色金属、化工业等也有较强的实力。物流业作为服务产业，随着地区工商业的发展也逐步发展起来了。

近年来，云南省多措并举大力发展物流产业，全面提升铁路运力，加速铁路扩能改造，并计划至“十二五”末，总体规划建设 46 个大型物流中心，包括 2 个全国性铁路物流中心，3 个区域性铁路物流中心，41 个地区性铁路物流中心。罗平铁路物流基地已率先开通启用，实现了滇黔桂要塞铁路公路联运无缝对接。在“商贸+物流+金融”的运作模式下，云南物流工业团体先后与中石油云南分公司、中电投云南国际电力投资公司、重庆能源团体、广东物资团体、河北物产团体等企业开展战略合作，在供应链横向联合和纵向延伸方面都取得了良好的效果。

国家《物流业调整和振兴规划》把南宁定位为西南物流区域中心和全国性物流节点城市，西南出海物流通道纳入全国十大物流通道体系，标志着国家赋予了广西壮族自治区在全国物流体系中突出的地位和重要作用。近年来，围绕建设中国—东盟区域性物流中心和出海出边物流通道的目标，广西物流业发展环境逐步改善，西南出海物流通道框架基本形成，区域性物流中心建设进一步加快，物流业规模进一步扩大，物流企业实力进一步增强，传统物流向现代物流转型加快，物流专业化、社会化水平有所提高，第三方物流比重有所增加，服务水平不断提升，物流总额年均增长 15%以上，物流总费用占 GDP 比重逐步降低。在《广西物流业调整和振兴规划》（2009 年）的布局下，广西将培育出一批经营理念先进、功能完善、应用技术先进、服务水平高、竞争力强的物流龙头企业，物流专业化、社会化水平显著提高，物流服务网络逐步向外拓展，出海出边物流通道发挥积极独特作用。到 2020 年，在广西将建立起具有引领带动力的国际区域性物流中心，现代物流产业成为其具有竞争力的支柱产业。

“十一五”期间，重庆市物流业对经济发展的贡献度进一步增大，提高了经济整体运行效率，降低了经济运行成本。国际物流发展环境明显改善，“一江两翼三洋”国际物流通道稳步实施。物流基础设施加快规划建设，基本形成了重庆至上海、福建、广东和广西、内蒙古、远东、兰州、成都、武汉的国内通道射线网络。重点规划建设了国家级物流枢纽，加快建成“三基地四港区”国家级物流枢纽平台。物流服务主体和物流市场粗具规模，运输、仓储、货代、物流加工等物流企业数量达到近 8 000 家。其中，营业收入上亿元的物流企业约 30 家，上 10 亿元的物流企业 5 家。重庆港务物流集团有限公司、民生轮船有限公司、重庆交通运输控股（集团）有限公司、重庆太平物流有限公司跻身国内先进物流企业行列。

重庆市发展现代物流业的总体目标是，以物流基地建设、物流龙头企业培育和物流电子商务体系建设为主线，建立技术先进、功能完善、快速安全、方便易获的现代物流体系，使现代物流业成为新兴经济增长点，降低社会物流成本，提高企业和支柱产业的竞争力，把重庆市建设成为长江上游物流中心。

2011 年，四川省出台了《四川省“十二五”服务业发展规划》，明确提出了要构建“1 个全国性区域物流中心和 8 个次区域物流中心”的现代物流网络体系，尽快把四川打造成为西部最大的商品集散地和经济走廊。壮大发展全省电子信息、重大装备制造、酒类、钢铁、矿产、农产品冷链、粮食等专业物流集群，着力构建农产品冷链物流、粮食现代物流、制造业物流、商贸物流、第三方物流体系。重点发展成都、川南、川东北三大物流区域，着力推进成都航空铁路两枢纽、新津物流园区和新都、龙泉、成都高新综合保税区物流中心建设。加快发展城市物流配送，大力发展农村现代物流。

贵州省由于受到交通瓶颈的制约，大量的出口物资被积压。中央实施西部大开发战略后，贵州省在交通基础建设方面发生了巨大的变化。《贵州省公路水路交通运输“十二五”发展规划》中明确指出，到 2015 年，全省公路水路交通基础设施总量将进一步增加，基础设施网络更加完善，县县通高速公路体系基本形成，国省干线公路服务水平进一步提高，农村公路通达，公路运输枢纽及汽车场站取得明显进展；建成的北入长江南下珠江的两大水运出省主通道，进一步发挥水运作用；运输装备水平进一步改善，运输组织不断增强，运输效率和服务水平明显提升。对于资源十分丰富的贵州来讲，依托资源优势，建立大型物流工业园区，扶持龙头骨干企业，引导物流产业快速健康发展，是现阶段工作的重中之重。

可以预见，随着全球经济一体化步伐在我国西部的不断深入，大西南综合经济区物流业发展需求将不断增长，大西南综合经济区物流资源将得到进一步的整合和优化。

点评

大西南综合经济区地区人口密集，资源丰富，交通发达，城市星罗棋布，是中国重要的重型机械制造、电站设备制造、军用飞机设计制造、电子信息科研和设备制造、汽车制造、水能资源开发、天然气资源开发、天然气化工、核工业和其他军事工业基地，也是中国农业最发达的地区之一，物流发展前景广阔。从目前的态势上看，区域内部竞争激烈，而这种竞争更多的是一种“零和博弈”，一方得益造成另一方受损，竞争的结果是两败俱伤，因此该区域的物流产业布局应以推进区域内生产要素流动，共赢合作，增进凝聚力，共谋大开发的格局为主。

3.2.8 大西北综合经济区

大西北综合经济区包括甘肃、青海、宁夏、西藏、新疆两省三区。总面积 398 万平方千米，2012 年总人口 6 338.69 万人。这一地区自然条件恶劣，地广人稀，市场狭小，向西开放有着一定的条件。

1. 甘肃省

（1）地理位置

甘肃省位于中国西部内陆，地处黄河上游，东接陕西，东北与宁夏毗邻，西连青海、新疆，北邻内蒙古，并与蒙古国接壤，东西蜿蜒 1 655 千米，南北宽 530 千米，海拔 1 000 ~ 3 000 米。

（2）自然资源

1）生物资源。全省林业用地面积 9.812 1 万平方千米，森林覆盖率 13.42%。主要树种有冷杉、云杉、栎类，以及华山松、桦类等。药材有 450 种，如当归、党参、黄芪、冬虫夏草等。甘肃境内共有野生动物 650 多种。其中，两栖动物 24 种，爬行动物 57 种，鸟类 441 种，哺乳动物 137 种。

2）矿产资源。甘肃省目前已发现各类矿产 179 种，发现各类矿点近 3 000 处，居全国第一位的有镍、钴、铂族、硒、铸型黏土和石材蛇纹岩等 12 种。有 29 种矿产居全国前五位。

3）能源。甘肃省能源种类较多，除煤炭、石油、天然气外，还有太阳能、风能等新能源。其中，石油可采储量为 6 亿 ~ 7 亿吨，天然气探明储量 31.57 亿立方米，全省煤炭预测储量为 1 428 亿吨，已探明 125 亿吨，保有资源储量 120 亿吨。风能资源总储量为 2.37 亿千瓦，风力资源居全国第 5 位，水资源全年总径流量 614 亿立方米，全省总装机容量已经超过 300 万千瓦，年发电量 235.65 亿千瓦时。

（3）经济与产业基础

1）国内生产总值。初步核算，2014 年全省实现生产总值（GDP）6 835.27 亿元，比上年增长 8.9%。按常住人口计算，人均生产总值 26 427 元，比上年增长 8.6%。

2）财政收入。2014 年全省全年大口径财政收入为 1 234.54 亿元，比上年同口径增长 11.59%。全省公共财政预算收入为 672.15 亿元，增长 13.63%，其中，税收收入 489.95 亿元，增长 17.29%。

3）外贸状况。2014 年全省全年外贸进出口总值为 86.5 亿美元，比上年下降 15.4%。其中，出口总值为 53.3 亿美元，增长 14.2%；进口总值为 33.2 亿美元，下降 40.3%。

4）交通运输。2014 年全省全年交通运输、仓储和邮政业实现增加值 280.73 亿元，比上年增长 4.6%。各种运输方式完成货物周转量 2 516.82 亿吨千米，比上年增长 5.76%。其中，铁路运输完成货运周转量1 524.05亿吨千米，下降2.82%；公路运输完成货运周转量992.60亿吨千米，增长22.36%。

5）支柱产业。有色金属工业、电力业、石油化工业、石油机械制造业、建筑材料业等产业是甘肃省的支柱产业。

2. 青海省

（1）地理位置

青海省简称“青”，因境内有中国最大的内陆咸水湖青海湖而得名。青海省是长江、黄河、澜沧江的发源地，被誉为“江河源头”。全省面积72万平方千米。

（2）自然资源

1）生物资源。全省森林面积3.700 1万平方千米，森林覆盖率5.2%。全省湿地面积4.126万平方千米，占全省总面积的5.7%。野生植物群中已发现经济作物1 000种。全省有鸟类290多种，哺乳兽类109种，野生动物中属于国家一级重点保护动物的有21种，二级重点保护动物53种，省级重点保护动物36种。

2）矿产资源。青海省是一个资源丰富的省份，现已发现各类矿产127种，矿产保有储量潜在价值17万亿元。在已探明的矿藏保有储量中，有58个矿种居全国前10位。镁、钾、锂、芒硝、化肥用蛇纹岩、冶金用石英岩、玻璃用石英岩等10种矿产居全国第一位。2010年在青海冻土带又发现了“可燃冰”资源，使中国成为世界上第三个在陆地上发现“可燃冰”的国家。

3）畜牧草场。青海省天然草原辽阔，是中国五大牧区之一，全省牧草地面积40.34万平方千米，其中可利用面积31.61万平方千米。畜牧业物质基础雄厚，主要牲畜品种有藏羊、蒙古羊、哈萨克羊、牦牛、大通马、柴达木马、骆驼等13个品种。尤其牦牛是青藏高原优势畜种，数量居全国第一位，占全世界牦牛总饲养量的1/3。

（3）经济与产业基础

1）国内生产总值。2014年全省实现生产总值（GDP）2 301.12亿元，按可比价格计算，比上年增长9.2%。

2）财政收入。2014年全省全年公共财政预算收入385.47亿元，比上年增长4.6%。其中，地方公共财政预算收入252.03亿元，增长12.3%。

3）外贸状况。2014年全省全年进出口总额171 896万美元，比上年增长22.5%。其中，出口额112 833万美元，增长33.2%；进口额59 063万美元，增长6.3%。

4）交通运输。2014年全省全年各种运输方式完成货物运输周转量14 638.64万吨，比上年增长9.4%，其中铁路运输量3 608.14万吨，比上年下降4.7%；公路11 029.78万吨，增长15.0%。全省铁路营运里程达2 074千米，比上年年末增加218千米，其中高速铁路218千米；公路通车里程72 703千米，比上年年末增加2 586千米，其中高速公路1 719千米，增加491千米；民航通航里程92 536千米，增加29 716千米。

5）支柱产业。农业、水电业、盐化工业、有色金属工业、石油天然气工业等产业是青海省的支柱产业。

3. 宁夏

（1）地理位置

宁夏简称“宁”，位于中国西北部，地处黄河中上游，是中国5个少数民族自治区之一。

（2）自然资源

1）生物资源。宁夏有自然植被3.064 7万平方千米，其中草原植被（草甸草原、干草原、荒漠草原）面积2.437 5万平方千米，占自然植被面积的79.5%，是宁夏自然植被的主体。荒漠草原和干草原共2 332平方千米，占草原面积的97.8%，是宁夏草原植被的代表。有51种受国家保护的珍贵稀有动物，有37种有害动物。野生植物中有917种药用植物，有14种受国家保护的珍贵稀有植物。

2）矿产资源。宁夏的地质构造有利于能源矿产和非金属矿产的形成。已经发现各类有用矿藏资源50余种，产地近千处。D级以上储量的矿产地110余处。宁夏煤炭预测储量2 027亿吨，居全国第5位。已探明储量316.5亿吨，居全国第6位，此外,还有水泥石灰岩、玻璃石英砂岩、黏土、芒硝、重晶石、燧石、硅石、石油、铜、铁、磷、盐等矿产资源。

（3）经济与产业基础

1）国内生产总值。初步核算，2014年全区实现生产总值（GDP）2 752.10亿元，按可比价格计算，比上年增长8.0%。

2）财政收入。2014年全区全年完成公共财政预算总收入565.02亿元，比上年增长6.9%。完成地方公共财政预算收入339.81亿元，增长10.2%，其中，完成税收收入250.26亿元，增长5.4%。

3）外贸状况。据海关统计，2014年全区实现进出口总额54.36亿美元，比上年增长69.0%。其中，出口43.03亿美元，增长68.6%；进口11.33亿美元，增长70.3%。全年累计实现贸易顺差31.70亿美元。

4）交通运输。2014年年末全区铁路营业里程1 029.3千米，公路通车里程31 276.23千米，增长9.5%。高速公路里程1 344千米，与上年基本持平。全年货物运输总量4.24亿吨，比上年增长10.1%。各种运输方式完成货物运输总量42 466.88万亿吨，比上年增长0.9%，其运输周转量877.33亿吨千米，比上年下降3.9%。

5）支柱产业。目前全区已形成以煤炭、电力、冶金、机械、纺织、造纸、食品等行业为主的工业体系。

4．西藏

（1）地理位置

西藏位于中国的西南边疆，青藏高原的西南部。边境线全长近4 000千米，全区土地面积122万多平方千米，约占全国总面积的12.8%。

（2）自然资源

1）生物资源。西藏有原始森林面积7.17万平方千米，森林蓄积量20.84亿立方米，蓄积量名列我国第一。西藏地区是一个巨大的植物王国，有高等植物6 400多种、藻类植物2 376种、有木本植物1 700余种、药用植物1 000余种；有脊椎动物798种，昆虫近4 000种。大中型野生动物数量居全国第一位。特别是藏羚羊数量占世界上整个种群数量的70%以上；野牦牛数量占世界上整个种群数量的78%。兽类中，藏羚羊、野牦牛、盘羊等系青藏高原特产珍稀动物，均属国家级保护动物。

2）矿产资源。西藏目前已发现101种矿产资源，查明矿产资源储量的有41种，勘查矿床100余处，发现矿点2 000余处，已开发利用的矿种有22种。西藏优势矿种有铜、铬、硼、锂、、金、锑及地热、矿泉水等，矿产资源储量居全国前 5 位的有铬、工艺水晶、刚玉、高温地热、自然硫、砷等 12 种。

（3）经济与产业基础

1）国内生产总值。2013 年全区实现生产总值（GDP）807.67 亿元，按可比价格计算，比上年增长 12.1%。

2）财政收入。2013 年全区全年完成地方财政收入 110.40 亿元，按同比口径计算，比上年增长 15.4%。其中，公共财政预算收入 95 亿元，增长 9.7%。

3）外贸状况。2013 年全区全年进出口总额 331 939 万美元，比上年下降 3.1 倍。其中，出口总额 326 905 万美元，下降 2.6%；进口总额 5 034 万美元，下降 27%。

4）交通运输。2013 年全区全年完成货运量 1 328.07 万吨，比上年增长 16.1%。其中，公路运输完成 1 240 万吨，增长 19.0%；铁路运输完成 70.92 万吨，下降 16.2%；航空运输完成 2.24 万吨，增长 36%；管道运输完成 14.91 万吨，下降 5.3%。年末公路总通车里程 70 951 千米，比上年增加 5 393 千米。

5）支柱产业。旅游业、藏医药业、高原特色生物产业和绿色食（饮）品业、农畜产品加工业和民族手工业、矿业、建筑建材业等产业是西藏自治区的支柱产业。

5．新疆

（1）地理位置

新疆位于中国的西北部，面积 166 万平方千米，约占中国总面积的 1/6，是中国行政面积最大的省区。边界线长达 5 600 千米，是中国边界线最长的省区。

（2）自然资源

1）生物资源。新疆生物资源种类繁多、品种独特。野生植物达 4 000 多种，其中具有特殊经济价值的有罗布麻、橡胶草等 1 000 多种。果树资源丰富，其中优良品种 300 余个，自古以来就有“瓜果之乡”的美誉。野生动物 700 余种，占全国的 11%。有国家重点保护动物 116 种，约占全国的 1/3，其中包括蒙古野马、藏野驴、藏羚羊、雪豹等国际濒危野生动物。

2）矿产资源。新疆已发现的矿产有 138 种，占全国已发现矿种的 80.7%。查明有资源储量的矿种有 96 种，储量居全国首位的有 5 种，居前 5 位的有 27 种。石油、天然气、煤、铁、铜、金、铬、镍、稀有金属、盐类矿产、建材非金属等蕴藏丰富。新疆石油预测资源量 209.2 亿吨，占全国陆上石油资源量的 30%；天然气预测资源量 11 万亿立方米，占全国陆上天然气资源量的 34%；煤炭预测储量 2.19 万亿吨，占全国预测储量的 40%。

3）能源。新疆地表水年径流量约 884 亿立方米，地下水可采量 252 亿立方米，冰川面积 2.4 万平方千米，储水量 25 800 多亿立方米。煤的预测储量占全国预测总储量的 37.7%；石油、天然气储量预计 300 亿吨，占全国预测总量的 25%以上。

（3）经济与产业基础

1）国内生产总值。初步核算，2014 年全区实现生产总值（GDP）9 264.10 亿元，比上年增长 10.0%。按常住人口计算，人均地区生产总值 40 607 元，增长 8.4%。

2）财政收入。2014 年全区全口径财政收入 2 457.10 亿元，比上年增长 9.4%。地方财政收入 1 710.56 亿元，增长 9.9%。

3）外贸状况。2014 年全区全年货物进出口总额 276.69 亿美元，比上年增长 0.4%。其中，出口 234.82 亿美元，增长 5.5%；进口 41.87 亿美元，下降 20.9%。

4）交通运输。2014 年全区铁路货运量 7 529.10 万吨，比上年增长 1.8%；公路货运量 64 756 万吨，增长 8.6%；民航货物吞吐量 18.30 万吨，增长 8.4%。年末铁路营业里程 5 760.2 千米，增长 17.3%；公路里程 17.55 万千米，增长 3.2%，其中，高速公路 4 316 千米，增长 58.2%。

5）支柱产业。新疆的重点产业有钢铁工业、石油工业、煤炭工业、电力工业、有色金属工业、机械工业、化工业、皮革业、纺织业、制糖业。

6．大西北综合经济区物流发展

（1）大西北综合经济区物流发展规划制定情况

大西北综合经济区物流业发展尚处于滞后状态，主要表现在物流成本明显高于东部地区，物流技术水平处于较低层次。各省政府已认识到物流业对带动地区经济发展的重要战略作用，并着手制定物流发展政策和物流规划，引导物流业的发展。

1） 甘肃省物流发展。2011 年甘肃省制定了《甘肃省“十二五”物流业发展规划》，提出经过 5～10 年的努力，打造一个物流核心圈、四大物流通道、六大物流枢纽、六大物流集聚区，构建物流基础设施、物流技术信息、物流政策三大平台，实施九大物流工程，形成与经济发展相适应、贯通东西、连接南北、服务西部、辐射中亚的社会化、专业化的现代物流体系。

形成了以物流园区和大型综合性物流基地为核心，以专业化物流中心为配套，以城市配送中心为延伸的层次分明的现代化物流空间体系框架。

甘肃省将根据产业布局、区域规划和各市州资源、区位和商品物资流向等因素，按照建设大通道、构筑大枢纽、发展大物流的思路，着力构建“物流核心圈—物流通道—物流枢纽—物流聚集区”等多层次、广覆盖的现代物流布局体系，最终形成主干线贯通、支线流畅、覆盖全省、服务西部、面向中亚西亚的多层次、全方位、多功能并与区域经济联动发展的物流产业新格局。

2）青海省物流发展。2013 年，青海省人民政府发布了《关于进一步加快现代物流业发展的指导意见》，提出了“十二五”期间，全省物流业社会总额年均增长 15%，增加值年均增长 15%，投资年均增长 30%以上，物流总费用增幅控制在 15%以内，培育 20 家 A 级物流企业，扶持 30 家制造业与物流业联动发展示范企业，形成 5 家年主营业收入超过 10 亿元企业的总体目标。并确立了青海省物流发展的基本布局，即按照“物流区域—物流园区—物流节点—物流中心”的布局模式，围绕东部、柴达木、环湖、三江源四大物流区域，坚持“功能提升，优化重组，适度超前，统一规划，有序开发”的原则，规划建设西宁、海东、海西三大物流园区和专业物流中心，完善公铁航物流设施。

3）宁夏物流发展。2009 年出台的《宁夏现代物流业发展规划》是宁夏第一部物流业专项规划。该规划提出了物流业发展的四条基本原则：市场运作、政府引导，统筹规划、协调联动，资源整合、集约发展，服务创新、科学发展。

2011 年出台的《宁夏回族自治区“十二五”现代物流业发展规划》确立了物流业发展任务：到“十二五”末，基本建成全区“135”现代物流产业体系构架，银川面向阿拉伯国家和穆斯林地区的区域性国际物流中心地位显著提高，国际采购、国际中转等物流服务能力不断加强；产业布局进一步优化，“一核放大、三带齐进、四点放射”的物流空间格局加快形成，物流要素集聚趋势明显；形成与特色、优势产业发展和城镇空间体系开发相融合、相促进的物流配套服务体系，科技要素投入和引领支撑作用显著，基本构筑起立足全区、联动周边、双向开放、沟通国际的西北地区物流高地。

全区“135”现代物流产业体系内容：“1”——建设银川区域性国际物流中心，把宁夏建设成中国清真产品进入穆斯林世界、世界穆斯林产品进入中国的重要通道，使银川成为中阿经贸往来的“东方物流港湾”、区域性国际采购中心、分拨中心及转运中心。“3”——建设物流发展的三大基础平台，即物流基础设施平台、物流公共信息服务平台和物流产业政策支持平台。“5”——建设宁夏五大物流服务体系，即城乡流通配送服务体系、新型工业物流服务体系、现代农业物流服务体系、国际物流服务体系和应急保障物流服务体系。

4）西藏物流发展。长期以来，由于西藏地区的地理位置，它发展所需要的物资基本上是靠内地供应，运距长、运费高、损耗大。2006 年 7 月青藏铁路全线通车运营，制约西藏经济发展的交通瓶颈得到进一步缓解，除了给西藏带来了巨大的物流和人流以外，还带来了信息流。随着国际国内统一、开放市场的形成以及因此产生的人口流、信息流、资金流，西藏将冲破长期以来自然经济、产品经济的禁锢，从根本上改变过去那种自给自足和闭关自守状态，形成新的价值观、消费观、思维方式和行为方式，催生西藏地区物流业的诞生。

西藏“十一五”期间，公路通车总里程从 43 717 千米增加到 5.8 万千米，等级以上公路从 10 905 千米增加到 32 049.85 千米，沥青路面从 3 288 千米增加到 8 194.53 千米，乡镇公路通达率从 76.4%提高到 100%，建制村通达率从 68.7%提高到 81.24%。

在“十二五”期间，西藏规划投资 498.9 亿元，用于加大对交通运输建设的投资力度。西藏自治区交通运输“十二五”期间的发展目标是：公路通车里程达到 7 万千米，5 条国道全部实现路面黑色化，加快推进以拉萨为中心，通往林芝、日喀则、那曲、山南等地区的快速干线公路网建设。实现县县通油路，60%以上的乡镇通沥青（水泥）路，提升经济干线的通畅水平，消除省道断头路，具备条件的建制村、农林场通公路，初步建成拉萨及各地区综合交通运输枢纽，完成 8 个货运枢纽站、50 个乡镇客运站和 300 个停靠点的建设。

5）新疆物流发展“十一五”期间，新疆地区围绕石油天然气、重化工、绿色食品加工、轻工纺织、高新技术五大产业基地建设，构建了一批跨行业、跨部门、跨地域的现代物流园区，形成了以国际物流为重点、区域物流为基础、城市物流为支撑的多层次综合性大物流体系。

2011 年出台的《新疆维吾尔自治区交通运输“十二五”发展规划》提出的规划思路是：贯穿一条主线，突出两大工程，实现五大突破。

贯穿一条主线：以率先发展、科学跨越为主线。

突出两大工程：突出“57712”工程和农村富民畅通工程。“57712”工程是指构筑“五横七纵”高速、高等级公路网，建设七大国家级公路运输枢纽，建成四条东联内地和八条西出国际共计 12 条通道。农村富民畅通工程，即以推进网络化、黑色化为主，实现千万人便捷出行的农村公路网。

实现五大突破，即交通运输基础设施建设取得重大突破。到 2015 年提前 5 年实现骨架公路高速化、干线路网高等级化、国边防公路等级化，通乡达村公路黑色化；道路运输发展取得重大突破，实现城市公交便捷化、城乡客运一体化、物流服务高效化、国际运输便利化；公路养护和应急保障能力取得重大突破；文化引领、科技进步、人才保障等软实力建设取得重大突破；综合交通运输体系规划建设取得重大突破。

2012 年发布的《新疆维吾尔自治区道路运输“十二五”规划纲要》提出了新疆道路运输发展的目标任务：实现城市公交便捷化、城乡客运一体化、物流服务高效化、国际运输便利化的目标要求。

（2）物流企业发展

大西北综合经济区物流企业由于存在条块分割严重、企业分散、规模小、管理体制陈旧、机械设施老化的弊端，发展一直比较缓慢。近年来，随着大西北综合经济区经济发展速度的加快，西北地区交通运输业、物流基础设施、物流信息技术建设的投资加大，以及民众思想观念的变化，对物流重要作用的认识程度加深，西北地区物流企业发展速度开始加快，一大批各种形式的物流企业应运而生，蓬勃发展，如甘肃新大陆物流有限责任公司、甘肃西部物流有限责任公司、新疆亚中机电物流中心、新疆百商五交化物流配送中心、新疆药品配送中心等。这批现代物流企业实力强，发展较快，社会影响力不断增强。

点评

大西北综合经济区的部分省区物流行业管理机构不健全，企业物流经营管理水平较低，物流作业效率不高，物流产业发展较慢。目前的任务应是建立完善统一的政策体系，培育市场，完善基础设施，引进物流人才，提升企业竞争力，加大物流产业开放力度，其中唱响交通建设主旋律，加快货物流通尤为重要。

本章小结

☑ 经济区划是在客观存在的经济区的基础上，根据特定时期国民经济发展的目标和任务，对全国区域进行的分区划片。行政区划是国家为便于行政管理而分级划分的区域。行政区与经济区之间存在着密切的联系。

☑ 改革开放以后，随着区域经济研究的活跃和深化，人们对中国经济区划提出了多种多样的划分方法。2011 年，中国提出了“充分发挥不同地区比较优势，促进生产要素合理流动，深化区域合作，推进区域良性互动发展，逐步缩小区域发展差距”的区域发展总体战略，并按照西部、东北、中部和东部的顺序对中国经济区的空间布局给予了详细规划，这也是新中国成立以来第一次最完整的的经济区域发展规划。

☑ 东北综合经济区物流发展已形成以大连、沈阳、长春、哈尔滨等主要城市为中心，多个物流网络交叉的格局。东北综合经济区的物流发展以辽宁省为重点，而辽宁省的物流发展又以沈阳和大连为重点。规划到 2015 年，初步建立起布局合理、技术先进、便捷高效的现代物流服务体系，有力支撑东北老工业基地全面振兴。

☑ 作为中国物流发展较早的地区，北部沿海综合经济区各省、市地方政府大都从战略高度出发，把现代物流作为经济腾飞的重要措施，制定了一系列的相关制度，并致力于物流规划的有效执行。

☑ 东部沿海综合经济区以上海为龙头，以苏、浙为两翼，物流业飞速发展。所有省市基本都已完成本地物流发展纲要或规划的编制工作，并已进入实施阶段。当前“长三角”物流发展的重点方向是抓住物流发展升级的机遇，把制造业、商贸业的产业升级作为物流发展的考核目标。

☑ 南部沿海综合经济区面临港、澳、台地区，海外社会资源丰富，对外开放程度高。南部沿海综合经济区的物流发展具有良好的市场需求、得天的区位优势和深厚的基础条件。广东省更是全国物流业最为发达的地区之一，广东省将发展物流产业作为经济领域四大主攻方向之一。福建省正努力建设成海峡西岸区域性国际物流中心区。海南省也明确把物流业作为经济发展的重要支柱产业之一。

☑ 黄河中游综合经济区自然资源尤其是煤炭和天然气资源丰富，地处内陆，战略地位重要，对外开放不足，结构调整任务艰巨，物流发展水平总体不高。基础设施不完善是制约其前进发展的瓶颈因素，为解决投资薄弱问题，培育投资主体是重中之重的大事。

☑ 长江中游综合经济区承接东西，贯通南北，是全国物流网络中的重要环节。这一地区农业生产条件优良，人口稠密，对外开放程度逐年提高，产业转型压力仍较大，正处于物流加速发展的上升阶段。

☑ 大西南综合经济区地处偏远，土地贫瘠，贫困人口多，物流发展起步较晚。随着全球经济一体化步伐在我国西部地区的不断深入，大西南综合经济区物流业发展需求将不断增长，物流资源会进一步整合和优化。大西南综合经济区各省、区、市政府已着手各地物流发展规划的制定工作，并在实施方面取得了初步成效。

☑ 大西北综合经济区自然条件恶劣，地广人稀，市场狭小，向西开放有着一定的条件。物流业发展尚处于滞后状态，主要表现在物流成本明显高于东部地区，物流技术水平处于较低层次。但由于物流业对带动地区经济发展的重要战略作用，大西北综合经济区各地区政府正着手发展物流业。

思考题

1. 分析经济区域对物流的影响。

2. 改革开放以后，人们对中国经济区划主要提出了哪几种划分方法？

3. 草拟一份调研提纲，利用周末及“五一”（或“十一”）假期考察分析你的家乡物流经济布局，回校后撰写一份调研报告，然后在课堂上与同学们交流。

第 4 章

中国农业物流地理

学 习 重 点

- 发展农业物流的意义
- 农业物流的概念和特点
- 中国主要粮食作物分布
- 中国主要经济作物分布
- 中国主要林区分布
- 中国渔业经济分布
- 中国畜牧业分布
- 中国种植业分布

引导案例

国通物流欲借陈村东风辐射珠三角

广东国通物流城于 2005 年 8 月 8 日开业，作为佛山首个农业物流基地，国通物流城配备了首个农产品熏蒸区，并具有保税仓储、分拨配送、简单加工、信息处理、进出口贸易、检测、商品展示、集中报关等功能。该物流城位于顺德区陈村石洲路段，这意味着陈村以及周边地区的农产品进入国际市场多了一条便捷途径。

另外，陈村拥有“陈村花卉世界”这一国家农业龙头企业，国通物流城与陈村花卉世界在地理位置上紧密相连，能够有效借助“陈村花卉世界”的品牌促进自身发展。近年来，陈村花卉世界平均每年有 1.5 万个集装箱农产品出口，而且出口量每年都在增长。国通物流城已经盯住了这 1.5 万个集装箱的出口量，争取承接陈村花卉世界的物流业务。

佛山地区现代物流起步较晚，鲜有本地强有力的专业物流服务企业主导市场，为第三方物流投资获利提供了广阔的发展空间。国通物流城的建立关键在于市场分工的细化，有针对性地推出服务。

国通物流城内设有公共保税仓库和监管仓库，充分发挥海陆空联动优势，以货车接驳远洋航班或飞机航班。例如，国际货物进出物流中心按不同目的港进行分拆，按同一目的港进行集拼，换装其他国际航行船舶运往第三国或地区的指定口岸，或转运到境内其他港口。国通物流城与广州南沙港、深圳盐田港、蛇口港频繁接触，以后还会推出一些组合服务，并给予客户一定优惠。

思考：1．作为佛山首个农业物流基地，广东国通物流城具备什么特色？

2．广东国通物流城为中国农业物流发展提供了什么借鉴？

提示：国通物流城的优势：交通便利、保税仓储吸引本地客户、海陆空联动、以货车接驳远洋航班或飞机航班、营销网络辐射国内外。在中国建设现代化农业，必须尽快建设符合当代社会需求和市场规则要求的农业物流与供应链管理体系。

从本章开始我们进入中国产业物流地理的学习，首先介绍农业物流地理，之后各章将分别介绍中国工业物流地理、中国商业物流地理和中国交通运输业地理。在农业物流中，物流货流量比较大的是粮食作物、经济作物、林产品、畜产品、渔产品和土特产，本章以下各节分别述之。

4.1 概述

4.1.1 农业物流的概念和特点

1．农业的概念

农业的概念有狭义和广义之分。狭义的农业是指种植业，即在耕地上种植农作物的农业生产部门。广义的农业是指利用动植物的生长繁殖机能，经过人工种植、培育、饲养等生产活动以获得各种农产品的生产部门，即通常所说的“大农业”，包括种植业、林业、畜牧业和渔业等部门。在国民经济中，农业属于第一产业。本书中所讲的“农业物流”，采用的是广义的农业概念。

相关链接

所谓大农业观，从横的方面讲，不仅包括农、林、牧、副、渔，以及它们之间的相互关系，还要注意第一产业的内部关系。如玉米分为工业用玉米、饲料用玉米、食用玉米等，其他种类的产品亦如此。从纵的方面讲，还应包括各种农产品加工业以及运输、销售等有关的服务业，把从生产到加工以及销售的全过程作为整个产业链来看待。从大农业观出发，还要掌握一些与农产品有关的代用品以及进出口对农业生产的影响。比如，化纤不是农产品，但它的产量会影响到纺织业对棉花、羊毛、蚕丝的需求。再如农产品的进出口量也会影响到农产品的生产量。类似的还有皮革、造纸、酿酒、饮食等行业。此外，不仅要注意到国内市场的需要，还应预测气候的变化以及各国政策的走势对中国农业生产可能产生的影响。也就是说，只有将与农业有关的里里外外、左邻右舍、进进出出、目前和将来都考虑在内，才算树立起了大农业观。

2．农业物流的概念和类型

农业物流是从农业生产资料的采购、农业生产的组织到农产品的加工、储运、分销等，从生产地到消费地、生产者到消费者的过程中所形成的包括信息传递在内的一系列计划、执行、管理控制的过程。

农业物流可以划分为不同的种类，常见的划分方式主要有：根据农业物流的流体对象可以分为农业生产资料物流和农产品物流；根据农业生产的主要过程和物质转移可以分为农业产前物流、农业生产物流、农产品流通物流和农业废弃物物流。

3．农业物流的特点

1）农业物流涉及面广、量大。农业物流的流体包括农业生产资料和农业的产出物，基本涵盖了种苗、饲料、肥料、地膜等农用物资和农机具，以及种植业、养殖业、畜牧业和林业等，物流节点多，结构复杂。

2）农业物流具有独立性和专属性。由于农业生产资料和农产品的生化特性，使得它有别于一般物流的流体，所以农业物流系统及储运条件、技术手段、流通加工和包装方式都具有独立性，且农业物流的设施、设备和运输工具具有专属性。因此，处于起步阶段的中国农业物流所需投入大，发展慢。

3）保值是中国农业物流发展的核心。由于中国农业物流的发展水平较低，每年农产品在物流方面（特别是流通环节）的损耗巨大，因此，农业物流的流体与载体等其他要素如何匹配，如何运用物流技术使农产品在物流过程中有效保值，是当前比农业物流增值更为重要的核心问题，减少农产品在物流过程中的损失应该放在与农业生产同等重要的地位。

4．农业与物流的关系

目前，中国农业生产过程大致分为产前准备、产中管理、产后加工、商业流通和最终消费五个大的环节。如果把这五个环节作为整体来看，就形成了中国农业生产的链状结构（农业生产过程见图 4.1）。

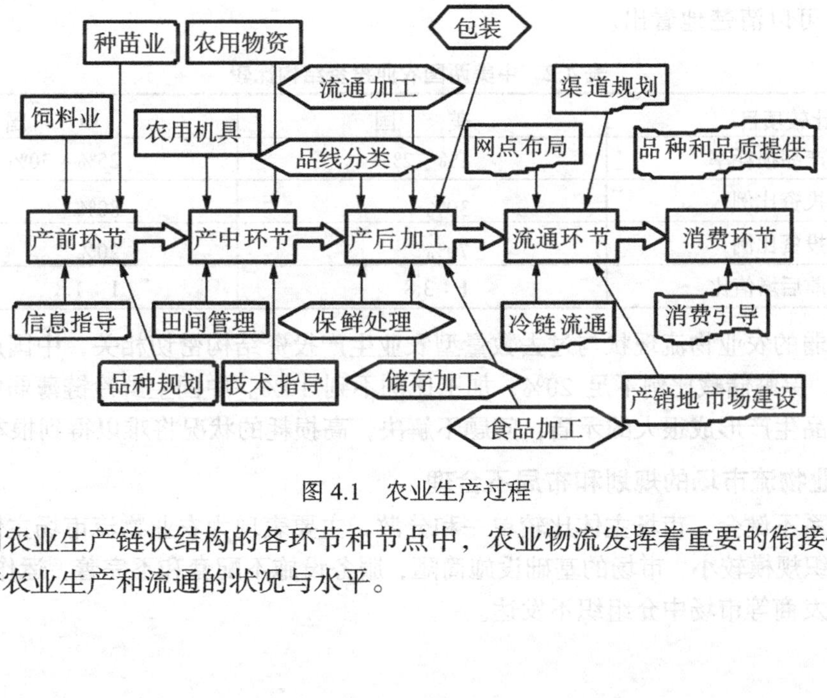

图 4.1　农业生产过程

在中国农业生产链状结构的各环节和节点中，农业物流发挥着重要的衔接作用，它深刻地影响着农业生产和流通的状况与水平。

4.1.2 中国农业物流的现状

目前，中国农业物流在农业生产发展的带动下，正处于起步阶段。由于起点较低，基础薄弱，与发达国家的差距十分明显，主要体现在以下几个方面。

1. 农业物流整体处于低水平运行

根据国家发改委、国家统计局和中国物流与采购联合会公布的 2012 年全国物流运行情况通报显示，全国社会物流总值基本情况如表 4.1 所示。

表 4.1 2012 年社会物流总额构成及增长变动情况

物流总额构成	同比增长（%）	在物流总额中所占比重（%）
全社会物流总额	9.8	100.0
农产品物流总额	4.5	1.5
工业品物流总额	10	91.4
进口货物物流总额	7.8	6.4
再生资源物流总额	10.2	0.4
单位与居民物品物流总额	23.5	0.2

2012 年，全国社会物流总额 177.3 万亿元，同比增长 9.8%，保持了缓中趋稳的增长态势，但农产品物流总额在社会物流总值的比重很小，仅占 1.5%，并且同比增长 4.5%，低于全国物流总值 9.8%的增长幅度，与突出的高额农产品物流损耗和成本一起，反映了农产品物流的差距悬殊。

2. 农业物流的基础投入不足

一直以来，我们在农业生产环节的增产上全力以赴，但物流保鲜技术、物流加工和冷链建设等后续物流环节的基础投入明显不足。这从中美两国的农业投资结构对比（见表 4.2）可以清楚地看出。

表 4.2 中美两国农业投资结构比较

比较项目	美　国	中　国
果蔬产品损耗率	1%～2%	25%～30%
产中投资比例	30%	80%
产后投资比例	70%	20%
加工前后增值比	1：3.8	1：1.8

中国薄弱的农业物流现状与过去数量型农业生产投资结构密切相关，中国产后商品化处理为 1%，保鲜储藏比例不足 20%，加工比例不到 10%。中国生鲜冷链薄弱的现状与数量型的农产品生产形成很大的矛盾，问题不解决，高损耗的状况将难以得到根本扭转。

3. 农业物流市场的规划和布局不合理

市场体系不健全、市场主体比较单一和分散，主要表现为农业物流市场主体的组织化程度低，组织规模较小，市场的基础设施简陋，服务设施不配套和不完善，运作不够规范，代理商、批发商等市场中介组织不发达。

4．农业物流信息体系不健全

农业物流流体的流向、流程以及由此产生的流效，是与农业物流的信息体系密切相关的。我国农业物流的电子化起步比较晚，信息化的基础比较薄弱，物流信息体系不健全。这主要表现在：物流信息网络不健全，网络覆盖面不宽，信息网络资源分散，信息社会化服务组织发展迟缓；基础设施建设缓慢，光纤线路还未能通到大部分农村乡镇；计算机在农村的使用率较低等。

5．农业物流成本偏高

目前中国的农业物流成本比较高，而且不稳定，其中有物流利润和运输成本因素，但更多的是物流环境的影响，由于路况不良的时间成本以及交通秩序中不当现象无形中增加的物流成本（如设卡收费等）。

6．农业物流的相关理论研究严重滞后

在中国的农业发展过程中，“重生产、轻流通”的思想意识影响广泛，而对农业生产资料、农产品流通和物流配送等相关产业的协同发展作用认识不足，更没有形成农业物流完整的行业体系框架。

7．农业物流观念缺乏，对农业物流的认识浅薄

各级政府部门和农民没有认识到农业物流是农民增收的“第三利润源”，没有将农业物流看成优化生产过程、强化市场经营的关键，而将农业物流活动置于附属地位，大多数农业生产经营组织将仓储、运输、装卸搬运、采购、包装、配送等物流活动分散在不同部门，没有纳入一个部门对物流活动进行系统规划和统一运作与管理。

8．农业物流的法制环境不完善

这主要表现在：农业物流缺乏系统而专门的法律规定，在物流市场进入与退出的竞争规则上无统一的法律法规可循；对社会性的物流服务缺乏有效的外部约束，致使不正当竞争难以避免。另外，缺少系统的农产品质量监督管理手段，随着国际贸易中的绿色贸易壁垒加高，阻碍了农业物流国际化的进程。

4.1.3　发展农业物流的意义

发展中国现代农业物流是促进农村经济发展的必要条件，只有深刻认识到农业物流的发展现状和发展趋势，建立完善的物流发展机制，才能真正引导中国农业未来的前进方向。具体来说，发展农业物流具有如下现实意义。

1．发展现代农业物流，加强对农业物流的管理

这样可以提高农业产品商品生产的市场反应速度，降低库存数量，缩短生产周期，提高服务水平，节约物流成本，增加产品销售利润，最大限度地满足社会的需要。

2．进一步开拓农村市场，促进农业产业化

农民现在最需要的是适合农村的各种生活消费品、生产资料。据测算，如果农资质量、价格适合农民需求，每年可增加农资需求 1 500 亿元。保持物流顺畅，建立健全市场流通网络，从而使需求和供给的衔接更加紧密，农民、农村需要什么生产资料可以及时地反馈到市场中，为生产资料经营主体提供真实、准确、有效的信息，通过适时调整生产品种，

运用多种流通渠道保质保量地、合理地配送到农户手中，进一步扩大农村市场。

3．大大提高农产品流通速度，降低农业物流成本

现代农业物流以物流配送的规模大、速度快、辐射面广、效率高见长，尤其对农产品来说，多为鲜活商品，对时间、新鲜程度的要求很高，发展现代农业物流，可以减少流通环节，充分运用专业化、现代化的运输工具迅速及时地运往消费地，提高农产品流通速度，降低农产品积压在产地所占据的成本，同时通过大规模作业降低作业成本，减少多次装卸搬运所产生的产品破损，从而有效地降低物流成本。

4．通过专业化物流增值服务提升农产品价值，增加农民收入

农产品本身的价值本不高，发展专业的第三方农业物流组织，可以发掘农产品的内在价值，同时为农产品提供专业的物流增值服务，包括对农产品进行进一步深层次的加工，提供规范化、合理化的包装，根据不同产品的不同要求提供不同的储存条件，并且及时提供供求信息，合理组织配送，使农产品有合理的流向，多层次、全方位地提升农产品价值，增加农民收入。

4.2　种植业物流地理

种植业是指在耕地上种植农作物的农业生产部门。其中，农作物是指在耕地上人工种植的、以满足人们某种需要为目的的草本植物，包括粮食作物和经济作物两种。

4.2.1　粮食作物

粮食作物，也可称为食用作物，是谷类作物（包括稻谷、小麦、大麦、燕麦、玉米、谷子、高粱等）、薯类作物（包括甘薯、马铃薯、木薯等）、豆类作物（包括大豆、蚕豆、豌豆、绿豆、小豆等）的统称。

中国粮食作物种类多、分布广、地域差异大，生产水平不平衡而发展潜力大。中国栽培较普遍的粮食作物共有20余种，世界各种主要粮食作物几乎都见于中国。中国也是世界重要产粮国之一，2012年中国粮食产量约占世界粮食产量的25.8%，居世界前列。

1．中国粮食生产发展

中华人民共和国成立以来，粮食生产有了较大发展，但产量不稳定，存在波动周期，具体分为以下几个阶段。

（1）1949—1958年：粮食生产迅速恢复和发展阶段。粮食总产量由1.132亿吨增加到2亿吨，9年间增加了0.868亿吨。这一阶段内的粮食增产原因在于粮食播种面积的扩大、土地制度改革以及农民互助合作的制度创新。

（2）1958—1978年：粮食生产长期徘徊阶段。粮食总产量由2亿吨增加到3.048亿吨，增加1.048亿吨粮食竟然用了整整20年的时间。这一阶段的徘徊是由于播种面积的不稳定以及政治原因等。

（3）1978—1993年：粮食生产超常增长到缓慢增长阶段。在这一阶段，以1984年为分界线，1984年之前粮食总产量首次突破了4亿吨大关，扭转了中国粮食长期严重短缺的局面；1984年之后，粮食生产缓慢增长，1993年增至4.655亿吨。粮食播种面积减至1949年前的水平，但食物多样化却有长足的变化。

（4）1993—1996 年：粮食生产平稳阶段。1996 年粮食供求紧张的形势明显好转，总供给在满足国内总需求后仍略有结余。

（5）1996—2005 年：自 1998 年起，粮食产量逐年下降，到 2003 年中国首次成为农产品净进口国，中国粮食生产严重不足。2005 年中国粮食总产量 4.84 亿吨，比上年增产 0.146 亿吨，再创历史新高。2004 年和 2005 年粮食连续两年增长，增长总量超过 0.5 亿吨，特别是粮食单产连续刷新历史纪录。

2006 年 1 月 1 日，联合国宣布不再对中国进行粮食援助。而中国在停止接受来自世界粮食计划署援助的 2005 年，就以 57.7 万吨的援助总量，一跃成为仅次于美国和欧盟的世界第三大粮食援助捐赠国。

目前，粮食产量逐年上升，实现了九连增，2013 年全国粮食总产量为 60 194 万吨，比上年增长 2.1%。同时粮食出现进口现象，并有逐年上升趋势，其中 2008 年中国粮食净进口 3 752 万吨，2009 年中国粮食净进口又快速地增加到 4 894 万吨。2012 年全年粮食进口超过了 7 000 万吨，是历史上粮食进口量最多的一年，其中，谷物净进口 1 316.9 万吨，总进口大豆 5 838 万吨，不断刷新纪录。

2．中国粮食作物的地区分布及其特点

中国九大商品粮基地主要包括：生产条件和基础好的地区——太湖平原、洞庭湖平原、江汉平原、鄱阳湖平原、成都平原、珠江三角洲；增产潜力较大的地区——江淮地区；粮食商品率较高的地区——松嫩平原、三江平原。

除少数纯牧区县外，中国各县均有粮食栽培，但地区分布很不平衡，粮食组合又各具特色。内蒙古乌拉特中旗—乌审旗一线以东及长城以南、青藏高原以东地区，粮食播种面积和粮食总产量分别占全国的 95%和 96%；西部地区粮食播种面积不足全国的 5%，粮食产量仅为全国的 4%。

我国不同的粮食作物分布相对集中，主要有以下几个特点。

1）秦岭、淮河以南，青藏高原以东：以稻谷生产为主，同冬作（小麦、油菜、蚕豆、豌豆、绿肥）进行复种轮作，实行一年两熟或三熟制，粮食耕地复种指数约 195%。

2）秦岭、淮河以北：以小麦生产为主，在其偏南的冬麦区主要和夏作（玉米、谷子、大豆、绿肥）轮作，实行两年三熟或一年两熟制，粮食耕地复种指数约 150%，在其偏北的春麦区主要同糜子、谷子、马铃薯、玉米、豌豆等轮作，以一年一熟为主，粮食耕地复种指数约 115%。

3）东北三省大部分地区：以玉米、大豆、高粱、谷子为主和小麦轮作，基本上实行一年一熟制，粮食耕地复种指数低于 100%。

4）西部青藏高寒山区：以青稞、豌豆、春麦为主，实行轮歇轮作制，粮食耕地复种指数约 95%。

3．中国主要粮食作物及其分布

中国粮食作物以稻谷、小麦、玉米、高粱、谷子、薯类、大豆等为主，其中又以稻谷、小麦、玉米分布最广、产量最多，三者合占全国粮食总产量的 86%以上。

（1）稻谷

中国是世界种稻最早、产稻谷最多的国家。稻谷在各种粮食作物中平均单产最高，占

粮食播种总面积的29%、总产量的42.4%。全国90%以上的稻谷集中于淮河、秦岭以南的南方地区。稻谷在北方地区种植少，且零星分散，近几年有所发展，以东北三省稍多，面积约占北方稻区的40%。

中国稻谷产销量大，年产量在1.7亿吨左右，占世界总产量的30%以上，而东北四省区稻谷产量1600万吨左右，占全国总产量的10%左右。另外，稻谷的商品化程度高、用途广、东北水稻流通量大（呈逐年上升的趋势）、生产地域广、品种多，标准化有些难度，价格波动较为明显，受季节性影响较大。

按自然条件和稻谷栽培制度及品种类型，主要有以下几个生产区：

1）华南双季稻区。

2）长江中下游单、双季稻区。

3）云贵高原稻谷区。

4）四川盆地丘陵稻谷区。

（2）小麦

根据中国统计年鉴公布的数据显示，2012年小麦播种面积和产量分别占粮食的21.8%和20.5%，广布全国，有东北春麦、北部春麦、西北春麦、新疆冬春麦、青藏春冬麦、北部冬麦、黄淮冬麦、长江中下游冬麦、西南冬麦以及华南冬麦10个麦区，按其走向又分为南北两大区。

1）春小麦种植区：全国有14个省、市、区种植春小麦，主要分布在长城以北，岷山、大雪山以西地区，占全国春小麦面积的85%以上。

2）冬小麦种植区分为北方和南方两大区：长城以南，六盘山以东，秦岭、淮河以北为北方冬麦区。该面积和产量均占全国70%左右，大都和玉米、甘薯、高粱、谷子、大豆等轮作，多实行二年三熟制，部分一年一熟或一年二熟制。淮河秦岭以南属南方冬麦区，大部地区实行麦稻两熟制或麦稻稻、麦豆稻等三熟制。但长江以南、湖南以东各省区小麦种植很少，如江西、广东和广西。

（3）玉米

中国是全球第二大玉米生产国和消费国。2011—2012年度世界玉米总产量约为8.65亿吨，同年度中国玉米总产量约为2.06亿吨，占世界玉米总产量的23.82%，仅次于美国。

从物流的角度来看，玉米产销量大、流通量大、商品化程度高，用途广、产业链长，市场化程度较高、价格波动比较明显，易于标准化，储存性良好。大连是中国最大的玉米转运口岸和集散地。

玉米在粮食作物构成中仅次于稻谷、小麦，2012年我国玉米播种面积达35.03万平方千米，达到历史最高水平，产量约为2.06亿吨，占粮食总产量的34.87%。

玉米的主要集中栽培区是从黑龙江省大兴安岭，经辽南、冀北、晋东南、陕南、鄂北、豫西、四川盆地四周及黔、桂西部至滇西南，面积占全国玉米面积的80%左右，其中东北多于西南。

（4）高粱

高粱产量在杂粮中居首位，中国高粱年产量在300万吨左右，是中国所有杂粮中产量最大的一种。其中，东北四省区总产量189万吨，占全国高粱总产量的67.5%。高粱的商品化程度高，用途广，市场化程度较高，价格波动大，易于标准化。

高粱出口主要是通过北方环渤海港口，如营口、锦州、大连和天津各港。其中，东北的辽宁和吉林两省高粱出口量占全国总出口量的 90%左右。

（5）谷子

谷子耐旱性强，在中国分布极其广泛，几乎全国都有种植，但主要产区分布在北纬 30°～48°、东经 108°～130°地区。从淮河以北到黑龙江的广大地区种植面积最大。西部的甘肃、新疆以及西藏的部分地区阳光充足、积温高、昼夜温差较大，特别适合“金谷子”开发种植。长城以南的大部分地区一般在夏麦收后播种，由于产量不高，种植面积不断减小。全国 95%的谷子面积集中分布于黄土高原、黄淮平原、松辽平原和内蒙古的西部及东南部。东北和西北以春谷为主，华北以夏谷居多。

谷子是中国主要农作物在世界上单产水平领先的为数不多的农作物之一，也是目前世界上单产唯一能够翻几番、同时具有粮草兼用双重特性的农作物。由于传统谷子的产量太低，种植面积不断锐减，由此导致资源量少，因而目前尚有较大的市场缺口。

（6）大豆

大豆原产中国，中国大豆产销量大，年产量在 1 530 万吨以上，需要大量进口。大豆储存性好，易于标准化，品种单一（尤其是油用大豆，在流通中占统治地位），市场化程度高，价格波动较大，受国际大豆市场价格影响明显。

大豆栽培历史悠久，主要集中分布在东北的沈阳—哈尔滨—克山铁路两侧平原地带，松花江下游，黄淮平原的鲁西南、豫东、冀东北及晋西北和苏皖两省淮北地区，大豆面积和产量分别占全国的 76%和 80%。

（7）薯类作物

以甘薯为主，约占薯类面积的 80%。其次为马铃薯和少量木薯。2012 年全国薯类面积和产量分别占粮食种植面积和产量的 8%和 5.6%。甘薯除青藏高原外，各地均有种植，以黄淮海平原、长江中下游、珠江流域和四川盆地最多。黄淮海平原和长江中下游以夏秋薯为主，华南沿海以秋冬薯为主，内蒙古东部及东北三省以春薯为主。马铃薯主要分布在东北、内蒙古和西北各地。木薯集中分布在南岭以南的两广、滇南。

4.2.2 经济作物

1. 经济作物概述

经济作物又称技术作物、工业原料作物，指具有某种特定经济用途的农作物。按其用途可分为：纤维作物（棉花、麻类、蚕桑）、油料作物（花生、油菜、芝麻、大豆、向日葵）、糖料作物（甜菜、甘蔗）、饮料作物（茶叶、咖啡、可可）、嗜好作物（烟叶）、药用作物（人参、贝母等）、热带作物（橡胶、椰子、油棕、剑麻）。广义的经济作物还包括蔬菜、瓜果、花卉等园艺作物。

经济作物具有地域性强、技术性高、经济价值大和商品率高的特点，对自然条件要求较严格，宜于集中进行专门化生产。世界上一些主要经济作物（如棉花、甜菜、甘蔗、麻类）及热带、亚热带经济作物的集中化与专门化程度均较高。

2. 中国经济作物及其分布

中国经济作物主要包括棉花、油料、糖料、烟叶、麻类、药材等，占农作物总播种面积的 14.1%。此外，尚有茶、桑、水果、橡胶等木本经济作物未包括在内。经济作物产值约占种植业产值的30%。

中国经济作物地理分布广泛，遍及全国各省、市、自治区，生产规模较大的棉花、油料、糖料等分布也很普遍。但地域差异明显：东部集中了中国经济作物播种面积的90%以上，是中国棉花、油料、糖、烟叶、茶叶、蚕茧、麻类、水果的主要产区。南北差异也很大：在热带地区主要栽培橡胶、咖啡、可可、胡椒、椰子、油棕、香蕉、龙眼、荔枝、菠萝和特种药材等；在亚热带地区主要栽培甘蔗、茶树、油桐、柑橘等；在温带地区多种植棉花、苹果、梨、葡萄，是棉花及温带水果的集中产区；在中温带地区以种植甜菜为主，是甜菜的主产区。以下我们分述各种主要经济作物及其分布范围。

（1）棉花

中国是世界上的产棉大国，根据中国统计年鉴显示，2012年全国棉花播种面积为4.688万平方千米，产量达683.6万吨。但国内植棉面积有限，中国仍需进口外棉。

中国棉花种植分布在北纬19°～45°、东经76°～125°范围内。

中国五大商品棉基地分别是：冀中南鲁西北豫北平原、长江下游滨海沿江平原、江淮平原、江汉平原、南疆棉区。

近年来，新疆通过推广应用高密度栽培、宽膜覆盖、膜下滴灌等新技术，棉花平方千米产由20世纪80年代的70公斤提高到现在的137.1公斤。种植面积从1978年的0.15万平方千米增加到2012年的1.721万平方千米，增长11.5倍。目前，棉花已成为新疆最大宗的经济作物，产量占全国的1/3，在品质、商品量、调出量、总产、单产等方面均居全国首位。

（2）油料作物

油料作物是供人食用并具有商品特性的经济作物。它种类多，种植历史悠久，主要包括花生、油菜子、芝麻、胡麻、向日葵、蓖麻、线麻子、苏子、油茶、核桃、油桐、乌桕等。全国油料作物常年播种面积在各种经济作物中居于首位。其中，花生、油菜子、芝麻、胡麻四大油料作物占全部油料作物播种面积的90%以上。而其中又以花生、油菜子、芝麻的种植面积最大、分布最广。

木本油料作物中，首推油茶面积最大，是亚热带丘陵地区的主要食用油；核桃广泛分布于中国南北，但很少用于榨油；油桐、乌桕分布于中国南方。上述油料作物中，桐油、蓖麻油和乌桕油是非食用油，主要供工业使用。食用油中也有一小部分用于肥皂、油漆、油墨、医药等方面。此外，植物油源中还有棉子和大豆，棉子是棉花的副产品，大豆在中国被列为“粮食”，每年有总产量的30%供榨油用，两者都不属于油料作物。

目前，中国主要有五大油料作物，即油菜、花生、芝麻、向日葵和胡麻等。

1）油菜是中国第一大油料作物。它原产于中国，其播种面积和产量均占全国油料作物的50%左右。油菜种植区域分布广泛，在中国有20多个省市区种植。它性喜凉湿，可在高寒地区种植，亦可在南方越冬。按播种期分为春播油菜和秋播油菜。

中国以秋播油菜为主，主要分布在长江流域，其中以四川省居第一位，其次有安徽、江苏、湖北和湖南等省区。春播油菜，主要分布于燕山以北和陇山以西地区的青海、甘肃、新疆和黑龙江等省区。

2）花生是中国第二大油料作物。它原产于美洲热带、亚热带的巴西。明代中后期引入中国。它性喜温，短日照，适宜在沙质土壤中生长。在中国集中产区有华北的山东、河南、河北；华南的广东、广西；长江流域的江苏、安徽和四川；东北的辽宁等。

3）芝麻，原产于中国，它性喜温耐旱，在中国种植已有 2 000 多年的历史。主要分布在湖北江汉平原和黄淮海平原，以湖北省居第一位，其次有河南、安徽、河北。

4）向日葵，原产于北美洲，明清之际传入中国，属新兴油料作物。它早熟、耐旱耐盐碱，主要分布于东北西部和北部、华北北部和西北等地，其中以吉林、黑龙江、内蒙古和辽宁省为最多。

5）胡麻，是中国西北和华北北部的主要油料作物。它性喜凉耐旱，主要分布在长城以北阴山丘陵地区（河北坝上和内蒙古东部）、六盘山两侧和甘肃定西等地区。

（3）糖料作物

该作物包括甘蔗和甜菜。其中 2012 年全国甘蔗种植面积和产量分别占糖料作物种植面积和总产量的 88.47%和 91.29%，甜菜种植面积和产量分别占糖料作物种植面积和总产量的 11.63%和 8.71%。

1）甘蔗原产于热带、亚热带地区，产量高，收益大。甘蔗是中国制糖的主要原料。在世界食糖总产量中，蔗糖约占 65%，而在中国则占 80%以上。蔗糖是人类必需的食用品之一，也是糖果、饮料等食品工业的重要原料。同时，甘蔗还是轻工、化工和能源的重要原料。

甘蔗主要分布在粤、闽、桂、滇南、台等地区及四川盆地中南部地区。两个重要主产区在广西和海南。20 世纪 80 年代中期以来，中国的蔗糖产区迅速向广西、云南等西部地区转移，至 2012 年，广西、云南两省的蔗糖产量已占全国的 80.2%（不包括中国台湾）。

2）甜菜作为糖料作物栽培始于 18 世纪后半叶，现在世界甜菜种植面积约占糖料作物的 48%，次于甘蔗而居第二位。中国大面积引种糖用甜菜始于 1906 年。先在东北试种，1908 年建立第一座甜菜糖厂后逐渐向其他地区推广。主产区在北纬 40°以北，主要分布于长城以北，以东北地区松嫩平原为最大产区，其次为内蒙古河套及新疆玛纳斯河流域等地区。产区包括东北、华北、西北 3 个产区，其中东北种植最多，约占全国甜菜总面积的 65%。

（4）茶叶

茶叶性味甘、苦，微寒，是中国传统的天然保健饮料。按商品茶的分类和加工，中国市场上销售的茶叶有七类：红茶、绿茶、花茶、乌龙茶、紧压茶、普洱茶和黄茶。2012 年全球茶叶产量达到创纪录的 452.8 万吨，中国茶叶产量达到 179 万吨，茶叶出口达到 31.35 万吨。

茶叶在秦岭淮河以南、青藏高原以东的广大南方丘陵地区均有种植。各类茶叶产量中，以绿茶产量最大，占茶叶总产量一半以上；其次为红茶，约占茶叶总产量 1/4；再次为乌龙茶、紧压茶和其他茶类。就产茶省区而论，浙、湘、皖、川、闽为中国五大产茶省，产量占全国近 70%，其次为滇、鄂、粤、赣等省。

（5）烟叶

中国是世界烟草种植第一大国，年产量约占世界总产量的 32%。我国烤烟、白肋烟、晒烟和香料烟的产量均位列世界前 10 名内，其中烤烟居世界第一，其产量占世界烤烟总产量的 85%以上，且产区集中。河南、云南同是中国最大烤烟生产基地，产量合占全国 2/5，尤其集中于许昌地区和玉溪地区。其次为黔、桂、皖、湘等省区。

（6）蚕茧

中国蚕茧产量占世界 40%以上，其中桑蚕茧占 91.1%，柞蚕茧占 9.9%。桑蚕茧以川、浙、苏、粤 4 省产量最多，占全国桑蚕茧产量的 86.98%，尤以太湖流域、嘉陵江流域及珠江三角洲最为集中。柞蚕茧为中国特产，全国产量约有 3/4 产于辽宁省，其次为山东的胶东半岛和豫西等地。目前中国蚕桑生产主要分布在 26 个省（区、市）1 000 多个县，桑园面积 0.80 多万平方千米，年产蚕茧 62 万吨，涉及农户近 2 000 万户，蚕农收入 120 多亿元；丝绸工业年产值 1 600 多亿元，产业工人近 100 万人。

据“东桑西移”工程的安排，在“十一五”期间，截至 2010 年，建设的 21 个桑蚕生产省（区、市）中，8 个主产省（区、市）的桑园面积和产茧量占全国的 80%左右。其中，发展最快的广西壮族自治区初步形成了桂西北（河池市）、桂中（来宾市、柳州市等）和桂南（南宁市、贵港市等）3 大优势蚕桑产业带，5 市的桑园面积占全区总面积的 85%以上，蚕茧产量占全区总产量的 95%左右。同时，“东桑西移”也加快了“东丝西移”的步伐。广西、云南、陕西不仅上了缫丝、绢纺生产线，还建成了丝绸织造厂，实现了茧丝绸深加工零的突破。湖北茧丝绸产业链在逐步延伸，初步形成了从种桑、制种、养蚕、制茧、收烘到缫丝、丝绸制品、服装、桑蚕副产品深加工、市场销售等的农工贸一体化、产供销一条龙的蚕桑产业化链条。

（7）麻类作物

麻类作物包括黄麻、红麻、大麻、亚麻、苎麻、苘麻等。其中黄、红麻约占麻类作物种植面积的一半。黄麻主要分布于浙、粤、桂、川、皖、苏等省区。目前，中国黄麻栽培面积与产量仅占黄、红麻的 5%～10%。中国红麻常年种植面积 0.267 万平方千米，纤维总产量约 73 万吨，约占世界的 80%。红麻种植区域辽阔，南起海南岛，北至黑龙江，东起台湾，西达新疆都有栽培。

（8）水果

其中主要有苹果、梨、柑橘、柿、红枣、葡萄、香蕉、荔枝、龙眼、菠萝等。在水果总产量中，苹果占 24.7%，梨占 17.42%，柑橘占 18.91%，是中国三大水果。苹果约有 54.43% 产于山东和辽宁等省区，中国每年生产的苹果，约占世界苹果产量的一半。中国苹果浓缩汁的产量占世界出口市场总量的 70%。梨以冀、鲁、辽、苏等省最多。柑橘主产于川、浙、粤、桂、湘、闽等省区。香蕉、荔枝、龙眼、菠萝等以粤、桂、闽等省区为主产区。世界柑橘总产量约 1 亿吨，中国总产量达到 1 000 万吨，占总产量的 11%，位居第三。

（9）热带作物

其中以橡胶种植面积最大，占热带作物总面积的 80%以上；其次为香茅、剑麻、椰子、腰果、胡椒、咖啡、油棕、南药等，分布于琼、粤、滇、桂、闽 5 省区的南部，尤以海南岛和西双版纳最集中，是中国以橡胶为主的热带作物生产基地。

目前，中国已经成为世界上有影响的热带作物生产大国。

相关链接

中国商品性农业生产基地的比较如表 4.3 所示。

表 4.3 中国商品性农业生产基地比较

基地类型	分布地区
商品粮基地	九大基地：①生产条件和基础好的地区：太湖平原、洞庭湖平原、江汉平原、鄱阳湖平原、成都平原、珠江三角洲；②增产潜力较大的地区：江淮地区；③粮食商品率较高的地区：松嫩平原、三江平原
商品棉基地	五大基地：江汉平原；冀中南、鲁西北、豫北平原；长江下游滨海、沿江平原；黄淮平原；南疆

续表

基地类型		分　布　地　区
油料作物基地	花生	其在油料作物中，重要性居于首位；主要分布在温带、亚热带的沙土和丘陵地区；山东产量最多
	油菜	中国播种面积最大的油料作物，主要分布在长江流域；有“北移南迁”的趋向，如黄淮海平原，辽、黑及华南地区
	芝麻	主要在河南省
	胡麻	西北内陆地区
糖料作物基地	甘蔗	生长习性：喜高温、需水肥量大、生长期长；台湾、广东、福建、四川、云南、海南是主要产区（热带、亚热带地区）
	甜菜	生长习性：喜温凉，耐盐碱、干旱，生长期短；主要产于黑龙江、吉林、内蒙古、新疆四个省区（中温带地区）
出口商品基地		以进入国际市场为目标：太湖平原、闽南三角洲地带、珠江三角洲；种植花卉、蔬菜、水果，发展塘鱼禽畜生产

4.3　林业物流地理

4.3.1　中国主要林区分布

中国林区主要有东北内蒙古林区、西南高山林区、东南低山丘陵林区、西北高山林区和热带林区五大林区。这五大林区的土地面积占全国国土面积的四成，森林面积占全国的近 80%，森林蓄积占全国的 90%以上。

森林覆盖率以东北内蒙古林区最高，西南高山林区最低；森林面积以东南低山丘陵林区最多，西北高山林区最少；森林蓄积以西南高山林区最多，西北高山林区最少（见表 4.4）。

表 4.4　中国主要林区森林资源

林　　区	森林覆盖率（%）	森林面积（万平方千米）	森林蓄积（万立方米）
东北内蒙古林区	67.10	35.900 9	321 269.48
东南低山丘陵林区	51.97	57.806 5	256 458.50
西南高山林区	23.00	43.480 2	509 024.38
西北高山林区	39.14	5.088 6	53 093.23
热带林区	44.57	11.803 7	86 260.91

中国幅员辽阔，由于各地自然条件不同，加之植物种类繁多，森林植物和森林类型极为丰富多样，各林区主要森林资源介绍如下。

1．东北内蒙古林区：针叶林及针阔叶混交林

东北内蒙古林区是中国最大的天然林区。东北林区是中国目前最主要的木材供应基地，树木以红松、云杉、桦树、兴安落叶松等用材林为主。

本区西北部的大兴安岭主要是落叶松（兴安落叶松）林和采伐后的桦木、山杨次生林，部

分地区有樟子松林，沿河流有杨树和钻天柳（亦称朝鲜柳），东南部有生长不良的蒙古栎林。小兴安岭主要是红松林和针阔叶混交林，针叶树除红松外还有落叶松、鱼鳞松、红皮云杉和冷杉（臭松）；阔叶树有椴树、水曲柳、核桃楸、黄菠萝、榆树及多种桦木和杨树。长白山区的森林与小兴安岭林区相近似，但阔叶树种的比重增加，并有沙松（冷杉的一种）和长白赤松。

2．西南高山林区：高山针叶林和针阔叶混交林

西南高山林区位于青藏高原的东南部，是中国第二重要天然林区。

林区针叶树包括多种冷杉、云杉及落叶松、高山松、铁杉；阔叶树包括多种桦木、槭树、高山栎。海拔较低处还有椴树、榆树、槭树和高山松、华山松等，海拔更低的山坡分布有壳斗科、樟科等常绿阔叶树。林区林下植物有杜鹃、悬钩子、忍冬和箭竹等。林区内栖息着许多珍稀动物，大熊猫即生长于以箭竹为主要林下植物的云杉、冷杉林内；另外，还有金丝猴、扭角羚等。

3．东南低山丘陵林区：松杉林和常绿阔叶林及油茶、油桐等经济林

这一地区主要森林树种有马尾松、黄山松、杉木、柳杉、柏木，多种竹类（主要有毛竹、淡竹、桂竹、刚竹，南部还有丛生竹）和多种常绿阔叶树（主要有樟树、楠木、栲类、石栎、常绿青冈、木荷、木莲、阿丁枫、胆八树等）。此外，还有许多落叶阔叶树，如多种栎类（包括栓皮栎、麻栎、小叶栎、槲栎）、山毛榉、枫香、檫树、拟赤杨、光皮桦等。中国多种特有树种原产于此。针叶树有银杏、水杉、杉木、金钱松、银杉、台湾杉、白头杉、福建柏；阔叶树有珙桐、杜仲、喜树、观光木、伯乐树、香果树等。多种经济林产品中重要的有油茶、油桐、乌桕、漆、棕榈、厚朴、杜仲、白蜡。油茶面积有 3 万多平方千米，油桐约 2 万平方千米。

4．西北高山林区：落叶阔叶林及油松、侧柏林

这一林区树种目前仅有散生的小片栎类、桦木、山杨为主的落叶阔叶林和小片的侧柏、油松等针叶林。在水分条件较好的山谷局部地区，有少数白蜡、槭树、椴树、青杨等生长。在海拔较高的山地还有小片华北落叶松、云杉（青杆和白杆）及少数冷杉。本区需大力保护和培育森林、生产用材、薪材并涵养水源，保持土壤。

5．热带林区：热带季雨林

本林区森林基本上属热带季雨林，在湿润的山谷，树木板根现象较明显，林下有高大的树蕨、棕榈科植物，树干附生兰科、蕨类及天南星科植物，呈现出热带雨林的景观。这一林区蕴藏和保存着极为丰富的森林植物，有青梅、坡垒、龙脑香、娑罗双树等龙脑香科树木，并有蝴蝶树、人面子、番龙眼、山楝、麻楝、卵叶阿丁枫等热带树种，在西双版纳和广西最南部还有野生团花树。此外，陆均松、鸡毛松在海南岛和云南南部也有分布。在海拔较高的山地则有以常绿壳斗科树木为主的常绿阔叶树林。低海拔及河谷雨量较少处旱生型现象明显，如海南岛南部有厚皮树、闭花木、合欢树、刺竹等近似稀树草原的旱生型热带林。

6．其他林区

中国森林除分布于上述各林区外，在广阔的西北干旱、半干旱地区，绿洲境内及沿河流以及一定高度的山地也有森林分布，如新疆塔里木河流域的胡杨林，天山、祁连山中山地段的云杉林等。此外，在中国东部分布着大大小小的平原、盆地和三角洲，原有天然林早已破坏，只有零星散生的树种和小片丛林。20 世纪 50 年代以来营造了农田防护林、农林间种和四榜植树，有许多县的森林覆盖率已达到 10%～15%。这些地区的农田防护林对农田起到很大的防护作用，改善并美化了环境，同时也提供就地需要的用材、薪材和多种林产品。截至 2008 年，中国人工林面积达 61.688 4 万平方千米，居世界首位。

4.3.2 中国林业产业

1. 中国森林资源现状

总体来说，中国森林面积小，覆盖率低，资源数量少，地区分布不均，在世界上属于少林国家。但中国的树林种类丰富，珍贵经济林木繁多。共有木本植物 8 000 多种，乔木树种约 2 800 种，其中材质优良、经济价值较高的将近 1 000 种。另外，还有许多特有的树种，如著名的"活化石"水杉和银杏，以及银杉、珙桐等。

根据第七次全国森林资源清查（2004—2008 年）结果，全国森林面积 195.452 2 万平方千米，森林覆盖率 20.36%，活立木总蓄积 149.13 亿立方米，森林蓄积 137.21 亿立方米。

中国森林面积居世界第五位，森林蓄积列居世界第六位。但中国的森林覆盖率只有全球平均水平的 1/3，不足世界人均占有量的 1/4。

全国除香港特别行政区、澳门特别行政区和台湾地区外，林地面积 303.781 9 万平方千米，森林面积 193.330 0 万平方千米，活立木总蓄积 145.54 亿立方米，森林蓄积 133.63 亿立方米。天然林面积 119.692 5 万平方千米，天然林蓄积 114.02 亿立方米；人工林保存面积 61.688 4 万平方千米，人工林蓄积 19.61 亿立方米，人工林面积居世界首位。

2. 中国林业产业发展

我国林业产业持续快速增长。据《中国林业发展报告 2012》显示，2011 年实现林业产业总产值 30 597 亿元，比 2010 年增加 7 818 亿元，增长 34.32%。其中第一、二、三产业分别增长 24.29%、40.51%和 42.12%。林业三次产业的产值结构由 2010 年的 39.05∶52.14∶8.81 调整为 36.14∶54.54∶9.32。分地区看，东部 10 省林业产业总产值比重较大，占全部林业产业总产值的 50.81%；中部 6 省林业产业总产值为 6 009.91 亿元。东部省份增长最快，与其他地区的差距进一步拉大。林业产业总产值超过 2 000 亿元的省份共有 5 个，分别为广东、山东、浙江、福建和江苏。

2011 年，木材产量保持稳定，达到 8 145.92 万立方米。锯材产量持续增长，产量为 4 460.25 万立方米，比 2010 年增长 19.81%。人造板产量快速增长，产量达到 20 919.29 万立方米，比 2010 年增长 36.19%。其中，胶合板产量 9 869.63 万立方米，同比增长 38.24%；纤维板产量 5 562.12 万立方米，同比增长 27.73%；刨花板产量 2 559.39 万立方米，同比增长 102.45%；其他人造板产量 2 928.15 万立方米（细木工板占 69.47%），同比增长 12.52%。木竹地板产量快速增长，达到 6.29 亿平方米，同比增长 31.29%。其中，实木木地板 1.22 亿平方米，占全部木竹地板产量的 19.44%；复合地板 3.57 亿平方米，占全部木竹地板的 56.70%；其他木地板 1.03 亿平方米，占全部木地板产量的 16.40%；竹地板 0.47 亿平方米，占全部木地板产量的 7.46%。2011 年，全国木制家具总产量 2.48 亿件。木浆产量 823 万吨，比 2010 年增长 16.24%。

2011 年，新造经济林面积 1.218 3 万平方千米，比 2010 年增长 9.67%。各类经济林产品总量达到 1.34 亿吨。竹材产量为 15.39 亿根，比 2010 年增长 7.64%。年末实有花卉种植面积0.862 2万平方千米；切花切叶142亿支；盆栽植物29亿盆；观赏苗木121亿株；草坪4.08亿平方米。

相关链接

中国主要的防护林

1）三北防护林。1978年11月，国务院批准了在中国西北、华北北部、东北西部建设一个大型防护林工程——三北防护林。它包括了新疆、青海、甘肃、宁夏、陕西、内蒙古、山西北部、河北北部、北京、天津、辽宁、吉林、黑龙江13个省、市、自治区，从新疆到黑龙江，总长达1.4万千米，形成一条“绿色长城”。

2）冀西、豫东沙荒林。这里是黄河、漳河、沙河泛滥的沙荒地带，新中国成立以后，在这些沙荒地带上营造了沙荒林，现已泡桐成林，果树成片，改选了低产田，收到了多方面的经济效益。

3）沿海防护林。1988年沿海防护林体系工程开始建设，在中国1.8万千米的海岸线上，营造起防风固沙、防浪护堤、保护农田、涵养水源等为主体的多林种、多树种、多形式、多功能相结合，带、片、网、点相结合的区域性防护林体系。

4）长江中下游防护林。为了防止长江中上游的水土流失，保护农田，防止生态失去平衡，1989年国家规划在这一地区进行防护林体系建设。

4.4 畜牧业物流地理

4.4.1 中国畜牧业发展概况

中国是世界上畜牧业资源最丰富和畜牧业历史悠久的国家之一。中国拥有草地资源0.031 7亿平方千米，生长着3 000多种牧草，在不同的地理环境和气候条件下，形成了多种多样的草场类型，有利于各种牲畜不同季节的放牧利用，草地可利用率约达68.4%。在广大农区每年可提供大量农副产品和饲草饲料资源，约达7亿吨，种类多，数量大，营养丰富。此外，还有食品、畜产、水产、酿造等加工工业的大量下脚料，均可作饲料利用。同时，中国的牲畜品种资源也极丰富，经长期选择培育和引进改良，全国已育成优良的畜禽地方良种约260个，成为全国畜牧业发展的宝贵基因库。

自20世纪50年代以来，中国畜牧业虽已有很大发展，但速度缓慢，生产量低而不稳，产品率和商品率均不高。至20世纪80年代，猪、牛、羊和大牲畜头数有了显著增加，肉、奶、蛋、毛等畜产品产量大为增长，商品率也大大提高。无论生猪头数、猪肉总产量以及马、骡、山羊、兔的头（只）数均居世界首位，绵羊和黄牛头（只）数则分别居世界第三、第五位。从1991年开始，中国的肉、蛋产量已跃居世界第一。

当前，中国畜牧业已进入一个新的发展阶段，正由传统畜牧业向现代畜牧业转变，畜牧业生产水平不断提高，综合生产能力显著增强。

1. 中国畜牧业发展的现状

（1）主要成就

1）畜牧业生产水平不断提高。以2012年为例，全国肉类总产量8 387.2万吨，比2007

年增长 22.16%；禽蛋产量 2 861.2 万吨，增长 13.14%；奶类产量 3 875.4 万吨，增长 6.67 倍。

2）畜牧业在农业和农村经济的地位更加突出。2011 年畜牧业总产值突破 2.2 万亿元，占农业总产值的 30%以上，比 2010 年提高 5.5 个百分点。农民人均来自畜牧业的收入超过 600 元，约占农民家庭经营现金收入的 30%。

3）畜牧业生产逐步向优势区域集中。目前中国 13 个生猪主产省猪肉产量已占全国的 76.8%；肉牛产业带 8 个省区牛肉产量占全国的 66.3%；7 个奶业主产省牛奶产量占全国的 62.2%；10 个家禽主产省禽蛋产量占全国的 79.2%。

4）畜牧业增长方式开始发生转变。全国已有养殖小区 6 万多个，牧区和半农半牧区、舍饲半舍饲养殖方式逐步推广。退牧还草工程促进了草原畜牧业生产方式的转变。畜牧业发展正在由产量扩张向产量、质量和效益并重转变。

（2）存在的问题

目前中国畜牧业的发展存在着基础薄弱、生产总体水平还不高、畜产品质量安全监管的难度还比较大等问题。

未来，中国肉类和禽蛋产品将长期保持供给略大于需求的格局。与肉类产品和蛋产品相反，中国奶产品则长期处于相对短缺的状态。

2．今后的发展重点

1）注重结构调整，稳定发展生猪和禽蛋生产。在发展高产品种的同时，要重视特有品种的发展，满足各地区、不同消费人群的特殊需求。加快牛羊肉、禽肉生产，突出奶类和优质细毛羊生产。

2）发挥区域比较优势，在各地形成各具特色的畜产品集中生产区，加速全国畜牧业区域化进程。农区畜牧业要重点发展养猪、养禽和节粮型草食家畜牛羊的饲养。牧区畜牧业要改善草地生态环境，以草定畜，走可持续发展的道路。东部沿海地区和大中城市城郊要大力发展外向型畜牧业。各地畜牧业发展要走因地制宜的发展道路，尽量避免畜牧业产业结构的趋同。

3）畜产品加工业的发展，重点是要大力增强畜产品加工能力，提高加工深度，增加加工品在总产品中的比重，尽快改变加工业发展严重滞后的局面。

4）提高畜牧业科学技术对畜牧业的促进作用。在加速传统畜牧业向现代畜牧业转变过程中，技术因素将越来越起着决定性作用。要重点抓好畜牧业现代养殖示范园区、畜产品加工示范区。

5）进一步促进畜牧业规模化生产。专业户和中等规模户是中国未来畜牧业的主力，也是实施小农户与大市场对接战略的重要基地。

4.4.2　中国畜牧业分布

中国地域辽阔，自然条件复杂多样，畜牧业资源分布不均，畜牧业生产发展地区差异显著。北部与西部广大地区历来为全国重要牧区，拥有牲畜头数约占全国的 10%，而以种植业为主的东部广大农区却拥有全国 86%的牲畜头数，所提供的肉食约占全国的 95%，奶、禽、蛋等畜产品也占绝对优势。

根据畜牧业生产发展的条件和特点，以及民族的生活、生产习惯与历史发展的地区差异等，中国畜牧业可划分为牧区、农区、半农半牧区、城郊4种类型地区。

1．牧区畜牧业

该区主要分布于北部的内蒙古高原、西部的新疆和西南部的青藏高原，从东向西呈明显的地带性变化。2012年，内蒙古自治区畜牧业综合生产能力位居全国五大牧区之首，牛奶、羊肉、山羊绒、绵羊毛、裘皮等产量均居全国第一，草业发展走在了全国前列。

1）东部草甸草原地区。牧草生长茂密，产草量高，质量好，适宜发展牛、马、羊等多种牲畜，所产三河牛、三河马全国著名。

2）中部干草原（包括荒漠草原）地区。牧草较稀疏矮小，产草量较低，宜于牧羊，为中国重要的羊毛、羊皮与羊肉生产基地与耕役马的主产地。

3）西部半荒漠—荒漠地区。水草条件较差，宜于羔皮羊、裘皮羊、山羊和骆驼等的放牧，但以山羊所占比重较大，骆驼的分布也相当集中，是中国骆驼的重要分布区。

4）西部阿尔泰山、天山等地的山地区。天然草场类型多样，垂直差异十分显著。放牧绵羊、山羊、马、牛和骆驼。其中尤以新疆细毛羊、阿勒泰肥臀羊、伊犁牛、伊犁马等著称。

5）青藏高原区。天然草场类型繁多，牧草低矮，产量低，是以牦牛、藏系羊为主体的高寒牧区。世界上约有85%的牦牛分布在中国，而以青藏高原牧区最为集中，是国内外牦牛的集中产区。

牧区畜牧业是以天然草地为主要饲料来源的放牧畜牧业地区，家畜以牛、马、羊、骆驼等草食性畜为主，畜牧业以畜产品为其主要利用方式，是全国重要的畜牧业生产基地。

2．农区畜牧业

该区向来以从属于种植业，并带有副业性质的舍饲畜牧业为特点，猪和家禽占重要地位，而黄牛、水牛、马、驴、骡等畜种则主要供役用。大致以秦岭、淮河为界，可分为北方和南方农区。

1）北方农区：接近牧区和半农半牧区，区内有一定面积的天然草场，绵羊和山羊的比重大于南方农区，并有小群的放牧畜群和放牧经营的方式。此外，黄牛、马、骡等役畜是本区平原地带的主要耕役畜和运输工具，驴则是山地丘陵地区的主要耕畜和驮运工具。黄淮海平原、东北平原、关中平原、河西走廊等地养猪较多，具较高的商品性。禽类以鸡为主，水禽（鸭、鹅）较少。

2）南方农区：饲料来源丰富，牲畜种类较多，以猪、水牛、黄牛、山羊等为主。全区猪头数接近全国总数的2/3，以四川盆地、两湖平原、珠江三角洲、长江下游平原、浙江中部及西南部、闽东南沿海、桂东部、滇中和台湾西南部平原等种植业发达的地区最为集中。饲养量大，出栏率、商品率均较高。黄牛与水牛分别为南方农区旱地与水田的重要耕畜。水牛拥有头数约占全国的99%以上，多分布于平原稻作区。黄牛在全国也占重要地位，主要见于台地和丘陵山地区。马、驴、骡数量极少。山羊遍及区内，但丘陵山区居多。绵羊虽不多，但以杭嘉湖平原和太湖地区的湖羊最为著名。禽类仍以鸡为主，但水禽数量和放养规模远远超过北方农区。

3．半农半牧区畜牧业

该区沿长城南北呈狭长的带状分布，是农区役畜和肉食牲畜主要供应基地之一。该区在历史上曾是农牧业交替发展变化较大的地区，以具有汉族经营纯农业与蒙古族经营纯牧业的生产方式为特色。区内旱作农业与放牧畜牧业交错分布，畜牧业兼有纯牧区放牧与农区舍饲的特点。区内科尔沁草原和坝上高原等天然草场以放牧牛、马、羊为主，是肉、乳、细毛的重要生产基地。此外，宁夏的盐池、同心及内蒙古毗邻地区，历来以发展滩羊为主，所产二毛裘皮尤负盛名。

4. 城郊畜牧业

城郊畜牧业以城市为中心，生产肉、乳、禽、蛋为主，属于小规模集约化经营和生产。其中生猪、奶牛、菜牛、奶羊和家禽所占比重较大，主要为城市提供肉制品、乳品和禽、蛋类产品，商品率高。饲料来源主要是农产品加工后的副产品、混合饲料和居民饮食的下脚料。目前，城郊畜牧业正向集中、大型和专业化方向发展，以都市畜牧业为主要代表，由传统畜牧业向现代畜牧业转变。

4.4.3 中国畜牧业生产基地

经过长期发展，中国逐步形成了一些畜牧业生产优势区域。中国畜牧业生产区域化布局已初步形成，区域化发展的优势正在逐步显现。畜牧业产业化组织占到整个农业产业化组织的 20%以上，成为农业产业化程度较高的行业。

目前，已形成了以长江中下游为中心产区并向南北两侧逐步扩散的生猪生产带，以中原肉牛带和东北肉牛带为主的肉牛生产带，以西北牧区及中原和西南地区为主的羊肉生产带，以东部省份为主的肉禽生产带和以中原省份为主的蛋禽生产带，以及以东北、华北及京津沪等城市郊区为主的奶业优势生产带。

中国重点建设的畜牧业基地主要包括以下 5 个基地。

1. 大兴安岭两侧肉乳和皮毛生产基地

该基地包括黑龙江与吉林西部、内蒙古东部。这里为草甸草原区，分布着大面积天然草场，是中国重要的肉、乳、皮毛生产基地，着重发展乳、肉兼用牛和细毛羊、半细毛羊。

2. 新疆北部细毛羊、肉用牛羊和马生产基地

这里是中国荒漠草原发展畜牧业条件较好的地区。在阿尔泰山与天山垂直分布着山地草场，饲草类型多，可供细毛羊、肉用牛及马匹的发展；山间盆地和谷地具有生产饲草饲料的良好条件，是新疆细毛羊、阿尔泰肥臀羊、伊犁马等优良畜种的主要分布地。

3. 青藏高原东部牛羊肉、乳、皮毛生产基地

这一基地是由亚高山和高山草甸组成的天然牧场，牧区的条件不如上述两个基地，但青藏高原上的畜牧业发展条件最好。目前以生产绵羊、山羊、牦牛和马等各种牲畜为主，特有畜种是牦牛和藏绵羊。

4. 华北和西北农牧交错区牛羊肉、毛生产基地

这一基地包括河北承德、张家口地区，晋西北和陕西、甘肃的黄土高原，这里自然条件比牧区好，又临近畜产品消费地，具备发展畜牧业的一定条件，主要从事牛羊肉和羊毛生产。

5．东部平原地区以养猪、禽为主的肉、蛋生产基地

这一地区是中国的主要产粮区，并且是猪、禽的集中产区。今后要提高生产专业化、集约化程度，加强饲料工业建设，改良畜禽品种，进一步提高肉、禽产量和商品率。重点建设的区域有：东北平原牛羊猪饲养基地、四川盆地肉猪供应基地、长江三角洲和珠江三角洲商品畜禽生产基地、黄淮海平原黄牛和猪生产基地。

4.5 水产业物流地理

4.5.1 水产业发展概况

水产业，或称渔业，是在海洋和江、河、湖、沼等水域中从事捕捞或养殖水生动物的生产性产业。它包括了捕捞、养殖、保鲜加工和运销等一系列生产环节，一般以鱼类的捕捞、养殖和加工为主。

1．中国水产业发展概况

水产业作为中国的传统产业，具有悠久的历史。2012 年，全国水产品产量达到 5 907.7 万吨，约占全球水产品总量的 1/3。中国已连续 20 多年位居世界水产品生产之首。

“十一五”期间，中国渔业系统扎实推行现代渔业建设，取得了以下成就：

1）渔业经济平稳较快发展，为保持农业农村经济好形势发挥了重要作用。

2）渔业产业结构进一步优化，发展水平和产业竞争力显著提升。

3）资源养护事业迈上新台阶，增殖放流等养护措施取得历史性突破。

4）强渔惠渔政策力度不断加大，产业基础和民生保障能力不断增强。

5）渔业综合管理能力逐步增强，海洋维权护渔职能和作用凸显。

目前，中国渔业已发展成为一个由养殖、捕捞、加工、流通，工、商、贸、科研、教育融为一体的完整的产业体系。

2．中国水产业发展前景

作为快速崛起的水产大国，中国渔业具备广阔的发展前景。

（1）水产资源丰富

一是水域辽阔。四大海区总面积 354 万平方千米，渔场 82 万平方千米，浅海、滩涂面积 13 万平方千米，有着漫长的海岸线和优良港湾。同时，中国也是世界上内陆淡水总面积最大的国家，内陆水域面积 17.6 万平方千米。二是水生生物资源丰富。拥有水生生物物种 2 万余种，具有经济价值的海洋动植物 2 000 余种，淡水水生动植物 800 余种。丰富的水生生物资源为中国未来渔业的发展提供了有利的储备资源。

（2）消费潜力巨大

国内随着经济发展和人民生活水平的提高，尤其水产品营养价值被越来越多的人所接受，水产品的消费群体逐步扩大。

（3）国际市场广阔

尽管目前中国水产品进出口贸易受到一些非贸易壁垒的影响，但从长远看，一是国际渔产品供应短缺以及由此带动的价格上涨，在捕捞业零增长的情况下，必定对养殖业的依赖性提高，这将给中国发达的养殖业带来巨大的发展机遇。二是中国由于可养水面和渔业

劳动力资源丰富，生产成本低，在国际水产品市场占有明显的价格优势。

（4）产业优势明显

一是渔业在大农业中的比较优势。渔业生产的效益明显高于其他行业，在很多地区，渔业已成为重要的支柱产业和主要的经济增长点。二是渔业是较早进入市场的产业，市场经济发育相对完善，其国际化程度高于农业中的其他行业、贸易条件也优于其他行业，三是渔业已发展成为一个由养殖、捕捞、加工、流通、工业以及科研、技术推广相配套的比较完整的产业体系。

（5）淡水渔业发展迅猛

淡水渔业在国家改革政策的鼓励和市场发展、消费升级的拉动下，产量由 2007 年的 2 196.6 万吨发展到 2012 年的 2 874.3 万吨，增长 30.85%，在全国水产品中的比重稳步上升。

3．中国水产业发展策略

综观中国的渔业发展，前景广阔，问题也严峻。我们应树立科学发展观，采取有效对策，实现生态效益、社会效益、经济效益的高度统一，促进渔业的健康持续发展。具体策略包括：

1）由产业发展调整为水生生物资源与水域生态的可持续利用、城乡居民水产品消费安全和渔业生产者收入增加。

2）由生产管理调整为水生生物资源和生态管理。

3）由推动产量增长调整为规范管理。

捕捞领域要加大力度借鉴国外先进的管理办法，养殖领域要强化“以我为主”的国际合作，把中国已经成熟的经验国际化，完善水产养殖管理制度的建设，为中国水产品市场的国际化服务。

4.5.2　中国水产业资源

中国水域广阔，水产资源品种繁多，总产量较高。

水产资源大致可分为：鱼类、甲壳动物类、软体动物类、藻类、哺乳类。其中鱼类是水产资源中数量最大的类群。全世界约有 3 000 种鱼类，中国有 2 400 多种，其中海洋鱼类约占 3/5，其余为淡水鱼类。

1．海洋水产资源

中国海洋水产品产量约占水产总产量的 57.72%，其中鱼类的数量占绝对优势。中国海洋鱼类有 1 700 多种，经济鱼类约 300 种，最常见而产量较高的经济鱼类 60 ~ 70 种。此外，沿海藻类约 2 000 种；东海、黄海、渤海的虾蟹类共有近 300 种；经济软体动物有 200 多种。海洋水产区主要分为以下几个。

1）黄海、渤海区：共有鱼类 250 多种，主要的经济品种有小黄鱼、鳕鱼、太平洋鲱等。另外，还有对虾、毛虾、海蜇、海带等其他水产资源。捕捞产量占中国海洋捕捞产量的 27.9%。

2）东海海区：共有鱼类 440 多种，是带鱼、大黄鱼、小黄鱼、乌贼四大经济种类的最大产区。东海、黄海的浅海渔场是世界上较大渔场之一，素有“天然鱼仓”之称。东海带鱼产量占中国带鱼总产量的 85%左右，其他 3 种均超过一半。此外，还有质量较高而单一品种数量较少的品种，如鲳鱼、鳓鱼、真鲷、海鳗、鹰爪虾、梭子蟹等。捕捞产量占中国海洋捕捞产量的51.8%。

3）南海海区：该区水产资源品种繁多，而单一品种的数量较少，仅鱼类即近千种，主要经济品种有鲷鱼、沙丁鱼、金线鱼等。此外，南海还盛产金枪鱼、鲣、旗鱼、鲨鱼等大洋性鱼类，其他贝、虾蟹类、藻类资源也很丰富，西沙、南沙、中沙群岛附近所产海龟、海参、玳瑁等比较著名。捕捞产量占中国海洋捕捞产量的20.3%。

2．近海水产资源

目前，中国养殖的鱼、虾、贝、藻类计有60多种，主要品种有海带、牡蛎、珍珠贝、鲍鱼、紫菜、对虾、海参、扇贝、鲻鱼等。我国台湾地区斑节对虾和遮目鱼养殖较为发达。近海水产资源早在20世纪60年代某些品种已开始衰退。捕捞总产量逐年有所增加，但是单位船产或单位马力产量逐年下降，且渔获物个体变小，优质鱼比例下降。

近年来，在渤海、东海和南海分别实施了增殖放流和投放人工鱼礁的措施，以增加自然海区的水产资源，取得了一定效果。

3．内陆水产资源

中国内陆水域共有鱼类800多种，主要经济鱼类有四五十种，此外还有虾、蟹、贝类，其产量仅占淡水渔业总产量的3.2%左右。其中，青鱼、草鱼、鲢鱼、鳙鱼为中国的四大家鱼。鲤、鲫、团头鲂、鳊、沼虾、绒螯蟹、河蚌等亦为经济价值较高的品种。就鱼类而言，以温水性者居多，其中鲤科鱼类约占中国淡水鱼类的1/2，鲇科和鳅科共占1/4，其他各种淡水鱼类占1/4。

中国内陆水域的鱼类依地区特点，大体可分为以下5个区域。

1）北方区，指黑龙江、鸭绿江、图们江等水系，主要有鲑科、茴鱼科、狗鱼科、江鳕等耐寒性很强的鱼类。此外，尚有一些鲤科、鳅科、刺鱼科鱼类。

2）西北高原区，包括藏北、内蒙古、青、甘、陕、晋等省区，主要有适应高原急流、耐旱耐咸的鳅科鱼类及青海湖的裸鲤（又名湟鱼）。

3）江河平原区，包括长江、黄河、辽河下游的广大平原区及各河干流支流和鄱阳、洞庭等湖。该区鱼类鲤科种属特别多，形成中国淡水渔业中心。

4）华南区，包括粤、桂、滇东、黔、闽、台湾省区，主要以鲤科、鳅科、鲇科鱼类占优势。

5）西南区，指雅鲁藏布江、怒江、澜沧江、金沙江等流域，包括藏南、川、滇西等省区，主要有鲤科、鳅科和鲇科鱼类，不少种类与缅甸、印度、泰国和越南的相同。

4.5.3 中国水产业经济布局

中国的水产业分为海洋和淡水两大部分。

1．海洋水产业

海洋水产业就是对海洋中的鱼类、虾蟹类、贝类、藻类和海兽类等水产资源进行人工繁殖、合理捕捞和加工利用的生产事业。它包括海洋捕捞业和海洋养殖业。目前中国以海洋捕捞业为主。中国海洋水产品中，鱼类产量最大，约占3/4。海洋渔业的生产总量一直领先于世界水平。

中国海域辽阔，从北到南有四大海区渔场，分布如下。

1）渤海海区渔场。渤海位于中国北部，南北西三面被陆地环抱，属于内海。东南以渤海海峡，与黄海相连，总面积 7.7 万多平方千米，平均水深 18 米，有辽东湾、渤海湾和莱州湾三大海湾，成为鱼类的天然产卵场所和重要渔场。有常见鱼类 70 多种，加上虾、蟹、贝、藻类，共计 170 多种。主要水产有小黄鱼、带鱼、鳓鱼、对虾、毛虾及海蟹等。其中，对虾是中国著名的特产，在国际市场上享有盛誉。

该区庙岛群岛、长兴岛、凤鸣岛、西中岛和菊花岛，均可停泊渔船，还有天津、秦皇岛、龙口、营口等大中型渔港。海底平坦，有利于拖网作业。渤海水浅底缓，滩涂面积近 0.133 万平方千米，发展养殖业潜力很大，但因捕捞过于集中及污染等原因，资源日渐衰退。

2）黄海海区渔场。黄海位于长江口北角至济州岛西角一线以北，渤海以东海域，总面积 38 万平方千米，为渤海的 5 倍，平均水深 44 米，全部属浅海大陆架。北部水域较深，是中国冷水鱼类和鳕鱼等分布的海区。经济鱼类十分丰富，有 300 种之多，是中国唯一有冷水性鳕鱼分布的海区。主要经济鱼类有大黄鱼、小黄鱼、带鱼、乌贼、鲅、鲐、鳓鱼和对虾等。

该区有海洋岛、鸭绿江口、大连、烟台和威海外海、石岛、青岛、海州湾及吕泗渔场，它们是中国现代化海洋渔业生产基础较好的海区。另外，该海区养殖业发达，牡蛎、贻贝、海带、紫菜、石花菜等为大宗产业，其中海带产量最大；海参、海豹、对虾等养殖也获得了成功。黄海海区浅海滩涂 0.307 万平方千米，潜力极大。

3）东海海区渔场。东海海区渔场总面积 77 万平方千米，其中大陆架面积 52 万平方千米，有长江、钱塘江、甬江、闽江、瓯江等注入，已成为中国重要的渔场。鱼种有 700 多种，以暖性鱼为主。大陆架以东深海水域，处于暖流高温水的控制范围内，以暖性鱼类占绝对优势。

东海海区是中国最大的海洋渔业产区，主产全国四大经济鱼类，即带鱼、大黄鱼、小黄鱼、墨鱼，已建有上海、舟山、宁波、镇海、温州、马尾和厦门东渡等重要渔港。其中浙江的舟山渔场是全国最大的海洋渔业基地，商品鱼数量约占全国的 1/2，被称为中国海洋鱼类的宝库。每至汛期，可以捕捞数亿公斤水产品。

东海滩涂宽广，总面积达 0.20 万平方千米，是贝类、藻类的良好养殖场所，海水养殖业比较发达，主要养殖蚶、牡蛎、紫菜、鳗鱼和海带等。

4）南海海区渔场。南海海区渔场总面积 350 万平方千米，是东海的 3 倍多。南海四周较浅，中间深陷，是一个深海盆地，海域十分辽阔，是中国海洋水产的第二大产区。

南海有珠江、韩江、釜江、南渡江、龙门江及红河等注入，地处热带、亚热带，以暖水种鱼类为主。已经鉴定的鱼种有 860 种之多，经济价值较高的有池鱼、沙丁鱼等，还盛产金枪鱼等大洋性鱼类。海龟、海参、玳瑁等是南海的特产。

南海共有海南岛、西沙群岛、黄岩岛等 800 多个岛屿，还有北部湾、雷州湾、广州湾、大亚湾、红海湾和汕头港。各岛屿、海湾均是良好的渔船停泊地，有的还是远洋渔业的优良基地。其中，北部湾是中国重要的热带、亚热带海洋渔业区。

相关链接

中国主要渔场包括：黄渤海渔场、吕泗渔场、大沙渔场、舟山渔场、南海沿岸渔场、东沙渔场、北部湾渔场、中沙渔场、西沙渔场、南沙渔场等。其中，黄渤海渔场、舟山渔场、南海沿岸渔场、北部湾渔场由于产量高，被称为中国的四大渔场。

2．淡水水产业

中国水域分布很广，有各种淡水水面20万平方千米，淡水渔业历史悠久，是世界上开展池塘养鱼最早的国家。从渔业生产的自然条件、资源分布和渔业生产现状来看，可将全国分为四大水产区。

1）长江、淮河流域渔区。本区包括秦岭—淮河以南、南岭以北的长江中下游平原、盆地和丘陵地区，是全国最大的淡水鱼产区。本区位于亚热带范围内，雨量充沛，河湖密布，水质肥沃，水产资源极为丰富。鱼类繁多，有260多种，主要经济鱼类有青鱼、草鱼、鲢鱼、鳙鱼、鲤鱼、鲫鱼、银鱼等，还有虾、蟹、贝、螺、龟等。

2）华南塘鱼精养区。本区包括两广和福建南部，是中国淡水渔业发达地区之一，是全国第二大渔区。这里地处热带、亚热带，鱼类生长期长，生长迅速，是全国淡水鱼单产最高的地区。以养殖为主，养殖的品种主要有草鱼、鲫鱼、鲢鱼、鲤鱼、青鱼等。珠江三角洲已形成农渔副结合最经济、最合理的“桑基鱼塘”、“蔗基鱼塘”和“果基鱼塘”等良好的农业生态系统。

3）华北平原及黄土高原塘库粗养渔区。本区包括秦岭—淮河以北、长城以南、黄土高原西缘以东的广大地区，属暖温带地区，水源不够充分，水面积小，水库洼塘分散，管理粗放，单产较低，以塘库粗养为主。主要经济鱼类有鲤鱼、鲫鱼、鳊鱼、鳜鱼、草鱼等。

4）东北河、湖、库、泡渔业区。本区包括黑、吉、辽三省，地处高纬度，河、湖、库、泡子面积大，气候寒冷，是中国冷水性鱼类产区之一。主要河流有黑龙江，乌苏里江、松花江、嫩江，还有兴凯湖、镜泊湖、松花湖等大型湖泊。特产有镜泊湖的鲫鱼，兴凯湖的大白鱼，嫩江上游的哲罗鱼、细鳞鱼，名贵品种有黑龙江、乌苏里江、松花江的大马哈鱼、鲑鱼、鲟鱼和鳇鱼。

4.6 土特产品物流地理

中国是农业大国，幅员辽阔，自然条件复杂，农业开发历史悠久，全国各地的土特产资源十分丰富，种类繁多，下面将分类介绍。

4.6.1 干菜类

干菜品种很多，主要有以下几种。

1．黄花菜

黄花菜又名金针菜。中国黄花菜主要产于湖南、江苏、四川、河南、陕西、甘肃等省。其中，以湖南、江苏产量最多，质量最好。陕西（大荔）、河南等省也产黄花菜。在出口产品中常分为南菜（主产于湖南邵东）、北菜（主产于江苏宿迁、淮阳一带）和川菜（主产于四川渠县、城口、巫溪一带）3种类别。

2．黑木耳

黑木耳营养价值高，是重要的保健食品，也是中国的传统出口商品。中国黑木耳主要产于湖北的郧阳、保康，广西的百色，黑龙江的牡丹江，吉林的延边。延边的黑木耳产量最多，素有“黑木耳之乡”的称誉。

3．白木耳

白木耳色白如银，故又称银耳，它是一种珍贵的补品。中国银耳的著名产地有四川通江、万源、源北房山、贵州遵义、湄潭，福建古田等。其中以四川通江和万源的银耳产量最多，质量好，故享有“银耳之乡”的盛誉。

4．菇类

菇类，又称食用菇，是菌体最大、最高的真菌，能供人类食用的有 500 多种。我国菇类种类繁多，资源极为丰富，产地遍布南北。人们比较熟悉的有蘑菇、香菇、平菇、金针菇、草蘑、猴头蘑、元蘑、白蘑、口蘑等。

中国是世界菇类生产大国，其品种达 300 多个，年产量已超过 200 万吨，世界菇类贸易总额的 30%来自中国。口蘑、猴头蘑、元蘑主要分布在内蒙古锡林郭勒盟以及大兴安岭一带，肉质鲜，富营养，除作菜肴食用外，还可供药用及工业用；香菇主要分布在新疆阿尔泰、玛纳斯湖滨和西藏察隅、云南、贵州、广西等地，少部分供鲜食、制作罐头，大部分干制，在国际市场上销量很大。

5．笋干

笋干是以笋为原料，通过去壳、蒸煮、压片、烘干、整形等工艺制取而成。笋干主要产地分布于浙江、广东、广西、江西和福建等南方山区，销往全国和世界各地。

6．榨菜

榨菜为中国特产，它与德国的甜酸甘蓝、欧洲的酸黄瓜并列，被誉为世界三大腌菜。

中国榨菜生产遍及全国 14 个省市，其中四川是榨菜的主要产地，主要分布于涪陵、忠县、江北、长寿等地，以“涪陵榨菜”最著名。四川榨菜产量、质量均居全国第一，是传统的出口商品之一，销往日本、东南亚、欧美等多个国家和地区。浙江省是中国榨菜的第二大产地，以海宁县出产的“斜桥榨菜”质量最佳。

4.6.2　调味类

调味料种类众多，包括姜、葱、蒜、八角、花椒、胡椒等，下面择要介绍几种。

1．八角

八角又名大茴香，是八角树的果实。它是中国传统的出口商品，在国际市场上久负盛名，历年销售量居世界首位。八角主要产于广西百色、龙津、德保、凭祥等地，产量占全国总产量的 80%，其次为云南富宁。

2．花椒

花椒主要产于山东、河北、山西、甘肃、陕西、四川、云南等省。其中以山东省产量最多，山东的淄博、沂源、蒙阴、沂水、莱芜都是花椒的集中产地。河北省涉县所产的花椒个小、皮薄、味香，称为上品。

3．胡椒

中国胡椒主要产于台湾、海南、湛江及云南的西双版纳等地。目前以海南产量最多，西双版纳所产胡椒质量最好。

4．肉桂

肉桂是南亚热带常绿乔木剥取下来的树皮，俗称桂皮。肉桂是上等调味品，也是医药、芳香工业的重要原料。以广西产量最多、质量最好，浔江流域和十万大山一带为中心产区，其中以防城、上思、藤县、苍梧、岭溪、容县、平南、桂平、博白 9 个县为重点发展地区。广西平南县和广东罗定市的肉桂皮厚薄均匀，甜辣适度，颇受市场欢迎。

4.6.3 药材类

中国药材资源丰富，种类繁多，下面择要介绍几种。

1．麝香

麝香是雄獐的肚脐和生殖器之间的腺囊的分泌物，干燥后呈现颗粒状或块状，有特殊的香气，有苦味。它是制造香精、香料和化妆品的优质原料，是中国名贵药材。有獐麝、鹿麝和马麝等品类，獐麝和鹿麝主要产于川西和西藏昌都、那曲、拉萨东部林区等地，马麝主要产于内蒙古。其中以川西产量最多，云南的质量最好。

2．鹿茸

鹿茸是雄鹿头上初生的嫩角，是一种强身剂和补血剂。中国东北、西北、西南、内蒙古等地均产鹿茸，主要产区为延边自治州、西藏和川西等地区。而其中以东北吉林的产量最大、质量最好。

3．人参

人参原系野生宿根植物，现在人工栽培已成功，并得到迅速发展，有野参（又称山参）和家参（又称园参）之分。人参是珍贵的滋补药用植物。中国野参主要分布在长白山地和小兴安岭一带。园参主要产于吉林抚松、集安、通化等地。其中抚松产量最大，且质量好，故有“人参之乡”的称誉。延边朝鲜族自治州是著名人参产区。

4．当归

当归为多年生草本植物。甘肃岷县的当归产量高、质量佳，驰名中外。此外，陕西的安康、四川的大宁厂、湖北的恩施都是当归的主要产地。产于甘肃东部、陕西西部的称“秦归”，产于云南南部、四川西北部的称“川归”，都是中外畅销品。

5．冬虫夏草

冬虫夏草简称虫草或冬虫草，藏语称作“雅杂滚卜”，是中国名贵的滋补药，与人参、鹿茸齐名。冬虫夏草为真菌类植物，是虫与菌的复合体。产地主要有西藏那曲、昌都等海拔 3 500 米以上的阴湿地带和青海地区，其中西藏产量居全国第一。

6．三七

三七是一种多年生草本植物，它的块根是一种驰名中外的名贵药材，主要产于云南砚山、文山、西畴、马关，西藏聂拉木，广西百色、那坡等地。著名的“云南白药”主要成分就是三七。

7．枸杞

枸杞是一种名贵药材，为宁夏“红黄蓝白黑”五宝之首。主产地在中宁、中卫县及七星灌区。该地区所产枸杞粒大皮薄、红润甘甜、营养丰富，质量最好。

8．甘草

甘草是一种多年生草本植物，被誉为“百药之王”，主要产于内蒙古、宁夏和甘肃等区（省），其中内蒙古产量最大，宁夏甘草是该区“五大宝”中的“黄宝”。

本章小结

☑ 农业物流是从农业生产资料的采购、农业生产的组织到农产品的加工、储运、分销等，从生产地到消费地、生产者到消费者过程中所形成的包括信息传递在内的一系列计划、执行、管理控制的过程。在中国农业生产链状结构的各环节和节点中，农业物流发挥着重要的衔接作用，它深刻地影响着农业生产和流通的状况和水平。

☑ 种植业是指在耕地上种植农作物的农业生产部门。其中，农作物是在耕地上人工种植的、以满足人们某种需要为目的的草本植物，包括粮食作物和经济作物两种。

☑ 中国林区主要有东北内蒙古林区、西南高山林区、东南低山丘陵林区、西北高山林区和热带林区五大林区。

☑ 中国畜牧业可划分为牧区、农区、半农半牧区、城郊四种类型地区。

☑ 中国的水产业分为海洋和淡水两大部分。

☑ 全国各地的土特产资源丰富，种类繁多。

思考题

1．结合本章图 4.1，分析物流在农业生产和流通中的作用。

2．简述中国粮食作物和经济作物的生产布局。

3．课后考察一个农产品市场，记录各种不同农业物流流体的不同流向，找出它们的特点。

第5章 中国工业物流地理

学 习 重 点

- 工业物流的概念和特点
- 工业与物流的关系
- 发展工业物流的意义
- 中国重工业物流布局
- 中国轻工业物流布局

引导案例

海尔的现代物流之路

海尔集团创立于1984年，经过近30年的艰苦努力，已发展成为海内外享有较高声誉的大型国际化企业集团，成为中国家电业的著名品牌。

海尔首席执行官张瑞敏说，在网络经济时代，一个现代企业如果不搞现代物流，就没有生路。海尔现代物流的出发点是使企业每时每刻都能对市场做出最快反应，为此，对企业的整个流程进行了“革命”，即“业务流程再造”。

现在，海尔构建了一个快速反应的现代物流体系，这个体系的一头面对消费者（全球用户资源网），另一头面对供方（全球供应链资源网）。目前，海尔接到客户的订单，在10天内即可完成从采购、制造到配送的全过程。海尔通过3个JIT，即JIT采购（需要多少，采购多少）、JIT送料（海尔立体仓库的零部件直接送到生产线，送料时间不超过4小时）、JIT配送（海尔在全国建立物流中心系统，无论在什么地方，都可以送货），摸索出一套海尔独有的物流管理模式，创立了海尔独特的物流体系。

目前，海尔已经具备整合全球资源的能力，发展第三方物流是海尔公司的发展战略之一。海尔的第三方物流已经起步，发展空间极为广阔。海尔物流服务也要向海尔产品那样走向世界。

> **思考：**海尔成功的关键因素是什么？
> **提示：**物流是第三利润源，发展现代物流是提升企业竞争力的重要途径。

5.1 工业物流概述

工业物流是工业生产力与其经营活动的重要组成部分，是创造“第三利润”的源泉。工业物流与其他形式的物流相比具有其自身的特点，全面认识工业物流的内涵对发挥工业物流的优势、提高工业企业的市场竞争力具有重要意义。

5.1.1 工业物流的概念和特点

1．工业的概念

工业是从自然界取得物质资源和对原材料进行加工、再加工的社会物质生产部门。现代工业主要包括重工业和轻工业两大门类。

工业是社会分工发展的产物，经过手工业、机器大工业、现代工业几个发展阶段。工业决定着一国国民经济现代化的速度、规模和水平，在国民经济中起着主导作用。

2．工业物流的概念和类型

工业物流产生于美国，它的理念是：以集中采购为主、零部件加工为核心，为工业企业产品出口搭建平台，引导仓储、运输、配送企业发挥协同作用，提高社会资源的综合利用效果，降低企业间的互动成本，面向全球工业企业提供延伸和成套服务的系统工程。

对应工业部门门类，工业物流也可以划分为重工业物流和轻工业物流，我们将在后面两节中分别叙述。

3．工业物流的特点

与传统物流相比，工业物流具有如下特点：

1）价格变化波动小。由于大量集中采购物资，以及与固定客户建立长期而有效的符合行业先进标准的合作关系，原材料及零部件生产的价格变化比较稳定，与市场的巨大波动相比，通常比较明显地呈现出稳定状态。

2）订单数量比较恒定。由于主要面向固定的客户以及规范的市场，订单一般会比较稳定，订单间的变化也比较小，除非客户端市场发生剧烈变化。

3）拆零方便。供应商以大包装标准化供货，产品易于区分，配送中心或者工业品超市等如果需要，可按照企业的订货量进行拆零分拣。

4）退货与更换容易。长期稳定的合作关系及良好的生产配送渠道使得出现的诸如退货与产品更换等问题更容易处理，并有利于保障产品质量。

5）可满足企业客户的不同要求。在统一标准的情况下，可以在后期生产、加工、配送时，根据客户要求进行灵活处理。

4．工业与物流的关系

（1）工业企业是拉动物流业发展的原动力

物流活动是伴随着工业企业的投入—转换—产出而发生的。工业企业物流是相对于社会物流而言，以工业企业为核心的物流活动，是具体的、微观物流活动的典型领域，是工业企业生产与经营的组成部分，也是社会化物流的基础。工业企业物流在投入环节表现为原材料供应等外部输入物流；在转换环节表现为生产制造等转换物流；在输出环节表现为产品外销等对外服务物流，具体如图 5.1 所示。

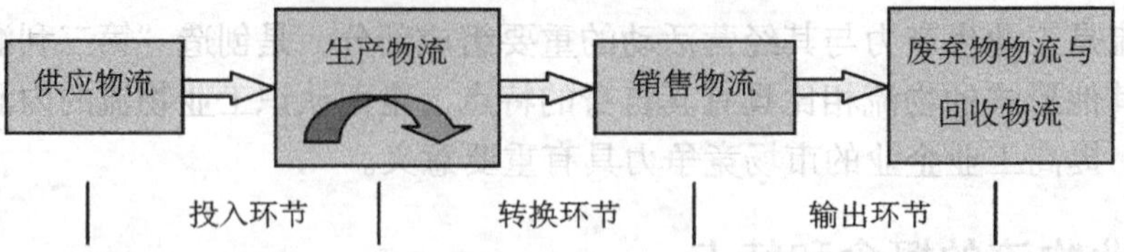

图 5.1　工业企业物流

工业企业的业务来自供应链的各个环节，而工业企业是供应链的重心，是带动供应链运作的主体，因此，工业企业的运作是产生物流需求的源泉。同时，物流的量在供应链上的分布是不均匀的，在供应链上，大量物流集中在供应物流、生产物流、销售物流上，从产品到用户的配送则只是整个物流的一部分。从这个意义上讲，工业企业是物流服务的最大需求者。另外，工业企业也是物流服务的重要提供者。目前许多企业的大多数物流需求由企业自理，第三方物流在中国物流市场上才刚刚起步，工业企业作为物流服务的提供者，尽管物流不是其主业，但一定要认识到，工业企业既是物流需求者又是物流服务提供者，是一种双重角色。

（2）物流对工业企业的发展具有重要的作用

1）物流是工业企业生产正常运行的保证。工业企业的生产物流活动不但充实、完善了企业生产过程中的作业活动，而且把整个生产企业的所有孤立的作业点、作业区域有机地联系在一起，构成一个连续不断的企业生产物流。企业生产有节奏、有秩序、连续不断地运行，不可避免地要受到生产所需物料的相关装卸、搬运、运输以及生产的运动方向、流量、流速等因素的影响。工业企业物流示意图如图 5.2 所示。

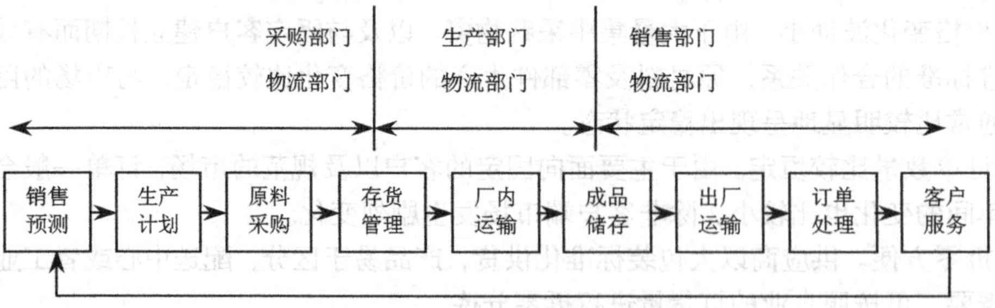

图 5.2　工业企业物流示意图

2）物流为工业企业经营创造了良好的外部环境。一个工业企业的正常运转，既要有可按企业生产计划和生产节奏提供原材料、燃料、零部件的外部环境，还要有将产品和制成品尽快输送出去的支持系统，这些只有依靠物流活动才能做到。

3）物流可以降低工业企业的成本。发展物流产业，利用供应链降低库存、整合运输可有效降低社会流通成本，从而降低企业供应及销售的成本，达到提高企业效益的目的。

4）物流是工业企业发展的重要支撑力量。工业企业以质量、产品和效益为核心，物流是企业的“第三利润源泉”，可以降低生产各环节的成本，增加企业利润，促进企业的发展。

相关链接

人类历史上曾经有过两个大量提供利润的领域：

第一个是物质资源领域，起初是廉价的原材料、燃料的掠夺或获得，其后则是依靠科技进步，节约消耗、节约代用、综合利用、回收利用、资源再生乃至大量人工合成资源而获取高额利润，习惯称为“第一个利润源”。

第二个是人力资源领域，最初是廉价劳动，其后则是依靠科技进步提高劳动生产率，降低人力消耗或采用机械化、自动化、信息化的办法降低劳动消耗，从而降低成本，增加利润 ，这个领域习惯称为“第二利润源”。

在前两个利润源潜力越来越小、利润开拓越来越困难的情况下，物流领域的潜力逐渐被企业所重视，按时间序列排为“第三利润源”。

（3）工业企业物流发展滞后已影响到物流业的发展

虽然中国许多大中型企业在生产流程、物料搬运、库存控制、定制管理、物流系统等方面取得了相当的进步，出现了一批像青岛海尔、上海华联、广东宝供等建立在电子化、网络化、共同化、自动化基础上的企业，但只有把工业企业融入供应链（见图 5.3）的物流服务中，渗透到物流的组织运作中，参与物流信息平台构建，制定物流服务标准，物流产业及物流企业才有可能得到全面、健康、可持续的发展。

相关链接

供应链（supply chain）是指在生产及流通过程中，涉及将产品或服务提供给最终用户活动的上下游企业所形成的网链结构，如图 5.3 所示。

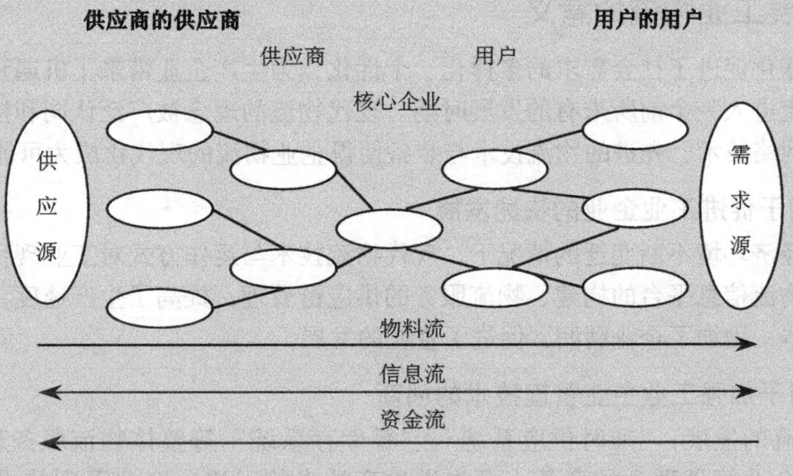

图 5.3　供应链结构

5.1.2　中国工业物流现状

尽管目前中国工业企业的生产系统已采用现代生产方式和管理手段，但其发展水平与世界水平相比仍有差距。特别是企业生产物流基础设施落后，使企业物流环节制约了生产效率。

1．物流还未得到足够的重视

物流还没得到企业管理层和业务部门的足够重视，很多企业还没有建立起物流的观念，有的企业只把物流看作一种辅助活动，认识不到物流对优化生产过程、强化市场经营的作用。

2．物流管理水平落后

物流管理是企业管理的重要组成部分。但多数企业在管理机构设置上，没有专门的物流管理组织；从经济核算和财务管理上没有专项物流核算和财务分析。由此带来了物料等生产环节滞留时间长、占用空间大、重复作业多、物流路线长、效率低、资金占用多、经济效益差等种种弊端。

3．缺乏现代物流技术的有力支撑

现代物流运作方式与企业生产方式、生产规模和销售方式密切相关。现代生产方式的规模化、全球化、专业化的发展，要求规模化、系统化、网络化的现代物流技术的强有力支持。而中国工业企业的仓库设施、物流设备等还比较落后，虽然近几年在设备引进、研制、生产等方面有了长足发展，但观念陈旧、体制落后、资金不足等因素仍制约着工业企业物流技术的进步。

4．物流专业人才短缺

"十二五"期间，我国物流行业每年需要新增一线操作技能人员约140万人，而目前国内职业院校物流专业毕业生人数约40万人，远远无法满足企业用人需求。

5.1.3 发展工业物流的意义

经济全球化促进了社会需求的多样化、个性化，为生产企业带来了机遇和发展空间，也使现代物流进入一个前所未有的发展时期。现代物流的理念被广泛认同和接受，飞速发展的信息与网络技术、先进的物流技术与装备使得企业物流的现代化成为可能。

1．有利于促进工业企业的快速发展

在世界经济环境不断变迁的情况下，现代物流技术与运作方式对工业现代化进程起着推进作用。物流信息平台的构建、物流服务的供应链管理，提高了生产速度，降低了生产各环节的成本，增加了企业利润，促进了企业的发展。

2．有利于加强工业企业管理技术的创新

现代物流的发展，"准时供应系统"、"零库存系统"等整体物流服务理念的深入，促进了工业企业管理理念的变革，而先进生产技术的引进、企业管理技术的创新，组织结构的调整，资源的重组，专业化、社会化生产模式的应用，必将推进工业企业的新发展。

3．有利于增强工业企业的竞争力

企业发展的重点是资本运营和低成本规模扩张，中国工业企业之间的竞争重心将不再放在价格的竞争上，而是在适应市场需求、快速客服反应、准时供货等方面的竞争。传统生产销售领域的竞争内容已发生变化，现代物流理念和先进物流管理技术已成为现代企业发展战略中的重要组成部分。可以说，谁抢先把握现代物流的商机，谁就拥有了更强的竞争力。

5.1.4　加快发展中国工业物流的途径

1．改变现有的商业运作模式

长期以来，中国工业企业大多都有自己的仓库、车队、专用线，采取的是独立运作的模式。现在，随着区域界限不断打破，世界也渐成“地球村”，企业完全可以利用这一新的形势与环境，扬长避短，探索出更有利于自身发展的新的商业模式。

2．进入供应链，实现共赢

每个企业都应将自己融入供应链中，或以自己为龙头建立供应链，或成为供应链的配角。制造企业可充当 3 种角色，既是采购商、供应商，又是生产商，在不同的领域里充当不同的角色。无论是何种链条，企业均要以协作的竞争意识，建立“共赢”的环境。

3．实现物流流程再造，推行物流外包，做强核心业务

企业外包，是西方物流管理理论的重要思想。凡是低价值的创造，或非企业核心技术，企业都采用外包的形式给别人，这就是专业化。如果企业的物流业务外包给第三方物流企业，利用其规模、运作优势，可为企业节省 5%的成本。如果是利用第三方物流的网络系统，对企业内部的物流流程进行部分再造，可以节省 5%～10%的成本。如果是利用第三方物流来对企业的流程进行全部改造，并进入供应链中，可以节约 10%～20%的成本。这些是已被世界上很多企业所证明的。

4．实施企业的采购制度变革

工业企业应注意采购环节，实施采购制度变革，降低采购成本。目前，很多企业利用网上采购、公开采购、比价采购，将销售利润降到极低。

5．建设物流信息平台，实行信息共享

信息化是现代物流的生命线。现代物流没有电子商务和网络技术的支撑，就无法实施物流现代化，更无法推动工业企业的发展。

5.2　重工业物流地理

5.2.1　能源工业

自然界能够给人类提供某种能量的物质和物质的运动，称为能源。能源根据形成方式可分类为“一次能源”和“二次能源”。“一次能源”是客观存在于自然界中，不需要经过加工的能源，也称初级能源（天然能源），如煤炭、石油、天然气、水能、风能等。“二次能源”是由“一次能源”经过加工、转化而形成的能源，如电能、汽油、焦炭、沼气、余热等。

在天然能源中，人类当前普遍应用的如煤炭、石油、天然气、水力等，称为“常规能源”；原子能和太阳能、氢能等，称为“新能源”。

1. 中国的能源资源和能源结构

中国拥有丰富的煤炭、石油、天然气、水力等各类能源资源。已经探明储量的矿产有 156 种，总储量约占世界的 12%，居世界第三位，其中煤炭占 12%，石油占 1.4%，水电占 25%以上。

截至 2011 年年底，全国主要矿产查明资源储量保持增长，储量如表 5.1 所示。煤、石油、天然气等能源矿产查明资源储量持续增长，煤层气剩余技术可采储量增长 56.9%；铁、铜、铅、钨、金、银等金属矿产的查明资源储量均有增长，特别是钒、镁及钼等矿产的查明资源储量增幅超过 10%。

表 5.1 2011 年年底我国主要矿产查明资源储量

矿　种	单　位	查明资源储量	矿　种	单　位	查明资源储量
煤炭	亿吨	13 778.9	锌	金属万吨	11 568.0
石油	亿吨	32.4	钨	WO_3万吨	620.4
天然气	万亿立方米	4.0	锡	金属万吨	441.1
铁	矿石亿吨	743.9	铝	金属万吨	1 935.9
铜	金属万吨	8 612.1	金	金属吨	7 419.4
铝	矿石亿吨	38.7	硫铁矿	矿石亿吨	56.8
铅	金属万吨	5 602.8	磷	矿石亿吨	193.6

注：石油、天然气为剩余技术可采储量。

资料来源：国土资源部。

据权威人士说，2010 年我国单位国内生产总值能耗是世界平均水平的 2.2 倍，主要矿产资源对外依存度逐年提高，石油、铁矿石等均已超过 50%。2011—2012 年重要矿产品进口量如表 5.2 所示。特别是煤炭，继 2009 年净进口之后，2011 年进口量首次超过日本，居世界第一位，2012 年达到 28 851 万吨，较上年增长 29.8%。

表 5.2 2011—2012 年重要矿产品进口量

矿产品	进口量（万吨）		矿产品	进口量（万吨）	
	2011 年	2012 年		2011 年	2012 年
煤炭	22 228	28 851	铜矿砂及精矿	638	783
原油	25 378	27102	铝矿砂及精矿	4 484	3 961
铁矿砂及精矿	68 584	74 355	锡矿砂及精矿	4 806	6 245
锰矿砂及精矿	1 297	1 237	硫黄	953	1 120
铬矿砂及精矿	944	929	氧化钾	642	636

资料来源：国土资源部。

水力资源得天独厚而开发量很少（见图 5.4）。据统计，我国河流水能资源蕴藏量 6.76 亿千瓦，年发电量 59 200 亿千瓦时；可能开发水能资源的装机容量 3.78 亿千瓦，年发电量 19 200 亿千瓦时。在水能资源蕴藏量且可能开发的水能资源上，我国排在世界的第一位，但中国水能资源的开发利用率较低，美国已开发利用 82%，日本约为 84%，法国、挪威、瑞士均在 80%以上，德国约为 73%，我国目前水能资源开发率仅为 24%，开发潜力很大。

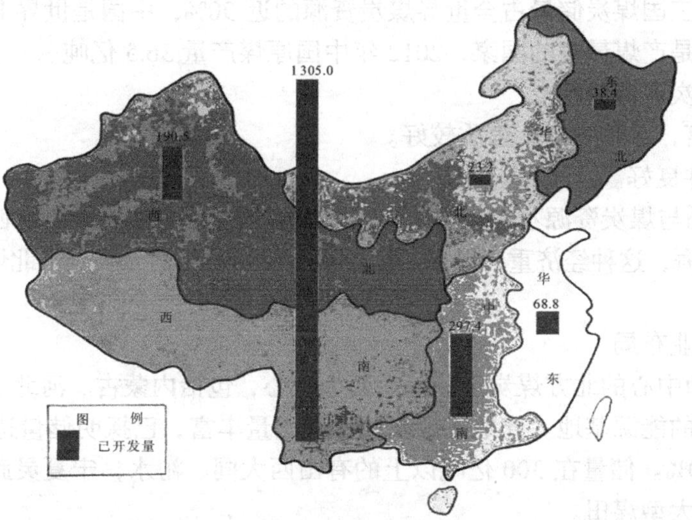

图 5.4 中国可开发水能资源按地区分布示意图

相关链接

在 2013 年 9 月，中国已经超越美国成为全球最大的外国石油消费国，日均进口的石油达到 630 万吨，超过了美国的 624 万吨日均石油进口水平。而中国进口石油中有超过 50%来自中东，一旦中东产油区局势恶化，经济发展必将受到严重制约。在 2000 年世界油价攀升过程中，中国 7 000 余万吨原油进口大约多支付了 80 亿美元，约使中国 GDP 增长降低了 0.5 个百分点，如图 5.5 所示。

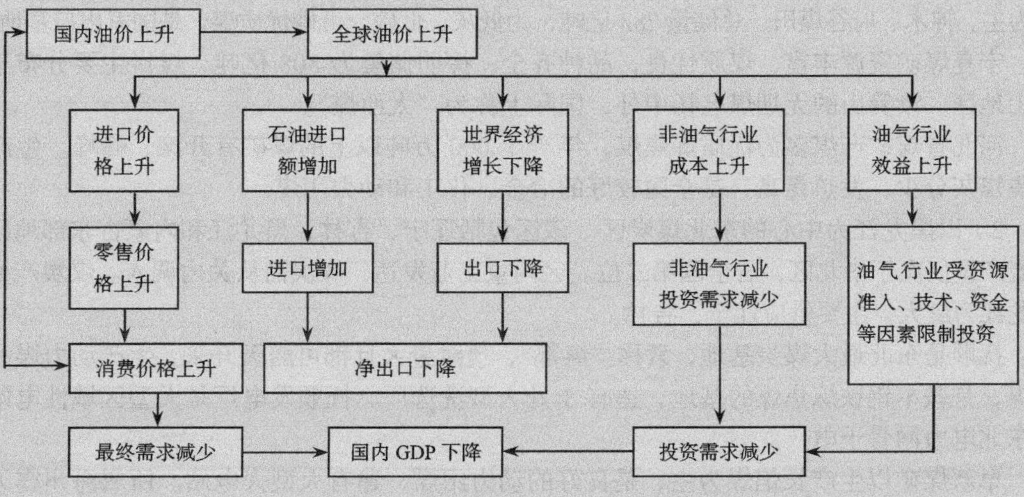

图 5.5 石油价格对中国 GDP 的影响

2．煤炭工业

中国能源以煤炭为主，煤炭在国民经济建设中的地位十分重要，发电、炼焦、建筑材料、交通运输、取暖都要用煤炭。世界上煤炭资源绝大部分埋藏在北纬30°以北地区。俄罗斯、美国、中国三国煤炭储量占全世界煤炭资源的近90%，中国是世界上煤炭资源最丰富的国家之一，也是产煤最多的国家，2012年中国原煤产量36.5亿吨。

（1）中国煤炭资源的特点

1）资源丰富，品种齐全，煤质较好。

2）开发条件良好。

3）经济布局与煤炭资源不相适应。中国煤炭资源主要集中在北部、西部，而煤炭主要消费区在东部沿海，这种经济重心偏东、煤炭重心偏西的局面，决定了北煤南运、西煤东运的格局。

（2）煤炭工业布局

1）以山西为中心的北方煤炭区。以山西为中心，包括内蒙古、河北、河南、陕西和宁夏，是全国最大的能源基地。此地区煤炭区煤炭储量丰富，已探明储量达7 000亿吨，占全国总储量的70%。储量在300亿吨以上的有山西大同、沁水，宁夏灵武，内蒙古乌海，陕西神府四个特大型煤田。

山西素有“北方煤海”之称，已探明储量2 654.84亿吨，占全国总储量的26%，其中炼焦煤与无烟煤占全国储量的一半。

内蒙古全区有190多个煤矿，煤藏分布在西部，主要供东北、华北两大电网发电，其中准噶尔露天煤矿储量205亿吨，是中国已发现适于露天开采的最大煤矿。

河南省已探明煤炭资源储量175亿吨，储量大、品种全、开采条件好，地处中原，煤炭外运条件好，产量居全国第二位。平顶山煤矿储量27亿吨，为优质炼焦煤，可供两广、华东等地使用。

陕西省渭河北部的彬县、铜川、韩城，煤田连绵不断，有“渭北黑腰带”之称，以瘦煤、焦煤为主。神木、府谷煤田，总储量782亿吨，为低灰、低硫、低磷优质煤，是国家出口基地。

宁夏煤矿资源丰富，煤质优良，品种齐全，探明储量为308亿吨，煤炭主要分布于贺兰山地区。汝箕山的无烟煤名扬中外，国际上称为“太西煤”。

河北省煤矿产煤多为优质炼焦煤，年产1 000万吨以上的煤矿有开滦、峰峰。生产的炼焦煤灰分少，发热量高，是全国较好的冶金、化工和动力用煤。

2）以黑龙江为中心的东北煤炭区。该区包括辽宁、吉林、黑龙江和内蒙古东部地区。煤炭产量仅次于华北区，居全国第二位。区内重工业发达，煤炭需从关内调入。煤炭产量以黑龙江为最大，主要供应辽宁、吉林。

抚顺是东北最大煤炭基地，素称“煤都”，蕴藏量大且都可露天开采，生产动力煤和配焦煤，是鞍本钢铁炼焦煤的基地，建有3处大型洗选厂。抚顺发电厂是大型区域性电站，是东北电力网骨干电厂。

阜新煤矿以生产长焰煤为主，是良好的动力用煤，建有大型火电站。所属海州露天煤矿是中国最大的露天矿场。

3）以兖徐、两淮为中心的华东煤炭区。该区指鲁西南、苏北和皖北煤田，是中国第三大煤炭基地，淮南、淮北、兖州煤矿是国家重点建设项目。

淮南和淮北煤田合称两淮煤田，位于安徽境内。两淮煤田面积约1万平方千米，探明储量达220亿吨，且储量集中，品种齐全，煤质较好。

山东煤矿资源丰富，建成鲁西南的兖州、济宁、曲阜3个煤田，含煤面积达4 000多平方千米，探明储量达91亿吨，为优质动力煤和炼焦煤。兖州煤矿是国家重点建设项目，矿区有兖石铁路与新建大型煤炭出口港——日照港相连。

4）以贵州为中心的西南煤炭区。云、贵、川3省已探明煤储量688亿多吨，占全国总储量的10%，仅次于华北、西北，居全国第三位。区内以贵州储量为最多，已探明储量450亿吨，是中国的“南方煤海”。云南煤储量170多亿吨，已建成的大中型煤矿有芙蓉、南桐、宝鼎、松藻、六枝、盘江、水城。

除上述四大煤矿产区外，还有一些地方性煤矿。在西北，中型煤矿有甘肃窑街和靖远、青海大通、新疆哈密和乌鲁木齐等；在江南，江西萍乡、丰城，湖北黄石，湖南资兴、涟邵、梅田，广东连阳、红工、四望嶂，广西的合山等，开采亦较盛。

3. 石油工业

石油工业是极重要的能源工业，包括原油、天然气和油页岩。石油易燃烧、烟尘少、无灰烬，是现代内燃机的主要燃料，也是重要的有机化工原料。

（1）中国石油资源

根据石油地质、交通及开采经济性等，可将中国油、气资源划分为四大类型区。

1）东北、华北和沿海大陆架地区：油、气资源丰富，埋藏条件简单，交通运输方便，开采成本低廉，是中国重要勘探和开发地区，如东北的大庆油田、华北的胜利油田等。

2）西北地区：油气资源丰富，埋藏条件中等，交通不便，投资成本高，勘探程度较低，列为重点勘探区，如西北内陆的塔里木盆地、准噶尔盆地、柴达木盆地以及河西走廊等。

3）西南和中南地区：油、气资源都较丰富，但勘探程度较低，埋藏条件较差，而交通较便利，开发投资和产品成本为中等，属次要勘探开发地区。

4）西藏地区：油、气资源不旺，勘探度低，交通不便，投资成本高，属非开发利用区。

（2）采油（采气）工业布局

1）东部陆上油矿区。其主要由海拉尔—陕甘宁、松辽—华北—江汉、苏北—清江—佛山三大地带组成。该地带已开发大庆、扶余、辽河、大港、胜利、华北、中原、南阳、江汉等油田，其中大庆、胜利两油田产量约占全国总产量的39%。

2）西部内陆油矿区。中国西部地区蕴藏着丰富的油气资源，分布在准噶尔、吐鲁番、河西走廊、塔里木等地带，是中国最早发现和开发的天然油区，主要包括克拉玛依油田、塔里木盆地油田、四川盆地天然气田等。

3）除陆地石油资源外，我国海洋油气资源也十分丰富。近海发育了一系列沉积盆地，总面积达百万平方千米，具有丰富的含油气远景。这些沉积盆地自北向南包括：渤海盆地、北黄海盆地、南黄海盆地、东海盆地、冲绳海槽盆地、台西盆地、台南盆地、台东盆地、珠江口盆地、北部盆地、莺歌海—琼东南盆地、南海南部诸盆地等。中国海上油气勘探主要集中于渤海、黄海、东海及南海北部大陆架。

（3）炼油工业布局

中国炼油工业随着采油工业的发展而迅速扩展。全国炼油厂布局形成“东北多、西南少、沿江密、北京大”的局面。

1）东北地区：中国原油加工能力最大的地区，有大庆、抚顺、大连、锦州等大型石油加工基地。成品油占全国总量的 40%左右，而消费量仅占 10%。

2）华北、西北地区：以北京，天津，山东的淄博，甘肃的兰州、玉门，新疆的独山子等炼油企业为主。既靠近原油产地，也接近消费中心，加工能力与消费水平基本相适应。

3）华东、华中地区：大型炼油企业分布在上海、南京、九江、武汉、岳阳、荆门等地。原油产量占全国总产量的 5%，加工能力占 23%，油品消耗量占 20%，属于消费地区建厂。

4）东南沿海地区：有浙江的镇海，广东的广州、茂名等大型炼油厂，利用海运和港口，加工北方原油，产品以省内消费为主。茂名炼油厂的成品油部分调运广西、贵州、云南等省。

4．电力工业布局

（1）中国电力工业概况

中国电力工业发展迅速，平均每年以 10%的速度增长。截至 2011 年年底，中国发电装机达 10.63 亿千瓦，年发电量 4.73 万亿千瓦时，发电量跃居世界第一。

（2）中国电站布局情况

1）火电站的布局。中国火电站的布局可分为 3 种类型：

- 接近燃料基地型。中国火电站 86.6%左右烧煤，耗煤量大，所以火电站多建于北方的产煤区，以节约煤炭的运费，降低投入成本。
- 接近负荷中心。这种布局需要增加燃料运费，但能保证城市供电，长江中下游和珠江三角洲等地和城市电厂多采用此种形式。
- 同时接近燃料基地和负荷中心。中国许多工业基地附近都有煤矿，是火电站的理想布局，如北京、唐山、太原、包头、抚顺、平顶山姚孟等电站。

2）水电站的布局。中国水力资源主要分布在西部，在经济相对落后的西部 12 个省，其水力资源约占全国总量的 76.85%，其次是中部 6 个省占 14.58%，而经济发达、用电集中的东部 13 个省仅占 8.57%，如图 5.6 所示。

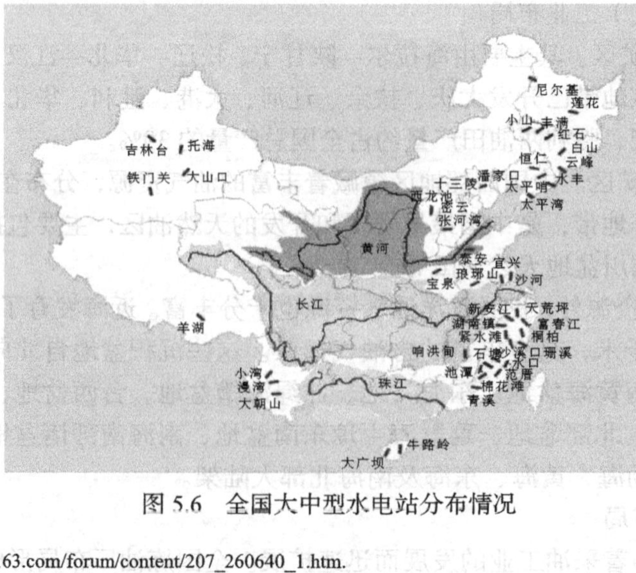

图 5.6　全国大中型水电站分布情况

资料来源：http://co.163.com/forum/content/207_260640_1.htm.

- 中国水力资源集中分布于 12 大水电基地，总量占 55%。到 2011 年年底，中国水电总装机容量已达到 2.31 亿千瓦，是世界上最大的水力发电国家。
- 金沙江干流是中国水力资源最丰富的河流，也是最大的水电基地，是“西电东送”主力。总装机容量 7 512 万千瓦，年发电量 3 355 亿千瓦时。
- 雅砻江水电基地：雅砻江干流两河口至江口段，梯级开发方案 21 级。总装机容量 1 940 万千瓦，年发电量 1181 亿千瓦时。
- 大渡河水电基地：大渡河干流双江口至铜街子段，梯级开发方案 22 级。总装机容量 2 040 万千瓦，年发电量 1 109 亿千瓦时。
- 乌江水电基地：乌江梯级规划为 11 级开发，包括北源六冲河洪家渡、南源三岔河普定、两源汇口、东风、乌江渡、大溪口等。总装机容量为 867 万千瓦，年发电量 418 亿千瓦时。
- 长江上游水电基地：由长江干流宜宾至宜昌段和支流清江组成，梯级规划为 11 级开发，总装机容量 2 836 万千瓦，年发电量 1 360 亿千瓦时。
- 南盘江红水河水电基地：由黄泥河的鲁布革、南盘江的天生桥、红水河的龙滩、黔江的大藤峡等 10 级水电站组成。总装机容量 1 332 万千瓦，年发电量 533 亿千瓦时。
- 澜沧江水电基地：澜沧江梯级开发方案为：溜筒江、托巴、黄登、功果桥、小湾、漫湾、大朝山、橄榄坝、勐松等 15 级。总装机容量 2 146 万千瓦，年发电量 1 094 亿千瓦时。
- 黄河上游水电基地：由龙羊峡至青铜峡段，梯级开发方案为 25 级，总装机容量 1 635 万千瓦，年发电量 593 亿千瓦时。
- 黄河中游北干流水电基地：河口镇至禹门口段，梯级开发方案为 6 级，总装机容量 847 万千瓦，年发电量 193 亿千瓦时。
- 湘西水电基地：包括湖南省西部的沅水、资水、澧水干流及其主要支流，共有大中型水电站 56 个，总装机容量 661.3 万千瓦，年发电量 265.61 亿千瓦时。
- 闽浙赣水电基地：共有大中型水电站 128 个，总装机容量 1 680 万千瓦，年发电量 418 亿千瓦时。
- 东北水电基地：共有大中型水电站 54 个，总装机容量 1 131.55 万千瓦，年发电量 308.68 亿千瓦时。

3）核电站的布局。核电工业自 1978 年部署，布局于缺煤、缺水的东南沿海区，秦山核电站（浙江省海盐县），靠近上海和杭州，1991 年建成发电，三期总装机容量 290 万千瓦；大亚湾核电站（广东省深圳市），靠近中国香港地区，1993 年发电装机容量为 180 万千瓦；岭澳核电站，靠近中国香港地区，4 个机组总装机容量达 415 万千瓦；田湾核电站，位于江苏连云港市，装机容量达 212 万千瓦。

此外，风力发电主要分布于新疆、内蒙古、青藏高原以及东南沿海一带；潮汐能发电主要分布于浙江、江苏和山东沿海一带；地热能发电主要分布于广东、西藏。

（3）中国电网布局情况

1993 年 1 月，经国务院同意，能源部将电力联合公司改组为电力集团公司，组建了华北、东北、华东、华中、西北五大电力集团。1996 年年底，国务院决定组建国家电力公司，规定“国家电力公司是国家授权的投资主体及资产经营主体，是经营跨区送电的经济实体和统一管理国家电网的企业法人”。国家电力公司不是一个行政性公司，而是一个以资产为纽带，按现代企业制度组建的一家大型国有公司。2002年2月，国务院下发《国务院关于印发电力体制改革方案的通知》，决定对电力工业实施以“厂网分开、竞价上网、打破垄断、引入竞争”为主要内容的新一轮电力体制改革。根据改革方案，对原国家电力公司进行拆分和重组，组建了国家电网公司、南方电网公司、五大发电集团公司和四大电力辅业集团公司。两大电网的基本情况是：

1）国家电网公司简称国家电网和国网，成立于2002年12月29日。公司作为关系国家能源安全和国民经济命脉的国有重要骨干企业，以投资、建设和运行经营电网为核心业务，为经济社会发展提供坚强的智能电网保障。经营区域覆盖全国26个省、自治区和直辖市，覆盖国土面积的88%以上。2013年，公司在《财富》杂志全球500强企业排名第7名，营业收入2 984.49亿美元。

2）南方电网有限责任公司于2002年12月29日正式挂牌成立并开始运作。公司经营范围为广东省、广西壮族自治区、云南省、贵州省和海南省五省（区），负责投资、建设和经营管理南方区域电网，经营相关的输配电业务。2009年，公司完成售电量5 239亿千瓦时，西电东送电量1 156亿千瓦时，营业收入3 136亿元，公司资产总额达4 425亿元。全网发电总装机容量为1.6亿千瓦，220千伏及以上变电容量2.96亿千伏安、输电线路总长度7.6万千米。南方电网远距离、大容量、超高压输电，交直流混合运行，顶尖的输变电技术在网内门类齐全。南方电网是国内西电东送规模最大、效益最好、发展后劲最强的电网。南方电网与东南亚国家接壤，与港澳电网紧密相连，具有独特的区位优势，是国内率先“走出去”的电网。2005年公司跻身全球500强企业后，排名逐年累计上升了131位，2009年列第185位，2011年列149位。2013年《财富》世界500强排名第134位。

5.2.2 原材料工业

原材料工业包括冶金、化工、建材等部门。原材料工业对于增加有效供给，促进产业结构合理化，保障国民经济持续、稳定、协调发展具有重要意义。

1. 冶金工业

（1）钢铁工业

钢铁工业是国民经济的重要基础产业和组成部分，是实现国民经济持续发展的保障。中国钢铁工业已形成包括采选矿、烧结、焦化、炼铁、炼钢、轧钢、耐火材料、铁合金和勘探、设计、施工、科研等门类齐全、结构完整的钢铁工业体系。

1）钢铁工业布局的特点。钢铁生产特点是原燃料消耗量大，运输量大，用电、用水、用地多，需用劳力多，污染严重等。故进行工业布局应考虑以下几个方面的因素：①原料燃料因素；②消费因素；③环境等辅助因素；④技术因素。

2）中国钢铁工业的资源情况。中国是世界上铁矿石储量最丰富国家之一，据《中国矿产资源报告（2013）》显示，中国铁矿探明储量为775亿吨，居世界第一位。已探明的铁矿资源分布在全国29个省、市、区的700多个县、市（旗），超过1900多个矿区，其中辽宁、河北、四川三省占全国储量的48%。

现全国已形成10个大型钢铁基地。

- 鞍本钢铁基地：该地区的鞍山钢铁公司是中国最大的钢铁联合企业，故鞍山有“钢都”之称。该地区铁矿储量丰富，有抚顺、阜新焦煤和动力煤及相关的钢铁生产原料。
- 京津唐钢铁基地：该地区有首都钢铁公司、天津钢厂和唐山钢厂。该区冀东沿山铁矿石带是中国第二大铁矿区。
- 上海钢铁基地：上海地区是中国钢铁工业发源地之一，钢铁品种居全国首位。上海宝山钢铁总厂是现代化大型钢铁企业，铁路、公路运输方便，是国内唯一具有多种外运条件的大型钢铁企业。
- 武汉钢铁基地：武汉钢铁公司位于武汉市青山区，武钢所需铁矿石由鄂东地区的大冶、灵乡、金山店、程潮 4 个铁矿供给，煤由平顶山、鹤壁供应，锰矿取自湘潭，水陆交通十分便利。
- 攀枝花钢铁基地：攀枝花钢铁公司是“三五”时期在四川攀枝花市建立的钢铁基地，附近钒钛磁铁矿是中国五大铁矿之一。拥有六盘水的焦炭、宝鼎的煤炭、丰富的辅助材料以及水力资源。
- 太原钢铁基地：太原钢铁公司是大型特殊钢基地，焦煤来自太原，铁矿来自峨口，富铁矿由海南岛调运及进口。太钢以生产特殊钢和军工产品为主，年产钢 200 多万吨，已跨入世界不锈钢 20 强的行列。
- 包头钢铁基地：包头钢铁公司是中国大型钢铁联合企业之一，也是中国稀土生产基地。矿石基地在白云鄂博，煤由大同供给。
- 马鞍山钢铁基地：马鞍山钢铁公司是由一些小型铁厂和矿石采集厂改扩建而成的钢铁联合企业，水陆交通便利。该厂 1964 年建成了亚洲最大的车轮轮箍厂，产品除供应国内需要外，尚能出口东南亚地区。
- 重庆钢铁基地：包括重庆钢铁公司和重庆特殊钢厂。重庆钢铁公司位于重庆市大渡口区境内，前身系抗日时期由原汉阳兵工厂、六河沟铁矿和上海钢铁厂的一部分设备组建而成。重庆特殊钢厂位于沙坪坝的双碑地区，是西南地区最早建设的钢铁企业，也是我国精密合金钢等特殊钢的重要生产企业。
- 台湾中国钢铁公司：全名中国钢铁股份有限公司，总部与主要的工厂位于台湾省高雄市临海工业区，该厂的铁矿石、焦煤及主要原燃料全部经高雄大港进口。目前是台湾规模最大的炼钢厂，年产钢 600 万吨。

其中，2012 年中国粗钢产量前 20 排名如表 5.3 所示。

表 5.3　2012 年中国粗钢产量前 20 位排名

排　　序	钢　　厂	粗钢（万吨）	占比（%）
1	河北钢铁集团有限公司	6 923	9.7
2	鞍钢集团公司	4 532	6.3
3	宝钢集团有限公司	4 270	6.0
4	武汉钢铁(集团)公司	3 642	5.1
5	江苏沙钢集团	3 231	4.5

续表

排　序	钢　　厂	粗钢（万吨）	占比（%）
6	首钢集团	3 142	4.4
7	山东钢铁集团有限公司	2 301	3.2
8	马钢(集团)控股有限公司	1 734	2.4
9	渤海钢铁集团有限公司	1 732	2.4
10	湖南华菱钢铁集团有限责任公司	1 411	2.0
11	北京建龙重工集团有限公司	1 376	1.9
12	日照钢铁控股集团有限公司	1 322	1.8
13	河北新武安钢铁集团	1 287	1.8
14	包头钢铁(集团)有限责任公司	1 019	1.4
15	安阳钢铁集团公司	1 016	1.4
16	太原钢铁(集团)有限公司	1 013	1.4
17	酒泉钢铁(集团)有限责任公司	1 010	1.4
18	江西萍钢实业股份有限公司	912	1.3
19	河北纵横钢铁集团有限公司	911	1.3
20	河北津西钢铁集团	910	1.3
	前5合计	22 597	31.5
	前10合计	32 917	45.9
	前30合计	43 693	61.0
	全国合计	71 654	100

资料来源：西本新干线，http://www.96369.net。

（2）有色金属工业

有色金属，是指铁、锰、铬、钒、钛等黑色金属以外所有金属的总称。其中以铜、铝、铅、锌为主，产量占有色金属总量的93%。

相关链接

有色金属具有导电性、导热性、耐蚀性、耐磨性、韧性、延展性、放射性、耐高温、耐高压、硬度大等特性，在现代工业和科学技术的发展中，得到越来越广泛的应用。例如，钨、硅、金、钯、钽等是近代电子工业不可缺少的金属材料；镭、铀等放射性金属是原子工业所必需的原料；各种各样新型有色金属合金材料是高压动力工业、喷气超音速飞机、宇宙飞船、半导体及各种精密仪器仪表的重要材料。有色金属大多是战略物资，是现代国防尖端科学技术以及人民生活不可缺少的重要材料。

1）生产特点和布局要求。有色金属工业原材料消耗量大，品位很低，需要大量的矿石；耗水、耗电量大，生产工艺多采用电热、电解工艺；综合性强，单一矿床少，伴生或共生矿多；生产的连续性强，设备复杂，机械化程度高；对环境影响大，“三废”排放量较多。其布局要求：采选结合，接近原料地；分散粗炼，集中精炼，消费地加工；注意资源的综合开发利用和保护环境。

2）主要有色金属工业分布。

- 铜矿资源分布广泛，著名的铜矿有德兴、大冶、铜陵、东川、西昌、白银、中条山、多宝山、白乃庙、德尔尼和玉龙地区等。中国铜加工中心主要在上海、沈阳和洛阳等地。
- 铝矿资源分布在山西、河南、贵州、四川、广西、山东等省区，以山西、河南储量为最多。广西平果发现了大型铝矿，可露天开采，是中国目前最好的富铝矿。郑州、张店、抚顺、连城和兰州、青铜峡、贵阳、包头八大炼铝基地铝产量占全国的 30%以上。
- 铅锌资源分布在云南、湖南、广东、江西、青海、陕西、内蒙古、辽宁等地。云南兰坪铅锌储量超过 1 000 万吨，为世界罕见特大型矿床。铅锌精炼中心分布在沈阳、株洲、韶关等。
- 我国锡矿资源储量居世界首位，分布集中在广西、云南、湖南、广东 4 省区。我国锡资源多为原生脉矿，自然选别条件差，而且多是共生、伴生矿床。云南个旧是中国最大的锡矿基地，有“锡都”之称。广西南丹为中国第二大产锡基地。
- 我国钨矿储量、产量和出口量居世界第一，分布在南岭山及其两侧的赣南、湘南和粤北地区。中国钨砂资源占全球探明总量的 62.1%，2009 年我国钨产量为 4.7 万吨，占全球产量的 81%。
- 中国钼矿探明储量居世界前列，储量最多的是吉林、陕西，其次是河南、辽宁。辽宁锦西杨家杖子是世界上最大的钼矿之一，陕西华县金堆城也是国内较大的钼矿。
- 中国金矿资源丰富，主要集中在山东半岛、黑龙江北部、吉林东部、湖南南部、河北北部、内蒙古中部、新疆北部、陕西南部、河南西部、贵州西南部、四川西部等。
- 半金属是指物理、化学性质介于金属和非金属之间的金属，主要包括硅、硒、碲、砷、硼等。在电子工业中应用广泛，但冶炼难度大。例如，硅在地球上分布最广，但冶炼时耗电量极大，故硅工业一般布置在大电站附近，如抚顺铝厂设有工业硅车间，洛阳也有硅工业。
- 湖南冷水江锡矿山是世界上最大锑产地。辽宁海城、营口的菱镁矿，贵州万山、丹寨的汞矿，攀枝花的钒钛磁铁矿和包头的稀土矿，是多种有色金属生产基地。

2．化学工业

化学工业是多行业、多品种、配套性强的重要原材料工业部门，为工农业、交通运输和国防等提供生产资料。化学工业的发展程度是衡量一个国家工业技术水平的标志之一。

（1）中国化学工业的矿物资源

中国化学工业的矿物资源比较丰富，除煤炭、石油、天然气和原盐外，还有硫化矿物、磷矿石及其他化工矿物。

1）硫化矿物：主要是硫铁矿，含硫有色金属矿及天然硫矿等，是制造硫酸及其化合物的主要原料。其分布遍及甘肃、广东、辽宁、山西、湖南、贵州、浙江、江苏、内蒙古等省区。

2）磷矿石：主要用来制造磷肥，提取黄磷、赤磷和其他磷化物，供民用、医药、染料及国防使用。中国磷矿资源丰富，云南、贵州、四川、湖北、湖南等省的储量占全国2/3以上。

3）钾盐：主要用以制造钾肥和其他化工原料，分布在青海、内蒙古、甘肃。青海察尔汗盐湖是中国最大的钾盐湖，云南思茅地区发现了大型钾盐矿。

4）其他化工矿物资源，如西北地区的芒硝、天然碱，青海、西藏、辽宁、吉林、河北、安徽等省的硼矿，湖北应城的石膏矿以及南方各省的石灰矿，都是重要的化工原料。

（2）化学工业的特点

1）原料来源广。化学工业拥有最广泛的原料来源，空气、水、生物、矿物等均可加以利用。许多化工产品或中间产品又具有易燃、易爆、易腐蚀的特性，不易进行长途运输。

2）化学工业的生产技术水平和管理水平要求高，所需各种生产设备价值昂贵。

3）能源消耗多。化学工业能耗仅次于电力、冶金工业。在生产中，不仅把能源当作燃料动力，而且有的化工部门还把能源当作原料。

4）对环境污染重。"三废"排放量大，又在高温、高压、高真空下进行，容易发生燃烧、爆炸、毒气泄漏等事故。

（3）化学工业布局

1）酸碱盐工业化学。酸碱盐工业指生产三酸（硫酸、硝酸、盐酸）、二碱（纯碱、烧碱）的化学工业部门。三酸工业产品腐蚀性极强，不利于远距离运输，宜分布在消费区；二碱工业都以原盐为原料，由于生产方法的不同，纯碱工业一般在原盐产地，烧碱工业广泛应用电解法，宜布局在电源充足、交通方便、水质良好的消费区。

- 硫酸是化学工业的血液，用途很广泛。中国最大的硫酸生产中心是南京，年产量约150万吨；四川、江苏、广东、安徽、湖北、云南、辽宁等省年产量均在100万吨以上。
- 硝酸多用于化肥、医药、染料和国防工业。硝酸生产因以合成氨为原料，故硝酸厂多与氮肥厂结合。中国最大的硝酸生产中心是兰州，年产量约占全国1/3。
- 盐酸生产是用电解盐水方法制取的，所以盐酸工业往往与制烧碱、农药、有机化工产品工业综合配套成组布局。上海、天津是中国最大的盐酸生产中心。
- 纯碱主要用于化学、玻璃、冶金、纺织及食品等工业部门。我国纯碱生产中心有大连、塘沽、青岛、杭州以及四川自贡、湖北应城。
- 烧碱大量用于造纸、肥皂、染料、人造纤维、塑料及橡胶回收等工业。中国大型烧碱厂主要分布在上海、辽宁、天津、江苏、山东5省，其产量占全国总产量的51%。
- 盐酸和碱工业均以盐作为原料，盐素有"化学工业之母"之称，有海盐、井盐、湖盐和矿盐。海盐以北方沿海的长芦、辽宁、山东、两淮四大产区为主，盐场分布在渤海湾沿岸，以天津为中心，是全国最大的海盐产区。四川是中国井盐的主要产区，以自贡为中心，所产原盐称"川盐"。川盐一直供应四川、云南，贵州、陕西、鄂西和湘西。云南禄丰的黑井盐，含有甜硝，是腌腊制品等的用盐。湖盐也称池盐，以青海的储产量最多，茶卡池、柯柯池、察尔汗的"大青盐"运销四川西北部和甘肃、陕西等省，内蒙古吉兰太盐池、雅布赖池和山西的解池等所产湖盐也很有名。

2）化肥工业。化肥工业是指生产氮、磷、钾三大无机矿物肥料及各种复合肥料的工业部门。

- 氮肥工业。氮肥是农业生产需要量最大的化肥，主要的氮肥品种由合成氯加工而成。氮肥工业又称合成氨工业。国内大型化肥厂有南京、大连、吉林、石家庄等。
- 磷肥工业。磷肥原料是磷矿和硫铁矿，生产普钙和钙镁磷肥等。磷矿资源集中于南方，生产磷肥的主要基地有南京、铜陵、秦皇岛、株洲、柳州、湛江、昆明、成都。
- 钾肥工业。钾肥原料是钾盐矿、明矾石和钾长石。中国钾盐矿资源丰富，主要集中在内陆盆地区域。青海柴达木盆地是中国重要的钾肥工业生产基地。

（4）有机化学工业

有机化学工业包括有机原料工业和有机合成工业。

1）有机原料工业按原料来源分为石油化工和煤化工。石油化工基地布局在接近油气田、交通运输和水源条件好的消费地区。中国较大的石油化工基地有北京、兰州、上海、天津、吉林、武汉、广州等地。煤化工产品上千种，最基本的产品电石一般布局在煤炭、电力较充裕的地区。

2）有机合成工业是利用基本有机原料工业提供的乙烯、电石等生产有机合成产品，有合成塑料、合成纤维、合成橡胶等化工行业。合成塑料分布在北京、上海、南京、辽宁、广东等；合成纤维分布在南京、上海、杭州、大庆等；合成橡胶分布在兰州、北京、上海等地。

3. 建材工业

建筑材料是国民经济各部门基本建设的物质基础。建材产品按其性质可分为三大部门：供建造房屋和各项工程用的建筑材料；非金属矿产品及其制品；供农业生产、交通运输和国防尖端科学用的各种无机非金属新材料。

（1）中国的建材资源

从建材的结构性质分，有矿物质建筑材料（石料、非金属矿物、硅酸盐、砖瓦砂石等）、金属材料（建筑用钢筋等）、有机质材料（建筑用竹、木、塑料、油毡和沥青），其中以矿物材料为主。中国建材矿产资源丰富，有石灰石、石英砂、大理石、石棉、石膏、高岭土等。

1）石灰石：其为制造水泥的主要原料。中国石灰石储量丰富，已探明矿区达 500 多个，工业储量 100 亿吨左右。大中型原料矿区有 60 多个，能够满足年产亿吨以上水泥的需要。

2）石膏：其为水泥工业的缓凝材料，也是新型轻质建材的重要原料。我国天然石膏矿产资源储量丰富，总储量达近 600 亿吨，位居世界第一，也是化学石膏的制造大国，每年有大量的化学石膏产生。产地遍及全国 19 个省区，湖北应城石膏驰名中外。

3）石英砂：其为制造玻璃的主要原料。中国已探明石英砂矿区 100 多个，保有储量 10 亿吨以上，分布在全国 25 个省市。优质的石英砂分布不平衡，主要集中在南方各省。

4）石棉：中国石棉资源丰富，已探明矿区 40 多个，储量 5 880 多万吨，居世界第三位。主要分布在四川、青海、陕西 3 省，储量占全国总储量 89%。中国石棉以短纤维为主，但四川所产石棉纤维长达 1 米。

5）高岭土：其多用于高级日用陶瓷、卫生陶瓷及光学玻璃等工业，分布遍及全国各地，规模大、质量好的著名产地有江苏苏州、江西临川、湖南醴陵和衡阳、四川叙永等。

（2）建材工业的特点及布局要求

1）建筑材料工业生产要消耗大量的原料，而原料和产品体质重、价值低、可运性小，因此建材工业布局要求尽可能靠近原料产地。

2）建材工业的原料分布广泛，产品消费普遍，可因地制宜，就近生产。

3）建材工业生产条件较差，污染较严重，如水泥、玻璃、砖瓦、石棉等企业，粉尘排量大，选址应保护环境和生态平衡。

（3）主要建材工业布局

1）水泥是最重要的建筑材料，在工农业、交通、国防、民用建筑中具有重要作用。以靠近能源供应地建厂为宜。国内规模较大的有唐山、北京、哈尔滨、南京、洛阳、广州、贵州等。

2）玻璃广泛应用于建筑、工农业、交通及日常生活。玻璃种类较多，如供建筑用的平板玻璃、玻璃砖等，供工业用的钢化玻璃、特种玻璃等。工业布局应接近燃料地和石英砂矿区，靠近消费城市。国内大型玻璃企业大多分布在秦皇岛、洛阳、成都、上海、北京、沈阳、齐齐哈尔等。

（4）建筑卫生陶瓷工业

中国是世界上建筑卫生陶瓷生产大国。陶瓷生产企业主要分布在广东、山东、四川、福建、浙江等陶瓷生产区域，企业数量占全国的63%，生产能力约占全国总生产能力的91%。

（5）黄砂砾石

黄砂砾石是重要的建筑材料，黄砂运输在长江航运中已占很重要地位，黄砂运量和吞吐量已占第一位。长江黄砂产地是巴河、兰溪、九江、安徽等地，供长江沿岸省市建筑之用。

5.2.3 机械电子工业

机械电子工业属加工工业，是为国民经济各部门提供技术装备的工业部门，被称为“工业心脏”。机械电子工业的发展水平是衡量一个国家经济技术发展水平的重要标志。自“十二五”以来，中国机械工业已进入到一个 12%～15%的中速发展通道。

1. 机械工业

机械工业是一个庞大复杂的工业体系，由几十个生产部门组成。机械制造工业产品的种类多，组成的零部件多，使用原材料多，工艺过程多，生产类型复杂，服务面又广。

（1）工业设备制造业

工业设备制造业是中国工业领域内最大的产业，也是国家对外经济贸易的第一大产业。主要有重型机械、通用机械、机床工具、仪器仪表、电工制造和轻纺工业设备、商业机械等。

1）重型机械制造业：主要包括冶金、矿山、起重、运输、工程等设备制造业，产品体大笨重，耗费金属材料多。辽宁和上海是全国重要的重型机械制造基地。

2）通用机械制造业：主要制造石油化工设备、工业泵、气体压缩机、空气分离设备、冷冻设备和阀门等。上海是全国最大的通用机械制造基地，大连以生产石油化工设备、橡胶和塑料机械为主，沈阳生产工业泵、阀门等，甘肃兰州是石油钻采机械和炼油化工设备的基地。

3）机床工具制造业：主要制造金属切削机床、锻压设备、铸造机械、木工机械、标准紧固件、量具、刀具、磨具等。机床和工具是机械工业的基本生产工具，被称为“机械工业之母”，上海是全国最大的生产中心。普通机床制造分布在上海、沈阳、齐齐哈尔、大连、北京、天津、济南、无锡、武汉、长沙、重庆、昆明等；精密机床制造分布在上海、北京、宝鸡等；重型机床制造分布在武汉、上海、西宁、芜湖等；主要量具、刃具制造分布在哈尔滨、成都；工具制造集中在上海与沈阳。

4）仪器仪表制造业：主要制造自动化仪表、光学仪器、电工仪表、材料试验机、电影和照相机等现代化生产的技术工具。上海是最大的仪器仪表制造中心，产值占全国的 40%。西安、哈尔滨是自动化仪表和电工仪表的产地；南京、北京是中国光学仪器、电影机械制造中心。

5）电工制造业：主要制造电站设备、电机、电材、工业锅炉等。上海是全国最大的电工设备制造中心，上海、哈尔滨、成都、北京为全国四大电站设备基地，上海、湘潭、北京、大连、沈阳、天津、兰州为全国电机设备基地，上海、西安、沈阳、天津为全国电材生产中心。

6）轻纺设备制造业：包括纺织、造纸、制糖、食品、卷烟、厨房设备等机械设备制造。纺织机械以上海为最大中心，其次是榆次、郑州、天津、沈阳和青岛等；造纸机械制造分布在上海、天津、西安、丹东等；制糖机械制造以广州为中心；面粉、碾米、食品工业设备制造遍布各地。

（2）农业机械制造业

农业机械包括拖拉机、排灌机械、收割机、农副产品加工机械及牧林渔业机械。农机工业的分布点多面广，大中型和专业化强的农机企业相对集中。洛阳拖拉机厂是全国最大的拖拉机生产基地，其次是上海、天津、鞍山、南昌、兖州、长春；手扶拖拉机制造遍及全国。

（3）运输机械制造业

其中包括汽车制造业和铁路机车车辆制造业

1）汽车制造业：包括制造改装汽车和摩托车、汽车发动机等。中国能生产载重货车、越野汽车、自动汽车、牵引车、客车、轿车等各种类型的汽车。

由于汽车制造技术复杂，需要的材料数量大、质量高、品种规格多，一般制造厂地建在多种工业发达的地区。长春、十堰是中国传统的汽车制造中心，上海、广东、北京、江苏、四川、山东、安徽、福建、河南等省市均有大规模的汽车制造企业。据中国汽车工业协会公布数据显示，2012 年我国汽车产销双双突破 1 900 万辆，再次突破纪录，增速都超过了 4%蝉联世界第一。2000—2007 年我国汽车产量增长变化情况如图 5.7 所示。

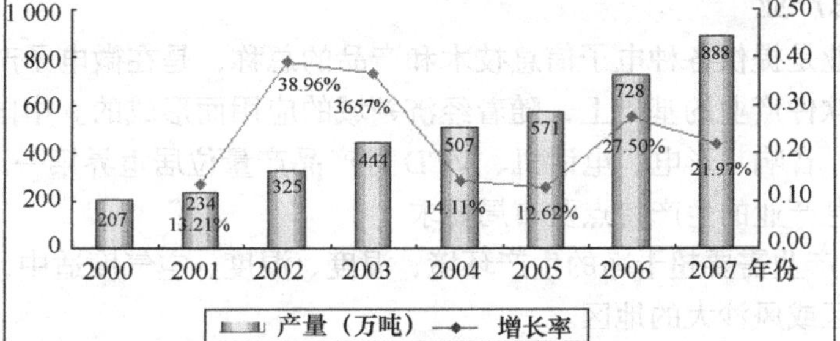

图 5.7 2000—2007 年我国汽车产量增长变化情况

资料来源：根据中国汽车工业协会数据整理。

我国摩托车工业发展迅速。1993 年，摩托车产量 335.1 万辆，首次跃居世界第一位，保持至今。我国比较知名的摩托车品牌有嘉陵、钱江、豪爵等，其中嘉陵摩托车生产地——重庆是中国最大的摩托车生产基地，2011 年，“嘉陵”品牌价值达 104.77 亿元。

2）铁路机车车辆制造业：铁路机车车辆制造业包括铁路机车和车辆（客车和货车）制造。南车集团和北车集团是行业内的双寡头，两公司总体实力相当，国内市场占有率总和超过 95%。处于“南北分治”的格局。

中国北车是我国轨道交通装备制造业领军企业,主要从事铁路机车车辆、城市轨道车辆等产品的制造、修理等业务，主要产品包括铁路机车、客车、动车组、货车、地铁等。

中国南车具备铁路机车、客车、货车、动车组、城轨地铁车辆及相关零部件自主开发、规模制造、规范服务的完整体系。

2014 年 12 月 30 日，世界最大的两家轨道交通装备制造商——中国北车和中国南车联合发布公告，宣布双方依循“对等合并、着眼未来、规范操作”的原则进行合并，合并后新的“中国中车股份有限公司”以打造一家以轨道交通装备为核心、跨国经营、全球领先的大型综合性产业集团为目标，推动中国高端装备制造进一步走向世界。

（4）船舶制造业

船舶制造业的特点是产品数量少、体积大、耗用原材料多、结构复杂、生产周期较长、技术要求高，在工业和科技发达的海港或江河港口城市建厂。海轮制造中心在上海、大连、广州、天津、青岛；大连以制造油轮为主，上海以制造货轮为主，兼造油轮。内河船舶制造中心在武汉、南京、芜湖、九江、宜昌、重庆、哈尔滨等地。

（5）航空航天工业

中国的航空工业从 20 世纪 50 年代初期创立，现在已经能制造的飞机类型包括军用歼击机、轰炸机、强击机、侦察机、运输机、直升机和大型民用客机。飞机制造中心主要分布在上海、沈阳、西安、南昌、成都和哈尔滨。

中国航天工业创建于 1956 年，20 世纪 80 ~ 90 年代发展迅速，能承担各类人造卫星、运载火箭、战略导弹、技术导弹的研制、生产和发射，目前已进入国际航天市场。

上海是我国的航天工业基地之一，能够制造大型运载火箭及其控制系统、发动机等多种航天器具。中国航天工业企业主要分布在科技发达、交通便利、电信通畅的北京、上海、南京、西安、沈阳、重庆、昆明、哈尔滨等地，西昌、酒泉为中国两大卫星发射基地。

2. 电子信息产业

电子信息产业是提供各种电子信息技术和产品的总称，是在微电子产业、通信业、计算机网络技术和软件产业的基础上，随着经济领域的应用而形成的。中国电子信息产业规模位居世界第三，音响、彩电、电话机、VCD 等产品产量位居世界第一。

（1）电子信息产业的生产特点及布局要求

1）电子信息产业需要超干净的生产环境，温度、湿度、空气度适中，因此应避开污染严重的重化工地区或风沙大的地区。

2）电子工业生产原件具有体积小、精密度高、重量轻、运量小的特点，需要优越的交通运输条件。空中航线成为该行业生产车间传送带的自然延伸，故电子信息产业也被称为“临空型产业”。

3）电子信息产业对水质纯度要求很高，尤其是生产电子元器件的基本原材料——硅晶片的处理需要大量的纯水。此外，电子信息产业生产连续性强、自动化程度高，使用大量的机器人或机械手操作，电子计算机控制对电源、电压、周波频率要求严格。

（2）中国电子信息产业布局情况

中国电子信息产业初步形成，珠江三角洲、长江三角洲、环渤海湾地区、闽东南沿海和中西部地区五大电子信息产业基地（见表 5.4）。2012 年中国彩色电视机产量近 1.4 亿台。

表 5.4　目前中国电子信息产业区域布局

区域名称		重点城市	具体行业及重点产品
珠江三角洲		广州、深圳、东莞 中山、顺德、珠海	通信、计算机、家用电器、视听产品
长江三角洲		上海、杭州、南京 苏州、无锡、常州	集成电路制造、封装等，通信、计算机装配、电子元器件类产品
环渤海湾地区		北京、天津、石家庄 沈阳、大连、青岛	集成电路设计，通信、微电子、软件、计算机、家用电子电器类产品
闽东南沿海		福州、厦门地区	计算机等
中西部	成渝绵地区	成都、重庆、绵阳地区	彩电、软件、光电子、通信设备
	西安—宝鸡—咸阳地区	西安、宝鸡、咸阳地区	彩管、彩电、冰箱，程控交换机、偏转线圈
	中南地区	武汉、长沙等	光电子、彩管等显示器件

资料来源：塞迪 IT 经济研究所．http://www.iteconomy.cn/3redian/3-5zonghe/3-5-6.htm.

1）以珠江三角洲为中心的高新技术产业带是中国规模最大、发展速度最快、产品出口占比最高的 IT 产品加工的密集带，聚集了大量国际知名的电子信息产品制造企业，产值占全国 30%。

2）长江三角洲地区是世界 IT 制造业的重点投资地区，从上海到苏州囊括从芯片到外壳的所有计算机零部件生产。在该地区投资的企业，产品档次高，技术含量高，投资规模大。

3）环渤海湾地区是全国最大的综合性 IT 产业密集带。以北京为中心的软件产业带中，中关村软件最为发达。全国最大的 100 家软件企业中有 1/4 集中在北京。

4）中西部地区大型老工业基地，曾是中央财政收入的主要来源地之一，也是中国军工电子的基地。

5.3　轻工业物流地理

轻工业是以生产生活资料为主的加工工业，其产品主要用于满足生活消费及部分生产资料的需要。中国的轻工业门类众多，有食品、烟草加工、纺织、缝纫、皮革和毛皮制作、造纸、印刷、文教体育用品、工艺美术品、化学药品制造、日用纤维制造、日用化学制品、日用玻璃制品、日用金属制品、手工工具制造、医疗器械制造、日用机械、家用电器、制盐、电光源、日用硅酸盐等几十个行业，20 多万个花色品种。下面我们重点介绍纺织、造纸和食品工业。

5.3.1 纺织工业

中国是世界纺织工业大国之一。纺织工业布局形成了棉、毛、麻、丝、化纤相结合的全国纺织工业分布体系。中国纺织业的工业总产值占GDP的比重不断上升，2004年占6.2%，2005 年占 6.8%，2006 年上升到 7.3%，2007 年达到 8.0%。纺织工业协会数据显示，中国纺织服装企业有 13 万家（含港、澳），从纺织产品的原材料产地到生产企业，再到流通销售区域，上下游产业链所涉及的从业人口总数大约为 1.7 亿人。中国的纺织工业在满足需求、增加就业、扩大出口、积累资金等方面发挥了重要作用。

1．棉纺织工业布局

中国棉纺织工业具有“大分散、小集中”的布局特征，主要有以下几个棉纺织工业基地。

1）以上海为中心的长江三角洲地区：全国最大和最先进的棉纺织工业基地。棉纺织企业分布在无锡、南通、常州、苏州、常熟、南京、镇江、扬州、泰州、盐城、合肥、芜湖、蚌埠、安庆、杭州、宁波等地，其中无锡、南通规模最大。

2）以天津市为中心的京津冀地区：全国第二大棉纺织工业区。棉纺织企业主要分布在天津、石家庄、保定、唐山等地。该区原料丰富，人口稠密，交通方便，适于纺织工业发展。

3）以青岛、济南为中心的山东棉纺织区：中国第三大棉纺织工业基地，在德州、惠民、烟台、聊城、菏泽都有棉纺厂。

4）以武汉为中心的湘鄂赣棉纺织区：棉纺织企业分布在武汉、沙市、湘潭、长沙、黄石、宜昌、蒲圻、南昌、抚州等地。该区人口稠密，交通方便，设备和原料均具有增产潜力。

5）以郑州为中心的河南地区：棉纺织企业分布在郑州、新乡、安阳、开封、洛阳等地。6）以太原为中心的山西地区：棉纺织企业分布于太原、榆次、介休、临汾等棉花产地。

7）以西安为中心的关中地区：棉纺织企业分布在西安、咸阳、宝鸡、渭南、兰州等地。

8）东北地区：棉纺织企业主要分布在沈阳、辽阳、营口、金县、大连、锦州、长春、牡丹江、佳木斯等地。

9）南方地区：棉纺织企业分布在广州、南宁、昆明、贵阳、三明、厦门和福州等地。

此外，西北的兰州、乌鲁木齐、银川、石河子等地也分布有棉纺织企业。

2．毛纺织工业

毛纺织工业是生产高中档毛织品的纺织工业。毛纺织原料有羊毛、山羊绒、驼绒、兔毛和其他动物毛纤维，其中以羊毛用量最大。洗毛的加工工艺过程要求洗毛厂一般建在原料产地，而纺、织、染的布局宜接近消费区，特别是技术力量较强、协作条件较好的大中城市，其中较为集中地分布于以下几个区域。

1）东部沿海集中区。该地区具有毛纺织技术水平高、力量雄厚、人口稠密、拥有消费市场等优势。中国三大毛纺织工业中心——上海、北京、天津，都分布在这一地区。

2）西部地区集中区。该地区为中国较发达的毛纺织工业基地，其中，新疆和内蒙古的毛纺织工业发展最快。毛纺织基地有乌鲁木齐、呼和浩特、海拉尔、西宁、兰州、天水、银川等地。

3）中部地区。该地区无原料及技术优势，只为满足当地消费的需要。河南省是该区最大的生产省。生产基地有开封、太原、武汉、长沙、衡阳、蚌埠、襄樊等地。

3．丝纺织工业

中国素有“东方丝国”之称，2 000 多年前就有了“丝绸之路”，产品远销海外。现如今丝绸仍是中国外贸出口和换汇最多的商品之一。中国的丝纺织有桑蚕丝纺织和柞蚕丝纺织两种。桑蚕丝纺织工业遍布全国 20 多个省市，主要集中在浙江、四川、江苏 3 省，其次是广东、山东、湖北、安徽等省。柞蚕丝纺织业主要分布在辽宁、山东、河南 3 省，其次是内蒙古的扎兰屯、贵州的遵义和陕西的汉中。另外，“鸭绿江绸”和“南阳绸”是国际市场上的畅销衣料。

4．麻纺织工业

中国麻类资源丰富，非常有利于麻纺织工业的发展。由于麻类初加工成品失重性大，因此麻纺织工业一般多布局在原料产区或产区附近交通便利的地点。

1）亚麻纺织业主要分布在北方黑龙江、宁夏、甘肃、内蒙古、吉林、河北等亚麻产区，哈尔滨有全国最大的包括梳、纺、织、染的全能麻纺厂。

2）麻袋织造业以上海、青岛、大连、天津等老基地和新建的杭州、广州、天水、承德等地最为重要，其中位于中国最集中的黄麻产区、浙江钱塘江岸的杭州规模最大。

3）现代化的苎麻纺织企业，以无锡、株洲、益阳规模最大。在产区附近的上海、广州、武汉、南昌、重庆、都匀等地也有分布。

5．化学纤维纺织工业

化学纤维的出现，改变了单纯依靠天然纤维发展纺织工业的局面。化学纤维具有耐拉、耐磨、耐腐蚀等各种优良性能，因此广泛应用于纺织工业，不但增加了纺织原料资源，而且增加了纺织品的花色品种。

1）以天然纤维素（木材、棉短绒）为原料的黏胶纤维等工业。其主要分布在吉林、丹东、保定、南京、新乡、上海和杭州等地。

2）以炼油、炼焦废气、石灰石、食盐为原料生产锦纶、腈纶的合成纤维工业。其主要分布在北京、兰州、永安（福建）、南昌、安徽、湖南、广西等地。

3）以石油、天然气为原料的化纤工业。其主要分布在上海、南京、天津、辽阳、长春和大庆等地。

5.3.2　造纸工业

1．中国造纸工业的现状

目前我国已成为全球纸和纸板最大生产国。与此同时，造纸工业也开始由数量主导型进入上质量、上档次、上水平的新的发展阶段。新阶段有两个显著的标志。

1）中国已经进入世界造纸先进大国的行列。中国造纸行业纸及纸板产量已连续多年位居世界首位。经过“十五”、“十一五”10 年发展，新增产能 6 000 万吨左右，已具有国际先进水平的化学木浆年产 150 万吨生产线、20 万吨/年竹浆生产线、30 万吨/年化机浆生产线、50 万吨/年 OCC 废纸浆生产线、20 万吨/年废纸脱墨浆生产线，以及具有世界先进水平的新闻、文化、铜版纸机等。新闻纸、高档文化纸、包装纸等产品质量已达世界先进水平。

2）造纸行业已经进入低消耗、低污染、低排放的快车道。“十一五”期间，中国造纸行业已实现了增产减污的目标。造纸行业污染大户的负面影响得到较大改善。进入“十二五”造纸工业正大力推进绿色、低碳、循环发展，为实现环境友好型战略目标而努力，绿色纸业的战略目标正稳步推进。

当前，在金融危机的影响下，造纸工业正面临严峻的挑战。2012年纸及纸板产量增长3.09%，为“十五”以来生产增速最低的一年。而“十五”和“十一五”期间平均增速为10%～13%。由此看出造纸行业增速出现较大回落。与此同时经济效益大幅回落。2012年，纸和纸板的利润同比仅增长3.61%，造纸和纸制品的亏损总额增加33.44%，造纸行业正经历严峻的考验。造纸行业虽然在整体上产需基本平衡，但个别纸种产能过剩、饱和及需求不足是造纸行业面临的突出问题。2012年我国外贸出口增速为7.9%，增幅同比下降10个百分点以上，外贸出口的下降导致对纸包装制品的需求大幅下降，这对纸和纸板作为间接出口产品带来较大影响。

2．影响造纸工业布局的因素

中国造纸工业常用的原料有木材、芦苇、甘蔗渣、稻麦秸、龙须草等，此外，还需要使用部分棉、麻、破布、树皮和回收的废纸等。影响其布局的主要有以下几个因素。

1）原料因素。造纸工业特别是制浆工业应接近原料地。

2）水源因素。造纸工业应接近丰富和优质的水源。

3）环境因素。造纸工业废水排放量大，据环保部门统计，2002年造纸及纸制品行业废水排放量31.9亿吨，应考虑环境污染治理问题。

4）交通运输因素。造纸厂必须设在交通运输条件方便的地点，以保证原材料和产品的及时输送。

3．中国造纸工业的布局

中国植物纤维丰富，造纸原料来源广泛，为造纸工业普遍发展提供了条件。除西藏外，各省市都发展了机制纸生产，并呈现出明显的地域差异。

1）东北区。它是中国重要的纸张生产基地和商品纸供应基地。辽宁以芦苇、木材为原料；吉林、黑龙江以木材为原料。大型造纸中心有辽宁的锦州、吉林的吉林市、黑龙江的佳木斯等地。

2）华北区。该区的造纸工业原料有麦秸、棉秆、芦苇、废纸等。天津是该区最重要的造纸中心，大型造纸中心还有北京、河北保定、山西太原、内蒙古的扎兰屯等地。

3）华东区。该区是中国最大的纸张生产基地，上海是该区和全国高级纸张的生产地，造纸原料以外调纸浆和城市的废纸、废布、废棉为主。山东青岛、济南、潍坊造纸原料以麦秸、废棉为主。福建是中国新闻纸的主要产地之一，南平、福州、青州都建有大型造纸厂。江西、浙江、江苏、安徽等地以稻草、芦苇、竹竿等原料造纸，造纸中心有苏州、镇江、芜湖、杭州、嘉兴、南昌等地。

4）中南地区。该区造纸工业原料丰富，有竹木、蔗渣、禾草等原料，主要分布在湖北武汉、湖南岳阳、广东广州、广西南宁、河南开封等地。其中广州造纸厂是著名的新闻纸厂之一。

5）西南区。该区以竹子、龙须草、禾草等原料制浆造纸。造纸工业分布于四川宜宾、乐山，重庆等地。宜宾是中国重要的新闻纸产地之一。

6）西北地区。该区造纸工业基础较差，且受原料、水源限制，发展缓慢，除西安、宝鸡、成阳建有中型造纸厂外，其他地区分布有少数小型造纸企业。全区以陕西省产量最大。

5.3.3　食品工业

食品行业是典型的防御性行业之一，其经营活动状态不受经济周期影响，市场需求对行业收入的影响弹性较小。近几年中国食品工业总产值年增长速度保持在 10%左右，行业正处在成长期。

中国食品加工业的就业人数、工业增加值和全员劳动生产率等指标在全国轻工业 20 个行业中排名几乎全是第一。据《2013—2017 年中国农副食品加工专用设备行业调查及投资前景分析报告》数据显示：2012 年 6 月末，我国规模以上农副食品加工业企业达 20 958 家，行业总资产达 1.98 万亿元，同比增长 19.25 %。2012 年上半年，我国农副食品加工业企业实现主营业务收入达 2.31 万亿元，同比增长 22.10 %；实现利润总额达 1053 亿元，同比增长 16.53 %。2012 年上半年，我国规模以上农副食品加工业累计实现工业总产值达 2.38 万亿元，同比增长 24%；全行业累计实现工业销售产值达 2.32 万亿元，同比增长 23.3%；我国农副食品加工业的产销率达 97.2%。我国规模以上农副食品加工专用设备制造企业为 305 家，累计实现工业总产值达 208.17 亿元，同比增长 20.3%；全行业累计实现工业销售产值达 203.65 亿元，同比增长 21.6%，其中，实现出口交货值达 8.8 亿元，同比增长 22.3%；我国农副食品加工专用设备制造业的产销率达 97.8%。

1．食品工业的特点和布局要求

1）原料来源和消费市场的广泛性和普遍性：食品工业的原料来源非常广泛，农、林、牧、副、渔都可以给食品工业提供丰富多样的原料。从食品需求来讲，凡是有人群居住的地方都要有相应数量的食品，随着人民生活水平的提高，食品需求量会日益扩大，需求范围会越来越广阔。

2）生产的季节性和地域差异性：因农业生产具有强烈的季节特性，形成农副产品原料的收购具有季节性，所以食品工业同样受季节变化和气候条件的影响。而农副产品原料带有区域性差别，有些原料又具有不宜久存和远销的特殊性，因此，就地加工或就近生产是食品工业区别于其他轻工业生产之处。

3）食品工业一般规模较小，投资较少，设备较简单，适宜地方普遍发展。

2．中国主要食品工业布局

（1）粮食加工工业

粮食加工是指将原粮加工成米或面粉，供人们生活消费和糕点等食品工业用原料。粮食加工工业遍布城乡各地，主要可分为碾米工业、面粉加工和方便食品工业。中国人口多，粮食消费结构食用占 42.3%，饲料占 42.9%，种子占 5%，其他占 9.8%。碾米工业和面粉加工业的规模，取决于粮食消费结构中食用比重的大小。

1）碾米工业。中国的碾米工业与粮食消费的集中地区紧密相连，多分布于城市和稻谷集散地。在长江中下游的稻谷集中产区，集中分布大型碾米工业基地，如上海、南京、无锡、武汉、长沙等地。在中国北方水稻产区的河北、辽宁、宁夏也有一定规模的碾米工业分布。在全国分布着珠江三角洲、长江三角洲、四川盆地、太湖流域或福建沿海小平原五大碾米工业区。碾米工业相对集中的广州、上海、北京、成都、长沙、武汉等地，在加工成品粮的同时，利用稻谷的副产品制成糠醛、米糠，为酿酒工业、化学工业和日用品、化妆品生产提供了原料。

2）面粉加工业。中国广大小麦产区，既是面粉工业的原料地，又是面粉的主要消费区。在全国形成了均衡布局的面粉加工体系。其中，北京、上海、天津、西安、武汉、南京、郑州、济南等城市面粉加工能力最强。

3）方便食品工业。发展方便食品是优化食品工业产业结构、产品结构和提高居民食品制成品消费水平的重要措施。主食方便食品是方便面、方便米饭、方便粥和馒头、面包、饼干以及带馅米面食品。副食方便食品主要是各种畜肉、禽肉、蛋、菜的熟食制品，或经过预处理的半成品。全国熟食、禽肉制品产量只有300万吨，仅占肉类总产量6%，与发达国家熟食制品占50%的水平相去甚远。全国方便食品工业形成了以北京、上海、广州为核心的华北、华东、华南三大方便食品基地。

（2）食用油脂工业

它是食品工业中的重要部门，按其原料来源分为植物油和动物油。植物油脂是中国消费量多、产量大的基本油脂，其原料主要有花生、油菜子、芝麻、大豆、棉子、葵花子和胡麻子等。中国食用植物油的工业布局与油料作物分布一致，存在地域特点。

以油菜子为原料的油脂工业，主要分布在长江沿岸各省及以南地区，产地有重庆、长沙、上海、广州等地；以花生为原料的油脂工业分布在青岛、天津、石家庄、广州、郑州等地；以大豆为原料的油脂工业分布在大连、长春、哈尔滨等地；以芝麻为原料的油脂工业分布在郑州、开封、武汉等地；以棉子为原料的油脂工业分布在天津、郑州、西安、上海、南通等地。

此外，在湖南、江西、福建等省有茶油生产，为中国所特有的木本油料油；在西北、内蒙古等地有胡麻油生产；江西、湖南有米糠油生产；东北地区有玉米胚油生产；雷州半岛和西双版纳的油棕加工也闻名全国。

（3）制糖工业

制糖工业的原料以甘蔗和甜菜为主。中国糖料作物分布是“南甘北甜”，南方以甘蔗为原料制糖的有广东、广西、福建、江西、湖南；北方以甜菜为原料制糖的有黑龙江、内蒙古、吉林、新疆、甘肃。目前全国大型制糖企业分布在广东、广西、福建、云南和黑龙江。

中国以甘蔗为原料的糖厂分布具有明显的特点。

1）沿江河两岸建厂。由于糖料含糖率低，制糖需要大量的甘蔗调入，同时产生大量的废蔗调出，因此制糖工业多分布在运输便利、运价较低的水路沿线。

2）相对集中分布。如珠江三角洲上集中分布着以佛山和惠阳为中心的密集型制糖工业基地，此地区甘蔗种植面积占全国的1/3，而食糖产量占全省的78%。福建蔗糖生产基地集中分布在仙游、莆田、晋江、龙溪和厦门等地。

中国北方以甜菜为原料的制糖工业，主要分布在东北的嫩江、松花江沿岸的哈尔滨、佳木斯、吉林市和富拉尔基，以及内蒙古自治区的包头、呼和浩特，新疆玛纳斯河流域的石河子、呼图壁和伊宁，甘肃省的武威。上述地区土壤肥沃、地势平坦、日照时间长、昼夜温差大，非常适宜甜菜生长，为发展甜菜制糖业提供了条件。

本章小结

☑ 工业企业是拉动物流业发展的原动力，发展工业物流有利于促进工业企业的快速发展，有利于加强工业企业管理技术的创新，有利于增强工业企业的竞争力。

☑ 加快发展中国工业物流的措施：改变现有的商业运作模式，进入供应链，实现共赢，实现物流流程再造，推行物流外包，做强核心业务，实施企业的采购制度变革，建设物流信息平台，实行信息共享。

☑ 工业物流可分为重工业物流和轻工业物流，其中重工业物流研究的对象是能源工业、原材料工业、机械电子工业；轻工业物流研究的对象是纺织工业、造纸工业、食品工业。

思考题

1．分析中国工业物流的现状和存在的问题。

2．叙述中国能源工业（以煤炭为主）的生产布局。

3．中国植物纤维丰富，造纸原料来源广泛，为造纸工业普遍发展提供了条件。请列出中国不同地区使用的造纸原料。

第6章 中国商业物流地理

学 习 重 点

- 商业物流的概念和特点
- 商业与物流的关系
- 发展商业物流的意义
- 商业布局的原则
- 中国大宗商品的基本流向
- 中国对外贸易状况
- 影响商业中心形成、发展和分布的因素
- 中国商业中心的分布

引导案例

购物狂欢后快递业迎大考：1.52 亿件包裹待消化

从 2009 年开始，阿里集团在每年的 11 月 11 日举行大规模的促销活动。5 年间，这一天从一个普通的日子逐渐成为中国电子商务行业乃至全社会关注的年度盛事。回顾历年“双 11”，其成交额呈几何级增长，2009 年，淘宝在 11 月 11 日发起“品牌商品五折”活动，当天销售额 1 亿元；2010 年同一天，销售额翻了 9 倍，增至 9.36 亿元；2011 年，成交额飙升至 52 亿元；2012 年，阿里“双 11”实现 191 亿元成交额，仅天猫就达成了 132 亿元。天猫“双 11”也正式超越美国 2012 年网络星期一创造的单日 120 亿元纪录，成为全球最大购物狂欢节。随着 2013 年 11 月 12 日零点钟声响起，阿里巴巴官方发布的数据显示，天猫“双 11”购物狂欢节全天交易额达 350.19 亿元，1.67 亿个订单也带来了 1.52 亿个包裹，平均每分钟产生 10 万个包裹。

“双 11”将会让商家赚得盘满钵满，但最后要通过配送消化上亿个订单才能实现。在一天的网购狂欢后，快递业的“春运”紧跟着来临了。据国家邮政局的统计，全天各快递企业共处理 6 000 多万件快件，是 2012 年“双 11”最高峰 3 500 万件的 1.7 倍，达到 2013 年快递日均处理量的 2 倍以上。所购的货物何时送到是每个网购者关心的问题，每年“双 11”快递公司因爆仓推迟送货的问题饱受诟病。为迎接 2013 年“双 11”挑战，国内主要快递企业投资新建、改造分拨中心 300 余个，新增干线班车 2 500 台，新增航空日均运力 800 吨，同时还增加了国内各区域间的铁路运力。根据往年惯例，11 月 12 日为包裹出仓的高峰，而 13～14 日包裹向干线和末端转移，为运输和配送的高峰。这些包裹量至少还要一周才能基本处理完。

思考：物流与商业的关系是什么？

提示：现代物流是商业现代化的主要内容。缺少现代物流支撑的商业企业是无法在市场上取得竞争优势的。

6.1 物流与商业

6.1.1 商业物流的概念和特点

1. 商业的概念

商业又称贸易，是专门从事商品流通的经济部门。商业活动是社会经济活动的重要组成部分，它不属于生产领域，但和生产有密切联系。商品流通也不属于消费领域，消费是商品生产和流通的目的，消费量和结构影响着商品流通的规模和构成。它是介于生产和消费之间的桥梁和纽带。

2. 商业物流的概念和类型

商业物流，就是通过批发、零售和储存环节，把各生产企业的产品在一定物流据点集中起来，然后再经过储存、分拣、流通加工、配送等业务，将商品以适当的数量，在适当的时间送到零售商业企业或消费者手中的整个过程。

根据商业行业分工的特点，商业物流可划分为批发商业物流和零售商业物流。

3. 商业物流特点

和其他行业相比，商业物流具有以下特点。

（1）供需调节特点

在批发商业物流中，物流的主体是商业批发企业，其上连生产企业，其下接商业零售企业。对生产企业而言，从生产成本和规模效益的角度考虑，总是希望某种商品的产量大，商业批发企业订购数量多，实现大批量、少批次商品物流。而对商业零售企业而言，基于消费者的需求，总是希望能够尽可能多地配备商品种类，而每种商品的数量不要过多，希望小批量、多批次物流。因此，商业批发业可通过研究商流活动，研究商品购销规律，提高批发管理水平，进行科学的运输与储存等，开展科学的商业批发物流，实现对供需间矛盾的调整和疏导。

（2）商流与物流分离特点

商流是商品从生产者到消费者之间不断转卖的价值形态转化过程，即由若干次买卖所组成的序列，是商品所有权在不同的所有者之间转移的过程。物流是由商流所带动的商品实体从生产者手中向消费者手中的转移过程，即流通领域的物质运动，也就是流通领域的物流。物流与商流的分离是商品流通发展的产物，随着产销矛盾的发展，商流与物流必然会在时间上、空间上、规模上发生各种分离。

商流与物流的互相分离，一般有以下几种情况。

1）商流在前，物流在后，即物流是在商流之后完成的。如商品的预购就采用这种分离形式。

2）物流在前，商流在后。商品的赊销就属于这种情况。

3）商流迂回，物流直达。如在商流中，产品的所有权多次易手，但产品实体可能从最初的售卖者直接送达最终的购买者，在这种情况下，商流曲线迂回地进行，物流则不需要迂回进行，而是直达供货。

4）只有商流，没有物流。如存在仓库中的商品所有权发生变化，但仍然保持其在仓库中的存储状态。

（3）再加工特点

零售商业企业将商品销售给最终消费者之前，必须进行贴标签、商品分类、商品包装等一系列工作，完成对商品的再加工。由于零售商业企业向批发商业企业订货的周期一般都比较短，因此要求再加工的速度要快，而且要准确无误，费用要低。通常这种加工活动放在批发商业企业的物流中心完成。

（4）即时性特点

商业物流具有一定的时效性，不会永恒存在，即只有在存在商品交换时才会有商业物流，它属于商品经济的范畴。而广义的物流具有永恒性，一方面，商业零售企业要适应消费者的需求，及时订购适销对路的商品，避免缺货所带来的销售损失和过期商品所带来的成本浪费；另一方面，供货商要及时、准确地将订购的商品送到零售商手中，否则就会导致零售商的缺货，丧失市场。

（5）网络化特点

在商业发展过程中，连锁经营已成为重要特征。所谓连锁经营，就是通过公司总部对各连锁店或销售网点的经营实行5个统一，即统一商号、统一采购配送、统一定价、统一核算、统一管理，实现标准化、集中化和专业化，从而降低成本，取得规模效益。以连锁经营为支持目标的商业物流体系必然是网络化的配送系统，要求能够实现对所有连锁店或销售网点提供物流服务。

4. 商业与物流的关系

商业活动过程包括购、销、调、存等主要环节。其中，商品收购是商品流通的起点，是流通过程其他环节得以进行的基础。商品销售是商品流通的最后环节，只有经过这个环节，商品的使用价值才能实现，流通过程才算最后完成。由于商品的货源地和消费地往往在地域上有一定的距离，各地商品的购销状况存在差异，因此就需要对商品进行调运和储存。在这一系列的过程中，必然伴随着物流活动的发生，因此，商业活动和物流活动是不可分割的，二者的关系如图6.1所示。

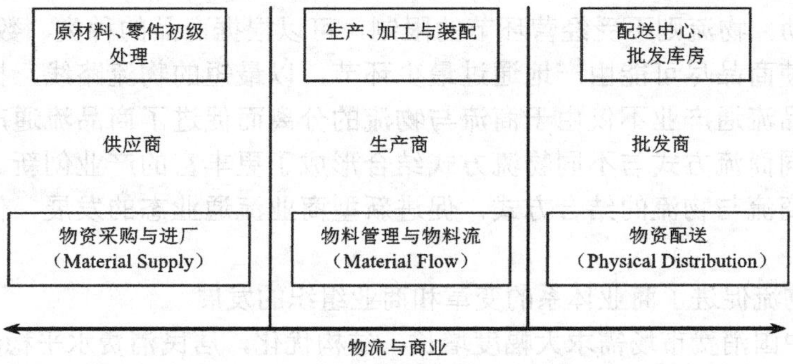

图 6.1 物流与商业的关系

商业与物流的关系具体体现在以下几个方面。

（1）物流是商业的重要内容

在现代商业活动中，一般存在“四流”，即资金流、信息流、商流、物流。资金流是指资金的转移过程，包括付款、转账等过程。信息流既包括商品信息的提供、促销营销、技术支持、售后服务等内容，也包括诸如询价单、报价单、付款通知单、转账通知单等商业贸易单证，还包括交易方的支付能力、支付信誉等。商流是指商品买卖或者商品交易的一系列活动过程，通过商流活动发生商品所有权的转移。物流作为“四流”中最为特殊的一种，是指物质实体（商品或服务）从供给方向需求方的转移，这种转移既要通过运输或搬运来解决空间位置的变化，又要通过储存、保管来调节双方在时间节奏方面的差别，这样就解决了对象物从生产地到使用地的转移，实现了其使用价值。

（2）现代物流是商业现代化的主要内容

流通过程不仅要解决商品所有权交换的问题（商流），更要解决商品从生产地到使用地以实现商品使用价值转移的问题（物流）。只有商流和物流有机结合，才能有效地实现商品由供应方向需求方的转移过程（见图 6.2）。

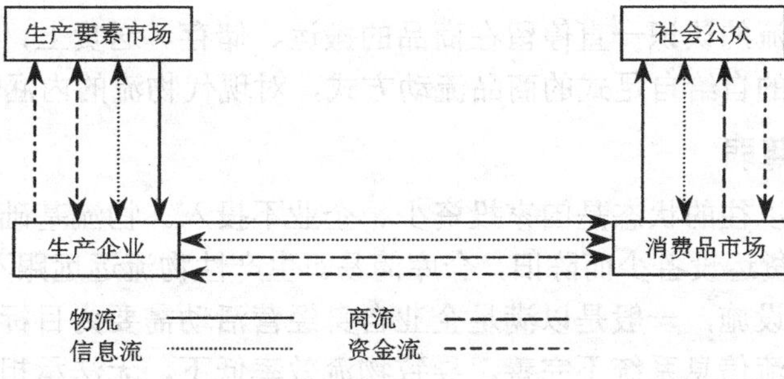

图 6.2 物流与商流

为了优化业务流程和价值增值链、提升产业竞争力，现代商业以整合商品流通业务流程、商品流通要素、组织架构为目标，形成商业流通跨行业、跨产业组织管理体制和产业链的发展趋势，以新商品导入、连续补货、店铺配置、促销为重点，推动连锁经营、物流配送和电子商务的发展。现代物流作为流通现代化的主要内容，成为衡量商业现代化发展的基本标志。

（3）现代物流促进商业分工的深化和商业形式的创新

企业商流和物流各自具有不同的活动内容和规律。商流一般要经过一定的经营环节来进行业务活动。物流则不受经营环节的限制，可以根据商品的种类、数量、交货要求、运输条件等，使商品尽可能由产地通过最少环节，以最短的物流路线，按时保质地送到用户手中。商品流通产业不仅由于商流与物流的分离而促进了商品流通产业的分工和发展，同时，不同商流方式与不同物流方式结合形成了更丰富的产业创新。现代物流的发展能不断丰富商流与物流的结合方式，促进新型商业流通业态的发展，促进新兴流通产业的发展。

（4）现代物流促进了商业体系的变革和商业组织的发展

近年来，中国消费市场需求大幅度增长，结构优化，居民消费水平稳步提高，商品买方市场基本形成，消费支出分流日益明显，商品消费呈现个性化、多样化、高档化的趋势。商品市场的供求关系打破了原有的平衡，进而推动了商业流通体系的变革。

电子商务的应用，使大型百货店、连锁超市、仓储式商场、专卖店、便利店等新的业态相继出现，集约化、规模化、连锁化的大型跨国商品企业逐渐增多；从直营连锁向特许连锁，从商品零售向多种形式的连锁，商品流通的组织形式有了新发展。

（5）现代物流促进了商业技术的创新，提高了商业企业的竞争力

现代物流的发展带来了商业企业观念的转变，推动了先进技术的引进、企业结构的调整和资源的重组，实行专业化、社会化的配送服务，为客户提供“准时供应系统”、“即时供应系统”和“零库存系统”等整体物流服务，已成为全面提升商业企业的竞争力的重要手段。

6.1.2 中国商业物流的现状

随着全球经济化的发展和国际商业的全球扩张，中国的商业企业已着手进行现代物流体系的建设。但就整体来说，仍然存在物流管理不到位，库房、场地利用率低下，运输调度不合理，商品库存周期长，资金占用量大等诸多问题，具体表现为以下几点。

1. 物流观念陈旧

很多企业对物流的认识一直停留在商品的搬运、储存、送货上，常采用自我运输、自我储存、自我调配的自给自足式的商品流动方式，对现代物流的内涵缺乏理解和认识。

2. 物流基础薄弱

在物流方面，以往的状态是国家投资少、企业不投入。物流基础设施建设以满足企业最低需求为目标，货运设备少而陈旧，仓库简易。生产性物流远远跟不上产业发展的需求。商业企业物流基础设施，一般是以满足企业自身经营活动需要为目标，自动化水平低、作业手段较落后、物流信息系统不完善，导致物流效率低下，无法承担大型物流运输。物流作业大多以传统的单项服务为主，无法为企业提供专业的物流系统规划、物流网络设计和高度化、柔性化的物流服务等综合性服务，降低了商业物流的整体经济效益和社会效益。

3. 物流人才短缺

近年来商贸物流业发展较快，但商业物流运营管理方面的人才培养和引进速度慢，能够真正理解、掌握现代物流知识和规律的人才短缺。计算机信息处理、统计分析、货物派发、仓储周转、财务结算、单据制填等技能型人才缺乏，成为制约商贸物流业发展的一个的瓶颈。

6.1.3　中国发展商业物流的意义

1. 有利于加速中国物流产业的发展

商业物流是物流产业的重要组成部分，商业增加值在国内生产总值中占有相当的比重，发展商业物流对加速中国物流产业发展具有重要意义。

2. 有利于带动全社会的物流需求

随着中国经济的不断发展和全面对外开放，全球性的经营和贸易环境会给中国商贸业带来更大的发展空间，对国内外经济产生重大影响。市场的繁荣必然带动全社会对物流的需求，商业物流必然得到长足的发展。

3. 有利于提升第三产业的层次，促进产业结构优化

发展商业物流不仅有利于商业的发展，而且对经济的发展也将起到重要的促进作用。商业物流是一项前景广阔的新兴产业，它将带动运输、仓储、通信、信息业等众多相关行业的发展，将从整体上提升第三产业的水平和层次，促进产业结构的优化。

4. 有利于商业中心城市的建设与发展

现代化物流将带动一个城市与周边地区产生更广泛的商品物资交流，使城市经济的吸引力和辐射力进一步增强，使城市经济在其经济圈乃至更广范围的区域经济中发挥重要的作用。

5. 有利于吸引外资，加强国际经济合作

发展现代商业物流，可以在吸引外资、加强国际经济合作等方面发挥作用。物流系统的发展水平是否符合国际惯例，已经成为外国企业评价一个地区投资环境的重要指标。

6.1.4　加速发展中国商业物流的途径

经济全球化将世界各国的经济纳入统一的经济体系中，全球产业分工的逐渐细化，会使一部分国家的产业结构向着非均衡的方向发展。中国应对经济全球化过程的策略之一，就是加速发展商业物流。

1. 以“政府建平台、企业投资”的模式建设物流中心区

由政府预留和购置物流中心的规划用地，建设完善的基础设施，包括交通（铁路、高速公路、机场）、市政设施、商务设施、服务设施等，为企业建立物流中心提供方便条件。

2. 整合商品物流配送网络

与大型物流中心相配套，充分利用现有的几千个小而分散的物流设施，重新优化和整合物流资源，形成现代化的商品物流配送网络。

3. 促进物流系统的整体化和系统化运作

推进以物流系统为核心的由生产企业、物流企业、销售企业直至消费者的供应链的物流一体化发展。

4. 逐步实现物流配送的社会化

鼓励大型连锁公司在物流中心区建设配送中心，或依靠大型物流中心区发展属于第三方的物流配送中心，逐步实现物流配送的社会化。鼓励传统批发和仓储企业向现代化的批发配送中心和连锁仓储经营发展，应用电子商务技术，利用现有设施发展第三方物流。

5. 加强物流中心、配送中心建设

扶植企业加大物流中心、配送中心建设的科技含量，实现对供应商、仓储、运输、客户乃至相关的增值服务的全过程控制，提高物流中心、配送中心的运行效率。配送中心示意图如图 6.3 所示。

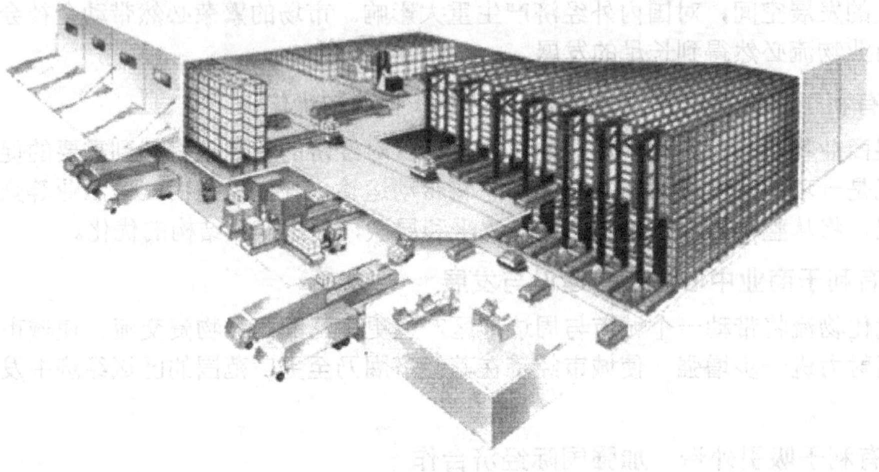

图 6.3　配送中心示意图

6.2　商业布局的原则和我国大宗商品的基本流向

6.2.1　影响商业布局的因素

商业活动必然要受到外界的影响，商业布局与自然条件、消费状况、科技水平和交通发展等因素是分不开的。

1. 自然条件因素

自然条件是商业经济活动的基础。由于中国自然条件的地域差异，形成各地商品生产的特殊性，直接影响了商品流向、流量和流通范围。自然地理条件通过工农业商品生产状况，影响商业活动的规模和范围，一个区域能否成为商品集散中心，与地理位置有直接的关系。

相关链接

1）自然条件，又称自然环境，是自然界中的一部分，是人类生产和生活所依赖的自然部分，如生物圈、岩石圈、水圈、大气圈等。自然条件包含相互联系的两方面，一是未经人类改造、利用的，与人类生活还没有直接联系的纯粹自然；二是经过人类改造利用后的自然，如改良后的土壤、草原，人工建造的运河、水系，人工选育的动、植物品种。

2）自然资源，是指在一定时间和一定条件下，能产生经济效益，以提高人类当前和将来福利的自然因素和条件，如空气、土地、森林、矿产等。

历史上，中国不同地区之间的商品流通，主要依据水运和人畜运输。因而历史上较大的工商业城市多兴起于通航河道沿岸和陆路交通方便的地方，两条河流交汇或转换流向的地点，往往是商品运输的中转站和集散中心。例如，地处内河航运枢纽位置的芜湖、九江、汉口和长沙曾是中国盛极一时的四大米市。

中国幅员辽阔，地貌复杂，气候类型多样，它们对不同种类商品销售的影响非常明显。例如，寒冷地区、温暖地区、湿润地区、干旱地区、高山、平原、盆地、丘陵等自然条件不同的地区，人们的生产、生活方式都有差异，这些都会影响商品的销售。

自然因素对商品购进和其他流通环节也有一定的影响。例如，农产品收购具有明显的季节性，加剧了商品季节收购和全年均衡供应的矛盾。不同气候对商品仓储、运输的要求也不同，如气候炎热地区，在商品储运中要求十分注意防霉烂、防淋渍，商品仓库和商店要注意防暑降温；在寒冷地区储运某些商品时则必须有防冻设施。不利的气候条件还会影响商品运输的连续性和运量大小等。

2．消费状况因素

（1）对商品购进地区差异的影响

由于各地人口数量、人口构成的不同，加之自然、社会经济方面的差异，决定了各地人口的消费习惯、消费水平、消费需求的差异。有了需求上的差异，商品流通才会产生。

（2）对商品销售地区差异的影响

这主要是指对不同种类、数量、档次、销售量的影响。

1）人口构成不同，对商品的消费需求也不同。人口构成是人口总体内部的各种属性特征的数量和比例关系，表现为年龄构成、职业构成、地域构成和文化构成等，其变化会带来消费热点、消费需要结构等的一系列变化，对经济发展产生深远的影响。

2）人口数量影响商品的销售量。一般情况下人口数量和该地区商品的销售量成正比。

3）消费水平的地区差异对销售量的影响不同。对需求弹性较大的商品，其销售量在消费人数不变的情况下，会随着消费水平的变化而变化。

（3）对商业企业布局影响显著

一定量的常住人口决定商业企业规模大小、企业密度。人口构成决定了消费结构、消费水平的不同，进而决定企业的种类、经营商品的范围等。

3．科技水平因素

1）随着科学技术水平的提高，逐步扩大了自然资源的利用范围，商品生产的结构和布局也随之发生变化，并且会促进商品流通的发展和人们消费构成的改变。

2）科技的进步，交通条件的改善，商品加工储运技术的不断提高，促进了商品生产的地域分工和商品生产的发展，为商品的购、销、调、存提供了方便的条件。

3）先进的通信技术、包装技术、保鲜设备、销售设备等逐步进入流通领域，促进了商业工作效率和经济利益的提高。

4．交通运输因素

交通运输因素是商品流通网络布局的重要因素。交通线路的分布促进了流通网络的形成，并直接决定了商品流向的选定。图 6.4 所示为深圳某物流公司的公路运输网络图。交通线路的分布对商业企业布局的影响很大，不同级别的交通枢纽、交通干线往往分布着不同级别、不同类型的商品流通中心。

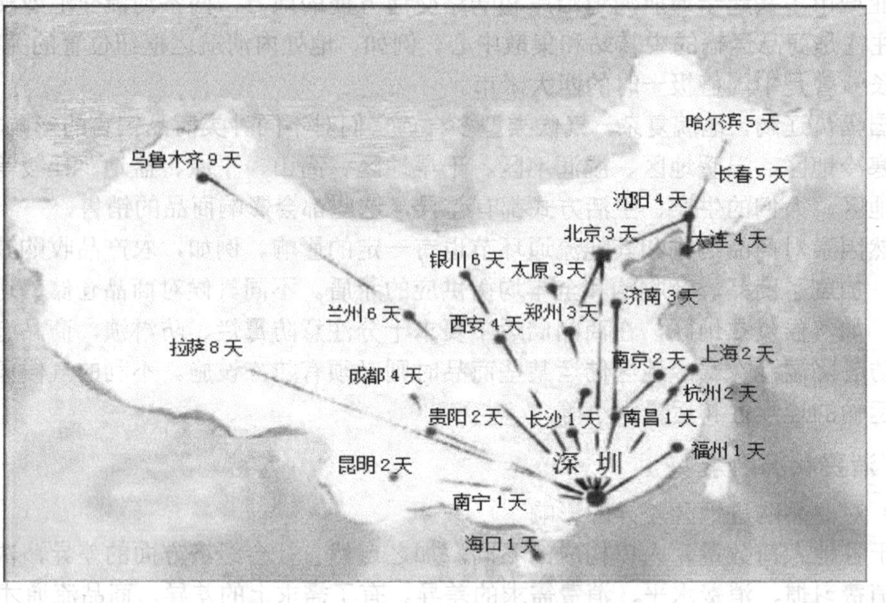

图 6.4　深圳某物流公司公路运输网络

6.2.2 商业网点布局原则

商业网点若按其所处的城乡位置不同，可分为城市商业网点和农村商业网点；若按其在商品流通中的地位和作用不同，可分为批发商业网点和零售商业网点。各种类型的商业网点布局原则如下。

1. 城市商业网点布局原则

城市商业网点的建设，以建立健全市场经济体系为目标，从优化商业资源配置、商业组织结构为出发点，克服随意性和盲目性，充分发挥流通产业对生产和消费的引导和促进作用。

1）坚持与社会经济发展相适应的原则。优化流通产业结构，发挥各类市场间的传递性和互补性，做到行业配套，规模适度。

2）坚持与城市总体规划和区域经济发展相呼应的原则。商业网点建设与城市综合开发同步，发挥区位资源产品优势，以形成区域性商品流通体系。

3）坚持量力而行、良性循环的原则。遵循经济规律，以投资少、见效快、回报率高的项目为重点。增强商业网点布局的整体功能，实现高效运转，不断提高商品流通的效益和效率。

4）坚持可持续发展原则。商业网点的建设应考虑长远目标，增强发展的后劲和潜力，寻求人口、经济、社会资源、环境等要素之间相互协调的发展。

2. 农村商业网点布局原则

合理布局中国农村商业网点，关系到农村商品流通体系的完善和农村市场的开拓与发展。

1）坚持总体规划、因地制宜的原则。我国各地区农村自然条件、经济状况、消费习惯等方面差别较大，即使在同一地区的农村，依据交通状况、收入水平等因素，内部又可分为近郊、远郊和普通农村三类。各地区农村之间、每一地区不同类型农村之间，消费水平、消费习惯、消费特点又各不相同。因此，在强调农村商业网点总体布局规划原则的同时，应始终坚持因地制宜原则，合理规划农村商业网点。

2）坚持兼顾均衡、重点发展的原则。在农村商业网点布局规划、网点建设过程中，一定要从农村发展的全局出发，从实现农村商业网点均衡性布局着眼，全面规范农村商业网点的发展。在坚持均衡发展原则的同时，也应强调重点发展原则。农村的消费具有分散性、地区间差异大等特点，因而必须强调重点发展原则，对条件优越地区应给予一定的倾斜政策，在资金、人才等方面优先支持商业网点规划建设，并使先发展起来的网点起示范效应，以影响和带动后发展的网点，形成一种联动式的商业网点布局发展模式。

3）坚持多元参与、城乡共建的原则。在建设我国农村商品流通系统，规划农村商业网点布局过程中，应综合考虑多种发展制约因素，从多方面、多角度分析问题，要求贸易、农业、工业、计划、土地规划、财政金融、环保等部门共同携手，参与规划建设工作。城市和乡村也要同心协力，多元推进，城乡联动，工商联手，齐抓共管，工商、税务、法律等部门要在各自职责范围内营造好农村商业网点布局和商业网点建设的良好外部环境。

4）坚持乡村城镇化发展的原则。乡村城镇化是我国经济实现工业化发展的必然要求，也是我国农村经济发展的必然趋势。在如何使商业网点布局建设与乡村城镇化发展保持同步问题上应考虑以下几个因素的影响：农民身份的市民化、就业方向的非农业化、生活方式的现代化、生活范围的非农村化。这些因素不仅是乡村城镇化发展的具体表现，也是农村商业网点总体布局规划、网点建设战略制定实施的重要依据，只有综合分析这些因素的影响，才能切实保证农村商业网点布局与乡村城乡化发展的协调、同步。

5）坚持与农业产业化发展相协调的原则。农业产业化经营是一种以市场为导向、以家庭经营为基础、以效益为中心、以龙头企业和合作经济组织为纽带，把分散农户与统一市场联结起来，把农业产前、产中、产后联结起来的符合市场经济要求的先进组织形式和经营机制。农业产业化经营是我国农业逐步走向现代化的现实途径之一，同时，农业产业化发展对我国农村商品流通体系的完善、商业网点布局的规划、网点建设产生重要影响：首先，农业产业化经营发展结果直接影响农村商业网点布局建设速度。其次，农业产业化经营通过优化农村产业结构，促进小城镇发展，对商业网点建设规模、扩张速度施加影响。因此，农村商业网点布局规划、网点建设应保持与农业产业化发展协调一致，这样才能把握发展机遇，发展农村经济。

6）坚持市场调节与宏观调控相配合的原则。市场经济特别强调市场对资源的基础性配置作用。通过利益机制的驱动，市场机制可自动调节各项经济资源，实现资源的优化配置。同样，农村商业资源的配置即农村商业网点布局规划与建设也离不开市场调节。但是，也应该看到市场机制本身的弱点：信息传输的滞后性、竞争的盲目性和短期性目标。如果没有行之有效的法规制度和强有力的政策导向加以宏观调控，就会出现商业网点建设一拥而上、盲目竞争等现象。因此，合理的商业网点布局要求在市场调节的基础上，实施有效的宏观调控措施，保证我国农村商业网点布局健康、有序和可持续发展。

3. 批发商业网点布局原则

批发商业网点处于商品流通的起点或中间环节，是实现城乡或地区之间商品流通的枢纽。

1）生产地区批发企业的布局应该接近商品的主要产地，以便从生产企业及时采购和集中商品，并迅速分流到消费地区。

2）中转地区批发企业布局应在交通枢纽城市、区域经济中心或主要对外贸易港口，便于利用各种运输方式转卖产区批发企业的商品，并兼营区域工农业产品的收购与批发业务。

3）销售地区批发企业应主要设在交通方便、零售企业密集的销售中心，以快速接收、组合、分散从生产地或中转地批发企业采购来的商品，向当地零售企业和生产加工企业出售。

4）根据各类商品购销分布的特点，以商品的主要流向确定批发企业的规模、密度、行业结构，以减少流通环节，便于商品购销。

4．零售商业网点布局原则

零售商业网点是把商品从流通领域直接转移到消费领域的机构，是消费者购买个人消费品的主要场所，也是商业网点的主体。其合理布局应根据各地区经济发展的情况，交通条件，人口数量、密度，购买力水平，消费习惯，民族文化构成以及现有商业网点分布等情况来确定。

零售商业网点布局的总原则：以方便居民购买为前提，既要有全市性的商业中心，又要有区域性的商业中心；既要有居民区的商业群、聚客点，又要有分散的和遍布农村的小型商业网，并尽量做到以下 3 个结合。

1）布局结构集中与分散相结合。对经营居民日用品的零售网点，以分散为主；对某些高档耐用商品的零售网点，以集中为主。

2）营业点规模大、中、小型相结合。布局既要有经营高档商品的大型商场，又要有经营一般商品的中型商场，也要有经营日用必需品的小型商店。

3）零售商业与饮食业、服务业相结合。零售商业经营分散、方便消费者、自负盈亏，有明显的灵活性和适应性，应与饮食业、服务业很好地结合起来，发挥繁荣经济、满足消费者实际需要的功能。

相关链接

肯德基选择商圈

选择商圈，一方面要考虑餐馆自身的市场定位，另一方面要考虑商圈的稳定度和成熟度。餐馆的市场定位不同，吸引的顾客群不一样，商圈的选择也就不同。选择商业圈最主要的因素是聚客点。

肯德基开店的原则是：努力争取在最聚客的地方和其附近开店。古语说“一步差三市”说的是开店地址差一步就有可能差三成的买卖。归根结底，这跟人流动线有关。

所谓人流动线就是指人流活动的线路。选择商圈要运用人流动线法对旺角和死角进行区分，主要做好三方面的测评：一是主流动线测评。选定一个黄金商圈后，主要测评顾客活动的主线路流动方向，并在该地点线标记录一天内、一周内、一月内的人流量。二是辅流动线测评。其范围包括该位置所在的人行道上、马路上以及马路对面上的人流量。三是动线消费结构测评。就是对主、辅人流活动线路上的消费阶层进行划分。肯德基选址人员将采集来的人流数据输入专用的计算机软件，就可以测算出在此地投资额不能超过多少，超过多少这家店就不能开。

点评：商圈是商业网点的组成部分，任何商业网点的设立都应有其科学性，应与该区域的商业中心、商业群、聚客点结合起来考虑。

6.2.3　中国大宗商品的基本流向

商品流向是指一定时期内一定品种和数量的商品在地域上的具体运转路线和方向。由于商品的流向是在一定的地域内进行的，其产生的地理基础是生产地区的差异、生产条件的差异、劳动分工的差异，其合理流向受到生产力布局、地理环境、交通条件、消费习惯、供求关系等因素的影响。为合理安排商品流通，应了解中国大宗商品在全国的基本流向。

中国大宗商品以煤炭、石油、木材等原料物资为主，占总运量的 50%以上，一般产地比较集中，供应流向比较稳定，是中国大宗商品中的基本流向；铁矿石和钢铁制品等工矿物资产地和销地相对分散；农业物资更具有分散的特点，在市场经济条件下，各地粮、棉、油等生产基地和产销平衡发生了新的变化，商品流动具有中短途和多流向的特点。

1．煤炭流向

在常规能源中，煤炭是仅次于石油的第二大能源。从统计数据看，中国煤炭的消费量占能源消费总量的 68%。

中国 30 多个省市区中，有 10 个省区的煤炭产量大于消费量，包括晋、豫、蒙、黔、黑、宁、陕、皖、新、川；其中前三省区产量大于消费量在 1 000 万吨以上，山西达 2 亿吨。其余省市区消费量大于产量，其中京、津、冀、辽、吉、沪、苏、浙、鲁、鄂、粤 11 省市消费量缺口在 1 000 万吨以上。

由于受煤炭生产与消费格局的影响，中国煤炭的基本流向是“北煤南运”、“西煤东运”和“煤炭出关”。省际煤炭交流中，南北向煤炭流占 75%，东西向煤炭流占 25%。其中南下煤炭流占 50%以上，北上煤炭流占 20%左右，东向煤炭流占 20%左右，西向煤炭流仅占 5%左右。山西是最大的煤炭输出省，其输出量占全国省际煤炭交流量的 45%。

省际（长距离）煤炭交流主要有以下 3 种方式。

方式一：煤炭产区—（铁路）—沿海港口—（海运）—沿海消费区。

方式二：煤炭产区—（铁路）—长江港口—（水运）—沿江消费区。

方式三：煤炭产区—（铁路直达）—煤炭消费区。

近年来，铁海联运的相对地位上升，铁路直达运输的相对地位下降。煤炭运输主要有以下通道。

（1）煤炭生产基地外运通道

中国的煤炭生产基地输出量大，供应范围广，有多条运煤通道，根据其联系方向，可分为北、中、南 3 路。

1）北路，包括丰（台）沙（城）大（同）、大秦线西段（大同—大石庄）、京原（北京—原平）、京秦（北京—秦皇岛）铁路。该通道主要输出山西大同地区、内蒙古东胜市—准格尔旗地区、宁夏北部、陕西北部的煤炭，年输煤量 9 600 多万吨，除部分供应京津地区和出关供应辽宁外，大部分在秦皇岛下水经海运转到华东、华南沿海。

2）中路，包括太原—石家庄—德州铁路。主要输出山西省晋中、阳泉、汾西及河北省井陉煤炭。输煤量为：太原—石家庄 4 500 万吨，石家庄—德州 3 300 万吨。这些煤炭经京广、津浦铁路北上，其中 1 500 万吨供应京津唐地区，其余经铁路或沿海港口输送到南方主要缺煤区。

3）南路，包括南同蒲、太原—焦作铁路。主要输出晋南和晋东南的煤炭，输出煤炭

3 000多万吨，主要供应华东、华中、华南等地。

（2）南北通道

煤炭南北通道指京津以南、焦作—柳州铁路以东（含焦柳）地区南北间主要输煤道路。

1）沿海水运。主要接纳从能源基地输出的煤炭，经海运转到华东、华南沿海等地并部分出口，主要港口有秦皇岛、天津、青岛、石臼所等中转港和上海、广州等接运港。

2）京广铁路。主要接纳中路、南路的煤炭及河南的煤炭，输送到湖南、湖北、广东等省，一部分经长江港口输到下游沿岸地区。

3）津浦铁路。主要接纳中路的煤炭和山东的煤炭，输向华东地区。

4）焦柳铁路。主要输送豫西和晋东南的煤炭到两广和两湖，经枝城下水转到沿江地区。

（3）进出关输煤通道

进出关输煤通道包括京山、沈山、京通铁路，主要接纳能源基地北路的煤炭，经这些干线运到缺煤的辽中、吉林地区，随着经济的发展，出关煤炭将不断增加。

（4）西北通道

煤炭运输西北通道包括陇海铁路、兰新铁路和包兰铁路。宁夏和陕西的煤炭丰富，甘肃、青海缺煤。陕西中部的煤主要通过陇海线供应华东地区或经南北通路供应华中地区。宁夏的煤炭除经北路输出外，还经包兰线供应甘肃。新疆的煤主要经兰新线供应甘肃西部地区。

（5）西南通道

煤炭运输西南通道包括西北入川和南部入川通道。西北入川通道包括宝成铁路、襄渝铁路，陕西的煤供应四川。南部入川通道包括成昆铁路、贵昆铁路，贵州煤炭供应四川的攀枝花等地。

除以上运煤通道外，还有黑龙江煤经牡（丹江）、佳（木斯）、滨（哈尔滨）、绥（芬河）、哈大铁路供应吉林、辽宁的输煤通道，以及长江输煤通道等。

2. 石油流向

人类利用的多种能源中，由于石油和天然气具有热值高、用途广、环境污染小、便于管道运输等优点，因此成为当今世界能源体系中的重要组成部分。

相关链接

石油原油，是直接从油井中开采出来的一种褐色或黑色黏稠的可燃性矿物油，依含硫量可分低硫原油、含硫原油和高硫原油三大类。

石油制品又称石油产品或油品，是原油经直接蒸馏或裂化等加工过程得到的产品。它可分为石油燃料、石油溶剂与化工原料、润滑剂、石蜡、石油沥青、石油焦等。其中，石油燃料的产量最大，约占总产量的90%，主要由汽油、喷气燃料（煤油）、柴油和其他石油燃料组成。

中国石油原油储存量低于世界平均水平，2008年中国原油产量为17 888万吨，比2007年增长9.6%。三大国有石油企业分布区域为：

1）中国石油天然气集团公司（以下简称中石油）在北部与西部地区，主要有大庆、辽河、新疆、塔里木、长庆等13个油气田，平均日产量209万桶，其中大庆日产量达110万桶，占中石油产量的50.3%。

2）中国石油化工股份有限公司（以下简称中石化）在中南地区，主要有胜利、中原、河南、江苏、江汉、南方、上海海洋等8个油气田，其中胜利油田日产量可达50万桶，占中石化产量的 70.3%。

3）中国海洋石油总公司，以海上油田开采为主。

随着大油田的相继开发，中国先后修建了 20 多条输油管道，总长度达 5 998 千米，其中原油管道 5 438 千米，成品油管道 560 千米。主要输油管道有：大庆—铁岭—大连港；大庆—铁岭—秦皇岛—北京；任丘—北京；任丘—沧州—临邑；濮阳—临邑；东营—青岛市黄岛；东营—临邑—齐河—仪征等，基本形成东北、华北、华东地区的原油管道网。另外，还有新疆克拉玛依—乌鲁木齐；广东茂名—湛江；花土沟—格尔木等管道。青海格尔木—西藏拉萨也建有 1 100 千米成品油管道。

小知识

石油的计量单位

“吨”是质量单位，“桶”是体积单位，由于原油的密度变化范围较大，所以，石油产量常以“桶”计量。吨和桶之间的换算关系是：1 吨约等于 7 桶。如果油质轻（稀），则 1 吨约等于 7.2 桶或 7.3 桶。

3．铁矿石流向

铁矿石是钢铁工业的重要原料，全球铁矿石需求同钢铁产量密切相关。钢铁工业中每生产 1 吨生铁需要 1.6～3 吨的铁矿石作为原料。

世界三大铁矿石生产公司为澳大利亚力拓（Rio－Tinto）公司、必和必拓（BHP Billiton）公司以及巴西淡水河谷（VALE）公司，2012 年三大铁矿石生产公司共生产铁矿石 6.8 亿吨。2012 年中国消费的铁矿石中，有 37.3%由本国供给、62.7%依靠进口。2012 年中国进口的铁矿石中，47.2%源自澳大利亚、22.1%源自巴西、4.4%源自印度、5.4%源自南非。

近几年我国钢铁行业高速发展，对铁矿石的需求大幅度增加，带动我国铁矿石产量不断增长。2005 年我国铁矿石原矿产量 4.2 亿吨，同比增长 35.6%，“十一五”期间铁矿石产量年均增长率超过 20%，2012 年铁矿石原矿产量达 13.1 亿吨。2000—2012 年我国铁矿石原矿产量如图 6.5 所示。

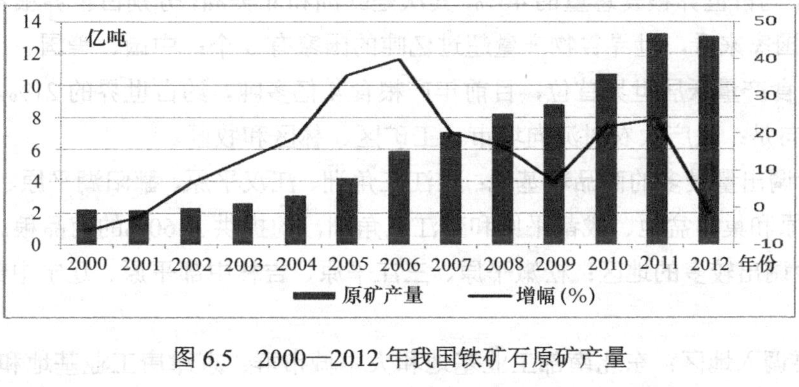

图 6.5　2000—2012 年我国铁矿石原矿产量

资料来源：中国冶金矿山企业协会。

分地区来看，环渤海地区铁矿石原矿产量最大，为7.2亿吨，接近全国总产量的55%，如果考虑临近环渤海地区的山西及内蒙古两个省区，则该区域的产量在全国中的比重超过60%。西南地区和华北其他地区产量比重也较高，均超过10%，而长三角地区和华南沿海地区产量较低，不足0.5亿吨，在全国的总产量中比重不足3.5%。从需求地域看，铁矿石的需求也集中在环渤海地区。

我国铁矿石生产商多为小型矿山企业，铁矿石生产集中度较低。2010年中国10大铁矿石生产商如表6.1所示。这10家铁矿石生产商全部为国有企业。

表6.1 2010年中国10大铁矿石生产商 单位：100万吨

生产商	省 份	原矿产量	精矿产量
鞍山钢铁	辽宁	45.6	15.6
河北钢铁	河北	26.4	5.7
包头钢铁	内蒙古	24.5	8.5
攀钢集团	四川	20.9	7.9
太原钢铁	山西	19.2	5.9
本溪钢铁	辽宁	17.7	6.5
首钢总公司	河北	13.0	4.6
马钢集团	安徽	9.5	2.4
四川川威钢铁	四川	8.5	2.0
宝钢集团	上海	7.5	4.0
合 计		192.8	63.1
占全国总量比例(%)		18.3	17.1

资料来源：CISA。

4．粮食流向

粮食是人类生活最基本的生活原料，世界上绝大多数国家和地区都以粮食作为主食。在世界将近0.15亿平方千米的耕地中，粮食作物的播种面积达50%以上。从地区来看，亚洲产量最大，约占世界粮食总量的46%，其次是欧洲和北美洲，分别占世界粮食总量的21%和20%；从国家来看，世界谷物产量超过亿吨的国家有3个：中国、美国、印度。中国自1984年起粮食产量跃居世界首位，目前年产粮食4亿多吨，约占世界的21%。中国粮食运输的基本流向是：从广大农村流向城市、工矿区、林区和牧区。

1）粮食调出量最多的商品粮基地：长江三角洲、江汉平原、鄱阳湖平原、洞庭湖平原、皖中沿江平原和巢湖盆地、成都平原和珠江三角洲，约提供了60%的商品粮。

2）粮食调出较多的地区：松嫩平原、三江平原、吉林中部平原、辽宁中部平原以及江淮平原。

3）主要调入地区：东北南部工业基地和大中城市群；京津唐工业基地和大中城市群；以上海为中心的长江三角洲各大中城市群；缺粮较多的黄淮北部地区、黄土高原和西北广大牧区。

6.3　中国商业中心分布

6.3.1　商业中心的形成、发展和分布的影响因素

随着商品生产和商品交换的发展，商品按照经济规律，沿着一定的自然流向进行流通，从而形成相对稳定的产销关系和商品流通区域。在这个商品流通区域中，总是会有一个或一个以上的城市，承担着组织全区商品交换和流通的职能，这就形成了商业中心。

商业中心既是商品的生产中心，又是商品的集散和消费中心，是在一定范围内组织工农业商品流通的枢纽，与经济中心城市的发展联系在一起。因此商业中心一般具有人口稠密、工业生产发达、服务设施齐全、交通运输便利、市场信息灵通、商业经济活动频繁的特征。影响商业中心形成、发展和分布的因素有以下几个。

1. 商品生产的发展水平

商品生产的发展水平是商业中心形成、发展和分布的决定性因素。其形成以发达的商品生产为前提，并与工农业生产基地联合起来。只有社会生产力和商品生产发展了，商业中心才有发展的物质基础。

2. 人口数量、密度和分布状况

人口数量、密度和分布状况是商业中心形成、发展和分布的基本因素。一定区域的人口数量、密度、分布、构成、劳动力素质和消费水平等，与这个区域商业中心的形成和发展有着密切关系。

3. 地理位置和交通运输条件

地理位置和交通运输条件是商业中心形成、发展和分布的重要因素。地理位置既影响资源条件和社会经济条件、商品交换的规模和水平，又与交通运输的发展密切联系。优越的地理位置，能提供丰富、充足的货源，又利于组织商品的合理流通。

4. 生产布局状况

生产布局对生产发展有直接的作用，能促进商品经济向新的地区推进，使之出现新的商业中心。中国长江、黄河流域是历史上生产发展较早的地区，使汉口、长安、开封成为较早的商业中心。当生产布局移向沿海时，又形成了上海、广州、泉州等口岸商业中心。

5. 国家区域规划发展

国家根据自然地理与经济技术相结合的原则将全国划分为东部（沿海）、中部和西部三大经济地带。

改革开放以后，国家建立了经济特区，开放了沿海港口城市，设立了沿海开放区，创立了经济技术开放区、高新技术开放区、保税区、旅游度假区以及上海浦东新区、苏州新加坡工业园区、福建台商投资区等各类经济开放区。

近年来，又出现了若干新的区域联合体，如珠江三角洲、长江三角洲、环渤海经济圈、大西北经济区、东部沿海经济带、长江经济带、黄河经济带等，相应地也产生了大区域物流。

6.3.2　中国商业中心的分布特点

中国商业中心的分布状况，是社会商品生产发展的反映。随着中国经济建设的发展，

中国商业中心城市也得到了相应的发展。其分布特点如下。

1. 分布不平衡，东部沿海较多，中西部较少

东部沿海地区的工农业生产比较发达，交通便利，人口密集。在沿海地区，商业中心数量多、规模大，且呈集中群体发展的趋势，如京津唐、沪宁杭、辽中南、珠江三角洲等经济发达地区。从大兴安岭顺着太行山，向西南沿着豫、鄂、湘、桂一线以西的地区，商业生产较落后，交通不便，人口稀少，商业中心数量少、规模小，如陕、甘、宁、青、新5个省区，面积占全国的34%，但主要商业中心只占全国的10%。

2. 沿江河、铁路干线分布

长江和黄河流域是中国经济开发较早的地区，又是古代中国商品水运的干线，因此，商业中心在沿江河两岸较为密集，如长江沿岸分布着20多个商业中心，其中有全国著名的大商业中心上海、南京、武汉、重庆等。

铁路是商品较快运转的通道，商业中心城市沿铁路干线分布的趋势更为明显。在京广、京沪、陇海、京沈、哈大等铁路干线上，集中了全国1/3的城市和1/2以上的大城市，其中有20多个重要的商业中心。

3. 分布呈点状辐射，面状吸引

中国商业中心的分布一般呈点状辐射，面状吸引，形成商业网点数量逐级扩大的特点。今后随着生产布局不断向新的地区发展，新的商业中心将随之不断出现，整个商业中心的地域分布也必将趋向更加均衡与合理。

6.3.3 中国主要的商业中心城市及其物流发展状况

中国最主要的商业中心都分布在交通方便的枢纽城市，并且有优越的经济地理位置，与全国性的经济中心和政治中心相结合，以大城市为核心。由于商业中心服务设施齐全，拥有各类批发机构和较完善的零售网点，有利于收购和销售各类工农业产品，因此物流流量大，在全国具有举足轻重的地位。

1. 上海

上海是全国最大的综合性商业中心和对外经济中心，是中国第一大城市，也是世界大都市之一，在全国市场上占据十分重要的地位。

上海是中国最大的工业生产基地，其产品销往全国各地，内外贸易额及社会消费品零售总额均居全国首位。服装、毛呢、皮鞋、化妆品、儿童玩具、金银饰品、各种传统工艺品、食品等花色品种齐全，是驰誉国内外的购物中心，外贸出口总值约占全国的1/4。上海位于长江三角洲，自然条件优越，农副产品丰富，每年有大量的优质产品销往国内外。

上海的发展目标是成为国际经济、金融、贸易与国际航运中心（国际物流中心），着重发展三类物流：陆、海、空港的口岸物流，商业零售行业的配送物流，依托信息平台发展的电子商务物流。建立5个物流园区：浦西的桃浦和莘庄、浦东的机场、外高桥和港口，并建设市内配送中心20个，市外配送中心3～5个。

中国（上海）自由贸易试验区简称上海自由贸易区或上海自贸区，是设于上海市的一个自由贸易区，也是中国大陆境内第一个自由贸易区，并将为上海带来10年发展红利。2012年，试验区所含外高桥保税区、外高桥保税物流园区、洋山保税港区和上海浦东机场综合

保税区合计完成进出口总额1 130.5亿美元，比上年增长14.5%；税务部门税收429.0亿元，比上年增长11.8%；商品销售额10 998.1亿元，比上年增长13%；物流企业经营收入4 041.4亿元，其中物流业收入816.9亿元，比上年增长18.1%。2013年8月，国务院正式批准设立中国（上海）自由贸易试验区。9月29日，上海自由贸易区正式挂牌成立。中国建立自贸区既利于捍卫中国在全球贸易竞争中的主导地位，同时也利于中国经济与全球经济接轨。上海自贸区将促进上海成为亚太供应链核心枢纽。

2．北京

北京是中国的首都，是中国的政治、经济、科技和文化中心，是中国铁路运输的总枢纽。北京市工业发达，经济发展迅速，人均国民生产总值在全国居于第二位。

改革开放以来，北京以其处于全国政治、科技中心的有利条件，利用其闻名于世的风景名胜、历史古迹，荟萃各方商品，云集国内外游客，发展现代商业、金融、信息、旅游等产业，成为全国最大的消费市场和进出口岸之一。作为全国铁路、民航交通总枢纽，有京广、京沪、京哈、京包、京原、京承、京九等铁路通往全国各地，为北京商业的进一步繁荣拓宽了通道，提供了便利的条件。

随着首都经济的快速发展，特别是中国加入WTO，国内外市场实现接轨，北京已成为中国大规模的货物集散地、国际采购中心，国际、区域间和城市内部的物流活动日趋增多。

作为2008年奥运会主办城市，北京抓住机遇建立了高效的物流配送网络体系，运用现代经营方式、服务技术和管理手段，加快改造提升商贸流通、交通运输和社会服务行业，以物流中心为核心骨干、配送中心为节点构建全方位物流网络系统。四大物流中心建在北京市朝阳区天竺、朝阳区十八里店、大兴和门头沟区，构成北京市物流网络的框架。物流中心的选址地点分布在北京市周边，有效地把大宗物流拦在了城市外围，减少了市内交通拥堵和空气污染，提高了物流集中度、物流效率，降低了物流成本。

此外，还有通州物流产业园区，规划用地6.08平方千米，其中物流基础设施用地4.42平方千米，商贸用地1.66平方千米。该区位于通州区马驹桥镇，紧邻京津高速公路、北京公路六环，横亘东西，地理区位优越，是北京市政府在东南部地区最先批准建设的物流园区。其以规模化、网络化、国际化的标准，将国际物流与国内物流相融合，企业物流与社会物流相结合，全方位发展，并力争在短期内建设集装箱堆场、保税仓库、海关等，服务于国际物流，成为华北地区国内外物流枢纽。

3．天津

天津是华北渤海经济区重要的经济中心之一，商业活动历史悠久，是中国著名的商业中心。天津市地处北京东南，位于海河五大支流交汇处，东临渤海，内河和海洋运输条件优越。津沪与京沈两大铁路在此交会，是中国北方著名的水陆交通枢纽。

天津市是华北第一大工业生产基地和口岸城市，轻工业发达，商品货源丰富，天津小站稻、静海蔬菜享有盛誉；“海港之城”塘沽、“海盐化工之城”汉沽、粮油食品工业名城杨树等成为津郊重镇；天津经济技术开发区有北方“蛇口”之称。

天津市政府把现代物流作为五大支柱产业之一，要把天津建设成重要的国际性物流中心城市。天津市新制定的发展纲要中，已经将国际物流业确定为继电子、机械、制药、食品之后的天津的第五大支柱产业。

1994年3月，天津市决定在天津经济技术开发区、天津港保税区的基础上“用10年左右的时间，基本建成滨海新区”。经过天津市 10 余年自主发展后，滨海新区在 2005 年开始被写入“十一五”规划并纳入国家发展战略，成为国家重点支持开发开放的国家级新区，是中国北方对外开放的门户、高水平的现代制造业和研发转化基地、北方国际航运中心和国际物流中心、宜居生态型新城区，被誉为“中国经济的第三增长极”（见图 6.6）。目前，滨海新区正在进行总投资超过 1.5 万亿元的“十大战役”工程建设。2012 年，滨海新区生产总值达到 7 205.17 亿元，人均 GDP 近 30 万元人民币，约合 5 万美元。

图 6.6 天津滨海新区

4. 广州

广州是中国南方沿海最大的商业中心和对外贸易港口城市。广州市位于珠江三角洲北部，邻近港、澳地区。其工业尤其是以农副产品为原料的轻工业在全国居重要地位。其货源充足，交通便利，水、陆、空运输条件齐全，担负着组织全国，特别是南方沿海经济区商品流通的任务。

广州是内地通往港、澳的必经之路，靠近东南亚市场，每年定期举办春、秋两季出口商品交易会，是中国各地商品打入世界市场的一个重要窗口。位于珠江北岸的越秀区是城市中心所在；西部荔湾区的商业、饮食业兴旺发达，也是货运中心；珠江区位于珠江南岸，集中了现代化的大中型企业，造纸业最为发达。

2004 年 3 月审议通过的《广州市商业网点发展规划（2003—2012）》灌注了现代商业理念，引入了“大商贸、大市场、大流通”以及网络商业、景观商业、生态商业等现代化商业概念。特别是提出了“四线三圈、两轴一带”的大商业格局。“四线”是依托未来交通发展，实施东推进——向黄埔区、增城市推进；西延伸——以现代物流业、商贸业、休闲旅游业为重心，向芳村区延伸；南跳跃——利用地铁、轻轨向番禺、广州新城、南沙等地跳跃性发展；北培育——依托新机场和“双快”交通网络，加快对北部商业的培育 4 个战略性计划。“三圈”指以中心城区为内核，按区域功能向外分“内精、中厚、外强”三层的发展要求，以形成空间定位准确、圈层分工合理、地域特色鲜明的商业圈层结构。“两轴一带”则是指传统商业发展轴、现代商业发展轴及珠江滨水带。此举措将促使形成广州标志性商业网点空间形态，从而凸显广州“经济中心、文化名城、山水之都”的形象。

目前广州周边地区制造业发达，但商贸企业却多而不强，现代商业还有待发展和完善。

但是，作为以珠江大三角经济发达地区为依托的华南区域性现代化物流中心，广州有得天独厚的优势，毕竟，广州的亿吨大港和纵横交错的高速公路网、铁路枢纽网、珠江黄金水道及新机场是多数城市所不具备的。

5．重庆

重庆位于长江与嘉陵江汇合处，是成渝、川黔、襄渝铁路的交会点，国道 210 线、212 线、319 线、国道主干线沪蓉路和渝湛路以及渝南、渝巫等多条省道通过该市。重庆是长江上游和西南地区的交通枢纽，也是长江上游地区最大的经济商业中心。

重庆直辖以来，第一是在基础设施建设方面进行巨量投入，这种硬环境建设，通过对物流成本的降低，正在逐步转变成生产力。第二是体制机制改革，让重庆的投资软环境越来越好，对国际国内各路资本的吸附能力得到显著增强。第三是持续不断地推动经济结构调整，让企业效益乃至整个区域经济的效率得到提升。在硬环境上，重庆加快骨干基础设施和商务集聚区建设，高速公路基本实现全覆盖，城口至万源快速路通车，真正实现了“四小时重庆”；在软环境上，以行政体制改革为突破口深化重点领域改革。在调整结构方面，从存量和增量上双管齐下。存量上，点对点帮助化工、医药、船舶等行业脱困，强化资源要素保障，让潜在产能得到充分释放，生产效率大幅提高；增量方面，打造产业集群，拉长产业链条，培育新增长点和新市场。

发展现代物流是重庆作为大都市的内在和客观要求，重庆现代物流中心的建设重视区域型，即主要建设西南地区、长江上游、长江流域。重庆依托长江经济带，水路、公路、铁路、航空、管道运输并举，目标是完善运输、仓储、配送、包装、流通加工、电子商务配套的综合物流体系，有效承接主城区国家级物流枢纽，提升对乌江流域、川东（北）、川陕南、湘鄂西、黔北等周边地区物流聚集辐射能力。重点推动万州区、涪陵区综合物流枢纽建设。2015 年，市级物流枢纽基本形成功能完善、竞争有序的多式联运体系，建成中国西部及长江上游地区重要航运物流平台，形成统一开放、四通八达、万商云集、繁荣活跃的商品物流体系，以带动重庆国民经济和社会的发展。

6．武汉

武汉由武昌、汉口、汉阳三部分组成，地处长江与汉水汇合处，是京广、京九、武九、汉丹铁路的连接点，京珠高速和沪蓉高速公路的交会处，水陆交通便利，具有“中国经济地理中心”的独特的区位优势，与全国各大经济区的商品贸易往来十分密切，是中国历史上著名的商贸中心。尤其是近年来，武汉进出口贸易发展迅速，与日、美、东南亚、中国香港、中国澳门等国家和地区建立了广泛的贸易关系，成为全国最大的贸易中心之一。

武汉作为全国重要的工业生产基地和商贸中心，综合实力居于全国城市前列，是中国重要的工业生产基地。工业企业近 4 万家，煤、原油、铁矿石等原材料基本上依赖外购，钢铁、汽车、光纤光缆、纸张等主要产品外销比重在 85%以上。

武汉是中国中部地区最大的商贸中心，商贸业在全国 15 个副省级城市中仅次于广州，商业零售业总量规模较大。把武汉建成华中地区物流中心，将对武汉商贸业的发展和武汉商贸中心区域功能的完善带来多方面且深刻的影响。建设中的华中地区物流中心，实质上是一个多层次、多元化的物流平台、商流平台和信息平台。

7．沈阳

沈阳是东北地区最大的经济中心和商业中心。它位于辽河平原中部、浑河北岸，地处京沈、哈大、沈丹、沈吉等铁路的交会点。

沈阳着力整合现有物流资源，加快传统物流向现代物流转变，实现规模化、集约化、专业化、网络化和市场化；发展第三方物流，积极引进国际知名物流公司，建设和完善现代物流体系，目标是把沈阳建设成立足辽宁、辐射东北、面向全国、服务国际的东北地区现代物流中心。

沈阳与东北其他地区、河北、内蒙古、北京、天津、上海等地有着广泛的经济联系，商品和物资吞吐量较大。物流业已成为沈阳经济发展的主动力。

6.4 中国对外贸易

6.4.1 中国对外贸易状况

新中国成立60多年来，我国对外贸易发展大致经历了以下几个发展阶段：一是新中国成立后到改革开放前的计划管理阶段；二是改革开放后到1987年下放外贸经营权阶段；三是1988—1990年推行承包经营制阶段；四是1991—1993年的深化改革阶段；五是1994—2001年的综合配套改革阶段；六是2001年至今加入WTO后与国际接轨，迅速发展阶段。

据海关统计数据显示，2012年，我国外贸进出口总值38 667.6亿美元，比上年增长6.2%。其中出口20 498.3亿美元，增长7.9%；进口18 178.3亿美元，增长4.3%；贸易顺差2 311亿美元，扩大48.1%。

2012年，我国货物贸易进出口总体增速出现了回落，同比2011年进出口增速回落了16.3个百分点。从全年的进程来看，进出口增速呈现缓中趋稳的态势，表现在进出口规模逐季环比增长，增速在三季度探底后回升。2012年1～4季度，我国进出口总值分别为8 594.6亿美元、9 796.9亿美元、10 027亿美元和10 249.1亿美元，同比增速分别为7.3%、8.5%、3%和6.3%。其主要特点是：一是一般贸易平缓增长，加工贸易增长乏力；二是对欧盟、日本贸易下降，对东盟的出口增长较快；三是广东、江苏等7个省市对外贸易合计占8成，中西部外贸出口较快增长；四是外商投资企业所占比重回落到一半以下，民营企业进出口增长较快，国有企业进出口下降；五是机电产品、劳动密集型产品出口稳定增长；六是能源和资源性产品进口量增加，铁矿石、铜、铝等进口价格明显下跌。

6.4.2 中国对外贸易的特点

国际贸易是世界经济关系的主要形式之一，是国内商品流通的延伸、扩展和补充，是保持国民经济持续、稳定、协调发展不可或缺的重要手段。中国对外贸易有以下几个特点。

1．对新兴经济体和发展中国家进出口保持较快增长势头

中国对外贸易的多元化战略，取得了相当大的成绩，贸易伙伴遍布世界上几乎所有的国家和地区。2012年中国前10大贸易伙伴进出口额及比重如图6.7所示。其中对东盟、俄罗斯、南非进出口分别增长10.2%、11.2%和31.8%。对美国进出口增长8.5%，其中出口增长8.4%，美国超过欧盟成为中国第一大出口市场。对欧盟、日本进出口额分别下降3.7%和3.9%。

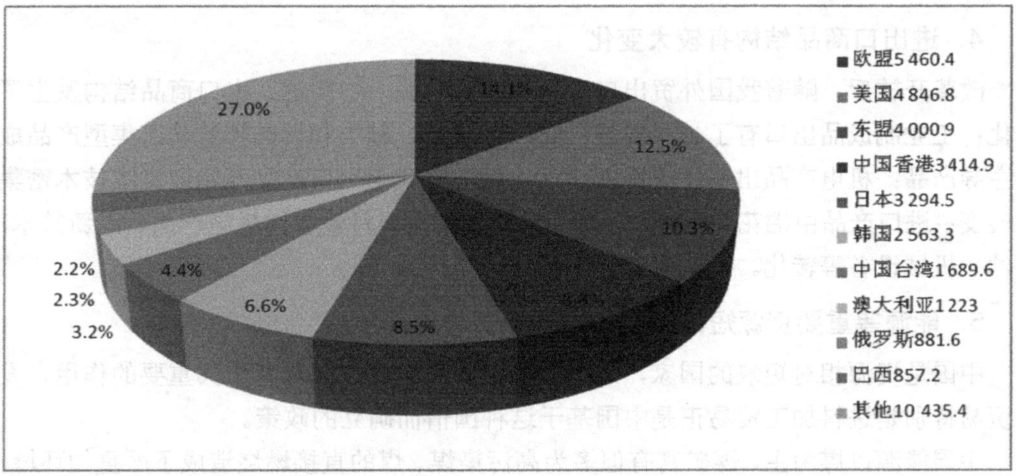

图 6.7　2012 年中国前 10 大贸易伙伴进出口额及比重（单位：亿美元）

资料来源：根据中国海关总署统计数据绘制。

2. 外商投资在中国对外贸易中的作用和影响越来越大

改革开放以来，中国在利用外资特别是吸收外商直接投资方面，取得了举世瞩目的成绩。从 1991 年起，中国每年批准外商直接投资项目超过 1 万个，从 1992 年起，每年实际吸收外商直接投资超过 100 亿美元，从 1993 年起在吸收外商直接投资方面连续位居世界第二位和发展中国家第一位，目前，世界 500 强企业中已有 80%在华投资或建立办事处。它们或是投资、购并企业，或是进军服务业，进一步加强了外商投资企业进出口的能力。

3. 中西部地区外贸活力增强

中西部地区进出口明显快于东部。2012 年，中西部地区进出口增长 20.8%，占进出口总额的比重为 12.7%，较上年提高 1.5 个百分点。其中出口增长 29.5%，重庆、安徽、河南和四川出口增速分别高达 94.5%、56.6%、54.3%和 32.5%。东部地区进出口增长 4.3%，其中广东、江苏、北京、浙江、山东分别增长 7.7%、1.6%、4.7%、0.9%和 4.1%，上海下降 0.2%。2012 年中国东中西部进出口情况如表 6.2 所示。

表 6.2　2012 年中国东中西部进出口情况

地区	进出口额（亿美元）	出口额（亿美元）	比上年增长（%）		出口额比重（%）	
			进出口	出口	2011 年	2012 年
全国	38 669.8	20 487.8	6.2	7.9	100.0	100.0
东部 11 省市	33 745.6	17 592.1	4.3	7.9	88.8	85.9
中部 8 省市	2 558.2	1 409.8	14.5	21.8	6.1	6.8
西部 12 省市自治区	2 363.6	1 487.4	28.5	37.8	5.1	7.3

注：东部 11 省市包括北京、天津、河北、辽宁、上海、江苏、浙江、福建、山东、广东和海南；中部 8 省市包括山西、吉林、黑龙江、安徽、江西、河南、湖北和湖南；西部 12 省市、自治区包括内蒙古、广西、四川、重庆、贵州、云南、西藏、陕西、甘肃、青海、宁夏和新疆。

4．进出口商品结构有较大变化

改革开放后，随着我国外贸出口主导战略的实施，中国进、出口商品结构发生了很大变化：工业制成品出口有了长足发展；纺织、服装、鞋类和玩具等劳动密集型产品成为出口主导产品；机电产品出口比重不断增大，标志着我国出口产品开始向资本技术密集型产品转变；进口产品由棉花、化纤、砂糖、动植物油脂、钟表等向机电产品、高新技术产品、原油、机械设备等转化。

5．能源等重要资源短缺制约中国对外贸易均衡发展

中国是资源相对短缺的国家，进口资源对国民经济发展具有极其重要的作用，发展加工贸易特别是进料加工贸易正是中国基于这种国情而确立的政策。

中国能源以煤为主，煤矿富有但多为高污染煤。煤的直接燃烧造成了严重的环境污染。另外，煤炭资源集中在经济欠发达且缺水的晋、陕、内蒙古和新疆等省区，经济发达的东部各省则严重缺煤。北煤南运和西煤东调的运输量和水资源短缺，限制了煤炭资源的开发。

从石油资源储量增长趋势与消费增长趋势看，中国属石油资源短缺国，仅能自行满足生产石油总需求的 70%，缺口主要从中东地区进口。1993 年起，中国已从石油净出口国变为石油净进口国。

中国的铁、锰、铝、铜、铬铁矿、钾盐 6 种大宗矿产和石油一样不能满足国内需求，需要大量进口，供需矛盾也日益加剧。中国的橡胶、木材等资源严重不足，主要靠木材生产的纸浆，也是今后大量进口的主要商品类。诸如此类的因素将长期影响中国的对外贸易平衡。

6.4.3　中国出口商品物流基地布局

中国国土辽阔，各地区自然条件差异大，矿藏资源丰富多样，各地的储量和产量分布都不平衡；工农业生产发展水平、技术水平、设备能力、交通运输条件等都很不均衡，这些均制约着中国出口商品的物流基地布局。

1．综合基地

综合基地如沿海的广东、海南、山东等省，利用当地农业、海洋、气候等优势条件，大力发展外向型工农业，产品出口到韩、日及港澳台等国家和地区，带动地区经济。

中国这类综合基地主要有广东佛山、惠阳、湛江、江门、茂名，湖南湘潭、株洲，湖北荆州，山东青岛、烟台、威海、昌潍、临沂、菏泽，河南南阳，江苏苏州、扬州、南通、徐州，浙江嘉兴、台州、湖州、绍兴，河北石家庄、唐山、张家口，山西雁北，黑龙江绥化，辽宁大连、营口、丹东，广西玉林，吉林省吉林市及京津沪等地。

2．单项基地

1）活猪基地：主要分布在四川、湖南、河南、湖北、浙江、江西、广西、江苏等省区。四川的荣昌猪、内江猪，湖南的宁乡猪，湖北的阳新猪、监利猪，浙江的金华猪，江西的萍乡猪，江苏的淮阴猪等，不仅产量大，而且品质好，商品率高，出口量大。

2）活牛基地：主要分布在内蒙古的哲里木盟、黑龙江的绥化、河北承德、湖南邵阳、河南南阳地区。牛种主要有黄牛、水牛、牦牛和奶牛等，主要供给港、澳地区等市场。

3）羊皮基地：中国有蒙古羊、藏羊、哈藏克羊、新疆伊犁细毛羊、太湖湖羊、宁夏滩羊、成都麻羊等，都是著名的肉用羊和裘皮羊。中国的小湖羊皮是国际上久负盛名的珍贵裘皮，有“软宝石”之誉，出产地集中于太湖流域的浙江嘉兴、江苏苏州、上海郊区等，品质好、出口量大。中国山羊板皮出口居世界首位，生产于河南、山东、安徽、河北、内蒙古、山西等地。

4）柑橘基地：柑橘属典型的亚热带水果，主要分布在四川、广东、广西、浙江、福建、湖南、湖北、江西等省区。四川江津的红橘橙，广东潮州的雪柑，浙江黄岩、温州的无核蜜橘，江西南丰的贡橘等都以质优味美而驰名中外。

5）苹果基地：中国的苹果基地是山东、辽宁、陕西、河北、山西、甘肃、四川、新疆等地，烟台青香蕉、青岛红星、大连红冠、复县红国光、晋陕元帅、天水花牛、贵州富丽、四川青苹等品种较有名。中国苹果除满足国内消费外，主要销往港、澳地区和东南亚、欧美各国。

6）茶叶基地：中国是茶的故乡。茶叶品种多、品质好，一直是中国传统的出口商品，茶叶出口基地主要有浙江、安徽、福建、四川、云南等省区。

单项基地还有花生、大豆、皮革、水貂皮、松香、烟花爆竹、肉鸡、羽绒、烤烟、蜂蜜、中药材、兔肉、兔毛等生产、出口基地。

6.4.4 中国自由贸易区

1．自由贸易区概念

根据《京都公约》，自由贸易区是指一国的部分领土，在这部分领土内运入的任何货物就进口关税及其他各税而言，被认为在关境以外，并免于实施惯常的海关监管制度。

中国自由贸易区是指在国境内关外设立的，以优惠税收和海关特殊监管政策为主要手段，以贸易自由化、便利化为主要目的的多功能经济性特区。中国自由贸易区，专指的是在国内设立的自由贸易园区。

中国自由贸易区是政府全力打造中国经济升级版的最重要的举动，其力度和意义堪与20 世纪 80 年代建立深圳特区和 90 年代开发浦东两大事件相媲美。其核心是营造一个符合国际惯例的建立一套对内外资的投资都要具有国际竞争力的国际商业环境。

2．中国自由贸易区

目前中国已批准设立与正在申报的自由贸易区包括：上海自由贸易试验区、广东自由贸易试验区、天津自由贸易试验区、福建自由贸易试验区、中国东盟自由贸易区、重庆自由贸易试验区等。

（1）上海自由贸易试验区

上海自由贸易试验区于 2013 年 8 月 22 日经国务院正式批准设立，2013 年 9 月 29 日，上海自由贸易区正式挂牌成立。上海自贸区范围涵盖上海市外高桥保税区、外高桥保税物流园区、洋山保税港区和上海浦东机场综合保税区 4 个海关特殊监管区域，总面积为 28.78平方千米，是“四区三港”的自贸区格局。

上海自贸区般属国际性及双边性，上海自贸区侧重于金融改革试点。《中国（上海）自由贸易试验区总体方案》包括：在上海自贸区先行先试人民币资本项目下开放，并逐步实现可自由兑换等金融创新；未来企业法人可在上海自贸区内完成人民币自由兑换，个人则暂不施行；上海自贸区也很可能采取分步骤推进人民币可自由兑换的方式，比如先行推动境内资本的境外投资和境外融资；上海自贸区在中国加环太平洋伙伴关系协议（TPP）谈判中也将起到至关重要的作用，并有望成为中国加入TPP的首个对外开放窗口。

（2）广东自由贸易试验区

2015年4月21日，中国（广东）自由贸易试验区挂牌仪式在广州南沙举行。广东省自贸区总面积达到116.2平方千米，包括南沙新区、前海蛇口片区以及珠海横琴新区。南沙新区片区将面向全球进一步扩大开放，在构建符合国际高标准的投资贸易规则体系上先行先试，重点发展生产性服务业、航运物流、特色金融以及高端制造业，建设具有世界先进水平的综合服务枢纽，打造成国际性高端生产性服务业要素集聚高地；前海蛇口片区将依托深港深度合作，以国际化金融开放和创新为特色，重点发展科技服务、信息服务、现代金融等高端服务业，建设我国金融业对外开放试验示范窗口、世界服务贸易重要基地和国际性枢纽港；横琴新区片区将依托粤澳深度合作，重点发展旅游休闲健康、文化科教和高新技术等产业，建设成为文化教育开放先导区和国际商务服务休闲旅游基地，发挥促进澳门经济适度多元发展新载体、新高地的作用。

广东主打港澳牌，将建立粤港澳金融合作创新体制、粤港澳服务贸易自由化，以及通过制度创新推动粤港澳交易规则的对接。

（3）天津自由贸易试验区

2015年4月21日上午10点，中国（天津）自由贸易试验区（简称“天津自贸区”）正式挂牌。作为北方首个自贸区，天津的战略定位将挂钩京津冀协同发展。在学习和复制上海经验基础上，将重点摸索天津特色，包括：用制度创新服务实体经济；借“一带一路”契机服务和带动环渤海经济；突出航运，打造航运税收、航运金融等特色。区域范围包括：其一，天津港片区共30平方千米。四至范围：东至渤海湾，南至天津新港主航道，西至反“F”港池、西藏路，北至永定新河入海口。其二，天津机场片区共43.1平方千米。四至范围：东至蓟汕高速，南至津滨快速路、民族路、津北公路，西至外环绿化带东侧，北至津汉快速路、东四道、杨北公路。其三，滨海新区中心商务片区共46.8平方千米。四至范围：东至临海路、东堤路、新港二号路、天津新港主航道、新港船闸、海河、闸南路、规划路、石油新村路、大沽排水河、东环路，南至物流北路、物流北路西延长线，西至大沽排水河、河南路、海门大桥、河北路，北至大连东道、中央大道、新港三号路、海滨大道、天津港保税区北围网。

（4）福建自由贸易试验区

中国（福建）自由贸易试验区着重进一步深化两岸经济合作，是位置上最接近台湾的自由贸易园区。总面积118.04平方千米，包括平潭片区43平方千米、厦门片区43.78平方千米、福州片区31.26平方千米。2015年4月21日上午，福建自贸试验区揭牌。福建自由贸易试验区战略定位是围绕立足两岸、服务全国、面向世界的战略要求，充分发挥改革先行优势，营造国际化、市场化、法治化营商环境，把自贸试验区建设成为改革创新试验田；充分发挥对台优势，率先推进与台湾地区投资贸易自由化进程，把自贸试验区建设成为深化两岸经济合作的示范区；充分发挥对外开放前沿优势，建设21世纪海上丝绸之路核心区，打造面向21世纪海上丝绸之路沿线国家和地区开放合作新高地。

（5）中国东盟自由贸易区

中国东盟自由贸易区是指在中国与东盟 10 国之间构建的自由贸易区，即“10+1”。中国—东盟自贸区是中国对外商谈的第一个自贸区，也是东盟作为整体对外商谈的第一个自贸区，建成后的自贸区将覆盖 1 300 万平方千米惠及 19 亿人，年 GDP 达 6 万亿美元、年贸易总额超过 4.5 万亿美元，是目前世界上人口最多的自贸区，也是世界上由发展中国家间建立的最大的自贸区。

（6）重庆自由贸易试验区

国务院考虑，将根据进一步深化改革、扩大开放的需要，按照从严从紧的原则，确定少数具备条件的区域进行类似试验。重庆正在申请自由贸易园区，已在京召开了专家组评审会。相关数据统计，2012 年重庆两江新区经济规模达到 1 476.22 亿元，GDP 增速达 20.4%，实现连续三年 GDP 增长超过 20%，两江新区拥有我国唯一的内陆保税港区，2013 年 9 月，正式启动向国家申报自由贸易区程序。

本章小结

☑ 商业又称贸易，是专门从事商品流通的经济部门。商业与物流有密切的关系。

☑ 中国商业物流的不足：物流观念陈旧、物流基础薄弱、物流环节不合理、缺乏物流基础数据。所以要加速发展中国商业物流。

☑ 影响商业布局的因素：自然条件因素、消费状况因素、科技水平因素、交通运输因素。

☑ 商业网点若按其所处的城乡位置不同，可分为城市商业网点和农村商业网点；按其在商品流通中的地位和作用不同，可分为批发商业网点和零售商业网点。不同类型的商业网点布局原则也不同。

☑ 影响商业中心形成、发展和分布的因素：商品生产的发展水平，人口数量、密度和分布状况，地理位置和交通运输条件，生产布局状况及国家区域规划的发展。

☑ 中国出口商品基地有综合基地和单项基地两种类型。中国已批准设立与正在申报的自由贸易区包括：上海自由贸易试验区、广东自由贸易试验区、天津自由贸易试验区、福建自由贸易试验区、重庆自由贸易试验区、中国东盟自由贸易。

思考题

1．试分析中国煤炭流向。

2．以广州为例，讨论是哪些因素导致其成为商业中心城市的。

3．在地图上标出中国主要商业中心城市，并观察其分布特点。

第7章

中国交通运输地理

学 习 重 点

- 中国交通运输业的发展现状
- 中国铁路运输网的布局
- 中国公路运输网的布局
- 全国沿海港口布局规划
- 中国航空运输网的布局
- 中国管道运输的发展

引导案例

避免港口重复建设从规划开始

2006年9月，《全国沿海港口布局规划》(以下简称《港口规划》)出台。《港口规划》指出，中国沿海港口今后将形成环渤海、长江三角洲、东南沿海、珠江三角洲和西南沿海5个港口群体。全国沿海港口布局规划实施后，将形成系统配套、能力充分、物流成本低的八大运输系统：一是由北方沿海的秦皇岛港、唐山港(含曹妃甸港区)、天津港、黄骅港、青岛港、日照港、连云港港七大装船港，与华东、华南等沿海地区电力企业的专用卸船码头和公用卸船设施组成的煤炭运输系统；二是依托石化企业布点，专业化的、以20万～30万吨级为主导的石油卸船码头和中小型油气中转码头相匹配的石油运输系统；三是临近钢铁企业布点，专业化的、以20万～30万吨级为主导的铁矿石卸船泊位和二程接卸、中转设施匹配的铁矿石运输系统；四是以大连、天津、青岛、上海、宁波、苏州、厦门、深圳、广州九大干线港为主，相应发展沿海支线和喂给港的集装箱运输系统；五是与国家粮食流通、储备、物流通道配套的，专业化运营、集约化的粮食运输系统；六是依托汽车产业布局和内外贸汽车进出口口岸，专业化、便捷的商品汽车运输及物流系统；七是在满足岛屿出行要求的前提下，适应沿海岛屿经济发展要求的陆岛滚装运输系统；八是以人为本，安全、舒适、便捷的旅客运输系统。

交通运输部副部长翁孟勇强调，这是中国沿海港口空间分布规划，也是最高层面的港口规划。《港口规划》实施后，中国将形成一个布局合理、层次分明、功能明确、节约资源、安全环保、便捷高效、衔接协调、市场有序的沿海港口运输体系。

思考：《港口规划》出台对推动中国沿海港口和谐有序发展有哪些现实意义？

提示：突出分工，避免重复建设；合理布局，缓解运力矛盾。

7.1　交通运输概述

物流运输有 5 种方式，即铁路运输、公路运输、水路运输、航空运输、管道运输。本章主要分析 5 种基本运输方式的合理布局问题。我国交通运输货运量构成情况及运输货物周转量结构如图 7.1（注：按四舍五入，航空不足 1%，故显示为 0）和图 7.2 所示。

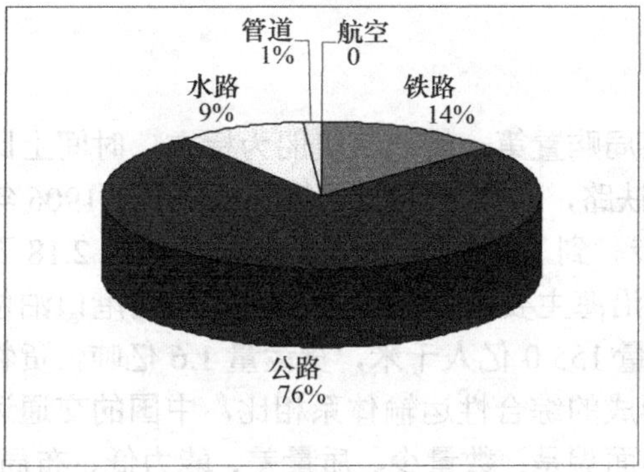

图 7.1　我国交通运输货运量构成情况

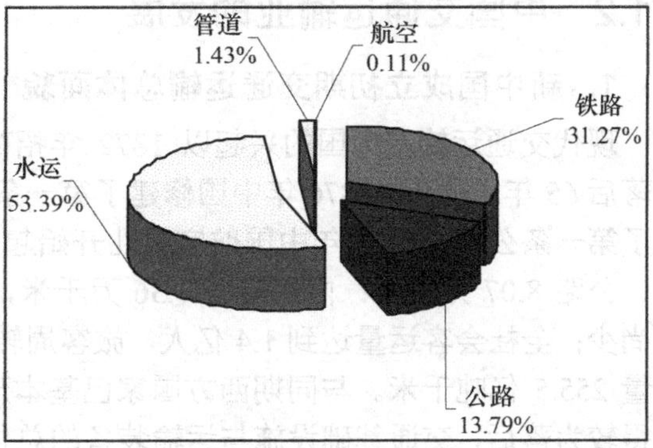

图 7.2　我国交通运输货物周转量结构

小知识

货物周转量

货物周转量是指一定时期内，运输部门实际运送的货物吨数和它的运输距离的乘积，以吨千米（海运企业用吨海里）为单位，是运输部门制订计划和经济考核的重要指标之一。

7.1.1　交通运输业概念及其作用

交通运输业是指人类利用各种交通运输工具，使人或货物沿着特定线路实现空间位置移动的社会物质生产部门。交通运输业是国民经济结构中的基础产业，是制约经济与社会发展的一个重要因素，在国民经济和社会发展中居于重要地位，具有十分重要的作用。

（1）经济作用

交通运输业既要完成国家下达的客货运输任务，还要根据市场商品需求调节各自的运输，其自身所创造的经济价值是十分可观的。

（2）社会公益作用

现代化的交通运输业，必须不分昼夜、季节，全天候地正常运转，这是与国家政治、经济休戚相关的。遇到非常时期（如地震、洪水、火灾、海啸、战争等），或国家财产受到威胁时，交通运输业这种超经济的社会公益作用会显示得更为突出。

（3）宏观调控作用

当国民经济失调而需要调整或治理整顿时，交通运输作为国家宏观调控工具的作用就会更显得突出，如煤炭抢运、全国性粮食调运等。5 种运输方式中，铁路运输的宏观调控作用尤为明显。

（4）促进国家经济合理布局、协调发展

为了达到这个目的，除了中心城市的作用外，还要以交通要道为依托，充分发挥公路、水运、空运、管道等多种运输方式的优势，依靠若干条通过能力强的南北向、东西向的运输大通道，引导形成若干跨地区的经济区域和重点产业，优化生产力布局，优化资源配置。

（5）国防意义

运输是国防的后备力量，战时又是必要的军事手段。从这个意义上讲，交通运输业关系到国家安全，绝非用经济尺度能衡量的。

7.1.2 中国交通运输业的发展

1. 新中国成立初期交通运输总体面貌

现代交通运输在中国的兴起以 1872 年招商局购置第一艘蒸汽机船为标志，时间上比西方落后 65 年。此后，1876 年中国修建了第一条铁路，1902 年进口了第一辆汽车，1906 年修建了第一条公路，1929 年中国航空事业开始起步。到 1949 年，中国铁路里程达到 2.18 万千米；公路 8.07 万千米；内河航道 7.36 万千米，沿海主要港口泊位 161 个，内河港口泊位为数尚少；全社会客运量达到 1.4 亿人，旅客周转量 155.0 亿人千米，货运量 1.6 亿吨，货物周转量 255.5 亿吨千米。与同期西方国家已基本形成的综合性运输体系相比，中国的交通运输显得较为落后，交通基础设施与运输装备的总体面貌是：数量少、质量差、能力低、布局偏，相对于辽阔的国土和众多的人口而言，具有现代意义的交通基础设施和运输装备寥若晨星。

2. 新中国成立后交通运输 60 年发展综述

新中国成立后，以恢复国民经济、改善人民生活和巩固国防的需要为导向，我国有计划、有重点地进行了交通运输建设，经过 30 多年的发展，已形成了粗具规模的综合运输体系。改革开放后，我国政府更加重视交通运输业在国民经济发展中的战略地位，加大了交通基础设施投资的力度，加快了交通运输发展的步伐，综合运输体系的建设有了实质性的进展，交通运输对国民经济发展的制约状况得到了明显改善。

目前一个颇具规模的现代交通运输系统已初步形成。尤其是电气化铁路、高速公路和远洋船队从无到有，快速发展，并跃居世界前列，标志着中国交通运输业在一些重要领域与发达国家的差距已大大缩小，同时也标志着中国交通运输业的发展已进入新的历史阶段。

3. “十一五”期间中国交通运输业的发展

“十一五”期间，在大规模投资的带动下，我国交通运输的线路网络和客货运量均快速增长。各种运输方式的总里程，从 2005 年的 558.64 万千米增加到 2010 年的 704.27 万千米，增长 26.1%，年均增长 4.7%；全社会主要运输方式完成货运量由 186.20 亿吨增加到 320.30 亿吨，增长 72.0%，年均增长 11.5%；货物周转量由 80 258.1 亿吨千米增加到 137 329.0 亿吨千米，增长 71.1%，年均增长 11.3%。这一时期我国交通运输业始终坚持加快交通基础设施建设，不论是交通设施总量、规模，还是运输能力供给以及运输质量等方面都取得了巨大成就，对国民经济发展的支撑作用明显增强。

7.1.3　综合运输

1. 综合交通运输体系

加快综合交通运输体系的建设，将是中国交通运输业发展的重要方向。现代交通运输业由铁路、公路、水路、航空和管道 5 种主要运输方式组成。每一种运输方式都有其特定的运输路线和运输工具，形成了各自的技术运营特点、经济性能和使用范围。

综合交通运输体系是在 5 种运输方式的基础上组建起来的。综合运输体系是相对于单一的运输方式而言的，是各种运输方式在社会化的运输范围内和统一的运输过程中，按其技术经济特点，组成分工协作、有机结合、联结贯通、布局合理的交通运输综合体，形成统一的运输过程，是生产力发展到一定阶段的产物。

2. 各种运输方式的合理布局

铁路、公路、水路、航空和管道等运输方式，都有各自的运输路线、运输设备及技术管理特征，并各成体系，因此建设综合交通运输体系是一项长期而艰巨的任务。其中综合交通运输体系的合理布局，是实现各种运输方式相互合作的手段和方法，是各种运输方式协调的前提和基础。

交通运输发展要满足国民经济发展要求，达到国民经济总需与供给的平衡。在综合交通运输体系布局规划中，必须根据各地区的自然条件，有效利用土地、山川、河流、领域、领空等自然资源，根据地区经济发展水平、经济结构和物产、客货流量和流向，选择合理的运输方式，形成有效合理的交通运输体系。

3. 综合交通运输体系的协调发展

综合交通运输体系的发展要根据自然地理、经济和社会发展、技术进步等条件制定运输政策，在考虑各种运输方式的分工与协调发展时，要满足国民经济对运输需求总运量的协调发展。

交通运输装备的现代化、运输方式的多样化，正朝着建立综合交通运输体系的方向发展，是交通运输业发展的两大趋势。

按照各种运输方式的技术经济特点，建立运输结构合理的综合交通运输体系，使各种运输方式相互间扬长避短，是扩大运输能力、提高经济效益的方法。

中国幅员辽阔，每个地区的自然地理条件不同，地区之间和地区内部的运输联系及运输方式的发展和布局也不同，如西北、西南地区是内地大陆区，应以路上运输为主，铁路、公路在地区间运输联系上起主导作用；西北内地开发石油，则以发展管道运输为宜；在东部和南部沿海地区，运输方式可以是铁路、公路、海运、河运等。在研究地区间各种运输方式的分工时，要注意合理安排地区间各种运输方式的协调，以及内部与大通道之间干支线的运输协调，才能达到合理分工的要求。

随着客货运量的增长和运输范围的扩大，客货运输的全过程一般需要利用多种运输方式，经过接力运输才能完成。如在水陆联运中，要考虑铁路、公路的运输设备与能力、陆水衔接换装和港口能力、枢纽内部能力和航运能力的协调。在采用了运输新技术以后，运输设备与能力的效率有了很大提高，对运输方式的分工产生了影响，使其相互间设备和能力能够尽快协调。

要使各种运输方式合理分工、协调发展，还应使货物流量、流向与运输路径相协调。货物运输量的产生，在很大程度上取决于国家资源和生产力的布局。中国原材料、燃料等大宗物资产地集中在北部和西部地区，而加工工业绝大部分在东部和南部地区，这就决定了大宗货物的流向是从北到南、由西向东。因此要形成若干条南北向、东西向的运输大通道，主要有能源基地外运通道、进出山海关通道、东北地区的南北通道、中部地区的东西通道、西部地区通道、西南地区通道，以及承担 90%以上的进出口任务的沿海主要港口及其集散通道，形成各种运输方式合理分工、协调发展的综合交通运输体系。

7.2 铁路运输

7.2.1 铁路运输的发展和现状

“十一五”期间，我国铁路迎来了史无前例的高速、跨越式发展，中国铁路运输达到国际先进水平。

“十一五”期间，我国铁路基本建设投资完成 1.98 万亿元，是“十五”投资的 6.3 倍。目前中国大陆的铁路就承担了 85%的木材、85%的原油、60%的煤炭、80%的钢铁及冶炼物资的运输任务。截至 2012 年年底，中国大陆铁路营业里程 9.8 万千米，仅占世界铁路的 6%，但换算运输周转量却占到世界的 24%。2010 年铁路货物发送量 39.04 亿吨（含行包运量）、铁路货运总周转量（含行包周转量）完成 29 187.09 亿吨千米。均位居世界第一。

“十一五”期间，我国对西部开发的投入不断加大，西部铁路建设取得了重要进展。2006 年 7 月 1 日青藏铁路正式全线建成通车，是世界海拔最高、线路最长的高原铁路。青藏铁路自开通运营到 2010 年年底，共运送货物 1.23 亿吨，旅客列车运行时速达 100 千米，创造了冻土铁路运行时速的世界纪录。青藏铁路的通车运营对加快西部地区物流经济发展起到了重要作用。

“十一五”期间，铁路建设加速实现了客货分线运输，使铁路货运能力大幅提升。我国企业系统掌握了大功率电力、内燃机车和重载货车的核心技术，形成了具有自主知识产权的大功率机车系列产品，自主研制了载重 70 吨通用货车、80 吨煤炭专用货车、100 吨矿石和钢铁专用货车。还首次在世界上实现了机车无线同步操纵技术与铁路数字移动通信系统的结合，确保了近 3 千米长的重载列车同步接受指令，同步实施控制。由于重载运输的发展，满足了每年 2 亿吨的铁路货运增量。2010 年 12 月 26 日，我国能源大动脉——大秦铁路再次打破世界铁路重载纪录，年运量突破 4 亿吨。

“十一五”规划实施以来，随着“全国铁路第六次大提速”的实施，时速超过 200 千米的“和谐号”动车组开始运行在全国各地，我国铁路装备水平上了新台阶。2010 年 12 月 3 日，我国国产“和谐号”CRH380A 新一代高速动车组，在京沪高铁先导段创造了时速 486.1 千米/小时的世界高铁最高实验运营新纪录，改写了世界高铁最高实验运营速度。目前，新建高速铁路总规模达到 1.3 万千米，我国已成为世界上高速铁路发展最快、系统技术最全、集成能力最强、运营里程最长、运营速度最高、在建规模最大的国家。

相关链接

铁路提速

第一次提速：1997 年，京沪、京广、京哈三大干线全面提速，最高速度 140 千米/小时。

第二次提速：1998 年，三大干线快速列车时速 140～160 千米/小时，一般列车 120 千米/小时。

第三次提速：2000 年，范围扩大至“四纵二横”，最高时速普遍提高到 160 千米/小时。

第四次提速：2001 年，涉及 17 个省市和 9 个铁路局，延展里程达到 4 434 千米；

第五次提速：2004 年，提速资源大幅提高，线路达到 7 700 千米，160 千米/小时及以上。

第六次提速：2007 年，线路延展里程达到 846 千米，时速 250 千米/小时。

7.2.2 铁路网布局

1. 中国铁路运输的网络布局

中国铁路在改革开放后取得了令人瞩目的发展，全国铁路运营里程已经突破 7 万千米，位居亚洲第一，世界第三。为了适应国民经济发展的需要，在今后的若干年间，中国铁路要实行跨越式发展的战略，尽快建立起“八纵八横”铁路大通道，充分发挥铁路的网络优势。“八纵八横”铁路大通道具有运输能力大、线路里程长、连接大城市、连接铁路多、辐射范围广等特点，对中国的经济发展、资源调度、西部大开发，以及国家生产力布局和产业结构调整具有重要影响，16 条大通道均由一条或多条功能相近的主要铁路干线所构成。“八纵八横”铁路网主骨架如表 7.1 所示。

表 7.1 “八纵八横”铁路网主骨架

干线通道	连接城市	组成线路
“八纵”通道		
京哈通道	北京—哈尔滨（—满洲里）	京哈铁路—滨洲铁路
东部沿海通道	沈阳—大连—烟台—无锡—（上海）—杭州—宁波—温州—福州—厦门—广州—（湛江）	沈大铁路—烟大铁路轮渡—蓝烟铁路—胶信铁路—新长铁路—直杭铁路—萧甬铁路—甬台温铁路—温福铁路—福厦铁路—鹰厦铁路—梅坎铁路—广梅汕铁路—广茂铁路—黎湛铁路
京沪通道	北京—天津—济南—南京—上海	京沪铁路
京九通道	北京—南昌—深圳—九龙（红磡）	京九铁路
京广通道	北京—郑州—武汉—广州	京广铁路
大湛通道	大同—太原—焦作—洛阳—柳州—湛江	同蒲铁路—太焦铁路—焦柳铁路—石长铁路—湘桂铁路—黎湛铁路—洛湛铁路

续表

干线通道	连接城市	组成线路
包柳通道	包头—西安—重庆—贵阳—柳州—（南宁）	包神铁路—神延铁路—西延铁路—西康铁路—襄渝铁路—川黔铁路—黔桂铁路—湘桂铁路
兰昆通道	兰州—成都—昆明	陇海铁路—宝成铁路—成昆铁路
	“八横”通道	
京兰通道	北京—兰州（—拉萨）	京包铁路—包兰铁路—兰青铁路—青藏铁路
煤运北通道	大同—秦皇岛	大秦铁路
	神木—黄骅	神黄铁路（神朔铁路—朔黄铁路）
煤运南通道	太原—德州—龙口—烟台	石太铁路—石德铁路—德大铁路—龙大铁路—龙烟铁路
	太原—德州—济南—青岛	石太铁路—石德铁路—京沪铁路—胶济铁路
	长治—邯郸—济南—青岛	邯长铁路—邯济铁路—胶济铁路
	瓦塘—临汾—长治—汤阴—台前—兖州—日照	晋豫鲁铁路（建设中线路）
	侯马—月山—新乡—兖州—日照	侯月铁路—新月铁路—侯铁路—兖石铁路
陆桥通道	连云港—郑州—兰州—乌鲁木齐—阿拉山口	陇海铁路—兰新铁路—北疆铁路
宁西通道	西安—南阳—信阳—合肥—南京—（启东）	宁西铁路—宁启铁路
沿江通道	重庆—武汉—九江—铜陵—南京—（上海）	达万铁路—宜万铁路—长荆铁路—武九铁路—铜九铁路—宁铜铁路
沪昆（成）通道	上海—怀化（—重庆—成都）—贵阳—昆明	沪昆铁路（沪杭铁路—浙赣铁路—湘黔铁路—贵昆铁路）—渝怀铁路—遂渝铁路—遂成铁路
西南出海通道	昆明—南宁—黎塘—湛江	南昆铁路—湘桂铁路—黎湛铁路

关键点

铁路大通道

铁路大通道是连接区域中心或大城市间的能力强大的铁路线路，是由一条或多条功能相近的主要铁路干线构成的有机集合，是铁路运输网乃至整个综合运输网的主骨架。

其基本特征是：一是运输强度大；二是里程较长；三是汇集和辐射范围广。

（1）“八纵”铁路通道

1）京哈通道：自北京经天津、沈阳、哈尔滨，至满洲里，全长 2 344 千米。该通道由既有的京秦、京山、沈山、沈哈、滨州线和规划的京沈哈客运专线构成，是东北与其他地区客货交流的主要通道，也是东北地区的交通命脉。

2）东部沿海通道：自沈阳经大连、烟台、胶州、新沂、长兴、杭州、宁波、温州、福州、厦门、广州至湛江，全长 4 019 千米。该通道沟通环渤海、长江三角洲和珠江三角洲地区，在国家社会经济和国防建设中地位十分重要。该通道由既有的沈（阳）大（连）、宣（城）杭（州）线、杭（州）长（沙）段、萧甬、鹰厦线厦门至漳平段、梅坎、广梅汕、三茂、黎湛线，在建的新长铁路，以及规划建设的烟大轮渡、胶州至新沂铁路和宁温、温福、福厦铁路等构成。

3）京沪通道：自北京经天津、济南、徐州、南京至上海，全长 1 463 千米，由既有的京沪铁路和规划中的京沪高速铁路构成，是东北、华北地区与华东地区客货交流的主要通道。京沪线全线均为复线自动闭塞、内燃机车牵引线路，既是客运快速线路，也是货运重载线路。

4）京九通道：自北京经聊城、商丘、九江、南昌、龙川至九龙，全长 2 403 千米。该通道是中国东北、华北地区与华东、中南地区客货交流的主要通道之一，对京广、京沪两大通道具有重要的分流作用。

5）京广通道：自北京经石家庄、郑州、武汉、长沙、衡阳至广州，全长 2 265 千米，是东北、华北、西北地区通往华南地区的主要通道。但考虑到京广通道运输质和量的需求，须尽快实施客货分线。

6）大湛通道：位于中国中西部的结合部，自大同经太原、洛阳、襄樊、石门、益阳、永州、柳州、黎塘、湛江至海口，全长 3 108 千米。该通道由北同蒲、太（原）焦（作）、焦（作）柳（州）、石（门）长（沙）、湘桂、黎（塘）湛（江）和在建的益阳至永州铁路、粤海通道构成，是中国“三西”煤炭南运的主要通道之一，也是中国内地大陆通向南部港口城市的主要出海通道。为适应晋、豫、陕煤炭南下两湖、两广的需要，加快中部地区经济的发展，今后将继续建设粤海铁路和益阳至永州铁路，进行部分线路的复线、电气化改造，逐步完善大湛通道。

7）包柳通道：自包头经西安、重庆、贵阳至柳州（南宁），全长 3 011 千米，由既有的包（头）神（木）、西（安）延（安）、襄（樊）渝、川黔、黔桂、湘桂铁路和已基本建成的神（木）延（安）、西（安）康（安康）铁路构成，是中国西部南北向的一条重要铁路通道。

8）兰昆通道：自兰州经宝鸡、成都至昆明，全长 2 261 千米，由既有的陇海线宝兰段、宝成线和成昆线构成，是西部地区南北向的重要通道。

（2）“八横”铁路通道

1）京兰通道：自北京经大同、呼和浩特、包头、兰州、西宁至拉萨，全长 3 943 千米，是中国横贯东西的重要通道，其东段还是晋煤外运的重要线路。该通道由丰沙、京包、包兰、兰青、青藏铁路构成。

2）煤运北通道：由 3 条功能单一、运能强大、设施先进的运煤专用铁路构成，即由大秦铁路（658 千米）、神（木）朔（州）铁路（269 千米）和朔（州）黄（骅）铁路（586 千米）构成，是“三西”煤炭外运通道的重要组成部分。

3）煤运南通道：由自太原经石家庄、德州、济南（长治经邯郸、济南）至青岛（太原至青岛），以及自侯马经月山、新乡、菏泽、兖州至日照港两条通路组成，是“三西”煤炭外运的重要组成部分。

4）陆桥通道：自连云港经徐州、郑州、西安、宝鸡、兰州、乌鲁木齐至阿拉山口，全长4 120千米，横贯中国东、中、西部，是东西部联系的最重要纽带。该通道由陇海、兰新和北疆铁路构成。

5）宁西通道：自西安经南阳、潢川、合肥至南京（启东），连接中国东、中、西部，全长1 558千米，由西安至南京、南京至启东两条规划铁路构成。

6）沿江通道：自重庆经荆门、武汉、九江、芜湖至南京（上海），全长1893千米，由既有的宁芜、芜铜、武九铁路、长荆铁路、达万铁路、铜九铁路、万枝（宜）等铁路构成，横跨西南、华中、华东三大经济区，贯穿中国东、中、西部。

7）沪昆（成）通道：自上海经杭州、株洲、怀化至贵阳、昆明（至重庆、成都），全长2 653千米，由沪杭线、浙赣线、湘黔线、贵昆线、达成线和渝怀线和遂渝线构成，是华东、中南、西南客货运输的重要通道。

8）西南出海通道：自昆明经南宁至湛江，全长1 770千米，是中国西南内陆各省出海的快捷通道。该通道由南昆、黎南和黎湛铁路构成。

小知识

列车、动车、动车组

按照有关规定而编挂在一起的若干车辆，称为车列。车列挂上机车，并配备随车乘务员和列车标志，就是列车。列车有客运列车和货运列车两种。由大功率机车或多机牵引载重量大的货车，编成5 000t以上的列车，称为重载列车。

动车是指将机车的动力分散到列车中的各节车厢上，每节车厢都有了机车的自力行驶功能。动车组就是指几节自带动力的车辆加几节不带动力的车辆编成的列车，带动力的车辆叫动车，不带动力的车辆叫拖车。

2．中国主要铁路干线

（1）东部沿海交通大动脉——京沪铁路

京沪铁路从北京到上海，全长约1 426千米，全部为复线。它纵贯华北平原和长江中下游平原，穿行天津、河北、山东、安徽、江苏四省一市，连接京、津、沪三大直辖市，跨越海河、黄河、淮河、长江四大流域。沿线石油、煤、铁、盐资源丰富，粮、棉、油生产集中，人口稠密，城镇密布，经济繁荣，文化发达，是中国主要的工、农、商业基地。此铁路线客流量大，是中国最繁忙的干线之一。南运方向货运量大，主要是煤炭、钢铁、木材、棉花、杂粮、油料、烟草、水果等；北运物资主要是机械、仪表、日用工业品、稻米、面粉、茶叶等。

（2）纵贯南北铁路中轴线——京广铁路

京广线起始北京，终达广州，全程约2 332千米，已全线建为复线。沿线物产丰富，工业发达，城镇广布，并先后与12条干线相交；北部通京包、京通、京承、京沈线，中部相交陇海线，南部又与汉（西）丹（江）、武（汉）大（连）、浙赣、湘黔、湘桂和广（州）三（水）、广（州）深（圳）线连接，成为名副其实的全国路网中轴。该线运量大，南运货物主要有煤炭、钢铁、石油、机械、木材、纺织品、北方水果及经广州出口的物资；北运货物主要有稻谷、茶叶、桐油、蔗糖、亚热带水果、土特产、有色金属等矿产品以及由广州进口的物资。

（3）纵贯大陆第三路——京九铁路

1987 年，铁道部在编制“八五”、“九五”铁路网建设规划时，考虑到既有的京广、京沪、焦枝三大干线的运能已达饱和状态，制约着国民经济的发展；考虑到香港将于 1997 年回归祖国；考虑到促进赣南、粤东地区的经济发展以及加快沿线革命老区人民脱贫致富，于是决定将北京至九江铁路向南延伸到九龙，形成继京广、京沪之后，纵贯中国大陆的又一条大干线。

京九线始于北京枢纽南端的黄村车站，向南经河北省的霸州、衡水，山东省的聊城、菏泽，河南省的商丘、潢川，湖北省的麻城，江西省的九江、南昌、向塘、吉安、赣州，广东省的和平、惠州，与广九铁路布吉站相接，直达九龙，全长约 2 360 千米。

（4）中国第一条电气化铁路——宝成铁路

宝成铁路北起陕西省宝鸡，南行达四川省成都，与成渝、成昆两线衔接，全长 669 千米，是沟通西北与西南的第一条铁路干线，也是突破“蜀道难”的第一条铁路。

宝成铁路于 1952 年 7 月 1 日在成都动工，1954 年 1 月宝鸡端也开工。1956 年 7 月 12 日，南北两段在黄沙河接轨通车，1958 年元旦全线交付运营。宝成铁路宝鸡至凤州段，是中国的第一条电气化铁路。该段于 1958 年 6 月开工，1960 年 6 月建成，经过试运行，于 1961 年 8 月 15 日正式交付运营。

（5）西南西北的重要通路——成昆铁路

成昆铁路（成都—昆明）全长 1 091 千米，这条铁路北联宝成线，可通陕西、甘肃，南经贵昆线可通贵州，是西南地区的铁路网骨架，也是西南与西北地区相互联系和资源外运的重要通路。

成昆铁路工程艰巨浩大，举世罕见。全线共完成正线铺轨 1 083.3 千米，路基土石方 9 688 万立方米；隧道 427 座，总延长 344.7 千米，其中长度在 3 千米以上的共有 9 座；桥梁 991 座，总延长 106.1 千米，其中有中国目前钢桁桥梁中跨度最大的金沙江大桥（主跨达 192 米），有孔跨 54 米的一线天石拱桥，等等。

（6）中国第一条重载单元铁路——大秦铁路

1983 年 9 月，国务院为增加晋煤外运通道，做出了修建大（同）秦（皇岛）铁路的重大战略决策。大秦铁路建设同以往的铁路建设相比，有两个显著特点：它瞄准国际先进水平，选择重载（开行万吨列车）、单元列车（品种单一不混装，循环运输不解体）的运输方式，占领制高点，一举达到 20 世纪 80 年代现代化先进水平；它是一项庞大复杂的系统工程，要求路、港、矿、电综合规划，装、运、卸能力配套。

这项系统工程以大同、雁北、忻州地区 18 个煤炭集运站为龙头，以西起大同韩家岭，东至秦皇岛的 653 千米长的大秦铁路为龙身，以秦皇岛港三期煤码头为龙尾，自 1985 年起全面开工，历时 8 年，至 1992 年年底基本配套建成。

大秦铁路具有重（开行重载单元列车）、大（大通道、大运量）、高（高质量、高效率）等特点。

（7）新中国成立后修建的最长的铁路——兰新铁路

兰新铁路东起甘肃省兰州，西跨黄河，越海拔 3 000 米的乌鞘岭，沿祁连山北麓入河西走廊，经武威、张掖、酒泉，出嘉峪关，经玉门、疏勒河，沿马鬃山南麓西进，跨红柳河进入新疆维吾尔自治区，再沿天山南麓，经哈密、鄯善及吐鲁番盆地北缘，在达坂城穿过天山至乌鲁木齐，全长 1 903 千米，是新中国成立后修建的最长的铁路干线。

兰新铁路东连陇海铁路，在兰州与包兰线交会，在河口南与兰（州）青（海）线连接，在武威接干（塘）武（威）线，在吐鲁番接南疆线。该线对开发西北地区的物产资源，发展经济，加强民族团结，以及巩固国防，都有重要作用。

（8）世界上海拔最高的铁路——青藏铁路

青藏铁路由青海省省会西宁至西藏自治区首府拉萨，全长约1 956千米，其中西宁至格尔木段（简称西格段）长约815千米，已于1984年投入运营。2001年开工修建的格尔木至拉萨段（简称格拉段），是目前世界上海拔最高、线路最长的高原铁路。自青海省格尔木市起，铁路沿青藏公路南行，经纳赤台、沱沱河，翻越唐古拉山，再经西藏自治区安多、那曲、当雄、羊八井，至拉萨市，全长1 142千米。

小知识

列车类型

按照运营速度，从高到低：

G：高速动车组列车，时速分为350千米/小时级和300千米/小时级。列车车次为G1－G9998。

C：城际动车组列车，时速也可达到350千米/小时。列车车次为C1－C9998（仅在京津城际铁路和上海市内的金山铁路上使用，其他地区的城际动车组列车均使用G字开头车号）。

D：动车组列车，时速可达250千米/小时。列车车次为D1-D9998。

S：城市市内动车组列车（市域）：最高时速80千米/小时的城市内动车组列车，列车车次为S201-S299。

Z：直达特快列车，时速可达160千米/小时，停靠的站点少，运营速度比特快列车快。列车车次为Z1-Z9998。

T：特快列车，技术速度可达160千米/小时，和直达特快不同的是，特快列车停靠的站点相对较多，所以运营速度没有直达特快快。列车车次为T1-T9998。

K：快速列车，时速可达120千米/小时，是目前中国大陆最多的旅客列车类型。列车车次为K1-K9998。

N和Y：管内快速列车，可达120千米/小时，N字列车现在已取消，并入K字列车。Y字一般用于省内旅游。列车车次为Y1-Y998。

4位数的列车（普通列车车次前无字母）：从1001～2999是普快列车，从4001～5999是管内普快列车，6001往后都是见站就停或沿途大部分车站停车的慢车。

L和A：临时客车，一般是在运输高峰期，列车实际数量低于乘客需求数量时临时增加的火车，运营速度相对较慢。A字列车现在已取消，并入L字列车。列车车次为L1-L9998

注：经“723”甬温线特大列车追尾事故后，G、C列车时速已降至300千米/小时，部分G车次的运行速度从原来的300千米/小时降至250千米/小时。

7.2.3 主要铁路枢纽和编组站

1. 主要铁路枢纽

铁路枢纽是铁路网的一个组成部分，位于铁路网的交会点或终端地区，是由各种铁路线路、专业车站以及其他为运输服务的有关设备组成的总体。

目前中国大小规模的铁路枢纽达50多个。其中重要铁路枢纽有以下几个。

（1）北京铁路枢纽

北京铁路枢纽属环形铁路枢纽，核心区形成内环（北京—北京南—广安门—北京西）和外环（丰台、丰西—东南环—双桥—东北环—西北环—丰沙—丰台、丰西）二重环线，通过环线连接京广、京山、京包、京原、京九、京承、京秦、京通、丰沙9条铁路干线。北京铁路枢纽范围包括京广线至琉璃河南站；京山线、京九线至黄村站；京包线至南口站；京原线至良各庄站；京承线至密云站；京秦线至通州站；京通线至怀柔北站；丰沙线至安家庄站。枢纽内共有车站77个，其中有特等站4个、一等站6个、二等站8个、三等站22个、四等站和五等站37个。

（2）郑州铁路枢纽

在中国的中原地区，有一个线路纵横交错、大小车站相连、庞大而又复杂的铁路枢纽，这就是有名的郑州铁路枢纽。它是京广、陇海两大铁路干线的交会点，是沟通南北、连贯东西的交通要冲，居于全国路网中心的重要位置，素有“铁路心脏”之称。

（3）济南铁路枢纽

济南铁路枢纽地处山东省省会济南市，位于京沪线、胶济线、邯济线铁路干线交会点，枢纽由老津浦线（邯济线引入济南段）、晏（城）党（家庄）线、南环线和北环线组成。北起京沪线的禹城站，南至炒米店站，东至胶济线的平陵城站，西至邯济线的伦镇站，已经形成环形枢纽。枢纽内共有21个车站和1个线路所。济南西站为路网性编组站，晏城北站为辅助编组站，济南站为客货混合站，济南东站为辅助客运站；另17个是中间站，其中焦斌、桑梓店、水屯、北园、董家庄、十二里阁、东沙王庄7个站不办理货运业务，其余均为货运办理站。

（4）沈阳铁路枢纽

沈阳是中国东北最大的铁路枢纽，沈（阳）山（海关）线、沈（阳）吉（林）线、长（春）大（连）线、苏（家屯）抚（顺）线等铁路干线，沟海线、辽溪线、开本线都交会于沈阳，它与东北经济的发展直接相关，几乎可以说成东北经济发展的“晴雨表”。由于它位于中国最大的重工业基地，地处东北经济的中心，担负着繁重的客货运输任务，特别是大宗的工业原料和过境货物，所以它是全国货物编组任务最繁忙的铁路枢纽。

（5）广州铁路枢纽

广州是中国华南的水路、陆路、航空中心，是中国南方最大的铁路枢纽，地处中国经济发展迅速的珠江三角洲，位于京广线、广三线、广梅汕线和广深线的交会处。由于中国自然资源的南北分布差异，运输的产品明显存在差异，南运的多为铁矿、煤等自然资源，北运的多为工业制成品，所以广州铁路枢纽的运输压力比较大。

（6）株洲铁路枢纽

株洲地处浙赣线、京广线和湘黔线三大繁忙线路的交会处，是连接中国南方和北方、东部和西部的重要铁路枢纽。株洲也是湖南最大的重工业基地，有许多在全国占有重要地位的工业企业和工业部门，尤其是有色冶金、铁路机械、化工等企业和部门。株洲北站是中国江南地区最大的货运编组站，株洲市也被称为“火车拉来的城市”。

小知识

货车标记

铁路货车包括敞车、平车、棚车、保温车和罐车等通用货车与集装箱车、长大货物车、毒品车、家畜车、水泥车、粮食车和特种车等专用货车。一个完整的货车标记包括基本型号、辅助型号和车号。

车种	基本型号	车号范围	车种	基本型号	车号范围
棚车	P	3000000～3499999	保温车	B	7000000～7231999
敞车	C	4000000～4899999	毒品车	W	8000000～8009999
平车	N	5000000～5099999	家畜车	J	8010000～8039999
集装箱车	X	5200000～5249999	水泥车	U	8040000～8059999
矿石车	K	5500000～5531999	粮食车	L	8060000～8064999
长大货物车	D	5600000～5699999	特种车	T	8065000～8074999
罐车	G	6000000～6309999	守车	S	9000000～9049999

2. 主要编组站

编组站是铁路网上集中办理大量货物列车到达、解体、编组出发、直通和其他列车作业，并为此设有比较完善的调车作业的车站。其主要任务是根据列车编组计划的要求，大量办理货物列车的解体和编组作业，对货物列车中的车辆进行技术检修和货运检查整理工作，并且按照运行图规定的时刻，正点接发列车。因此人们往往称编组站为“编组列车的工厂”。

编组站的主要任务和作用可以归纳如下。

1）解编各种类型的货物列车。

2）组织和取送本地区的车流，即小运转列车。

3）设在编组站的机务段还须供应列车动力，以及整备、检修机车。

4）设在编组站的车辆段及其下属单位（站修所、列检所）还要对车辆进行日常维修和定期检修等。

小知识

郑州北编组站

中国国内目前规模最大，乃至亚洲最大的编组站为郑州北编组站，采用双向纵列式三级八场机械化驼峰编组站站型布置，站内拥有 151 条线路，总长 390 多千米，占地约 5.3 平方千米，每日平均接发列车约 600 列，设计解编能力为 24 000 辆/日，实际编解能力约为 36 000 辆/日。

中国现有编组站 49 个编组站，按所处地点交汇的铁路干线数量、站场编组能力等因素，划分为三个等级。

1）路网性编组站——设置在有 3 条及以上主要铁路干线的交会点，编组 2 个及以上远程技术直达列车（通过 1 个及以上编组站的列车），每昼夜编解 6 000 辆及以上车辆。

2）区域性编组站——设置在有 3 条及以上铁路干线的交会点，主要编组相邻编组站直通列车，每昼夜编解 4 000 辆及以上车辆。

3）地方性编组站——设置在有 3 条及以上铁路干、支线的交会点，或工矿区、港湾区、终端大城市地区附近，主要编组相邻编组站、区段站、工业站、港湾站间的直通、区小运转列车，每昼夜编解 2 000 辆及以上车辆。

中国铁路编组站的分类及分布如表 7.2 所示。

表 7.2　中国铁路编组站的分类及分布

分　类	数量（处）	分　布					
		东北区	华北区	华东区	中南区	西北区	西南区
路网性	15	哈尔滨南、沈阳西、沈阳南、山海关	丰台西、石家庄	济南西、徐州北、阜阳北、南京东、南翔、鹰潭	郑州北、株洲北、襄樊北		
区域性	17	三间房、四平、哈尔滨	南仓、大同西	向塘西	江岸西、武昌南、衡阳北、广州北、柳州南	西安东、宝鸡东、兰州西	成都东、重庆西、贵阳南
地方性	17	牡丹江、长春、通辽南、梅河口	太原北	乔司、艮山门、淮南西、青岛西、来舟	怀化南	包头西、迎水桥、武威南、乌鲁木齐西	昆明东、安康东
合　计	49	11	5	12	9	7	5

7.3　公路运输

7.3.1　公路运输的特点

广义概念的公路运输是指利用一定的载运工具（人力车、畜力车、拖拉机、汽车等）沿公路（一般土路、有路面铺装的道路、高速公路）实现旅客或货物空间位移的过程。由于汽车已成为现代公路运输的主要载运工具，因此狭义概念的公路运输，即指汽车运输。公路运输主要担负中、短途及补充和衔接其他交通运输方式的客货运输，一般 200 千米内为其经济运输距离。公路运输在整个运输业中处于基础地位，是各种交通运输方式中最便捷的运输方式。它具有如下几个特点。

1）机动灵活，适应性强。

2）可实现“门到门”直达运输。

3）在中、短途运输中，运送速度较快。

4）原始投资少，资金周转快。

5）掌握车辆驾驶技术较易。

6）运量较小，运输成本较高。

7）运行持续性较差。

8）安全性较低，环境污染较大。

7.3.2 中国公路运输的发展

中国一直将公路作为加快基础设施建设的重要内容之一。1949 年，中国公路通车里程 8 万多千米，道路密度 0.8 千米/百平方千米。新中国成立初期，道路交通经历了一段时期的恢复以后开始获得长足发展，改革开放 30 多年来，公路建设发展迅速，特别是从 1998 年至 2002 年的连续 5 年，国家每年的投资规模超过 2 000 亿元。2003 年，中国公路建设完成投资 3 500 亿元，共安排公路建设重点项目 219 个，主要集中在“五纵七横”国道主干线和西部公路通道以及农村公路建设上。“十一五”期间，我国公路发展又迈上一个新的台阶。特别是 2008 年下半年以来，交通运输业落实中央应对国际金融危机、促进经济增长的一揽子计划，基础设施建设明显加快。在投资带动下，公路基础设施投资规模、建设规模达到新中国成立以来的最高水平。公路网规模不断扩大，截止到 2010 年年底，全国公路网总里程达到 398.4 万千米，5 年增加 63.9 万千米。国、省干线公路里程达到 46.22 万千米，其中国道 16.39 万千米、省道 29.83 万千米，比“十五”末分别增加了 3.12 万千米和 6.44 万千米。2007 年年底，“五纵七横”12 条国道主干线提前 13 年全部建成，西部开发 8 条省际通道基本贯通，全国公路网密度由“十五”末的每百平方千米 34.8 千米提升至 40.2 千米。

小知识

公路等级

公路等级是根据公路的使用任务、功能和流量进行的划分，我国将公路划分为高速公路、一级公路、二级公路、三级公路、四级公路五个等级。

一级公路为供汽车分向、分车道行驶的公路，一般能适应按各种汽车折合成小客车的远景设计年平均昼夜交通量为 15 000～30 000 辆。

二级公路一般能适应按各种车辆折合成中型载重汽车的远景设计年限年平均昼夜交通量为 3 000～7 500 辆。

三级公路一般能适应按各种车辆折合成中型载重汽车的远景设计年限年平均昼夜交通量为 1 000～4 000 辆。

四级公路一般能适应按各种车辆折合成中型载重汽车的远景设计年限年平均昼夜交通量为双车道 1 500 辆以下；单车道 200 辆以下。

设计使用年限：

- 高速公路和一级公路为 15 年。
- 二级公路为 12 年。
- 三级公路为 8 年。
- 四级公路一般为 6 年。

7.3.3　中国公路运输网布局

1．中国公路交通网布局

中国公路交通网由国道、省道、县乡道组成。在国道交通网中又有国道主干线和国道的区分。国道网一般由以下几部分组成。

1）由首都通往并连接全国各省（自治区、直辖市）的行政中心和 50 万人以上城市的干线公路。

2）通向各大港口、铁路干线枢纽、重要工农业生产基地的干线公路，如通往黑龙江的国道 111 线，通往新疆的国道 314 线、312 线等。

3）连接各大区和具有国防意义的干线公路。

4）连接省际和省内个别地区的重要干线公路，如国道 203 线等。

国道采用三位数编号。首位数是布局分类号，如首位数是“1”的，是以北京为起点，由正北方向开始，按顺时针方向编号的放射线国道，由 101 线到 112 线，其中 112 线为北京外环线，目前这类国道主要为三级和四级道路。首位数是“2”的，为南北向的纵向公路，依从东往西的顺序排列，由 201 线到 228 线，其中 228 线在我国台湾境内，目前，这类国道线路以三级和四级为主。最长的纵向国道为锡林浩特至广东雷州半岛南端海安的国道 207 线，长达 3 716 千米，经过内蒙古、河北、山西、河南、湖北、湖南、广西和广东等省区，沿线分布着 364 个城镇，是所有国道中穿越城镇最多的一条。首位数是“3”的，为东西方向的横向公路，依从北往南的顺序排列，由 301 线到 330 线，路线等级主要为三级和四级。最长的横向国道为上海至樟木（西藏）的国道 318 线，全程 5 362 千米，也是国道中最长的一条。

按照适应经济发展、促进对外开放、优化路网布局、提高技术水平及环境保护方面的要求，上述线路又于 1994 年后进行了调整，有的取消（如国道 226 线、313 线），有的改道（如通过卧龙自然保护区等的公路另行选线）。共调整路段 57 处，线路由原来的 70 条减为 68 条，总里程由 108 109 千米下降至 106 248 千米。同时又规划出国道主干线。

国道主干线简称“五纵七横”，是中国公路建设网中的主骨架。12 条线路总里程约 3.5 万千米，道路标准由高速公路、汽车专用公路（包括一级公路、二级公路）为主，组成快捷、安全、经济、舒适的快速通道。这一系统具有完善的安全保障、现代化通信信息、规范化管理的综合服务设施，具有承担重要城市间、省际的直达客货的长途运输功能，实现 400～500 千米间当日可往返，800～1 000 千米间当日可到达的目标。

这一系统连接了所有人口在 100 万人以上的特大城市，还连接了全国 93%的人口在 50 万人以上的大城市，连接了中等城市（含县级市）200 多个，覆盖了全国人口 55%以上。表 7.3 和表 7.4 所示分别为国道一览表和国道主干线一览表。

表 7.3　国道一览表

编号	起讫地点	里　程（千米）	编号	起讫地点	里　程（千米）
101	北京—承德—沈阳	874	102	北京—沈阳—长春—哈尔滨	1 223

续表

编号	起讫地点	里 程（千米）	编号	起讫地点	里 程（千米）
103	北京—天津—天津新港	156	221	哈尔滨—佳木斯—同江	636
104	北京—济南—南京—福州	2 526	222	哈尔滨—绥化—伊春	334
105	北京—南昌—广州—澳门	2 661	223	海口—榆林（东线）	322
106	北京—兰考—黄冈—广州	2 539	224	海口—榆林（西线）	322
107	北京—郑州—武汉—广州—深圳	2 607	225	海口—三亚	448
108	北京—太原—西安—成都—昆明	3 347	227	西宁—张掖	336
109	北京—银川—兰州—西宁—拉萨	3 934	301	绥芬河—哈尔滨—满洲里	1 590
110	北京—呼和浩特—银川	1 167	302	珲春—图们—长春－乌兰浩特	968
111	北京—通辽—乌兰浩特—加格达奇	1 974	303	集安—四平—通辽—锡林浩特	1 255
112	北京环线：涞源—宣化	1 034	304	丹东—沈阳—通辽—霍林郭勒	867
201	鹤岗—牡丹江—大连	1 860	305	庄河—营口—盘锦—林西	732
202	黑河—哈尔滨—沈阳—大连	1 719	306	绥中—克什克腾旗	531
203	明水—松原—沈阳	712	307	新村－石家庄—太原—银川	1 360
204	烟台—连云港—上海	978	308	青岛－济南—石家庄	667
205	山海关—淄博—南京—黄山—广州	3 001	309	荣成—济南—邯郸—兰州	2 165
206	烟台—徐州—合肥—景德镇—汕头	2 275	310	连云港—徐州－郑州—西安—天水	1 517
207	锡林浩特—张家口—长治—襄樊—梧州—海安	3 716	311	徐州—许昌—西峡	716
208	二连浩特—大同—太原—长治	972	312	上海—南京—合肥—西安—兰州—乌鲁木齐—伊宁	4 877
209	呼和浩特—三门峡—柳州—北海	3 416	314	乌鲁木齐—喀什—红其拉甫	1 851
210	包头—西安—重庆—贵阳—南宁	3 107	315	西宁—若羌—喀什	3 006
211	银川—吴忠—西安	700	316	福州—南昌—武汉—汉中— 兰州	2 868
212	兰州—广元－重庆	1 299	317	成都—马尔康—昌都—那曲	1 942
213	兰州—成都—昆明—景洪	2 652	318	上海—武汉—成都—拉萨—樟木	5 362
214	西宁－昌都—大理—景洪	3 261	319	厦门—长沙—重庆—成都	2 775
215	柳园－敦煌—格尔木	632	320	上海—南昌—昆明—瑞丽	3 681
216	阿勒泰—乌鲁木齐—巴伦台	891	321	广州—桂林—贵阳—成都	2 083
217	阿勒泰－独山子—库车	1 071	322	衡阳—桂林—南宁—凭祥—友谊关	1 072
218	伊宁—库尔勒—若羌	1 102	323	瑞金—韶光—柳州—临沧	2 866
219	叶城—拉孜	2 180	324	福州—广州—南宁—昆明	2 729
220	东营—滨州—济南—菏泽—郑州	544	325	广州—湛江—南宁	834

续表

编号	起讫地点	里　程（千米）	编号	起讫地点	里　程（千米）
326	秀山—毕节—蒙自—河口	1 636	329	杭州—宁波—普陀	289
327	菏泽—济宁—连云港	409	330	温州—寿昌	429
328	南京—扬州—海安	208	226	楚雄—墨江（已撤销）	288

表 7.4　国道主干线（1992 年）一览表

分类	概　要			里程（千米）
五纵	1	GZ010	同江—三亚（含吉林长春至珲春支线）	5 700
	2	GZ020	北京—福州（含天津至塘沽支线、泰安至淮阴连接线）	2 540
	3	GZ030	北京—珠海	2 310
	4	GZ040	二连浩特—河口	3 610
	5	GZ050	重庆—湛江	1 430
七横	1	GZ015	绥芬河—满洲里	1 300
	2	GZ025	丹东—拉萨（含天津至唐山支线）	4 600
	3	GZ035	青岛—银川	1 610
	4	GZ045	连云港—霍尔果斯	4 000
	5	GZ055	上海－成都（含万县至南充至成都支线）	3 000
	6	GZ065	上海—瑞丽（含宁波至杭州至南京支线）	4 100
	7	GZ075	衡阳—昆明（含南宁至友谊关支线）	2 000

2．中国高速公路网布局

高速公路是 20 世纪 30 年代在西方发达国家开始出现的专门为汽车交通服务的基础设施。高速公路在运输能力、速度和安全性方面具有突出优势，对实现国土均衡开发、缩小地区差别、建立统一的市场经济体系、提高现代物流效率具有重要作用。

2004 年 12 月 17 日，国务院审议通过《国家高速公路网规划》，规划确定，未来 20 年～30 年建设总规模约 8.5 万千米的“7918”公路网。具体布局如图 7.3 所示。国家高速公路网的规划采用放射线与纵横网格相结合的布局方案，形成由中心城市向外放射以及横连东西、纵贯南北的大通道，由 7 条首都放射线、9 条南北纵向线和 18 条东西横向线组成，简称为“7918”公路网，总规模约 8.5 万千米，其中，主线 6.8 万千米，地区环线、联络线等其他路线约 1.7 万千米。

“十一五”期间，高速公路建设继续保持了“十五”时期的快速发展势头。国家高速公路网中重点建设的“五射两纵七横”14 条线路中，已建和在建路段达到 95%以上。“十一五”末高速公路里程达到 7.41 万千米，居世界第二位，比“十五”末增加了 3.31 万千米，增长 80.7%，年均增长 12.6%，“十一五”新增高速公路里程占全部高速公路的 44.5%。高速公路进一步实现了大规模跨省贯通，加强了各大区域间的经济交流，分担了各省、经济区之间的客货运输，通道效应日趋显著。高速公路骨架的基本形成，构建了城市间的公路运输通道，提高了综合运输通道能力，优化了综合运输体系结构。同时也强化了对铁路、机场和沿海港口的集疏运功能，促进了综合运输体系结构的优化。按照国务院公布的高速公路网发展规划，我国正在全力以赴地加快国家高速公路网主骨架建设，“十二五”末将基本建成。

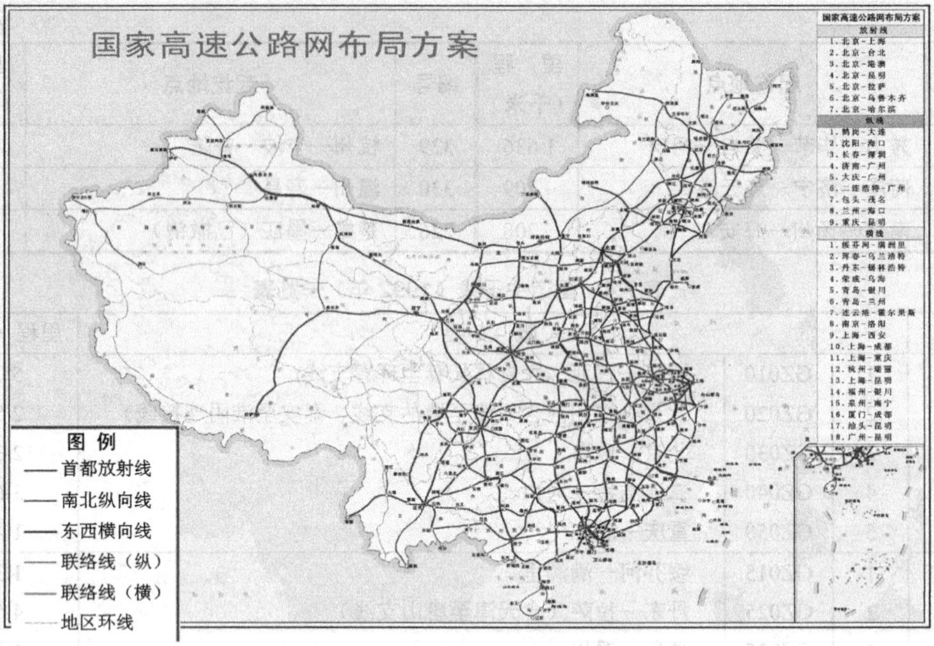

图 7.3 国家高速公路网规划

（1）首都放射线（见表 7.5）

表 7.5 首都放射线

序号	概要				距离（千米）
1	G1	京哈高速	北京—哈尔滨	北京—唐山—秦皇岛—锦州—沈阳—四平—长春—哈尔滨	1 280
2	G2	京沪高速	北京—上海	北京—天津—沧州—德州—济南—泰安—临沂—淮安—江都—江阴—无锡—苏州—上海	1 245
3	G3	京台高速	北京—台北	北京—天津—沧州—德州—济南—泰安—曲阜—徐州—蚌埠—合肥—铜陵—黄山—衢州—南平—福州—台北	2 030（未达到台北）
4	G4	京港澳高速	北京—港澳	北京—保定—石家庄—邯郸—新乡—郑州—漯河—信阳—武汉—咸宁—岳阳—长沙—株洲—衡阳—韶关—广州—深圳—香港（口岸）	2 285
并行线	G4W	广澳高速	广州—澳门	广州—中山—珠海—澳门（口岸）	
5	G5	京昆高速	北京—昆明	北京—保定—石家庄—太原—临汾—西安—汉中—广元—绵阳—成都—雅安—西昌—攀枝花—昆明	2 865
6	G6	京藏高速	北京—拉萨	北京—张家口—集宁—呼和浩特—包头—临河—乌海—银川—中宁—白银—兰州—西宁—格尔木—拉萨	3 710
7	G7	京新高速	北京—乌鲁木齐	北京—张家口—集宁—呼和浩特—包头—临河—额济纳旗—哈密—吐鲁番—乌鲁木齐	2 540

（2）南北纵向线（见表 7.6）

表 7.6　南北纵向线

序号	概　要				距离（千米）
1	G11	鹤大高速	鹤岗—大连	鹤岗—佳木斯—鸡西—牡丹江—敦化—通化—丹东—大连	1 390
联络线	G1111	鹤哈高速	鹤岗—哈尔滨	鹤岗—伊春—绥化—哈尔滨	
	G1112	集双高速	集安—双辽	集安（口岸）—通化—梅河口—辽源—四平—双辽	
	G1113	丹阜高速	丹东—阜新	丹东（口岸）—本溪—沈阳—新民—阜新	
2	G15	沈海高速	沈阳—海口	沈阳—辽阳—鞍山—海城—大连—烟台—青岛—日照—连云港—盐城—南通—常熟—太仓—上海—宁波—台州—温州—宁德—福州—泉州—厦门—汕头—汕尾—深圳—广州—佛山—开平—阳江—茂名—湛江—海口	3 710
并行线	G15W	常台高速	常熟—台州	常熟—苏州—嘉兴—绍兴—台州	
联络线	G1511	日兰高速	日照—兰考	日照—曲阜—济宁—菏泽—兰考	
	G1512	甬金高速	宁波—金华	宁波—嵊州—金华	
	G1513	温丽高速	温州—丽水	温州—丽水	
	G1514	宁上高速	宁德——上饶	宁德—上饶	
3	G25	长深高速	长春—深圳	长春—双辽—阜新—朝阳—承德—唐山—天津—黄骅—滨州—青州—临沂—连云港—淮安—南京—溧阳—宜兴—湖州—杭州—金华—丽水—南平—三明—龙岩—梅州—河源—惠州—深圳	3 580
联络线	G2511	新鲁高速	新民—鲁北	新民—彰武—通辽—鲁北	
	G2512	阜锦高速	阜新—锦州	阜新—锦州	
	G2513	淮徐高速	淮安—徐州	淮安—宿迁—徐州	
4	G35	济广高速	济南—广州	济南—菏泽—商丘—阜阳—六安—安庆—景德镇—鹰潭—南城—瑞金—河源—广州	2 110
5	G45	大广高速	大庆—广州	大庆—松原—双辽—通辽—赤峰—承德—北京—霸州—衡水—濮阳—开封—周口—麻城—黄石—吉安—赣州—龙南—连平—广州	3 550
联络线	G4511	龙河高速	龙南—河源	龙南—河源	
6	G55	二广高速	二连浩特—广州	二连浩特—集宁—大同—太原—长治—晋城—洛阳—平顶山—南阳—襄樊—荆州—常德—娄底—邵阳—永州—连州—广州	2 685
联络线	G5511	集阿高速	集宁—阿荣旗	集宁—鲁北—乌兰浩特—阿荣旗	
	G5512	晋新高速	晋城—新乡	晋城—焦作—新乡	
	G5513	长张高速	长沙—张家界	长沙—常德—张家界	

续表

序号	概　要				距离（千米）
7	G65	包茂高速	包头—茂名	包头—鄂尔多斯—榆林—延安—铜川—西安—安康—达州—重庆—黔江—吉首—怀化—桂林—梧州—茂名	3 130
8	G75	兰海高速	兰州—海口	兰州—广元—南充—重庆—遵义—贵阳—麻江—都匀—河池—南宁—钦州—北海—湛江—海口	2 570
联络线	G7511	钦东高速	钦州—东兴	钦州—防城—东兴（口岸）	
9	G85	渝昆高速	重庆—昆明	重庆—内江—宜宾—昭通—昆明	838
联络线	G8511	昆磨高速	昆明—磨憨	昆明—元江—思茅—磨憨（口岸）	

（3）东西横向线（见表 7.7）

表 7.7　东西横向线

序号	概　要				距离（千米）
1	G10	绥满高速	绥芬河—满洲里	绥芬河（口岸）—牡丹江—哈尔滨—大庆—齐齐哈尔—阿荣旗—满洲里（口岸）	1 520
联络线	G1011	哈同高速	哈尔滨—同江	哈尔滨—佳木斯—双鸭山—同江	
2	G12	珲乌高速	珲春—乌兰浩特	珲春（口岸）—敦化—吉林—长春—松原—白城—乌兰浩特	885
联络线	G1211	吉黑高速	吉林—黑河	吉林—舒兰—五常—哈尔滨—明水—黑河（口岸）	
	G1212	沈吉高速	沈阳—吉林	沈阳—吉林	
3	G16	丹锡高速	丹东—锡林浩特	丹东—海城—盘锦—锦州—朝阳—赤峰—锡林浩特	960
4	G18	荣乌高速	荣城—乌海	荣成—文登—威海—烟台—东营—黄骅—天津—霸州—涞源—朔州—鄂尔多斯—乌海	1 820
联络线	G1811	黄石高速	黄骅—石家庄	黄骅—沧州—石家庄	
5	G20	青银高速	青岛—银川	青岛—潍坊—淄博—济南—石家庄—太原—离石—靖边—定边—银川	1 600
联络线	G2011	青新高速	青岛—新河	青岛—新河	
	G2012	定武高速	定边—武威	定边—中宁—武威	
6	G22	青兰高速	青岛—兰州	青岛—莱芜—泰安—聊城—邯郸—长治—临汾—富县—庆阳—平凉—定西—兰州	1 795
7	G30	连霍高速	连云港—霍尔果斯	连云港—徐州—商丘—开封—郑州—洛阳—西安—宝鸡—天水—兰州—武威—嘉峪关—哈密—吐鲁番—乌鲁木齐—奎屯—霍尔果斯（口岸）	4 280

续表

序号	概　要				距离（千米）
联络线	G3011	柳格高速	柳园—格尔木	柳园—敦煌—格尔木	
	G3012/G3013	吐和高速	吐鲁番—和田/伊尔克什坦	吐鲁番—库尔勒—库车—阿克苏—喀什—和田/伊尔克什坦	
	G3014	奎阿高速	奎屯—阿勒泰	奎屯—克拉玛依—阿勒泰	
	G3015	奎塔高速	奎屯—塔城	奎屯—克拉玛依—塔城—巴克图（口岸）	
	G3016	清伊高速	清水河—伊宁	清水河—伊宁	
8	G36	宁洛高速	南京—洛阳	南京—蚌埠—阜阳—周口—漯河—平顶山—洛阳	712
9	G40	沪陕高速	上海—西安	上海—崇明—南通—扬州—南京—合肥—六安—信阳—南阳—商州—西安	1 490
联络线	G4011	扬溧高速	扬州—溧阳	扬州—镇江—溧阳	
10	G42	沪蓉高速	上海—成都	上海—苏州—无锡—常州—南京—合肥—六安—麻城—武汉—孝感—荆门—宜昌—万州—垫江—南充—遂宁—成都	1 960
联络线	G4211	宁芜高速	南京—芜湖	南京—马鞍山—芜湖	
	G4212	合安高速	合肥—安庆	合肥—安庆	
11	G50	沪渝高速	上海—重庆	上海—湖州—宣城—芜湖—铜陵—安庆—黄梅—黄石—武汉—荆州—宜昌—恩施—忠县—垫江—重庆	1 900
联络线	G5011	芜合高速	芜湖—合肥	芜湖—巢湖—合肥	
12	G56	杭瑞高速	杭州—瑞丽	杭州—黄山—景德镇—九江—咸宁—岳阳—常德—吉首—遵义—毕节—六盘水—曲靖—昆明—楚雄—大理—保山—瑞丽（口岸）	3 405
联络线	G5611	大丽高速	大理—丽江	大理—丽江	
13	G60	沪昆高速	上海—昆明	上海—杭州—金华—衢州—上饶—鹰潭—南昌—宜春—株洲—湘潭—邵阳—怀化—麻江—贵阳—安顺—曲靖—昆明	2 730
14	G70	福银高速	福州—银川	福州—南平—南城—南昌—九江—黄梅—黄石—武汉—孝感—襄樊—十堰—商州—西安—平凉—中宁—银川	2 485
联络线	G7011	十天高速	十堰—天水	十堰—天水	
15	G72	泉南高速	泉州—南宁	泉州—永安—吉安—衡阳—永州—桂林—柳州—南宁	1 635
联络线	G7211	南友高速	南宁—友谊关	南宁—友谊关（口岸）	

续表

序号	概　要				距离（千米）
16	G76	厦蓉高速	厦门—成都	厦门—漳州—龙岩—瑞金—赣州—郴州—桂林—麻江—贵阳—毕节—泸州—隆昌—内江—成都	2 295
17	G78	汕昆高速	汕头—昆明	汕头—梅州—韶关—贺州—柳州—河池—兴义—石林—昆明	1 710
18	G80	广昆高速	广州—昆明	广州—肇庆—梧州—玉林—南宁—百色—富宁—开远—石林—昆明	1 610
联络线	G8011	开河高速	开远—河口	开远—河口（口岸）	

（4）地区环线（见表 7.8）

表 7.8　地区环线

序号	概　要		
1	G91	辽中环线	辽中—新民—铁岭—抚顺—本溪—鞍山—辽中
2	G92	杭州湾环线	上海—杭州—宁波
联络线	G9 211	宁波—舟山	宁波—舟山
3	G93	成渝环线	成都—绵阳—遂宁—重庆—合江—泸州—宜宾—乐山－雅安—成都
4	G94	珠三角环线	深圳—香港（口岸）—澳门（口岸）－珠海—中山—江门—佛山—花都—增城—东莞—深圳
联络线	G9411	东莞—佛山	东莞－虎门—佛山
5	G95	海南环线	海口—琼海—三亚—东方—海口
6	G99	台湾环线	台北—台中—高雄—台东—花莲—台北

3．中国主要高速公路

目前，中国已建成通车的主要高速公路有如下几条。

（1）中国第一条利用世界银行贷款修建和管理的高速公路——京津塘高速公路（见图 7.4）

图 7.4　京津塘高速公路剪影

资料来源：http://www.china-highway.com/html/313/0/743/1.htm.

京津塘高速公路西起北京市朝阳区十八里店，途经河北廊坊市，东到天津市塘沽区河北路，全长 142.69 千米，是中国第一条利用世界银行贷款修建和管理的高速公路。这条高速公路已成为改善京津冀地区投资环境、扩大对外开放、发展外向型经济的必要基础设施。

（2）中国第一条国道主干线——京沪高速公路

在人类历史即将跨入 21 世纪的时候，中国第一条国道主干线京沪高速公路正式实现全线贯通。这是中国公路建设史以及当代交通史上的一项重大成就，也是中国社会经济生活中的一件大事。

京沪高速公路是中国高速公路联网“两纵两横”计划中完成的第一条南北大动脉。

京沪高速公路全长 1 262 千米，总投资 393 亿元。作为国家重点建设项目，京沪高速公路分 20 个路段分期建设，整个工程建设历时 13 年。

这条公路运输大通道途经北京、天津、河北、山东、江苏、上海，横跨海河、黄河、淮河和长江，进一步将华东、华北、东北 3 个在中国经济的整体格局中具有重要战略意义的地区纵向贯通，将在促进沿线地区的相互经济交往，推动沿渤海经济区、淮海经济圈和长江三角洲的合作与开发，加快东部地区基础设施建设步伐和城镇化进程等方面产生积极而深远的影响。

（3）中国第一条长距离高速公路——沈大高速公路

1990 年 9 月，沈大高速公路通车。沈阳至大连高速公路全长 375 千米，是国家“七五”重点建设项目。沈大高速公路 1984 年 6 月开工，1990 年 9 月建成通车，连接沈阳、辽阳、鞍山、营口、大连 5 个城市，是当时中国公路建设项目中规模最大、标准最高的艰巨工程，全部工程由中国自行设计，自行施工，开创了中国建设长距离高速公路的先河，为 20 世纪 90 年代中国大规模的高速公路建设积累了经验。

（4）广深高速公路

广深高速公路为联系广州、深圳、珠海的广深珠高速公路的首期工程。北起于广州市黄村立交，与广州环城高速公路北段相接，南止于深圳市皇岗口岸附近，与深圳皇岗路相接，双向六线行车，全线设有路灯照明，全长 122.8 千米，宽 33.1 米，双向 6 车道、全封闭、全立交，限速为 120 千米/小时，全线设有路灯照明。属于 G4 和 G15 的一部分，从鹤州出入口至火村出入口的路段为 G4 和 G15 并线之路段。设计车流量为 6 万辆次/日，但 2012 年数据显示，平时日车流量就已达 40 万辆次。

由深圳至广州外围、连同延伸至珠海的路段（原属京珠高速公路）通称“广深珠高速公路”（现广澳高速公路一部分），是连接珠江口东西岸（包括香港及澳门）最快速陆路通道；虎门大桥通车将深圳至珠海车程距缩短了大约一半。

（5）中国第一条全部以高速公路标准贯通的国道主干线——京珠国道主干线

国家规划的“五纵七横”国道主干线中的重要一纵——京珠国道主干线，是全国第一条全部以高速公路标准贯通的国道主干线。

京珠国道主干线全长 2 291 千米，于 1986 年开工建设，始于北京，经过河北、河南、湖北、湖南，止于广东的珠海市，贯穿五省一市。京珠国道主干线纵贯南北，是连接华北、华中、华南的交通大动脉，在国家公路网中具有十分重要的地位和作用。

（6）四川省第一条高速公路——成渝高速公路

成渝高速公路是四川省与重庆直辖市之间的公路交通大动脉，起于成都五桂桥，止于重庆陈家坪。

成渝高速公路是国家“八五”重点公路工程，也是利用世界银行贷款、实行国际竞争性招标和中外工程师联合监理的大型公路建设项目。成渝高速公路 1990 年 9 月正式开工，1995 年 9 月建成通车。

（7）楚大高速公路

楚大高速公路是上海—昆明—瑞丽国道主干线（GZ65）中的一段，是昆明通往滇西、滇西北、滇西南地区的主要经济干线，是交通运输部和云南省“九五”期间的重点建设项目，也是云南第一条按照业主负责制，利用亚洲开发银行贷款和通过国际招标方式建设的高速公路。

（8）中国第一条沙漠高速公路——榆靖高速公路

榆靖高速公路起自榆林市榆阳区芹河乡孙家湾村，止于靖边县新农村乡石家湾村，正线全长 115.918 千米，榆林、横山、靖边三条连接线长 18.256 千米，项目建设里程全长 134.174 千米，是中国第一条沙漠高速公路。

（9）国家重点工程——安楚高速

国家重点工程、云南省安楚（安宁至楚雄）高速公路的建成使得云南省高速公路里程达到 1 400 千米。

这条公路于 2003 年 2 月开工建设，2005 年 6 月 17 日全线贯通，全长约 130 千米，总投资 38.5 亿元，是昆明市连接缅甸边境重镇木姐市公路的重要路段。

（10）中国第一条全封闭全立交式高速公路——京石高速公路

京石高速公路是北京通往石家庄直至广州、深圳的国家级干道。

这条公路北起北京六里桥，南至石家庄市南高营村，全长 269.6 千米。全线为双向四车道，东幅路基宽 13～13.5 米，路面宽 11.55～11.75 米，占地 15.466 7 平方千米，总投资 24 亿元。其中河北段全长 224 千米，纵贯河北省中部 9 个县市、59 个乡镇，于 1994 年建成。

7.4 水路运输

7.4.1 水路运输的发展

1. 水路运输的特点

水路运输按其航行的区域，大体上可划分为沿海、远洋和内河运输 3 种形式。沿海运输是指利用船舶在中国沿海区域各地之间的运输；远洋运输通常是指除沿海运输以外所有的海上运输；而内河运输是指利用船舶、排筏和其他浮运工具，在江河、湖泊、水库及人工水道上从事的运输。水路运输主要是利用江、河、湖泊和海洋的“天然航道”来进行，并可以利用其天然的有利条件，实现大吨位、长距离的运输。其特点主要体现如下。

1）水上运输运量大，成本低，非常适合大宗货物的运输。

2）水上航道四通八达，通航能力几乎不受限制，而且投资少。

3）水上运输是开展国际贸易的主要方式，是对外发展经济和友好往来的主要交通工具。

4）与其他运输方式相比，水路运输速度较慢，受自然气候和条件的影响较大。

2. 水路运输的发展

从世界港口发展历程来看，港口主要伴随着航运的发展而发展。中国海岸线长达 1.84 万千米，沿海地区主要包括北京、天津、河北、辽宁、山东、上海、江苏、浙江、广东、福建和海南11个省市，是中国经济最为发达、增长速度最快的区域。近年来，占据国土总面积11.27%的沿海地区，其所创造的地区GDP总量早已超过全国GDP总量的一半以上。

（1）中国海上运输业及港口发展

中国海上运输历史悠久，早在春秋战国时期，吴国和越国就已有战船，水上运输也已十分频繁，港口应运而生，当时有渤海沿岸的碣石港（今秦皇岛港）。战国初期，人们利用指南针在海上辨别方向，后来指南针经阿拉伯地区传到西方，对世界航海技术的发展做出了重要贡献。

新中国成立初期，港口淤浅、码头失修，海上运输业几乎处于瘫痪状态，全国（除台湾地区）仅有万吨级泊位60个，码头岸线总长仅2万多米，年总吞吐量只有500多万吨，多数港口处于原始状态，装卸靠人抬肩扛。

20世纪60年代，中国开始有计划地发展航运业并积极恢复港口，50多年来，中国的航运业取得了巨大的成就。新中国成立后，港口发展先后经历了5个不同的时期。

1）中国港口建设的第一个发展时期是新中国成立初期的20世纪50～70年代初。由于受到海上封锁，加上经济发展以内地为主，交通运输主要依靠铁路，海运事业发展缓慢。这一阶段港口的发展主要以技术改造、恢复利用为主。

2）中国港口建设的第二个发展时期是20世纪70年代。随着中国对外关系的发展，对外贸易迅速扩大，外贸海运量猛增，沿海港口货物通过能力不足，国家于1973年年初发出了“三年改变港口面貌”的号召，开始了第一次建港高潮。

3）中国港口建设的第三个发展时期是20世纪70年代末至80年代。中国经济发展进入了一个新的历史时期，中国政府在“六五”（1981—1985年）计划中将港口列为国民经济建设的重点，港口建设进入第二次建设高潮。

4）中国港口建设的第四个发展时期是20世纪80年代末至90年代。随着改革开放政策的推行以及国际航运市场的发展变化，中国开始注重泊位深水化、专业化建设，初步形成了一个比较完整的水运营运、管理、建设和科研体系。

5）中国港口建设的第五个发展时期是20世纪90年代末至21世纪初。伴随着贸易自由化和国际运输一体化，以及现代信息技术和网络技术的高速发展，使现代物流业在全球范围内迅速成长为一个充满生机活力并具有无限潜力和发展空间的新兴产业。现代化的港口不再是一个简单的货物交换场所，而是国际物流链上的一个重要环节。为适应中国加入WTO后和现代物流发展的需要，并在激烈的竞争中立于不败之地，中国各大港口都在积极开展港口发展战略研究，全面提升港口等级。

“十一五”期间，沿海港口建设投资超过3 500亿元。2010年，全国规模以上港口货物吞吐量达80.2亿吨。其中，沿海港口货物吞吐量54.28亿吨，内河港口货物吞吐量25.9亿吨；全国规模以上港口集装箱吞吐量13 060万标准箱。港口建设取得显著成效，成为带动临港工业、促进区域经济发展的引擎。

相关链接

“十二五”沿海港口设施建设重点

“十二五”时期沿海港口规划新增深水泊位440个。

煤炭泊位：重点建设锦州港、唐山港（曹妃甸港区）、天津港、黄骅港、秦皇岛港煤炭装船码头，新增煤炭装船能力3.1亿吨。加强南方地区公用煤炭接卸码头建设，根据国家煤炭储备要求，相应建设有关码头设施。

原油泊位：根据炼厂扩能和布局以及原油管道建设，相应开展配套原油码头前期工作并适时建设。规划新增大型原油码头接卸能力 1.0 亿吨。

铁矿石泊位：结合新钢厂布局，配套建设矿石泊位。规划新增大型铁矿石码头接卸能力 3.9 亿吨。

集装箱泊位：在充分发挥既有设施能力基础上，根据集装箱运输市场情况，合理把握建设节奏，有序推进新码头建设。规划新增集装箱码头通过能力 5 800 万标箱。

重点建设主要港口、地区性重要港口公用港区航道、防波堤工程，加强新港区航道、防波堤建设。重点建设 1 000 人以上岛屿的车渡（滚装）、货运码头，继续完善 1 000 人以下岛屿陆岛的交通码头。

资料来源：交通运输“十二五”发展规划。

（2）中国内河航道的发展

新中国成立初期，中国交通运输十分落后，基础设施数量少、质量差、能力低、布局偏。改革开放以后，中国先后整治了一批具有重大经济意义的内河航道，改善了内河航运条件，促进了内河水运事业的发展。目前，长江干线已成为世界上水运最为繁忙和运量最大的河流，西江航运干线已成为沟通西南与粤港澳地区的重要纽带，京杭运河已成为我国“北煤南运”的水上运输大动脉，长江三角洲、珠江三角洲航道网已成为区域综合运输体系的重要组成部分。

按照《全国内河航道与港口布局规划》，实施重点是：

1）长江水系。加快长江干线航道治理。全面推进长江三角洲高等级航道网建设。重点建设通往上海国际航运中心主要集装箱港区的内河集装箱运输通道，实施赵家沟、大芦线、长湖申线、杭甬运河、湖嘉申线、杭申线、锡溧漕河、芜申线、苏申外港线等航道整治工程。

2）珠江水系。实施西江航运干线扩能工程。整治贵港至肇庆航道，建设桂平二线船闸。全面推进并基本建成珠江三角洲高等级航道网。实施顺德水道、洪奇沥水道、东江下游航道、白坭水道、东平水道、崖门水道等航道整治工程。

3）京杭运河与淮河水系。提高京杭运河航道标准和通过能力。实施京杭运河江南段三级航道建设工程和苏北运河二级航道建设工程，整治湖西航道。扩建台儿庄、微山船闸，结合南水北调东线工程，建设济宁至东平湖航道。结合淮河流域综合治理工程，改善沙颍河、涡河、沱浍河航道通航条件。

4）黑龙江和松辽水系 继续实施松花江航电结合、梯级开发工程。

5）注重黑龙江、澜沧江等国际河流的航运开发，促进我国边境地区经济发展，增强与周边国家和地区的紧密联系。

7.4.2 中国河运地理分布

中国水运资源十分丰富，大江大河横贯东西，支流沟通南北，江河湖海相连，构成了天然河网。其中，流域面积超过 1 000 平方千米的河流就有 1 500 多条，1 万平方千米以上的河流有 79 条，总长 43 万千米；大小湖泊 24 800 多个，其中面积在 1 平方千米以上的天然湖泊就有 2 800 多个，1 000 平方千米以上的有 13 个，总面积达到 8 万多平方千米。此外，还有数以万计的人工水库，如三峡大坝。中国共有大陆海岸线 1.8 万多千米，大小岛屿 6 400 多个，岛屿岸线 1.4 万多千米，岛屿之间、岛屿与陆地之间形成很多海峡，岛屿密布的沿海地带海岸线曲折，形成优良的港湾，为发展中国海运和内河航运提供了优越的自然条件。

在丰富的水运资源和环境的支撑下，中国水上运输形成了环渤海湾地区、长江三角洲地区、珠江三角洲地区三大港口群和陆岛间运输航线，内河以“两横一纵两网”为重点，发展湖区、库区等其他内河运输格局。

1．河流和湖泊

（1）河流

中国的河流按照河流径流的循环形式，可划分为两大部分。

1）注入海洋的外流河，又可分为太平洋、印度洋、北冰洋三大水系。其中长江、黄河、黑龙江、珠江、澜沧江、海河、淮河、钱塘江等向东流入太平洋，属太平洋水系。长江长 6 397 千米，是中国第一大河，也是世界最长的河流之一；黄河长为 5 464 千米。怒江和西藏的雅鲁藏布江向东流出国境再向南注入印度洋，属印度洋水系，这条河流上有长 504.6 千米、深 6 009 米的世界第一大峡谷——雅鲁藏布大峡谷。新疆的额尔齐斯河则向北流出国境注入北冰洋，属北冰洋水系。

2）流入内陆湖泊或消失于沙漠、盐滩之中的内流河，以新疆塔里木河最长，为 2 137 千米，是世界第五大内陆河。

（2）湖泊

中国湖泊数量虽然很多，但地区分布很不均匀。总体来说，东部季风区，特别是长江中下游地区，分布着中国最大的淡水湖群；西部以青藏高原湖泊较为集中，多为内陆咸水湖。

外流区域的湖泊都与外流河相通，湖水能流进也能排出，含盐分少，称为淡水湖，也称排水湖。中国著名的淡水湖有鄱阳湖、洞庭湖、太湖、洪泽湖、巢湖等。

内流区域的湖泊大多为内流河的归宿，湖水只能流进，不能流出，又因蒸发旺盛，盐分较多的形成咸水湖，也称非排水湖，如中国最大的湖泊青海湖以及海拔较高的纳木错湖等。

2．河运地理分布

内河运输和海上运输同属水路运输业。中国有大小天然河流 5 800 多条，总长 40 多万千米，现已辟为航道的里程 10 万多千米，其中 7 万多千米可通航机动船只。另有可通航的大小湖泊 900 多个（未计入我国台湾地区，下同）。这些河流、湖泊的水量一般都较充沛，大多终年不冻，主要通航河流大都分布在经济发达、人口稠密的地区，且都由西向东流入大海，极利于实行河海联运。中国又是世界海洋国家之一，有漫长的海岸线，港湾众多，尤其是横贯东西的大河入海口，极有利于建立富于经济价值的河口港。

中国内河航运干线，按照水系分，主要有珠江、长江、黄河、淮河、海河和松辽六大水系；另有人工运河——京杭大运河。

（1）珠江水系

1）珠江水系和流域概况。珠江水系是华南第一大水系，中国四大水系之一，水运能力仅次于长江。珠江水系主要由西江、北江和东江组成，干支流总长 36 000 千米。

珠江，旧称粤江，是中国境内第四大河流，全长 2 400 千米，原指广州到入海口的一段河道，后来逐渐成为西江、北江、东江的总称。其干流西江是珠江水系的主流，发源于云南省东北部沾益县的马雄山，干流流经云南、贵州、广西、广东 4 省区及香港、澳门特别行政区，由广东珠江三角洲地区的 8 个入海口流入南海。流域面积 45.369 万平方千米，其中中国境内面积 44.21 万平方千米。

珠江流域地处亚热带，气候温和，水资源丰富，多年平均年径流量 3 360 亿立方米，仅次于长江，居中国第二位。

2）珠江水系航道状况。西江是华南地区最长的河流，为中国第三大河流，长度仅次于长江、黄河。航运量居中国第二位，仅次于长江。发源于云南，流经广西，在广东佛山三水与东江、北江交汇。北江是珠江流域第二大水系，干流河道长 468 千米，流域面积占全珠江流域面积的 10.1%。北江韶关以下可通轮船，韶关以上及各支流多可通航木帆船。东江是珠江的主要支流之一，干流河道长 523 千米，流域面积占全珠江流域的 6.3%；东江流经的城市有河源、惠州、东莞。东江河源以南河段可通航，水质优良，是香港淡水的主要供应源。东江主要支流有新丰江、西枝江等；西北两江在广东省三水市思贤窖、东江在广东省东莞市石龙镇汇入珠江三角洲，经虎门、蕉门、洪奇门、横门、磨刀门、鸡啼门、虎跳门及崖门八大口门汇入南海，构成珠江独特的“三江汇集，八口分流”的水系特征。东江除龙川以上至合河口只能通航木船外，龙川以下 400 多千米均可通航轮船。

（2）长江水系

1）水系和流域概况。长江位于中国境内，全长 6 380 千米，是中国也是亚洲第一和世界第三大河流（仅次于亚马孙河和尼罗河）。它是横贯大陆东西走向的水运大动脉，自古以来对其流域广大地区的经济、文化交流起着重要作用，是东部、中部和西部三个经济区的大通道之一。

长江水系流域面积 180 万平方千米，占中国陆地面积的 18.8%，流域面积 1 万平方千米以上的支流有 49 条。长江中下游是中国淡水湖分布最集中的地区，主要有洞庭湖、鄱阳湖、太湖、巢湖和洪湖等。

整个长江水系有大小通航支流 3 500 多条，通航里程长约 7 万千米。通航里程占全国内河航道总里程的 70%。货运量和货物周转量分别占全国内河货运总量和货物周转总量的 70%和 80%左右。

2）长江水系航道状况。宜宾以上金沙江有分段、季节性通航里程 751 千米，一般通行较小吨位的船舶，兼有漂木。长江干流宜宾至宜昌为上游航道，全长 1 040 千米，河道平均比降 0.22‰，平均流速在 2 米/秒以上。宜宾—兰家沱段长 303 千米，可通航 1 000 吨级船舶；兰家沱—重庆河段长 81 千米，最大可通航 800～1 000 吨级船舶；重庆至宜昌段长 660 千米，单向运输通过能力约 $1\,000\times10^4$ 吨，通航 1 000～1 500 吨级船舶组成的 3 000 吨级船队，其中，香溪、黛溪以下 76 千米的葛洲坝水库常年回水区，可通行 1 500～3 000 吨级驳船组成的万吨级船队。三峡工程兴建以后，川江航道条件将大为改善，万吨的船队年内约有半年以上时间可直达重庆，航道年单向运输通过能力可达 5 000 万吨以上。

宜昌至武汉为中游航道，全长 626 千米，有主要浅水道 18 处，航道维护最小尺度为宜昌—临湘 416 千米，临湘—武汉 210 千米，可分别通行 1 500 吨和 1 500～3 000 吨级船舶，目前航道能力利用率为 9%～23%。

武汉至长江口为下游航道，全长 1 143 千米，长江水系 97%以上的一级航道主要集中在该河段上。其中，武汉至南京 708 千米河段中，通航 3 000～5 000 吨级船舶，年单向运输通过能力为 7 亿～8 亿吨；南京以下进入感潮河段，乘潮可通行 2 万～2.4 万吨级海轮。

（3）黄河水系

1）水系和流域概况。黄河发源于青藏高原巴颜喀拉山北麓海拔 4 500 米的约古宗列盆地，流经青海、四川、甘肃、宁夏、内蒙古、陕西、山西、河南、山东 9 省（区），注入渤海，干流河道全长 5 464 千米，是中国第二长河，仅次于长江，是世界第五长河流。黄河横贯中国东西，流域东西长 1 900 千米，南北宽 1 100 千米，总面积达 752 443 平方千米。

2）黄河水系航道状况。黄河航运价值远不如长江、珠江等河流。贵德以上基本不能通航，贵德到中卫间只通皮筏，中卫—银川、西小召—河口、龙门—孟津及孟津—陶城铺间可通木船，陶城铺—垦利间可通小轮，垦利以下航道水浅则不通航。

（4）淮河水系

1）水系和流域概况。淮河因其难以治理而出名，又称“坏河”。发源于河南省桐柏山，东流经河南、安徽、江苏三省，在三江营入长江，全长 1 000 千米，总落差 200 米。淮河位于长江、黄河之间，流域面积 27 万平方千米，其中淮河水系 19 万平方千米，沂沭泗水系 8 万平方千米。

2）淮河水系航道状况。淮河自古就是重要的通航河流，后因 12 世纪末黄河夺淮，又遭历代人为破坏，淮河遂成害河。经几十年的努力，如今淮河干支流航运量增长较快，20 世纪 80 年代后期比 1949 年增长 7 倍。淮河水运潜力目前尚未得到充分利用。

（5）海河水系

海河流域包括海河、滦河、徒骇—马颊河三大水系，主要由五大干流组成，即南运河、北运河、大清河、子牙河和永定河，这 5 条河在天津市区三岔河口汇入海河。

海河水系由蓟运河、潮白河、北运河、永定河、大清河、子牙河、漳卫河组成。新中国成立以来大兴水利工程，蓟运河、潮白河和北运河三大水系闸坝控制河道相通，水系间互相调节，因此原有 3 个水系统称北三河水系，北三河水系面积为 36 053 平方千米。

滦河水系位于海河流域东北部，包括滦河干流及冀东沿海 32 条小河，全水系面积 54 530 平方千米。滦河支流繁多，常年有水者达 500 余条，其中小滦河、兴洲河、伊逊河、蚁蚂吐河、武烈河、老牛河、柳河、瀑河、潵河、青龙河 10 条为主要河流。

徒骇—马颊河位于漳卫南运河以南，黄河以北，居海河流域的最南部，由徒骇河、马颊河、德惠新河及滨海小河等平原河道组成，流域面积 3.2 万平方千米。

（6）松辽水系

松辽水系包括辽河和松花江两大水系。

1）松辽水系和流域概况。辽河位于中国东北地区西南部，源于河北省，流经内蒙古自治区、吉林省、辽宁省，注入渤海。流域由两个水系组成，一为东、西辽河，于福德店汇流后为辽河干流，经双台子河由盘山入海，干流长 516 千米；另一为浑河、太子河，于三岔河汇合后经大辽河由营口入海，大辽河长 94 千米。

松花江是中国东北地区的主要江河，流经哈尔滨、佳木斯，在同江附近注入黑龙江，干流全长 939 千米，流域面积 54.6 万千米。

2）松辽水系航道状况。松花江是松辽水系航运价值最大的河流，航运量占整个黑龙江水系航运量的 90%，是东北地区最重要的水运干线。松花江有南、北两源。北源嫩江通航里程 950 千米，可通航 50～600 吨级船舶。南源第二松花江通航里程 657 千米，丰满以上 3 段库区航道可通航 200 吨级以内的船舶，丰满—扶余间可通航 50～100 吨级船舶，扶余—三岔河间航道条件最好，可通航 300～600 吨级船舶。松花江干流通航里程 928 千米。嫩江、第二松花江汇合处的三岔河至肇源段 42 千米可通航 200～600 吨级船舶，以下河道皆可通航 1 000 吨级以内船舶。目前，松花江航线主要以运输煤炭、木材、建材、粮食为主，其中煤炭运量占 60%以上。按目前航道状况计算，松花江干流通过能力可达 1 500 万吨，现实际通过量仅有 200 万吨，水运潜力巨大。哈尔滨位于松花江中游右岸，是松花江上最大的港口，吞吐量已达 200 万吨，共有泊位 9 个；进港物资以木材、煤炭、粮食、建材为主，出港物资以机械、日用百货、水泥为主，是东北最大的水陆换装枢纽港，也是全国十大内河港口之一。

（7）京杭大运河

京杭大运河北起北京，南达杭州，流经北京、天津、河北、山东、江苏、浙江 6 省市，沟通了海河、黄河、淮河、长江和钱塘江五大水系，全长 1 794 千米，相当于苏伊士运河的 10 倍多，巴拿马运河的 22 倍，是世界上最长的人工河流，也是最古老的运河之一。它和万里长城并称为中国古代的两项伟大工程，闻名全世界。

目前京杭大运河通航河段为山东济宁至浙江杭州三堡船闸 883 千米，全线共有 17 个梯级，35 座船闸，江北段可通航 1 000 吨级船舶，江南段可通航 500 吨级船舶。2005 年，京杭大运河苏北段、苏南段货运量分别达 1.25 亿吨、1.65 亿吨，货运周转量分别达 290 亿吨千米、120 亿吨千米，其中苏南段运量相当于 5 条沪宁铁路的货运量。目前运河沿线已形成徐州、无锡、苏州、杭州 4 个年吞吐量达 3 000 万吨以上的内河大港。据预测，2020 年京杭大运河货运量将达到 2.8 亿吨。

7.4.3 沿海主要港口及航线布局

“十一五”期间，在长江干线、西江航运干线和京杭运河等沿线相继建成了一批规模化、专业化港区。截止到 2010 年年底，全国规模以上港口数量为 96 个，拥有生产用码头泊位 32 148 个，其中万吨级及以上泊位 1 659 个。沿海港口作为国民经济和社会发展的重要基础设施，有力支撑了经济、社会和贸易发展以及人民生活水平的提高，对国家综合实力的提升、综合运输网的完善等具有十分重要的作用。

小知识

什么是规模以上港口

一般来说，年吞吐量在 1 000 万吨以上的，列入交通运输部“规模以上”名录的，才能叫作规模以上港口。

1. 全国沿海港口布局

近 30 年来，沿海港口坚持统筹规划、远近结合、深水深用、合理开发的原则，整体上已初步形成了布局合理、层次清晰、功能明确的港口布局形态和围绕煤炭、石油、矿石和集装箱四大货类的专业化运输系统，对满足国家能源、原材料等大宗物资运输、支持国家外贸快速稳定发展、保障国家参与国际经济合作和竞争起到了重要作用。

为进一步优化沿海港口布局，合理有序地开发和利用港口岸线资源，加强国家对港口规划和建设的管理，保障国家经济和社会全面、协调、可持续发展，国务院于 2006 年 8 月 16 日审议并通过《全国沿海港口布局规划》，标志着中国沿海港口建设与发展进入了新的发展阶段。图 7.5 所示为全国沿海港口布局。

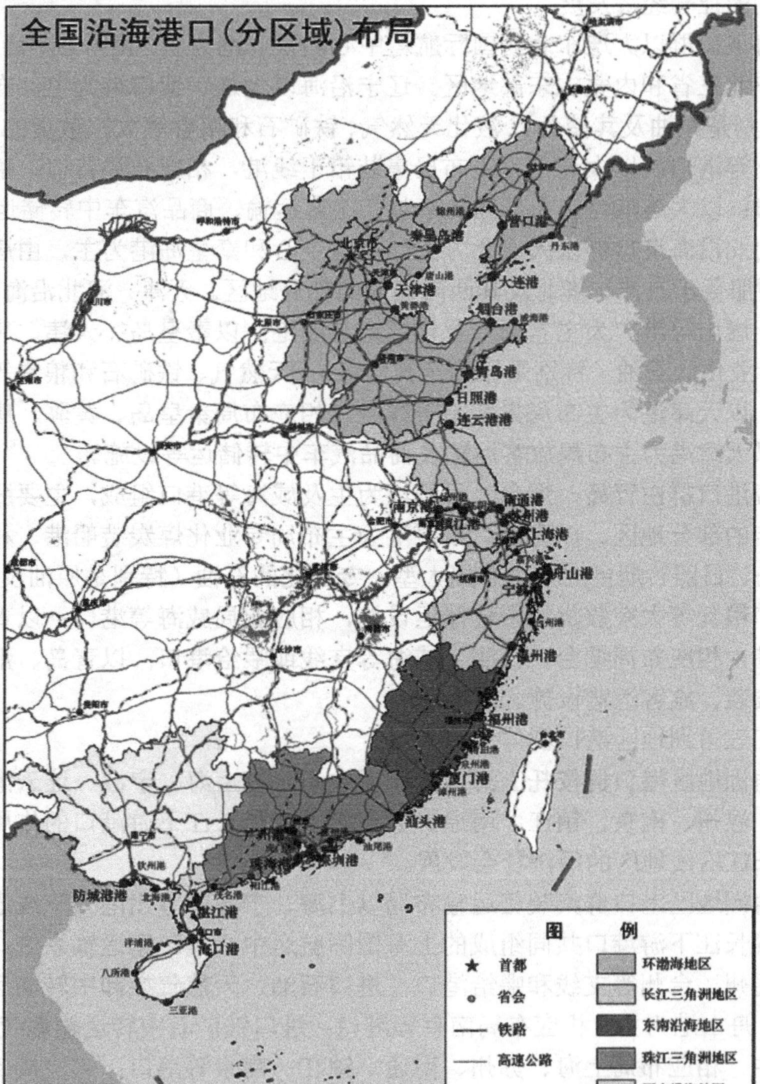

图 7.5　全国沿海港口布局

全国沿海港口布局是沿海港口的空间分布规划，也是最高层面的港口规划，主要是根据沿海各区域港口的基本条件、区域经济发展和产业布局的状况及需要，并根据相关行业的发展规划，在现有港口布局的基础上，研究和确定沿海港口的合理分布，引导港口协调发展。具体方案如下。

根据不同地区的经济发展状况及特点、区域内港口现状及港口间运输关系和主要货类运输的经济合理性，将全国沿海港口划分为环渤海、长江三角洲、东南沿海、珠江三角洲和西南沿海 5 个港口群体，强化群体内综合性、大型港口的主体作用，形成煤炭、石油、铁矿石、集装箱、粮食、商品汽车、陆岛滚装和旅客运输8个运输系统的布局。

（1）环渤海地区港口群体

环渤海地区港口群体由辽宁、天津、河北和山东沿海港口群组成，服务于中国北方沿海和内陆地区的社会经济发展。

辽宁沿海港口群以大连东北亚国际航运中心和营口港为主，由丹东、锦州等港口组成，主要服务于东北三省和内蒙古东部地区。辽宁沿海以大连、营口港为主，布局大型、专业化的石油（特别是原油及其储备）、液化天然气、铁矿石和粮食等大宗散货的中转储运设施，相应布局锦州等港口；以大连港为主布局集装箱干线港，相应布局营口、锦州、丹东等支线或喂给港口；以大连港为主布局陆岛滚装、旅客运输、商品汽车中转储运等设施。

天津、河北沿海港口群以天津北方国际航运中心和秦皇岛港为主，由唐山、黄骅等港口组成，主要服务于京津、华北及其西向延伸的部分地区。天津、河北沿海港口以秦皇岛、天津、黄骅、唐山等港口为主布局专业化煤炭装船港；以秦皇岛、天津、唐山等港口为主布局大型、专业化的石油（特别是原油及其储备）、天然气、铁矿石和粮食等大宗散货的中转储运设施；以天津港为主布局集装箱干线港，相应布局秦皇岛、黄骅、唐山港等支线或喂给港口；以天津港为主布局旅客运输及商品汽车中转储运等设施。

山东沿海港口群由青岛、烟台、日照港为主及威海等港口组成，主要服务于山东半岛及其西向延伸的部分地区。以青岛、日照港为主布局专业化煤炭装船港，相应布局烟台等港口；以青岛、日照、烟台港为主布局大型、专业化的石油（特别是原油及其储备）、天然气、铁矿石和粮食等大宗散货的中转储运设施，相应布局威海等港口；以青岛港为主布局集装箱干线港，相应布局烟台、日照、威海等支线或喂给港口；以青岛、烟台、威海港为主布局陆岛滚装、旅客运输设施。

（2）长江三角洲地区港口群体

长江三角洲地区港口群依托上海国际航运中心，以上海、宁波、连云港港口为主，充分发挥舟山、温州、南京、镇江、南通、苏州等沿海和长江下游港口的作用，服务于长江三角洲以及长江沿线地区的经济社会发展。

长江三角洲地区港口群集装箱运输布局以上海、宁波、苏州港为干线港，包括南京、南通、镇江等长江下游港口共同组成的上海国际航运中心集装箱运输系统，相应布局连云港、嘉兴、温州、台州等支线和喂给港口；进口石油、天然气接卸中转储运系统以上海、南通、宁波、舟山港为主，相应布局南京等港口；进口铁矿石中转运输系统以宁波、舟山、连云港港为主，相应布局上海、苏州、南通、镇江、南京等港口；煤炭接卸及转运系统以连云港为主，联合该地区公用码头、能源等企业自用码头共同布局煤炭装船港；粮食中转储运系统以上海、南通、连云港、舟山和嘉兴等港口组成；以上海、南京等港口为主布局商品汽车运输系统；以宁波、舟山、温州等港口为主布局陆岛滚装运输系统；以上海港为主布局国内、外旅客中转及邮轮运输设施。根据地区经济发展需要，在连云港港适当布局进口原油接卸设施。

（3）东南沿海地区港口群体

东南沿海地区港口群以厦门、福州港为主，由泉州、莆田、漳州等港口组成，服务于福建省和江西等内陆省份部分地区的经济社会发展和对台“三通”的需要。

福建沿海地区港口群煤炭专业化接卸设施布局以沿海大型电厂建设为主；进口石油、天然气接卸储运系统以泉州港为主；集装箱运输系统布局以厦门港为干线港，相应布局福州、泉州、莆田、漳州等支线港；粮食中转储运设施布局由福州、厦门和莆田等港口组成；以宁德、福州、厦门、泉州、莆田、漳州等港口为主布局陆岛滚装运输系统；以厦门港为主布局国内、外旅客中转运输设施。

（4）珠江三角洲地区港口群体

珠江三角洲地区港口群由粤东和珠江三角洲地区港口组成。该地区港口群依托香港经济、贸易、金融、信息和国际航运中心的优势，在巩固香港国际航运中心地位的同时，以广州、深圳、珠海、汕头港为主，相应发展汕尾、惠州、虎门、茂名、阳江等港口，服务于华南、西南部分地区，加强广东省和内陆地区与港澳地区的交流。

该地区煤炭接卸及转运系统由广州等港口的公用码头和电力企业自用码头共同组成；集装箱运输系统以深圳、广州港为干线港，汕头、惠州、虎门、珠海、中山、阳江、茂名等为支线或喂给港组成；进口石油、天然气接卸中转储运系统由广州、深圳、珠海、惠州、茂名、虎门港等港口组成；进口铁矿石中转运输系统以广州、珠海港为主；以广州、深圳港等其他港口组成的粮食中转储运系统；以广州港为主布局商品汽车运输系统；以深圳、广州、珠海等港口为主布局国内、外旅客中转及邮轮运输设施。

（5）西南沿海地区港口群体

西南沿海地区港口群由粤西、广西沿海和海南省的港口组成。该地区港口的布局以湛江、防城、海口港为主，相应发展北海、钦州、洋浦、八所、三亚等港口，服务于西部地区开发，为海南省扩大与岛外的物资交流提供运输保障。

该地区港口集装箱运输系统布局由湛江、防城、海口及北海、钦州、洋浦、三亚等港口组成集装箱支线或喂给港；进口石油、天然气中转储运系统由湛江、海口、洋浦、广西沿海等港口组成；进出口矿石中转运输系统由湛江、防城和八所等港口组成；粮食中转储运系统由湛江、防城等港口组成；以湛江、海口、三亚等港口为主布局国内、外旅客中转及邮轮运输设施。

2．沿海主要航线

中国沿海海上运输习惯上以温州为界，划分为北方沿海和南方沿海两个航区。

（1）北方沿海航区

北方沿海航区指温州以北至丹东的海域，它以上海、大连为中心，开辟的航线有：上海—青岛—大连；上海—烟台—天津；上海—秦皇岛；上海—连云港；上海—温州；大连—石岛—青岛；大连—烟台；大连—龙口；大连—天津等航线。

（2）南方沿海航区

南方沿海航区指温州至北部湾的海域，以广州为中心，开辟的航线有：广州—汕头；广州—北海；广州—海口等航线。

按所承担的货运量来看，以北方沿海航区占绝对优势。货运的物资构成是：北方沿海航区由北而南，以石油、煤炭运量最大，其次为钢铁、木材等，由南至北为金属矿石、粮食和工业产品；南方沿海航区则以农产品比重最大，其次为食盐、矿石和煤炭，其中除煤炭以外，其余物资大部分由各中小港口向广州、湛江集中转运内地。现在上海—福州、上海—厦门、上海—广州航线均有定期班轮航线；并已决定把南、北两个沿海航区连成一片，建设南北海运通道。

（3）远洋航线

目前中国已开辟90多条通往亚、非、欧、美、大洋洲150多个国家和地区的600多个港口的远洋航线。这些航线大部分以上海、大连、天津、秦皇岛、广州、湛江等港口为起点，包括东、西、南、北4条主要远洋航线。

1）东行线：从中国沿海各大港出发，东行抵达日本，横渡太平洋则可抵美国、加拿大和南美各国。

2）西行线：由中国沿海各大港经新加坡和马六甲海峡，西行印度洋入红海，出苏伊士运河，过地中海进入大西洋，沿途抵达欧、非各国港口。

3）南行线：由中国沿海各大港南行，通往东南亚、澳大利亚、新西兰等地。

4）北行线：由中国沿海各港北行，可抵朝鲜和俄罗斯东部各个海港。

3．沿海主要港口概况

中国沿海主要港口有：大连、营口、丹东、秦皇岛、天津、青岛、烟台、日照、威海、上海、宁波、连云港、舟山、温州、厦门、福州、泉州、广州、深圳、珠海、汕头、中山、江门、湛江、海口、三亚、北海等。2012年全国货物运输总量412亿吨，比上年增长11.5%。货物运输周转量173 145亿吨，增长8.7%。全国规模以上港口完成货物吞吐量97.4亿吨，比上年增长6.8%，其中，外贸货物吞吐量30.1亿吨，增长8.8%。规模以上港口集装箱吞吐量17 651万标准箱，增长8.1%。2012年全国200万以上港口集装箱吞吐量统计如表7.9所示。

表7.9　2012年全国200万以上港口集装箱吞吐量统计

名次	港名	2012年1～12月（万标箱）	2012年12月（万标箱）	同比增幅（%）
1	上海港	3 252.90	280.46	2.49
2	深圳港	2 294.13	187.13	1.64
3	宁波—舟山港	1 617.00	185.66	14.34
4	广州港	1 452.20	151.26	2.24
5	青岛港	1 450.00	119.13	11.36
6	天津港	1 230.30	100.53	6.15
7	大连港	806.40	74.89	25.90
8	厦门港	720.17	70.20	11.40
9	连云港	502.00	46.64	3.46
10	营口港	485.10	33.89	20.28
11	烟台港	185.04		8.3
12	福州港	182.52		9.94
13	日照港	171.00		22.18
14	泉州港	169.69		8.18
15	汕头港	125.00		13.55

资料来源：中国港口集装箱网。

下面分别介绍 10 个较为重要的港口。

（1）上海港——中国大陆首个突破 1 000 万标准箱大关的港口

上海港位于中国大陆海岸线中部，长江与东海交汇处，北纬 31°14′，东经 121°29′。港区面积 3 620.2 平方千米，其中长江口水域 3 580 平方千米；黄浦江水域 33 平方千米，港区陆域 7.2 平方千米。上海港水域由长江口和杭州湾水域、黄浦江水域、洋山港区水域，以及长江口锚地水域、绿华山锚地水域组成。上海港港区陆域由长江口南岸港区、杭州湾北岸港区、黄浦江港区、洋山深水港区组成。上海市内河港区共有 3 250 个泊位。

港口所在的上海市是全国最大的经济、金融、贸易、科技、文化、信息中心，也是全国最大的港口城市。港口的直接腹地主要是长三角地区，包括上海、江苏南部和浙江北部。长三角包括上海、南京、镇江、常州、无锡、苏州、南通、扬州、泰州，杭州、宁波、嘉兴、湖州、绍兴、舟山 15 个城市，土地面积 10 余万平方千米，人口近 1 亿人。港口的间接经济腹地主要有浙江南部、江苏北部、安徽、江西，以及湖北、湖南、四川等省。港口物资流向腹地：除上述省份外，还包括福建、河南、陕西、青海、甘肃、宁夏和新疆等地。港口经营业务主要包括装卸、仓储、物流、船舶拖带、引航、外轮代理、外轮理货、海铁联运、中转服务以及水路客运服务等。港口主要经营的货类为集装箱、煤炭、金属矿石、石油及其制品、钢材、矿建材料、机械设备等。

（2）天津港——中国北方第一个亿吨大港

天津港位于天津市塘沽区、海河入海口，处于京津城市带和环渤海经济圈的交会点上，是环渤海中与华北、西北等内陆地区距离最短的港口，是北京市和天津市的海上门户，也是亚欧大陆桥的东端起点之一，背靠三北，面向东亚。

天津港是中国最大的人工港，由海港和河港两部分组成，港区水陆域面积达 200 平方千米，其中现有陆域面积 37 平方千米，港口陆域规划面积 100 平方千米。新港由南、北防波堤环抱而成，航道长 28 千米，主航道底宽 210 米，水深 15 米，10 万吨级船舶可全天候进出港，15 万吨级船舶可乘潮进出港。截至目前，该港拥有各类泊位 159 个，岸线总长 1.82 万米，其中万吨级以上泊位 78 个，设计通过能力为 2.14 亿吨，其中集装箱能力为 525 万标准箱。

经济腹地以北京、天津及华北、西北等地区为主。其中，直接经济腹地包括天津市、北京市、河北省和山西省，间接经济腹地通过综合运输网延伸至陕西、甘肃、宁夏、青海、新疆、内蒙古、四川、西藏等省区和蒙古国的部分地区。腹地横跨我国东、中、西部地区，地域辽阔、人口众多、资源丰富，腹地面积约 454 万平方千米，总人口 2.4 亿人。

天津港是中国大陆最早开展国际集装箱运输业务的港口。主营业务包括：以自有资金对港口投资，港区土地开发；装卸搬运；仓储；货物中转联运、分拨；港口理货；客货运输服务；驳运；船舶引领及相关服务；港口设施、设备及港口机械的租赁、维修；商品包装加工；工属具制造；物资供销；船、货代理级船舶供油、供水。

（3）宁波港

宁波港地处中国大陆海岸线中部，南北与长江“T”形结构的交会点上，地理位置适中，是中国大陆著名的深水良港。

宁波港由北仑港区、镇海港区、宁波港区、大榭港区、穿山港区组成，是一个集内河港、河口港和海港于一体的多功能、综合性的现代化深水大港。现有生产性泊位 191 个，其中万吨级以上深水泊位 39 个。有最大的 25 万吨级原油码头、20 万吨级（可兼靠 30 万吨船）卸矿码头、第六代国际集装箱专用泊位以及5万吨级液体化工专用泊位；已与世界90多个国家和地区的560多个港口通航。

直接经济腹地为宁波市和浙江省。随着杭宣铁路（杭州—宣城）和浙赣铁路运输能力的提高，可扩大至安徽、江西和湖南等省。间接腹地为长江中下游的湖北、安徽、江苏、上海等省市的部分地区。经济腹地内自然条件优越，工农业生产发达，是全国最富庶的地区之一。传统的丝绸纺织、五金、食品和工艺品是全国主要的外贸出口商品。钢铁、石化、水泥、木材、化工、机械以及电子、家用电器等，种类繁多，发展很快。经济腹地通过宁波港进出的主要货种有金属矿石、煤炭、石油、非金属矿石、水泥、木材、矿建材料、糖等，其中金属矿石、煤炭、石油占吞吐量的88%。宁波港已建成国际一流的深水枢港和国际集装箱远洋干线港，构筑成上海国际航运中心深水外港，成为浙江省、宁波市的物流龙头。

（4）广州港

广州港地处中国外向型经济最活跃的珠江三角洲地区中心。港区分布在广州、东莞、中山、珠海等城市的珠江沿岸或水域。

广州港与沿海及长江的港口海运相通，濒临南海，毗邻香港、澳门，位于珠江水系的东、西、北三江交汇点。北距汕头276海里，南距香港70海里，西距湛江273海里，铁路、公路、航空、水路运输发达。铁路有京广、广九、广湛线与全国主干铁路相连，形成铁路运输网；公路与汕头、湛江、深圳等省内重要市县均有干线连通，公路网络沟通闽、赣、湘、桂等省区。广州白云国际机场已开辟国内、国际航线30条左右，来往于全国主要大中城市及曼谷、马尼拉、新加坡、悉尼、墨尔本、吉隆坡等地的航班，可完成客货航空运输。该港经虎门出海可达沿海各港及世界100多个国家（地区）的600多个港口。至海口、厦门、上海、青岛、大连等港有定期客货班轮，内河可至珠江水系的东江、西江、北江各港，是珠江三角洲水网运输中心和水陆运输枢纽。

广州港经济腹地辽阔，以广东为主，并以广州市为主要依托，包括广东、广西、湖南、湖北、云南、贵州、四川以及河南、江西、福建的部分地区。广州港是珠江三角洲以及中南、西南、赣南、闽南等地区物资的主要集散地，便利的海、陆、空交通，使其成为上述地区客、货运输的集散中心，担负着国内和外贸物资的转口任务。珠江水系腹地内矿产资源丰富，主要有煤、磷、硫、铁矿、重晶石、锰矿和铝土矿，沿江地区工农业比较发达，许多重要城市多分布于沿江两岸。进出口的大宗货物有：煤炭、石油、金属矿石、钢铁、矿建材料、水泥、木材、非金属矿石、化肥、农药、盐、粮食等。通过该港的国内外货物货种、流量、流向具有复杂多变的特点。

广州港是华南地区最大的对外贸易口岸，主要从事石油、煤炭、粮食、化肥、钢材、矿石、集装箱等货物装卸（包括码头、锚地过驳）和仓储、货物保税业务以及国内外货物代理和船舶代理；代办中转、代理客运；国内外船舶进出港引航、水路货物和旅客运输、物流服务。兼营业务有：对外贸易和转口贸易；自营和代理除国家组织统一联合经营的出口商品和国家实行核定公司经营进出口商品以外的其他商品和技术的进出口业务；船舶加水、船舶供应；港口劳务服务、通信服务；港口机械制造、加工、修理；船舶、汽车修理等业务。

（5）青岛港

青岛港始建于1892年，具有112年历史，是中国重点国有企业，中国第二个外贸亿吨吞吐大港，是太平洋西海岸重要的国际贸易口岸和海上运输枢纽。

青岛港由青岛老港区、黄岛油港区、前湾新港区三大港区组成，拥有码头 15 座，泊位 72 个。其中，可停靠 5 万吨级船舶的泊位有 6 个，可停靠 10 万吨级船舶的泊位有 6 个，可停靠 30 万吨级船舶的泊位有 2 个。该港主要从事集装箱、煤炭、原油、铁矿、粮食等进出口货物的装卸服务和国际国内客运服务，与世界上 130 多个国家和地区的 450 多个港口有贸易往来。

（6）大连港

中国北方的港口大多数集中在渤海湾，由于港口带动经济繁荣兴旺，所以渤海湾沿岸有“金项链”之称。渤海湾内最大的港口是大连港。它位于辽东半岛南端，东濒黄海，西临渤海，南隔渤海海峡与山东半岛上的蓬莱遥遥相望。

大连港交通十分方便，哈大铁路正线与东北地区发达的铁路网连接。公路有全国最长的沈大高速公路与东北地区的国家公路网络相连接。经东北铁路网和公路网，大连港还连接着俄罗斯和朝鲜，可通过西伯利亚大铁路，成为欧亚大陆桥的起点。陆海空多种运输方式组成的主体运输网为大连港发展提供了优越的集疏运条件。

大连港港区辽阔，陆域面积 8 平方千米，水域面积 346 平方千米，平均水深 10 米，最深处为 33 米。码头泊位 65 个，码头岸线总长 13 000 米。海湾沿岸无大河流入，附近也无海域泥沙流影响，港内无淤积现象。这里气候温和，冬季港区不结冰。大连港是中国北方四季通航的天然良港。

大连港依托大连市，经济腹地也包括黑龙江省、吉林省、辽宁省及内蒙古自治区东部的呼伦贝尔盟、哲里木盟和赤峰市。

（7）秦皇岛港

位于渤海岸边的秦皇岛港，北依燕山，东有万里长城入海处——老龙头，西有风景秀丽的北戴河，港阔水深，风平浪小，一年四季不冻不淤，是中国北方的一座天然良港。

秦皇岛港是目前中国最大的能源输出港，是中国重要的对外贸易综合性港口之一，也是世界上最大的煤炭输出港。秦皇岛港已成为以煤炭、原油输出为主的综合性国际港口，是中国晋煤外运、北煤南运的主要枢纽港。经由秦皇岛港下水的煤炭占全国主要沿海港口下水煤炭总量的一半左右，主要将来自中国山西、陕西、内蒙古、宁夏、河北等地的煤炭输往华东、华南等地及美洲、欧洲、亚洲等国家和地区，年输出煤炭占全国煤炭输出总量的 50%以上，具备年装卸煤炭亿吨的生产能力。目前该港口有煤炭专用泊位 13 个，可装载 0.5 万～10 万吨各吨级船舶，最大可靠 14 万吨级船舶，年装卸煤炭能力达亿吨。

（8）深圳港

深圳港位于广东省珠江三角洲南部，珠江入海口伶仃洋东岸，毗邻香港，全市 260 千米的海岸线被九龙半岛分割为东西两大部分。

东部港区位于大鹏湾内，主要包括盐田和沙渔涌、下洞等港区，湾内水深 12～14 米，海面开阔，风平浪静，是华南地区优良的天然港湾。西部港区位于珠江口东岸入海前缘，主要包括蛇口、赤湾、妈湾和东角头和福永等港区；东部港区位于南海大鹏湾西北部。此外，还有内河港区。东西港区均与香港九龙半岛隔海相望。

目前，深圳港共建成 500 吨级以上各类泊位 136 个，其中万吨级以上泊位 47 个；经营性泊位 86 个，其中万吨级以上经营性泊位 39 个；集装箱专用泊位 14 个；货主码头泊位 9 个，其中万吨级以上泊位 3 个；客运轮渡泊位 18 个；非生产性泊位 23 个。

深圳港口的直接腹地为深圳市、惠阳市、东莞市和珠江三角洲的部分地区，转运腹地范围包括广和京九铁路沿线的湖北、湖南、江西、粤北、粤东、粤西和广西的西江两岸。

港口货物以集装箱为主，兼营化肥、粮食、饲料、糖、钢材、水泥、木材、砂石、石油、煤炭、矿石等。

（9）舟山港

舟山港位于浙江省舟山群岛舟山市，地处中国南北航线与长江航线的“T”形交界点，水运交通十分便利；背靠经济发达的长江三角洲，是江浙和长江流域诸省的海上门户，同时也是上海国际航运中心的重要组成部分，是长江三角洲及长江沿岸工业发展所需能源、原材料及外贸物资运输的主要中转港。

舟山港具有丰富的深水岸线资源和优越的建港自然条件，适合开发建设港口泊位的深水岸线有50处，总长246.7千米，其中水深15米以上、可进10万～25万吨级泊位的岸线198.3千米，水深大于20米的岸线107.9千米。全港有定海、沈家门、老塘山、高亭、衢山、泗礁、绿华山、洋山8个港区，共有生产性泊位352个，其中，万吨级以上有11个。

经济腹地为江浙沿海及长江中下游地区。该区域经济发达，工业门类齐全，石化、钢铁工业在国内占有重要地位，建材、机械、化工、电子、电器、食品、纺织等工业发达。

港口货物主要有石油、煤炭、矿砂、木料、粮食等。

（10）厦门港

厦门港开港于1843年，地处上海与广州之间，福建省东南的金门湾内，九龙江入海口。它面向东海，濒临台湾海峡，与台湾、澎湖列岛隔水相望，为中国东南海疆之要津，入闽之门户，具有港阔、水深、不冻、少雾、少淤、避风条件好等优点，万吨巨轮不受潮水影响可以随时进出，是中国东南沿海的一个天然良港。

厦门港是厦门经济特区的一部分，海域面积达275平方千米，分为内港和外港两部分。

厦门港有厦门市和闽南三角地区为依托，该地区工农业总产值年平均递增率为41.6%，腹地外向型经济发展迅速。1997 年年初，交通部确定厦门为海峡两岸试点直航口岸，当年4月19日厦门首开至台湾高雄的集装箱班轮。转运航线，结束了两岸将近半个世纪互无商船往来的历史，厦门港在对台航运方面拥有特殊的区位优势。

7.4.4 主要水路运输系统布局

全国沿海港口布局规划实施后，在区域分布上将形成环渤海、长江三角洲、东南沿海、珠江三角洲、西南沿海5个规模化、集约化、现代化的港口群体。港口群内起重要作用的综合性、大型港口的主体地位更加突出，增强了为腹地经济服务的能力。港口群内部和港口群之间港口分工合理、优势互补、相互协作、竞争有序。

在主要货类的运输上，将形成系统配套、能力充分、物流成本低的八大运输系统。

1. 煤炭运输系统

根据中国“北煤南运”总体格局，装船港由北方沿海的秦皇岛港、唐山港、天津港、黄骅港、青岛港、日照港、连云港港等组成，卸船港由华东、华南等沿海煤炭消费地区的电力企业专用码头和公用港区煤炭转运设施组成。

中国煤炭资源和生产主要集中在山西、陕西和内蒙古西部地区，煤炭消费主要集中在华东和华南沿海地区，资源分布、生产力布局和能源结构的特点决定了中国将长期存在“西煤东运”、“北煤南运”和“铁海联运”的运输格局。

“三西”煤炭外运已经形成北、中、南三条通道，其中由大秦线、朔黄线、丰沙大线铁路经秦皇岛港、天津港、黄骅港和唐山港为“北路”煤运通道。目前，“北路”4 港煤炭装船量为 4.6 亿吨左右。而根据相关部门规划，经对大秦线、朔黄线改造扩能和新建煤炭运输通道后，北路煤炭运输通道集运能力可达到 6 亿吨，煤炭装船能力缺口巨大。港口日渐成为煤炭运输瓶颈，北方港口的煤码头建设变得日益紧迫。

2. 石油运输系统

石油运输系统依托石化企业布点，由 20 万～30 万吨级专业化的进口原油卸船码头和二程中转储运设施以及成品油、天然气中转储运设施组成，并满足国家石油储备要求。

目前，环渤海地区形成了以青岛、天津、大连三港为主，秦皇岛和锦州两港为补充的原油运输格局；长江三角洲地区形成了以宁波和舟山两港为核心，嘉兴、上海、南京等港为有机组成部分的原油中转运输体系；华南沿海基本形成了以泉州、惠州、广州、茂名、湛江等港为主，接卸外贸原油较为合理的港口布局。

3. 铁矿石运输系统

铁矿石运输系统临近钢铁企业或与钢铁企业的调整布局相适应，由 20 万～30 万吨级高效、专业化的进口铁矿石卸船码头和二程接卸中转设施组成。

目前，长江三角洲地区已经形成了由宁波、舟山、上海和南通等长江沿江港口组成的外贸铁矿石运输体系的港口布局；环渤海地区矿石接卸以青岛、天津两港为主，秦皇岛、大连、营口和烟台 4 个港为补充，大连、营口等港专业化泊位的建设使本地区矿石运输系统港口布局趋向合理；华南沿海铁矿石运输需求相对较小，港口布局和码头建设仍显薄弱，湛江、防城两港矿石码头现已建成投产。

4. 集装箱运输系统

作为与国际接轨的重要环节，外贸集装箱运输显得尤为重要， 物流的兴起推动了中国集装箱运输的发展。目前中国集装箱港口附近大多设有以港口为依托的物流中心，以港兴流、以流促港的现象越来越多。随着物流理念的深入人心与物流实践的延伸，客户要求更加无缝、高效、便捷的完善的物流服务。物流的发展与完善是中国未来集装箱运输发展的催化剂。

未来中国集装箱港口布局将更趋合理，逐步形成 3 个层次港口相结合的格局。

（1）北部集装箱主枢纽港群——以大连港、天津港和青岛港为主

大连港是东北地区出海门户，港口集装箱发展趋势较好。天津港位于渤海湾最里端，由于地处京、津、唐经济区有利位置，因此货源较丰富。青岛港水深条件好、腹地货源足，越来越受到航运界的青睐，中远、马士基和青岛港三国四方合资经营青岛港前湾二、三期集装箱码头以及马士基欧洲线正式首航青岛港便是最好的例证。

（2）东部集装箱主枢纽港群——以上海港、宁波港为主

上海港腹地优越，经济发展势头猛，成为国际集装箱中转港之一。宁波港是中国地理位置最优良的港口之一，总长 2 138 米的集装箱泊位可停靠第五代集装箱船，将与上海和江苏港口共同形成东部集装箱主枢纽港群。

（3）南部集装箱主枢纽港群——以香港港、深圳港和广州港为主

香港港——中国天然良港，远东的航运中心，是全球最繁忙和最高效率的国际集装箱港口之一，也是全球供应链上的主要枢纽港。与香港比邻的深圳港，集装箱吞吐量连年攀高，深圳港大铲湾码头的建设使目前较为紧张的集装箱通过能力得到有效改善。随着香港、澳门两地与大陆经贸更密切联系的加强，制造业不断向中山、广州等地延伸，广州港的地

位正在加强，使其成为华南地区最大的对外贸易口岸。

5. 粮食运输系统

粮食是中国国民经济和社会发展的重要战略性物质，它不但关系到国计民生，而且还涉及国家的安全。目前，我国75%以上的粮食从东北地区、黄淮海地区和长江中下游地区流向华东、华南、西南粮食主要消费地区。总体来看，“北粮南运”是中国粮食物流现在和将来的主要趋势。

全国沿海港口布局规划实施后，将形成与中国粮食主要流出区、流入区的地理分布相适应，与粮食流通、储备、物流通道相配套，规模化、集约化、专业化运营发展的粮食运输系统。

6. 商品汽车运输系统

有关资料显示，欧美汽车制造企业的物流成本占销售比例的8%左右，日本大约是5%，而国内汽车生产企业这一数字普遍在15%左右。这15%的物流成本意味着国内汽车业有着巨大的市场空间。可以看到，中国汽车工业的快速发展孕育并创造了巨大的汽车物流市场，为汽车物流行业的发展创造了前所未有的良机。

随着中国沿海港口布局的实施，一个依托汽车产业布局和内、外贸汽车进出口口岸，专业化、便捷的商品汽车运输及物流系统将逐渐形成。在中外企业纷纷涉足汽车物流行业之际，大连、天津、上海、广州四大沿海港口用巨资布阵的汽车物流市场竞争格局已清晰可见。

7. 陆岛滚装运输系统

为沟通沿海通道，进一步改善陆岛、海峡之间的交通条件，在满足岛屿出行要求的前提下，环渤海地区以大连、青岛、烟台、威海港为主，长江三角洲地区以宁波、舟山、温州等港口为主，东南沿海地区以宁德、福州、厦门、泉州、莆田、漳州等港口为主，在大连、烟台间，上海、宁波、舟山间，琼州海峡间和渤海湾、杭州湾、北部湾内增设轮渡设施，发展滚装运输船队，形成布局合理、竞争有序的车渡滚装运输系统，逐步建立适应沿海岛屿社会经济发展要求的陆岛滚装运输系统。

8. 旅客运输系统

全国沿海港口布局规划实施后，环渤海地区将以大连、天津、青岛、烟台和威海港为主布局旅客运输；长江三角洲地区以上海港为主布局国内、外旅客中转及邮轮运输设施；东南沿海地区以厦门港为主，珠江三角洲地以深圳、广州、珠海等港口为主，西南沿海地区以湛江、海口、三亚等港口为主，布局国内、外旅客中转运输设施。

7.5 航空运输

7.5.1 航空运输概述

1. 航空运输体系

航空运输体系包括飞机、机场、空中交通管理系统和飞行航线4个部分。这4个部分有机结合，分工协作，共同完成航空运输的各项业务活动。

2. 航空运输的特点

现代航空运输是社会生活和经济生活的一个重要组成部分，是目前发展最快的一种运输方式。航空运输的快速发展是和它自身的特点相关的。与其他运输方式相比，航空运输的优点表现在以下几个方面：

1）速度快。

2）机动性好。

3）舒适、安全。

4）基本建设周期短，投资少。

航空运输的主要缺点是飞机机舱容积和载重量都比较小，运载成本和运价比地面运输高；飞机飞行往往要受气象条件限制，因而影响其正常、准点性。此外，航空运输速度快的优点在短途运输中难以显示。

7.5.2　中国航空运输的发展

中国民用航空（以下简称民航）发展至今主要历经了 4 个阶段。

1．第一阶段

1949—1978 年，是中国民航事业发展的初期。这一时期，民航由于领导体制几经改变，航空运输发展受政治、经济影响较大，基本处于停滞状态。1978 年，航空旅客运输量仅为 231 万人，运输总周转量 3 亿吨千米。

2．第二阶段

1978—1987 年，是中国民航的独立发展时期。按照邓小平同志“民航一定要企业化”的指示，民航决定脱离军队建制，中国民航局从隶属于空军改为国务院直属机构，实行企业化管理。中国民航业从此有了巨大的发展，国内航线大大增加，并建立了通向世界各大洲的国际航线网。

3．第三阶段

1988—2001 年，是中国民航体制改革时期。这一时期，对民航业进行了以航空公司与机场分设为特征的体制改革，主要内容是将原民航北京、上海、广州、西安、成都、沈阳 6 个地区管理局的航空运输和通用航空相关业务、资产和人员分离出来，组建了 6 个国家骨干航空公司，实行自主经营、自负盈亏、平等竞争。这 6 个国家骨干航空公司是：中国国际航空公司、中国东方航空公司、中国南方航空公司、中国西南航空公司、中国西北航空公司、中国北方航空公司。

1993 年 4 月 19 日，中国民用航空局改称中国民用航空总局，属国务院直属机构。12 月 20 日，中国民用航空总局的机构规格由副部级调整为正部级。

4．第四阶段

从 2002 年至今，是中国民航发展的新阶段。2002 年 3 月，中国民航业再次进行重组，同年 10 月 11 日，中国航空集团公司、东方航空集团公司、南方航空集团公司、中国民航信息集团公司、中国航空油料集团公司、中国航空器材进出口集团公司宣告成立并同时与民航总局脱钩。中国民航运输及服务保障六大集团公司的成立，是中国民航深化体制改革取得的重大成果，标志着中国民航体制改革终于取得了实质性进展和根本性突破，中国民航发展进入了新的阶段。

“十一五”期间，民航基础设施 5 年投资 2 500 亿元，相当于前 25 年民航建设资金的总和。截止到2010年年底，运输机场达到175个，5年新增33个，改建了一批机场，初步形成了规模适当、功能完善的机场体系。这些机场覆盖了全国91%的经济总量、76%的人口和70%的县级行政单元。其中首都机场客运和浦东机场货运分别进入世界前2名和前3名。“十一五”期间，我国民航航线里程和网络进一步完善。截止到2010年年底，民用航空航线里程为276.5万千米，比2005年年底增长38.4%，年均增长6.7%。

“十一五”期间，我国民航航空业务规模快速增长，已成为全球第二大航空运输系统。截止到2010年年底，民用飞机达1 604架，是2005年的1.86倍；2010年，全国民航共发送货物557.4万吨，比2005年增长81.7%，年均增长12.7%；货物周转量536亿吨千米，比2005年增长123.8%，年均增长17.5%。航空运输在综合交通体系中的比重不断提高。

目前，国内航空公司按股权属性及规模分类分为三层次：第一层次三大航——隶属国家国资委，包括国航（山航、深航）、南航（厦航）、东航（上航）。第二层次地方航空——隶属地方政府，有海航、川航等。第三层次民营航空/支线航空/货航，包括春秋航、吉祥航、东海航等。

7.5.3 中国航空运输网布局

航空运输布局主要指空运布局和运力配置，其中航线、机场、运力构成航空运输布局的三大要素。航空运输网络的空间分布由地面点站和空中航线共同构成，运力配置则通过基地机场投入到运行的航线之中。因此，航线网络的结构形式和机场布局的状况，基本决定了航空运输网的布局状况。

航线按照起讫地点的归属不同分为国内航线和国际航线。

1. 国内航线

中国国内航线按其起讫地点的地域关系分为干线航线和支线航线。干线航线是指连接首都北京和各省省会、直辖市或自治区首府的航线，以及连接两个或两个以上的省会、直辖市、自治区首府之间的航线。支线航线是指一个省或自治区之内或之间除省会或首府以外的城市之间的航线。

中国国内航线的分布有以下特征。

1）中国国内航线集中分布于哈尔滨—北京—西安—成都—昆明线以东的地区。其中又以北京、上海、广州的三角地带最为密集。整体上看，航线密度由东向西逐渐减小。

2）中国国内航线多分布在两个城市之间，以大、中城市为辐射核心。

3）国内主要航线多呈南北向分布，在此基础上，又有部分航线从沿海向内陆延伸，呈东西向分布。

2. 国际航线

中国国际航线的分布有以下特点。

1）中国国际航线以北京为中心，通过上海、香港、广州、乌鲁木齐、大连、昆明、厦门等航空口岸向东、西、南三面辐射。

2）中国国际航线的主流由东西向，向东连接日本、北美，向西连接中东、欧洲。它是北半球航空圈带的重要组成部分。

3）中国国际航线是亚太地区航空运输网的重要组成部分。它与南亚、东南亚、澳大利亚等地有密切的联系。

3．国内机场布局

国内机场按照规模分类，可分为三个层次：第一层次三大枢纽机场，包括上海（浦东、虹桥）、北京（首都机场）、广州（白云机场）；第二层次 17 大机场，包括昆明、成都、西安、武汉等；第三层次由其他支线机场构成。

根据《交通运输“十二五”规划》中优化机场布局的精神，全面实施《全国民用机场布局规划》，并依据经济社会发展形势予以调整完善。完善以国际枢纽机场和干线机场为骨干、支线机场为补充的航空网络，加强珠江三角洲、长江三角洲、京津冀等区域机场功能互补，促进多机场体系的形成。重点布局 5 大机场群。

1）北方机场群：将北京首都机场建设成为具有较强竞争力的国际枢纽机场，新建北京新机场。加快发展区域枢纽机场，发挥哈尔滨、沈阳、大连、天津机场在东北振兴和天津滨海新区发展中的重要作用。培育哈尔滨机场的门户功能。发挥石家庄、太原、呼和浩特、长春等机场的骨干作用。发展漠河、大庆、二连浩特等支线机场，新增抚远等支线机场。

2）华东机场群：将上海浦东机场培育成为具有较强竞争力的国际枢纽机场。加快发展上海虹桥、厦门、杭州、南京、青岛等区域枢纽机场。培育青岛机场的门户功能。发挥济南、福州、南昌、合肥等机场的骨干作用。发展淮安等支线机场，新增九华山等支线机场。

3）中南机场群：将广州机场培育成为具有较强竞争力的国际枢纽机场。完善深圳、武汉、郑州、长沙、南宁、海口等机场区域枢纽功能。增强三亚、桂林等旅游机场功能。发展百色等支线机场，新增衡阳等支线机场。

4）西南机场群：强化昆明、成都、重庆机场的区域性枢纽功能。加快培育昆明机场的门户功能。提升拉萨、贵阳等机场骨干功能。发展腾冲等支线机场，新增武隆等支线机场。

5）西北机场群：强化西安、乌鲁木齐机场区域枢纽功能。培育乌鲁木齐机场的门户功能。提升兰州、银川、西宁等干线机场的骨干功能。加快发展库尔勒、喀什机场成为南疆主要机场，发展玉树等支线机场，新增石河子等支线机场。

7.6 管道运输

7.6.1 管道运输的特点及种类

管道运输是利用管道输送气体、液体和粉状固体的一种运输方式。其运输形式是靠物体在管道内顺着压力方向循序移动实现的，和其他运输方式的重要区别在于，管道设备是静止不动的。管道运输现已形成独立的技术门类和工业体系。它同铁路运输、公路运输、水路运输、航空运输并列为五大主要运输方式。管道所输送的货物主要是油品（原油和成品油）、天然气（包括油田伴生气）、煤浆以及其他矿浆。

管道运输是国民经济综合运输的重要组成部分之一，也是衡量一个国家的能源与运输业是否发达的特征之一。

1．管道运输的特点

1）运量大。一条输油管线可以源源不断地完成输送任务。根据其管径的大小不同，其每年的运输量可达数百万吨到几千万吨，甚至超过亿吨。

2）占地少。运输管道通常埋于地下，其占用的土地很少。运输系统的建设实践证明，运输管道埋藏于地下的部分占管道总长度的 95%以上，因而对于土地的永久性占用很少，分别仅为公路的 3%，铁路的 10%左右，在交通运输规划系统中，优先考虑管道运输方案，对于节约土地资源，意义重大。

3）建设周期短、费用低。国内外交通运输系统建设的大量实践证明，管道运输系统的建设周期与相同运量的铁路建设周期相比，一般来说，要短 1/3 以上。历史上，中国建设大庆至秦皇岛全长 1 152 千米的输油管道，仅用了 23 个月的时间，而若要建设一条同样运输量的铁路，则至少需要 3 年时间。统计资料表明，管道建设费用比铁路低 60%左右。

4）安全可靠、连续性强。由于石油天然气易燃、易爆、易挥发、易泄漏，采用管道运输方式，既安全，又可以大大减少挥发损耗，同时由于泄漏导致的对空气、水和土壤污染也可大大减少，也就是说，管道运输能较好地满足运输工程的绿色化要求。此外，由于管道基本埋藏于地下，其运输过程受恶劣多变的气候条件影响小，可以确保运输系统长期稳定地运行。

5）耗能少、成本低、效益好。发达国家采用管道运输石油，每吨千米的能耗不足铁路的 1/7，在大量运输时的运输成本与水运接近，因此在无水条件下，采用管道运输是一种最为节能的运输方式。以运输石油为例，管道运输、水路运输、铁路运输的运输成本之比为 1∶1∶1.7。

6）灵活性差。管道运输不如其他运输方式（如汽车运输）灵活，除承运的货物比较单一外，它也不容随便扩展管线，无法实现“门到门”的运输服务。对一般用户来说，管道运输常常要与铁路运输或汽车运输、水路运输配合才能完成全程输送。此外，当运输量明显不足时，运输成本会显著地增大。

2．管道运输的种类

按所输送的物品不同，管道运输可分为原油管道、成品油管道、天然气管道和固体料浆管道。

1）原油管道。原油运输不外乎是从油田将原油输给炼油厂，或输给转运原油的港口或铁路枢纽，或两者兼而有之。其运输特点是输量大，运距长，收油点和交油点少，故原油特别适宜用管道输送，世界上约有 85%以上的原油是用管道输送的。

2）成品油管道。它指输送汽油、煤油、柴油、航空煤油和燃料油，以及从油气中分离出来的液化石油气等成品油（油品）的管道运输。成品油管道运输的特点是批量多，交油点多。因此，管道的起点段管径大，输油量大，经多处交油分输以后，输量减少，管径也随之变小，形成成品油管道多级变径的特点。

3）天然气管道。它指输送天然气和油田伴生气的管道，包括集气管道、输气干线和供配气管道。就长距离运输而言，输气管道系指高压、大口径的输气干线。这种输气管道约占全世界管道总长的一半。

4）固体料浆管道。它是 20 世纪 50 年代中期发展起来的，中国在 20 世纪 70 年代初已建成能输送大量煤炭料浆的管道，输送方法是将固体粉碎，掺水制成浆液，再用泵按液体管道输送工艺进行输送。

7.6.2 中国管道运输的发展及布局

1．中国管道运输的发展

新中国成立后，随着石油和天然气生产的发展，管道运输也得到了发展。20 世纪 50

年代初，首先在甘肃玉门油矿铺设了一些短距离的输油管道。1958年中国修建了从克拉玛依油田到独子山炼油厂的第一条原油干线管道，揭开了中国长距离管道运输的历史。但是大规模的油气管道建设，则是在20世纪70年代以来随着石油工业的大发展而修建的。

“十一五”期间，我国已基本建成了横跨东西、纵贯南北、覆盖全国、连通海外的油气管道干线网，并发挥着越来越重要的作用。截止到2010年年底，管线总里程从“十五”末的4.4万千米增加到7.8万千米，比2005年年底增长78.4%，年均增长12.3%。2010年，管道输油(气)能力为49 189万吨，比2005年增长58.5%，年均增长9.6%。

小知识

长输管道

长输管道，即长距离输送管道，区别于油气田内部的油气集输管道、企业之间或企业与其他运输方式之间的联系管道，也区别于城市煤气、城市给排水管道等。长输管道的定义在国际上未作统一规定，有的国家规定管径大于250毫米、距离超过50千米的为长输管道。

2．中国主要输油（气）管道布局

管道运输主要是把油、气产品从生产地输往消费区。中国的大油田主要分布在东北、沿海和西北地区，而炼油厂的分布，除油田附近有一定的炼油能力外，主要分布在石油消费区。由于各地区石油产、炼能力不平衡，石油的基本流向是北油南运和西油东运，中国石油管道的发展和布局也就形成了相应的基本特征。例如，大庆油田，已建成两条直径720毫米的输油干线管道，一条到大连，另一条途经几个炼油厂到秦皇岛，外输能力达4 000多万吨；华北油田已建成两条输油干线管道，一条从任丘到北京延伸到秦皇岛，另一条从任丘经沧州到临邑；胜利油田的输油干线管道，在临邑北接任丘油田管道，南到南京。这样，东北、华北地区基本上组成了中国最大的南北向原油输送管道。这些干线管道，又分别连接多条支线管道，使中国东部现有的主要油田同主要炼油厂、石化厂、转运油港紧密地联系在一起。

（1）华北地区原油管道

华北地区有大港油田、华北油田，都铺设有外输原油管道。华北地区的炼化企业，有北京东方红炼油厂和大港炼油厂、天津炼油厂、沧州炼油厂、石家庄炼油厂、保定炼油厂、内蒙古呼和浩特炼油厂。原油管道总长度1 847.4千米。

（2）中部地区原油管道

中部地区油田分布在湖北和河南两省境内，有江汉油田、河南油田和中原油田，主要炼油企业有湖北荆门炼油厂和河南洛阳炼油厂。原油管道总长度1 347.5千米。

（3）东北地区原油管道

东北地区是原油生产的主要基地，有大庆油田、辽河油田和吉林油田，原油产量大约占全国总产量的53.5%，原油管道达3 399.6千米。

（4）华东地区原油管道

华东地区主要油田为山东胜利油田，是继大庆油田之后建成的第二大油田。胜利油田投入开发后，陆续建成了东营至辛店（1965年）、临邑至济南（1972年）两条管道，直接向齐鲁和济南的两个炼厂输油。1974年，东营至黄岛管道建成后，原油开始从黄岛油港下海转运；1975年后，开工修建了山东至仪征、东营至临邑的管道，开成了华东管道网，原油又可从仪征油港水路转运。1978 年建成河北沧州至临邑、1979 年建成河南濮阳至临邑的管道，华东油田和中原油田的部分原油也进入了华东原油管网。长江北岸的仪征输油站（油库）成为华东地区最大的原油转运基地，除供应南京炼油厂用油外，还通过仪征油港转运长江沿岸各炼油厂。华东地区原油管道总长度 2 718.2 千米。

（5）西北地区原油管道

西北地区是 20 世纪 50 年代初全国石油勘探的重点地区。1958 年在甘肃兰州建成了中国第一座引进的现代化炼油厂——兰州炼油厂。1958 年 12 月建成的克拉玛依至独山子原油管道，标志着中国长输管道建设史的起点。西北地区原油管道总长 4 102.7 千米。

（6）陆上成品油管道

中国最早的长距离的成品油管道是 1973 年开工修建的格拉成品油管道，起自青海省格尔木市，终于西藏自治区拉萨市。1977 年 10 月全部工程基本完工。管道全长 1 080 千米，年输送能力 25 万吨。

距离较长的成品油管道还有 1995 年建成的抚顺石化至营口鲅鱼圈管道，全长 246 千米；1999 年建成的天津滨海国际机场和北京首都国际机场的管道，全长 185 千米；2000 年 10 月 22 日开工建设的兰州—成都—重庆的管道，全长 1 200 多千米，目前正在建设中。

（7）西气东输工程

西气东输工程是中国“十五”期间安排建设的特大型基础设施，总投资预计超过 1 400 亿元，其主要任务是将新疆塔里木盆地的天然气送往豫、皖、江、浙、沪地区，沿线经过新疆、甘肃、宁夏、陕西、山西、河南、安徽、江苏、上海、浙江 10 个省市区。西气东输工程包括塔里木盆地天然气资源勘探开发、塔里木至上海天然气长输管道建设以及下游天然气利用配套设施建设。西气东输工程主干管道全长 4 000 千米左右，输气规模设计为年输商品气 120 亿立方米，是中国第一条大口径、长距离、高压力、多级加压、采用先进钢材并横跨长江下游宽阔江面的现代化、世界级的天然气干线管道。

西气东输工程管线以新疆塔里木轮南油田为起点，经新疆库尔勒、库米什、南湖戈壁，甘肃柳园、张掖、武威，宁夏甘塘、中卫，陕西靖边，山西临汾，河南郑州，安徽定远，江苏南京，最后抵达上海。

通过西气东输二线工程，与中亚天然气管道实现对接后，干线和支线总长度超过 1 万千米，把来自土库曼斯坦的天然气输送到我国中西部地区、长三角和珠三角地区等用气市场，是我国又一条能源大动脉，是迄今世界上距离最长、等级最高的天然气输送管道。

本章小结

☑ 交通运输业是国民经济结构中的先行和基础产业，在国民经济和社会发展中居重要地位。

☑ 全国铁路运营里程已经突破 9.10 万千米，位居亚洲第一、世界第二。为了适应国民经济发展的需要，中国铁路要实行跨越式发展的战略，尽快建立起“八纵八横”铁路大通道，充分发挥铁路的网络优势。

☑ 到 2010 年年底，全国公路网总里程达到 398.4 万千米，全国公路网密度由“十五”

末的每百平方千米 34.8 千米提升至 40.2 千米。代表现代交通发展水平的高速公路通车里程达 7.41 万千米，居世界第二位。

☑ 全国沿海港口布局规划是沿海港口的空间分布规划，也是最高层面的港口规划。全国沿海港口划分为环渤海、长江三角洲、东南沿海、珠江三角洲和西南沿海 5 个港口群体，煤炭、石油、铁矿石、集装箱、粮食、商品汽车、陆岛滚装和旅客 8 个运输系统。

☑ 截至 2010 年年底，民用航空航线里程为 276.5 万千米，全国民航共发送货物 557.4 万吨，货物周转量 536 亿吨千米，我国民航航空业务规模快速增长，已成为全球第二大航空运输系统。航空运输在综合交通体系中的比重不断提高。

☑ 管道运输是利用管道输送气体、液体和粉状固体的一种运输方式。

思考题

1．中国铁路实行跨越式发展战略，建立“八纵八横”铁路大通道具体包括哪些？

2．什么是“7918”公路网？

3．全国沿海港口布局规划的依据是什么？全国沿海港口划分为哪几个港口群体？布局了哪几个运输系统？

第8章 港、澳、台地区物流地理

学 习 重 点

- 香港物流业发展
- 澳门物流业发展
- 台湾物流业发展

引导案例

老牌巨星——大荣货运领跑台湾物流业

大荣货运（T.JOIN）是目前台湾最大的物流公司。其创建于1954年，主要经营路线货运，目前已拥有205个服务网点，员工近4 000人，货运车辆2 700多辆。

大荣货运能保持常青地位的主要原因在于，依托强大的资讯（信息）科技基础，实现快速交货与高品质的顾客服务。目前引入的“MK-TPL”第三方物流资讯系统，除了能让大荣货运通过提供增值服务来增加客户满意度外，更可利用该系统成仓储作业标准化，增加资源利用率，降低管理成本。其全方位智能仓储管理系统功能，可完全配合大荣货运走向国际舞台。

在快递服务领域，大荣货运是台湾唯一一家能够提供该项业务的本土物流企业。大荣货运采用SKYCOM 2 000计算机系统与全世界物流转运站相连，提供全球快速配送服务。大荣货运还能为客户提供物流整体解决方案，针对每家厂商不同的产品特性，规划不同的仓储设施、配送路线，并提供代收货款等一揽子服务。

大荣货运的研发能力是业内表率，正在建设的电子化国际物流管理系统，功能涵盖订单系统租用、即时的多营业点及多仓库存货交易资料查询，支援条形码识读、无线传输、电子资料交换、仓储作业自动计费系统等智能仓储管理系统，从而使大荣货运的物流作业进入电子化管理的新阶段。

大荣货运与日本西汉运输公司合作，借鉴日本经验，进军宅配市场，推动台湾物流业趋向更高的激烈竞争阶段。尽管大荣货运长期保持业内的竞争优势，但它不打算介入商流，而是努力以第三方角色提供物流服务作为自己的经营战略定位。

思考：大荣货运成功的原因是什么？中国内地物流企业可以从中学到些什么？

提示：可以从以下几方面考虑，即资讯科技决定企业经营绩效；差异化服务满足顾客需求；研发能力强化竞争优势；借鉴日本经验；进军宅配市场；扮演第三方服务角色。

8.1　香港地区物流地理

香港，全称是中华人民共和国香港特别行政区，简称“港”，因产沉香，又称香江、香海。香港自古以来就是中国的领土，其全境包括香港岛、九龙半岛、新界和离岛四大部分。

8.1.1　香港物流自然环境

1. 香港的地理位置

香港位于中国广东省南端，珠江出口之东，西邻澳门，北接深圳经济特区（见图 8.1）。香港距广州市 135 千米，与北京的距离约为 2 000 千米。按经纬度计算，香港在北纬 22°9′～22°37′，东经 113°52′～114°30′，背靠中国大陆，面朝南海，是珠江内河与南海交通的咽喉，也是中国的南大门。香港地处欧亚大陆东南部，是南海与台湾海峡的交会处，也是亚洲及世界的航道要冲和重要的国际商港。

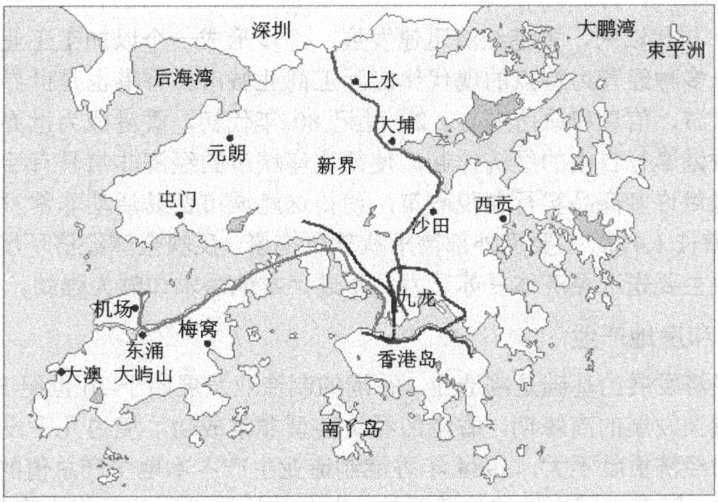

图 8.1　香港区位

香港是典型的滨海丘陵地，陆地部分呈菱形，从大陆伸入南中国海。香港岛在菱形半岛南端，地势陡峻，全岛最高山——太平山最高峰海拔 552 米。香港岛北岸与九龙半岛相对，中间的维多利亚港面积约 60 平方千米，吃水 12 米的轮船可以自由进出，是世界 3 个最优良天然港口之一。港口有 3 个出入口：东边入港水道为鲤鱼门；西边入港水道为硫磺海峡；西北边入港水道为汲水门。九龙界限街以北至深圳河以南称为北九龙，英国租借后，改称新界。

香港行政上分 19 个区，其中香港岛 4 个区，即中西区、湾仔区、东区、南区；九龙 6

个区，即油麻地区、旺角区、九龙城区、观塘区、深水埗区、黄大仙区；新界8个区，即荃湾区、沙嘴区、葵青区、屯门区、元朗区、大埔区、北区、西贡区；离岛自成一区，即离岛区。

2. 香港的自然资源

香港的自然资源极为有限，几乎所有物质，包括食品、工业原料、机器、燃料都要依赖外地供给。由于缺乏大河流和湖泊，地下水也不多，因此，60%以上的食用淡水都要依靠广东省供给。

香港的矿产资源极为贫乏，虽已发现多种金属和非金属矿物，但蕴藏量很少，缺乏开采的商业价值。香港的森林资源也非常稀缺，由于面积有限及人为的破坏，香港几乎没有天然森林。

例外的是，香港的渔业资源很丰富。香港濒临南海，而南海水域是极为广阔的渔场，因此，香港也有“渔港”之称。

香港土地资源有限，林地占总面积的20.5%，草地和灌木地占49.8%，荒地占4.1%，沼泽和红树地占0.1%，耕地占6.7%，鱼塘占2%，城郊区建设发展用地占16.8%。农业方面主要经营少量的蔬菜、花卉、水果和水稻，饲养猪、牛、家禽及淡水鱼，农副产品近半数需内地供应。

8.1.2 香港物流社会经济环境

1. 经济概况

20世纪70年代以来，香港经济迅速发展，逐步形成一个以加工工业为基础、以对外贸易为主导、以多种经营为特点的现代化国际工商业城市。香港也是世界上重要的金融、贸易、交通、旅游、信息和通信中心。20世纪80年代初，香港成为世界著名的“亚洲四小龙”之一。香港奉行自由的经济体制，使得这座城市的经济非常具有活力，香港是一个天然良港，香港对许多商品实行免税政策，使得这座城市贸易活动非常发达。香港经济在2012年仅温和增长1.4%，主要受外部需求疲软所拖累，反映全球经济环境严峻，欧债危机仍未解决，以及主要先进经济体复苏乏力。不过，本地需求却颇为强劲。

2. 制造业和房地产业

香港现代经济发展的基础是制造业。香港的制造业发展始于20世纪50年代，80年代中期是香港制造业发展的高峰期，香港的经济转型非常成功，境内几乎没有制造业，工业产值相对来说对经济贡献不大，1984年香港制造业生产占本地生产总值的比重达24.3%，目前已不足10%。随着中国内地的改革开放，大多数的香港厂商已将生产基地北移至内地。虽说香港的工业很少，但在钟表、电子、游戏、玩具等轻工业产品在国际市场中占有重要地位。香港房地产业虽然几经起伏，但一直是香港经济的支柱之一，占本地生产总值的比重在20%以上，是香港经济的“晴雨表”。

3. 金融业

第二次世界大战后，香港的经济发展成就为世人瞩目。

目前，香港已成为全球第十大国际银行中心、第十一大股票市场、第七大外汇中心和亚洲主要保险业中心，以此奠定了其作为一个重要的国际金融中心城市的地位。香港最发达的莫过于服务业，香港依靠服务业的发展为经济注入很大的活力。2004 年，在香港开设分支机构的各国银行有近 190 家，其中有 86 家位于世界 100 家最大银行之列。香港外汇市场交易量居世界第 6 位，并且是与伦敦、纽约、苏黎世齐名并在时差上相互衔接的世界四大黄金市场之一。根据国际信用评级，香港的评级水平非常高，这就反映出香港的经济发展十分强劲，经济上存在很大的稳定性。随着《内地与香港关于建立更紧密经贸关系的安排》的出台，加强了香港与内地之间金融业的交流与合作，将香港国际金融中心的优势向内地辐射，令香港的这个优势得到更大的发挥。

4．国际贸易与国际航运

香港是重要的国际贸易中心。香港的进口市场主要是中国内地和日本等亚洲国家和地区，其中，中国内地、日本各占香港进口总额的 37%和 16%，中国台湾占 9%，其次为美国、韩国、新加坡、德国和英国。港制产品主要输往美国、英国、德国、中国内地、日本、加拿大、澳大利亚、新加坡、荷兰、瑞士、法国；转口商品主要输往中国内地和台湾地区、美国、新加坡、印度尼西亚、日本、韩国、澳门、菲律宾、沙特阿拉伯。香港整体货物出口在 2011 年温和增长 3.4%后，在 2012 年进一步减慢，仅微升 1.3%。受欧债危机所困扰，欧元区经济在 2012 年再陷衰退，欧盟市场仍然是香港出口的最弱一环。欧盟需求不振，香港输往欧盟的出口在 2012 年录得双位数跌幅，2012 年第四季度已连续七个季度录得按年跌幅。由于美国和日本经济复苏乏力且反复，输往美日的出口同样偏软。先进经济体不景气在 2012 年也明显波及亚洲经济体，令不少亚洲地区的生产及出口活动放缓。因此，中国香港输往印度、韩国、中国台湾及新加坡等亚洲市场的出口在 2012 年显著下滑。不过，随着内地经济回暖，输往内地的出口在 2012 年后期明显好转，全年录得温和增长。季度数字显示，整体货物出口在第一和第二季按年下跌 5.2%和 0.2%，在第三和第四季则回升 4.0%和 6.1%。经季节性调整后按季比较，货物出口在第二季回跌后，在第三和第四季强劲增长。

香港是国际知名的航运中心，其中心地位由两大部分组成：第一是集装箱码头服务，第二是国际航运业务。香港港与 100 多个国家和地区的 500 个港口有航运往来，形成了以香港为枢纽，航线通达五大洲、三大洋的完善的海上运输网络。

5．旅游交通

香港是亚太地区的交通枢纽和旅游中心之一。以铁路、小海轮、公共汽车等组成的运输网，几乎能伸展到港内每个角落。全港道路总长约 1 484 千米，有 8 条主要行车隧道，218 条行人隧道，656 座行车天桥，379 条行人天桥。

由于香港地理位置优越，交通方便，人文环境独特，因此其旅游业得到迅速发展，成为香港经济支柱之一，也是香港赚取外汇的第三大产业。其游客大部分来自中国内地、台湾地区，以及日本、韩国。

6．信息业

香港是亚太地区重要的信息中心之一，全面、迅捷的信息服务给香港经济带来了巨大的活力和众多的机遇。全港以香港大东电报局为转接中心，同美国、加拿大和英国建立了国际联机情报检索系统。香港是世界人均报刊拥有量最多的地区之一，是仅次于美国、德国和日本的排行世界第 4 的印刷品供应中心。香港与 200 多个海外邮务机构建立了业务联系，向 54 个国家和地区提供特快专递服务，对 190 多个海外地区及 6 000 多艘装有卫星通信设备的海上船只提供直拨电话服务。世界各大通讯社，国际性报刊、电台、电视台和出版机构均在香港设有办事机构，信息业已成为香港经济重要的支柱性产业。

8.1.3 香港物流业发展

1. 香港物流业发展概况

香港的现代物流从 20 世纪 90 年代开始才逐渐受到重视，在此之前香港并没有一个完整的物流管理概念，也没有统一的物流政策。但由于香港是跨国企业的集中地，也是外商进入中国市场的渠道、打开中国内地市场的试点区，这些国际性集团把它们在其他国家开拓物流的经验、先进的技术及成熟的物流管理方案引入香港，无形中为香港发展物流业夯实了基础。另外，银行财政制度健全、集资比较容易和其他固有优势，也使香港物流业得到了快速、健康的发展。

香港拥有优良的深水港和全世界最繁忙的集装箱码头。在海运方面，香港是世界著名的货柜港，超过 80 家国际集装箱航运公司每星期提供 400 条航线，能到达全球 500 多个目的地。

香港还是世界上最繁忙的空运中心，从空运吞吐量的增长比率来看，在过去的 20 年中，香港空运吞吐量每年平均增长 11%，而全球空运吞吐量的增长率只在 8% 或以下。近 90 家国际航空公司来往于香港与全球 150 多个目的地。

最具吸引力的是香港是一个自由港，凭着完善的国际网络、优越的物流基础配套、丰富的货运经验、先进的资讯科技等优势，提供高效、快捷和完善的服务赢得世界称誉。内地是香港的最大贸易伙伴，是香港最大的进出口和转口伙伴。来自内地的货物分别占香港进、出口的 46.6%、38.3%。内地既是香港进口货物的最大供应地，也是香港转口的最大市场及香港产品出口的最大市场。香港的转口货物有 70%来自内地，而来自珠三角的货物又占到其中的 70%。香港也是内地（特别是广东省）的主要服务中心，为内地提供港口和机场等支援性的基建设施以及银行、保险和其他商业服务。多年来，香港一直是内地主要转口港。

随着物流行业的发展，香港物流已出现多层次发展，第三方物流蓬勃发展，以一站式服务为顾客处理所有货物流程的形式已是大势所趋。

香港特区政府一直重视物流业的发展，提出要把香港建成国际及地区首选的运输和物流枢纽中心。为此，香港先后成立了物流发展督导委员会和香港物流发展局。特区政府致力于运输网络及基础设施建设，以增强香港物流业在国际上的竞争力。有关资料表明，香港特区政府迄今已拨备 6 000 亿港元，投资发展了 1 600 个基础建设工程项目。此外，香港拥有高效率的政府，实行低税制和政府对贸易采取不干预政策，具备完善的司法制度，这些特点促进了跨国企业在香港发展国际性和地区性物流业务。

点评

香港物流业发展的优势在于：一是有利的经济地理位置——香港是国际交通枢纽和跨国企业进入中国的入口；二是现代化的物流基础设施——香港拥有完善和高效率的航运和空运设施；三是特区政府的高度重视——香港特区政府要把香港建成国际及地区首选的运输和物流枢纽中心。

2．香港物流业发展前景

（1）目前存在的问题

随着中国加入 WTO 和华南地区的航空、港口基础设施的不断完善，香港物流业受到来自内地的极大冲击，而其本身所存在的一些问题也急需解决。

1）着力发展物流的不只是香港，邻近地区如广州、深圳等也在积极发展物流和相关行业。在“泛珠三角”交通一体化新概念下，广州港踞珠三角东翼而成为华南对外贸易枢纽港，腹地延伸到广西、云南、四川、贵州、湖南、湖北。南沙港区作为广州市南拓战略前哨，已建成珠江西岸大型深水码头区，为珠三角西部区域集装箱运输和现代物流发展服务。港区第二期有 6 个 5 万吨级以上深水泊位。港口拥有世界最先进及最可靠的起卸设备，一期工程配置 12 台超巴拿马型集装箱装卸桥（外伸距 60 米，起重量 60 吨，可以同时起吊两个 20 英尺集装箱）、36 台轮胎式龙门起重机和一批流动机械设备。信息管理系统采用先进的计算机技术，其功能涵盖生产经营组织实施全过程。深圳政府规划建设 23 个大型物流项目，总投资超过 229.75 亿元。而且深圳政府将投入超过 70 亿元发展交通基础建设设施，如深圳西部通道、盐田港第三期工程、蛇口集装箱码头第二期和第三期工程等，加强物流和经贸发展。以下一组 2012 年港口集装箱吞吐量数据足以说明问题：广州港为 1 474.36 万标箱、深圳港为 2 294.13 万标箱、香港港为 2 309.7 万标箱，广州港正在崛起，深圳港提速发展，香港港仅赢深圳港 15 万标箱，优势不大。

2）内地海路运输水平正奋起直追，运营成本和配套设备都成熟很快，效率也在不断提高，“电子通关”等方面的流程也在不断改善并取得很大进展，服务水平与香港码头越来越接近。而越来越多的企业在关注产品质量的同时，更强调成本的重要性，香港物流业的高价格使其地位受到了来自内地同行的威胁。

3）比较而言，香港的码头处理费是世界最昂贵的。相比邻近其他港口（如深圳盐田港），香港的码头处理费平均高出 60%。此外，香港其他相关的运输费用也十分昂贵。内地航空港口与香港相比收费相对较低，所带来的竞争可能会对香港的国际物流枢纽地位造成冲击。

4）香港物流业也面临着自身的转型问题，目前香港物流业还处在从仓库设备等传统物流向现代物流的“转型”阶段，物流业发展离世界先进水平还有一些距离。

（2）未来加强与内地合作

目前，香港与内地经济合作紧密，使香港的制造业北移，并使香港的经济成功转型为以服务业为主。而华南 8 个省、一个自治区加上香港和澳门两个特别行政区已组成泛珠江三角洲区域经济合作区，共有 4.68 亿人（与欧盟相近），GDP 占全国的 35%，将带来更多商机。来自广东及邻近地区的货物，占香港港口货运量的 85%，香港处理的空运货物约 70% 与珠江三角洲有关。

内地货物的流通也对香港物流有很大的影响。港货出口到内地的货值，过去数年呈下降趋势，由 1997 年的 639 亿元降至 2002 年的 414 亿元，累计跌幅达 35%，反观经香港转口到内地的货值则有较大的增加，由 1997 年的 4 439 亿元增至 2002 年的 5 719 亿元，累计升幅达 29%。

以上这些数据指明了香港物流业的未来。加强与内地的经贸往来，在未来若干年内使香港发展成为连接内地与世界市场的物流枢纽应该是香港物流业发展的最大目标。而随着《内地与香港关于建立更紧密经贸关系的安排》的出台，香港 270 多种制造产品于 2004 年 1 月 1 日开始以零关税进口内地，香港物流企业也可以独资的形式进入内地，使香港物流企业处于一个非常有利的位置。这一切都有助于香港成为高增值物流中心，成为中国南方地区的物流集散地，并巩固其国际地位。

香港自身的物流市场是比较小的，内地市场的进一步开发使香港物流业有了新出路。从环球供应链来看，中国将是世界工厂，而通过进入内地市场，香港也将真正成为世界工厂的一部分。

一直以来，香港扮演着国内与国外之间的贸易桥梁的角色，香港物流业进入内地市场后，其桥梁作用就更加明显，更能充分地发挥其与内地连接、运输、中转的功能。香港物流业有优越的一站式服务及供应链管理技术，可与内地产生协同作用，能把两地物流运作融为一体，从而带动包括香港在内的整个珠江三角洲地区的经济发展。

相关链接

2003 年 6 月 29 日，中国商务部副部长与香港签订了《内地与香港关于建立更紧密经贸关系的安排》协议。该协议中“更紧密经贸关系”的英文全称是 Closer Economic Partnership Arrangement（CEPA）。这也是 CEPA 名称的首次使用。

在香港与内地签订 CEPA 后，澳门也于 2003 年在澳门特区政府总部，由国家商务部副部长安民和澳门经济财政司司长谭伯源，在《内地与澳门关于建立更紧密经贸关系的安排》协议上签字并举行签署仪式。

8.2 澳门地区物流地理

澳门的全称是中华人民共和国澳门特别行政区。1999 年 12 月 20 日，中国政府恢复对澳门行使主权，并在澳门实行“一国两制”、“澳人治澳”和“高度自治”的政策，除外交和国防事务外，澳门享有行政管理权、立法权、独立的司法权和终审权，保持现有资本主义制度和生活方式 50 年不变。

小知识

400多年前，葡萄牙人首次进入澳门时，向当地居民询问这个地方的名字，当地人以为他们问的是妈祖庙的名字，于是回答“A－MA－GE”，从此，葡萄牙人即把澳门称作“Macao”。这个名字一用就是数百年。早在数十年前，诗人闻一多就在他的名作《七子之歌》中满怀悲愤与深情地替澳门作了不平之鸣。这个烙着屈辱印迹的名字与葡萄牙人的入侵有着不可分割的联系。

澳门的别名很多，如香山澳、濠江、镜湖、海镜、妈阁、澳门街、梳打埠等。这么多的名称大多与澳门的地理有关。从氹仔岛眺看澳门半岛，它的左右各有一座山，远远望去像两扇开启的门，半岛周围环绕着海水，人们称此种地形为“澳”。二者连在一起，这方土地便被称为“澳门”。澳门半岛貌如一只长形小瓜，伸向西南，妈阁为其尖端，旧时文人以“莲花”、“莲茎”来形容它，故昔日的澳门又有“莲山”、“莲岛”之称。过去，澳门北湾、南湾、西湾环抱海湾，如半边圆镜，故澳门别名中又多见“镜”字。而今日，这种优美的旧时风光已成追忆。

8.2.1　澳门物流自然环境

1．地理位置

澳门过去是广东省中山市（古称香山县）南端的一个小岛，屹立海中，与今日的离岸岛屿无异，其后由于西江的泥沙冲积，在澳门与大陆之间形成一道沙堤（莲花茎，今关闸马路），才使澳门与内地相连接，成为一个半岛。

澳门位于珠江入海口的西侧，由澳门半岛、凼仔（Taipa）和路环（Coloanr）两个离岸小岛组成，总面积 29.5 平方千米。以经纬度定位，则在东经 113°34′47″～113°35′20″、北纬 22°06′40″～22°13′1″（以东望洋山灯塔为准）。

澳门海岸线长达 937.5 千米，形成了南湾、东湾、浅湾、北湾、下湾（以上位于澳门半岛）、九澳湾、竹湾、黑沙湾、荔枝湾（以上位于路环）等多处可供船只停泊的地方。目前除九澳湾、竹湾、黑沙湾外，其他港湾已经开辟成港口码头，或者因为淤泥堆积或填海而消失殆尽。

2．自然资源

澳门的自然资源较为缺乏，从原材料到粮油食品，以及 90%以上的鲜活食品都需从邻近地区进口。在生产资料上，较为廉价的原材料和机械设备等大多来自香港、台湾地区和内地，高价产品大多来自日本和欧洲。在生活物资方面，日常所需的各类鲜活商品主要从内地引进。

8.2.2　澳门物流社会经济环境

1．澳门经济概况

澳门在开埠初期，经济很繁荣，但第一次鸦片战争结束后，其贸易地位逐渐被香港取代，经济发展由繁荣转为衰退。自 20 世纪 60 年代以来，澳门经济开始复苏，经过 40 多年的发展，澳门已成为一座在亚洲地区颇有影响的国际性城市，人均 GDP 在亚洲仅次于日本、中国香港等，名列第 5 位。澳门形成了一个以旅游博彩业、出口加工业、银行保险业、房地产建筑业四大支柱产业的多元化微型经济体系。特别是澳门国际机场、跨海大桥等基础设施的投入使用，大大改善了当地的投资环境。

澳门是一个微型海岛，其经济规模不可避免地受市场、资源和结构等方面的局限，但它仍然是亚太地区极具经济活力的一员。澳门 2012 年全年本地生产总值为 3 482 亿澳元，实质增长率为 9.9%；人均本地生产总值近 61.2 万澳元。澳门统计暨普查局分析指出，澳门 2012 年经济增长主要由服务出口及内部需求带动，其中，博彩服务出口增加 6.9%，旅客总消费上升 6.4%。

2．澳门经济主要行业

（1）旅游博彩业

旅游博彩业是澳门主要的经济动力之一，其中包括作为澳门最大直接税源的博彩业及其他（如酒店、饮食、零售等）行业。迅速发展的旅游业和服务业是澳门最重要的外汇来源，20 世纪 90 年代以来，澳门旅游业进入蓬勃发展的阶段，自 1992 年起，澳门旅游业的收入已经超过出口产值。澳门特区政府成立后，旅游业发展步伐更为迅速。

据英国《金融时报》报道，自 2009 年以来，包括金沙、银河娱乐以及澳博控股在内的多家澳门博彩股的合计收入年均复合增长率为 100%，合计利润的增长率也接近这一个水平，澳门 6 家赌场的平均收入已超过了拉斯维加斯数十家赌场年收入之和，6 家运营商的自由现金流年均增长 75%。澳门博彩监察协调局公布的数据显示，2013 年，澳门博彩营收达到 3 607.5 亿澳元（约合 2 733 亿元人民币，451.7 亿美元），同比增长 18.6%，创下历史新高。

（2）制造业

澳门制造业以纺织制衣业为主，并以劳动密集和外向型为发展模式，大部分产品销往美国和欧洲。制造业在澳门历史悠久，早期以爆竹和神香为主，目前仍然是澳门制造业主力的纺织制衣业则始于 20 世纪 60 年代，70～80 年代进入黄金时期，除纺织制衣业之外，玩具、电子和人造丝花等工业也逐渐在澳门蓬勃发展。进入 90 年代，澳门受到欧美两大出口市场经济疲软、本地工资上涨的影响，加上新兴工业国家在产品价格上的竞争，其制造业发展的步伐明显放缓。

全球成衣贸易配额制度取消后，澳门的制造业面临重大的挑战。为此，特区政府率先向中央政府提出与珠海合建跨境工业区的概念，以便结合两地的生产优势，为制造业提供条件。有关计划获中央政府批准后，澳门、珠海双方政府已初步同意选址澳门西北区的青洲，填海造地，兴建跨境工业区，目前填海及相关工程已动工，双方已经开始招商工作。

（3）服务业

加强对外经济合作，包括发展双边和多边经济关系及强化区域经济合作，这是澳门特区政府既定的发展策略。面对中国加入 WTO 和新一轮改革开放，澳门将利用自身独特的优势，逐步发展成为珠江三角洲西部地区的服务中心，为外商到珠江三角洲投资和发展提供合作的平台。

2003 年 10 月，中央政府与澳门特区政府签订了《内地与澳门关于建立更紧密经贸关系的安排》，首届“中国—葡语国家经贸合作论坛”及“国际华商经贸会议”先后在澳门举行，凸显了澳门连接珠江三角洲、葡语国家和世界华商之间的平台作用。

3. 澳门交通

澳门拥有完善的海、陆、空交通网，澳门国际机场自 1995 年启用至今，开拓了通往中国内地和亚洲 10 多个不同城市的航线。其中值得一提的是，每年有逾百万名台湾旅客取道澳门间接直航国内各大城市。

海路交通方面，1993 年建成的外港客运码头一直扮演着重要角色。为了方便澳门旅客前往世界各地，从 2003 年 9 月底开始，有客轮往返于澳门与香港赤角机场。陆路交通方面，2000 年 3 月启用的莲花大桥连接凼仔岛和珠海横琴岛，并将与广珠高速公路接驳。莲花大桥是澳门连接中国内地的另一通道，有利于澳门与珠海共同推行发展横琴岛的计划，也可分流关闸日渐增多的客、货运输。

8.2.3 澳门物流业发展

1. 澳门物流业发展概况

澳门是历史悠久的自由港，在对外贸易的推动下，其交通运输及仓储业、货代、船代和其他商业贸易都取得了一定发展。这些传统的物流业和服务业如今正逐步向汇集了科技、信息和管理等技术的现代物流业过渡，但总体上还停留在传统的运输仓储业上，在资讯科技应用等方面与国际水平还有一定差距。

近年来，澳门物流业得到高速发展，尤其是澳门的空运转口贸易增长迅速。虽然澳门机场规模不大，但在一些处理货物的环节方面，其水平可与一些先进国家和地区相媲美，如机场加快了货物的周转速度，缩短了货物的停留时间；有政府的积极配合和支持，采取便利的联检和通关措施，提高了机场的运作效率；机场、航空公司和物流界之间的紧密配合，使航班的接驳更紧密，做到了以航空货站有限的空间去处理尽量多的货物，从而形成高效的运作。

但是，澳门发展物流业缺少了一个大型的深水港，因此，以空运带动物流业的发展是澳门发展物流业的重要一环。

2. 澳门物流业发展趋势

目前澳门的物流业管理处于起步阶段，但在经济全球化及物流业的需求急剧增加的背景下，澳门绝对有条件发展物流业。首先，澳门是全球最自由的经济体系之一，且其与广东省的经济正逐步融合；其次，澳门拥有枢纽性的地理位置，京珠高速公路、粤西快速道路网、高栏港、茂名港、湛江港、澳门国际机场，以及在建的港珠澳大桥，都为澳门的物流发展提供了齐备的硬件基础设施；最后，澳门的仓库及厂房的成本相对比香港更便宜，也会产生一定的吸引力。

在物流园的建设上，澳门要注意结合本地特点建设物流中心。澳门未来的物流中心建设可以考虑两种模式：第一种模式是扩建目前已有的澳门机场货运仓，这样既可以充分利用好现有资源，又可以在短时间内满足迅速增加的航空物流需求。第二种模式是由政府专门建设一个物流中心，为航空物流业的长远发展奠定基础，物流中心的具体运作可双管齐下，一方面，尽量吸引大型跨国物流公司进驻，以迅速提高澳门的航空物流业水平，毕竟澳门本地物流企业的现代化程度与国际水平还存在一定差距；另一方面，在引进国外物流公司的同时，由政府出面将本地物流公司联合起来进行运作，这样就可以实现本地物流公司与跨国公司同时运作。

点评

从产业成长的一般经验来看，首先要有市场需求，其次要有政府的政策引导和支持，再次是投资的吸引。三个因素都具备之后，新兴产业就会快速成长。

澳门的产业和外贸结构决定了澳门的现代物流业应集中发展以转运为主的航空物流。澳门航空物流业作为新兴产业，尽管存在一些发展的制约因素，如澳门机场设施有待扩建、海关通关效率仍有待提高、资讯科技普及不足及缺乏物流高级人才等，但是随着《内地与澳门关于建立更紧密经贸关系的安排》的出台，再加上澳门具备的特有航线航权、自由港优势、区位优势和特区政府的大力支持，以及珠江三角洲地区尤其是西岸地区日益增长的航空物流需求，澳门航空物流业已具备了快速发展的条件，将会有更广阔的发展空间。

8.3　台湾地区物流地理

台湾自古以来就是中国领土不可分割的一部分。唐宋时期为化外地；元代在澎湖设巡检司，兼管台湾渔民；明朝时期为荷兰所占，明末由郑成功收复；清末设台湾省，后为日本侵占，仍称台湾；抗日战争胜利后，台湾获得光复。

8.3.1 台湾物流自然环境

1. 地理位置

台湾全区位于祖国大陆架的东南缘。地处东经 124°34′30″（宜兰县赤尾屿东端）～119°11′03″（澎湖县望安乡花屿西端），北纬 21°45′25″（屏东县恒春镇七星岩南端）～25°56′30″（宜兰县黄尾屿北端）。北临东海；东北接琉球群岛；东滨太平洋；南接巴士海峡，与菲律宾相邻；西隔台湾海峡与福建省相望，两地相隔最近处仅 130 千米。全区恰扼西太平洋航道的中心，在战略上，素有中国“七省藩篱”之称。

台湾地区由台湾本岛及其附属岛屿、澎湖列岛两大岛群共 80 多个岛屿组成。陆地总面积约 35 989.76 平方千米。其中，台湾本岛南北长 394 千米，东西最宽处 144 千米，面积 35 788.090 8 平方千米，绕岛一周的海岸线长 1 139 千米，是中国第一大岛。

2. 自然资源

1）森林宝库。台湾森林覆盖面积占全区土地总面积的一半以上，约相当于江苏、浙江、安徽三省森林面积的总和，比欧洲著名的“山林之国”——瑞士的森林面积还大 1 倍，木材的蓄积量达 3 亿立方米以上。台湾因受气候垂直变化的影响，林木种类繁多，包括热带、亚热带、温带和寒带品系近 4 000 种，是亚洲有名的天然植物园。

2）地下矿藏。台湾现已探明的各种矿藏有 200 多种。但多数储量不多，铁、煤、石油等资源尤缺。目前已经开采的矿藏有 30 余种，主要是煤、硫黄、金、铜、天然气等。

3）水产资源。台湾四面环海，又地处暖流与寒流的交汇地，海产十分丰富，一向是中国的重要渔业区。鱼类多达 500 种，其中以鲷鱼、鲔鱼、鲨鱼、鲣鱼、鲳鱼最多。

4）水力资源。台湾的河流受地形地势的影响，多发源于中部山地，向四周分流入海，且该区降水丰沛，因此水力资源十分丰富。岛上最大的河流是浊水溪，最大的湖泊是日月潭，还建有台湾最大的日月潭水电站。

5）农业资源。台湾耕地多集中在西部平原地区，水稻种植普遍，因而台湾又被称为“米仓”；甘蔗、蔗糖产量也很大，有“糖仓”之称；另外，还产香蕉、菠萝、茶，享有热带、亚热带的“水果之乡”、“茶叶之乡”之美誉。

3. 城市

台湾地区的城市多分布于西部地区，其中台北市位于台湾岛北部，是台湾地区的政治、经济、文化和教育中心，也是全区最大的城市，面积 272 平方千米，人口为 262.9 万人。台北市在台湾地区的经济体系中，扮演着金融、媒体、电信营运中心的关键性角色。

高雄市是台湾第二大城市，面积约 153 平方千米，现有人口 152 多万人，位于台湾西南部，西临台湾海峡，南接巴士海峡，是东北亚通往南太平洋的要道，也是台湾第一大商港。高雄市的海、陆、空交通都很发达。海上有著名的深水良港高雄港，可以同时停泊 38 艘万吨巨轮。高雄港每年进出货物量仅次于香港、新加坡和荷兰的鹿特丹，居世界第 4 位。

台中市位于台湾岛西部的中央，台中盆地的中心，面积 163 平方千米，人口 75 万人，是台湾第三大城市，也是台湾中部的历史文化名城。台中市周围土地肥沃，终年气候温和，盛产稻米、甘蔗、水果和烟草，不仅是台湾中部物产的集散地，也是重要的工业城市。

台南市位于台湾岛的西南海岸，是台湾第四大城市，也是台湾最古老的一座城市。在台北市作为省城之前，台南一直是台湾的政治、经济、文化中心。

基隆市位于台湾岛的北部，面朝东海，是一个群山环抱的港口城市。这里是台湾岛开发较早的地区之一，交通发达，造船、化工、煤炭和水产加工业等较为兴旺。这里也是重要的渔港之一，鱼产量约占台湾全区的 1/5。全市一年中有 200 多天降雨，所以也有“雨港”之称。基隆是重要的军港、渔港与海运中心。

8.3.2 台湾物流社会经济环境

1. 经济发展概况

1949 年以来，台湾经济发展大致经历四个时期。

（1）经济恢复时期（1949—1952 年）

当时台湾人口剧增，物价飞涨，工农业生产几乎停顿，而军事性开支却占财政支出的一半以上，民众生活困难，经济濒临崩溃。为此，台湾当局采取了一系列旨在稳定社会和恢复经济的政策与措施，土地改革、改革币制、外汇贸易管制，优先发展电力、肥料及纺织工业等。20 世纪 50 年代台湾农业发展迅速，增长率年均达各 4.7%。此外，从 1950 年下半年起，美国开始对台湾实行经济援助，注入大量资金帮助台湾恢复经济。到 1952 年，台湾经济基本恢复到第二次世界大战前的最高水平。

（2）以农养工发展时期（1952—1960 年）

当时台湾经济基本上以农业为主，劳动力过剩，对外贸易和国际收支均逆差严重，外汇极度短缺，民众因收入低而无力消费进口工业品。台湾当局以稳定中求发展为指导思想，确定了以农业培养工业，以工业发展农业的方针。土地改革促进了农业劳动生产率的提高，农产品及其加工品在总出口中的比重非常高，1957 年高达 71.5%，成为创汇主力。台湾当局又通过肥料换谷、强制收购等不等价交换方式，获取利润，把它转移到工业部门。在工业方面，重心放在资金需求量不大、技术要求不高、建厂周期短的民生工业上，以岛内生产替代进口，以适应岛内的消费水准，并节省外汇开支，创造更多的就业机会，减轻就业压力。形成了糖、茶、菠萝及香茅油等农副产品加工业，以及水泥、玻璃、木制品、造纸、化肥、纺织、食油、面粉、塑胶原料及制品、人造纤维、自行车、缝纫机和家用电器等进口替代工业。

（3）出口导向经济发展时期（1960—1986 年）

由于台湾市场狭小，当时进口替代工业的产品市场已趋饱和，若继续发展将导致经济后劲乏力。台湾抓住当时国际分工变化的机遇，利用低廉工资的国际比较利益，大力发展加工出口工业带动经济发展，并陆续修正或制定旨在促进出口的政策与措施，如进行外汇贸易的改革、实施《奖励投资条例》、鼓励民间储蓄、对外销厂商实行税收和融资的优惠、设立出口加工区和保税仓库等。这个时期外资对台湾工业化和出口扩张起了重要作用，民间企业从进口替代转向出口产业，成为经济成长的主力。台湾企业从日本进口生产资料，向美国出口工业品，形成了生产上依赖日本、市场上依赖美国的三角贸易关系。台湾工业得到了高速发展。从 1963—1973 年，工业年均增长率高达 18.3%，其中制造业的年均增长率达 20.1%，工业产值在台湾 GDP 中的比重由 1960 年的 26.9%提高到 1973 年的 43.8%；出口贸易额中工业制品的比重由 1960 年的 32.3%增至 1973 年的 84.6%。至此，台湾工业建立起了一个以出口加工区为依托，以轻纺、家电等加工工业为核心的产业支柱，由此带动了经济的发展。

（4）经济转型时期（1986年至今）

自20世纪80年代以来，由于台湾内外经济环境的变化，新台币兑美元汇率大幅升值，工资也大幅上涨，劳动力短缺，劳动密集型加工出口工业逐渐丧失比较利益和比较优势，导致民间投资意愿低落，经济发展陷入困境。为此，台湾当局于1986中提出了实行自由化、国际化、制度化的经济转型，进一步健全和完善市场经济机制，并以产业升级和拓展美国以外的外贸市场作为重大调整内容，确定以通信、信息、消费电子、半导体、精密器械与自动化、航天、高级材料、特用化学及制药、医疗保健及污染防治十大新兴产业为支柱产业。经过近10年的经济转型，台湾经济在自由化、国际化方面取得一定进展，产业升级也初现成效，资本和技术密集型工业占制造业的比重目前已达61.5%，其中信息产业发展尤为突出，其产值已名列世界前茅。台湾对外出口市场的重心也逐渐从欧美转向亚洲，对美国出口比重已由1984年的48.8%下降到1995年的23.7%，对亚洲的出口比重则由1998年的32.8%上升到1995年的52.6%。出口产品结构也发生了很大变化，电子、信息、机械、电机和运输工具产品已占总出口的50%以上。在这一时期，台湾与祖国大陆及香港的经济联系也日趋密切。

台湾虽然人均GDP较高，但内需市场狭小，自然资源较少，科技基础薄弱，受此制约，形成了“浅碟子经济”的特点。这一特点主要表现在对海外市场和技术的依赖程度较高，如台湾集成电路芯片产量已跃居世界前列，但电路设计这一关键技术仍主要依靠发达国家。因此，台湾产业升级虽有进展，但整体工业技术并无突破性进展，工业技术自主开发能力不强的基本格局仍未改变。

台湾是亚洲四小龙中最后一个挤进2万元榜单的地区，但是台湾的人均GDP始终在原地踏步，毫无迈前的迹象。台湾2013年人均GDP达2.629万元（美元，下同），比2011年首度突破2万元大关时的2.848万元，还稍微退步一点点。而台商最早登陆聚集的深圳，2012年人均GDP近2万元，已直逼台湾。

2．经济产业

（1）农业

台湾传统上是农业地区，虽然它只有25%的土地适于耕种，但农业生产效率很高，多年来，台湾在农业科技、产销体系、推广运用等方面积累了可观的经验和成果。台湾出口的是高质量的猪肉、蔬菜、糖、茶叶和大米，而且台湾渔业发达，出口多种海产品，如鳗鱼、金枪鱼、虾和深海鱼类。

中国加入WTO以后，台湾本土农业的岛内发展空间狭窄，土地、劳动力紧缺等矛盾日益突出，目前台湾农业已将目光转向了与其具有高度互补性的祖国大陆。

（2）工业

台湾早期工业主要是纺织和食品加工工业，到20世纪六七十年代，轻工加工工业比较发达；到80年代才开始发展轻化工工业。目前台湾的工业在全区GDP中的比率占42%，其中劳动密集型工业占14.9%，资本及技术密集型工业占19.2%。

目前，台湾制造业种类较多，在亚洲位居前列，工业产品包括汽车、飞机、轮船、石油化工产品、钢铁、机械、电器、计算机与电子消费品、纺织品与服装、体育用品、鞋、玩具、加工食品及手工艺品等，大部分用于出口。

（3）服务业

近年来随着台湾经济的迅速发展，其服务业也发展很快，占全区 GDP 的比重逐渐超过工业，成为经济发展中最重要的产业，服务业结构也从传统的商业及政府服务逐渐走上现代化专业性服务，包括保险、金融、运输、仓储、通信，以及不动产和工商服务业，均有较快的增长，其中以保险业增长率最高。

2005 年，台湾产业结构出现标志性变化，服务业产值占三大产业总值的比例首次超过 70%。学界普遍认为台湾产业结构“早熟”，因为在产业结构比较成熟的西方发达国家，如果服务业产值超过 70%，服务业就业人口也会占 70%左右，即服务业产值比重与就业人口比重基本保持一致；但台湾的情况不同，台湾服务业产值比重已突破 70%，但服务业就业人口比重只有 58%，存在着显著的不对称。

8.3.3　台湾物流业发展

1．台湾物流业发展概述

总体而言，台湾地区物流业的发展经历了两个重要的发展阶段。第一个阶段是在 20 世纪六七十年代，当局大力推动“十大”建设，进行高速公路、机场与港口的建设，打通了台北到高雄两市的交通，使台湾很快成为亚洲地区的重要交通枢纽，商贸活动开始频繁起来，许多企业也开始重视物流的重要性。第二个阶段是 20 世纪 80 年代台湾完成工业化之后，有关经济部门紧接着推动流通自动化，将自动化扩展到资金流、信息流、商流与物流四大领域，至此，物流正式成为台湾发展地区经济建设的重要一环。目前台湾物流中心投资金额（或资本额）多在新台币数千万元至数亿元，之所以投资金额高主要是因为物流业需要大面积的土地和价格高昂的自动化设备，而从台湾各物流业企业的仓储面积来看，根据配送商品种类及数量的多寡，仓库面积在从 1 000 平方米到上万平方米都有，至于仓库的设置地点则多集中在都市区近郊县市，如台北近郊的林口、五股、桃园、中坜、八堵等地。究其原因，系因大多数物流企业是以供应食品或日常用品给便利商店或超市等零售渠道为主，运输过程要求方便、快捷。

2．台湾物流理论

台湾地区对物流概念的正式引进缘于美国。目前台湾物流学界对物流的定义是，以符合顾客的需求为目的，对原材料、在制品、制成品等从产出地到消费地之间的流程和保管，同时为了追求效率和费用成本的极小化而进行的计划、执行和管制。

台湾当局有关经济部门所发行的台湾地区《连锁店发展年鉴（1994 年）》中，认为物流基本可以分为供应物流、生产物流和销售物流 3 种，它们构成广义的物流范围。供应物流和生产物流负责生产前与生产中的物品流通，目的在于能及时、有效地提供生产所需的对象；销售物流负责生产后的物品流通，目的是将制成品从生产地点运送到消费地点。狭义的物流就是指销售物流。近几年来，在台湾物流学界，一支强调物流系统“整体之间互相连接”的后勤支援学派逐渐兴起。后勤支援学派所说的物流与现在我们所说的物流之间最大的不同点就是它强调借由强化企业之间的资讯系统去贯穿不同的企业，并借由资讯系统的一体化去强化、统合物流上中下游的整个供应链。而现阶段我们所说的物流系统则因为不同企业为了各自的需求所设置的资讯系统而被阻隔掉了，所以会造成预测、计算不够准确，产生库存的偏差。

3．台湾物流企业

台湾最早的物流企业是1975年由声宝、新力、王冠电器等公司为配送旗下家电而共同投资1 000万新台币成立的东源物流公司，时至今日，台湾物流业早已是百家争鸣。

台湾物流企业依其发展特性的不同，可以分为4类。

1）由制造商向下整合发展的物流中心。制造商为降低商品流通成本、增加商品的竞争能力，便自行出资设立物流中心，这类由制造商发展的物流中心，包括统一集团的捷盟物流、泰山集团的彬泰物流、味全集团的康国物流等。

2）由经销商或代理商向上整合所成立的物流中心。如德记洋行、农林集团的侨泰物流等，其供货商品广泛，包括食品、日用品、冷冻品等，且供应对象不限，包括全区的便利商店、超级市场、零售商、量贩店等各种零售渠道。

3）由零售渠道商向上整合发展的物流中心。如顶好惠康超市的惠康物流、全台物流等，前者负责提供顶好惠康超市的各种食品及日用品。

4）由货运企业发展的物流中心。如大荣货运、新竹货运、中连货运等，其主要客户不限，囊括全区的便利商店、超级市场、零售商、量贩店等，提供低温和常温商品。这种由货运企业发展的物流中心，相对于其他物流中心而言，具备专业的、熟练的物流技术和区域性配送能力，以及广布全区的配送网络等优势。

目前，台湾物流业已初步形成了以大荣货运和东源物流为龙头，众多专业物流公司百家争鸣的竞争格局。大荣货运与东源物流以其各自独特的竞争优势，成为台湾物流业中最为耀眼的两颗明星，当之无愧地成为领衔台湾物流业的“双子星座”。

东源物流最初主要为股东提供家电产品的配送；到20世纪70年代末，由于台湾推动自由化经济政策，欧美国家的家电产品开始大量进入台湾市场，使台湾的物流配送需求剧增，东源物流随之适时转型为第三方物流公司，综合经营仓储、货代、配送等业务，2000年营业额达10亿元（新台币）。

除了上述两家龙头企业外，台湾近几年还涌现出许多专门从事第三方物流配送、为客户提供增值服务的现代物流公司，其发展势头十分强劲，使本来竞争就很激烈的物流行业更显得空前热闹，台湾物流社会化的程度也得以不断提高。

4．推进台湾物流业发展的因素

十几年来，台湾物流业的快速发展，主要基于以下几个重要因素。

1）台湾当局在推动物流业发展的过程中扮演了极为重要的角色。台湾当局所制定的基础设施建设和自动化推广政策对业界发展起到了积极作用，对有关方面的协调、扶持也有很大影响。

2）企业市场国际化，方可实现规模化。台湾物流发展与经济的市场化和国际化有着密不可分的关系。台湾经济对国际市场的依赖很大，企业的弹性应变能力很强。台商到世界各地经商，使本地经济延伸至国际市场，促进了本地企业规模化。台湾计算机制造业占世界市场的50%，供应链运作相当成熟。

3）产业结构转型，物流业得到升级。由于台湾制造业重心向内地转移，很多产品需要进口，流通服务环节就成为影响台湾经济贸易成败的关键。物流业因此受到各界的关注，从事国际物流活动的企业得到了许多便利，而吸引国际物流资本也从多方面提升了台湾物流产业的技术标准。另外，台湾流通连锁业十几年来发展也促进了物流配送业的进步。

4）供应链锻炼了物流企业实际运作能力。台湾的产品主要以外销为主，许多企业在世界各地投资，因此外包对台湾经济的影响很大，如 IT 业的许多产品实际上都外包给台湾的厂家，为了配合国际大客户的需要，台湾企业就必须克服物流上的困难，发挥供应链上游零部件、制造商和下游装配厂商的作用，满足客户对产品在时间和空间上的要求。这就在客观上训练了台湾物流企业跨区域的实际运作能力。

5）资讯科技决定企业经营绩效。台湾众多的物流企业中，大荣货运和东源物流能在内部作业流程与外部配合机制异常复杂的物流业中保持常青地位，主要原因就在于拥有稳健的资讯（信息）科技基础，否则很难实现快速交货和高品质的顾客服务。

本章小结

☑ 香港位于珠江口东侧，是亚洲和世界的航道要冲，也是重要的国际商港。香港现代物流业的基础良好，是全球最繁忙和最有效率的货柜港，也是最繁忙的空运中心。

☑ 20 世纪 60 年代以来，澳门经济开始起飞，已成为一座在亚洲地区颇有影响力的国际性城市。澳门的产业结构极为特殊，第三产业是澳门的龙头产业，其中旅游博彩、金融服务等占重要比重。旅游博彩业是澳门主要的经济动力之一。澳门拥有完善的海、陆、空交通网，是历史悠久的自由港。

☑ 20 世纪 80 年代以来，台湾地区经济发展迅速，经济结构已从农业经济过渡到工业化经济，被列为“亚洲四小龙”之一。20 世纪 80 年代，随着台湾经济的迅速崛起，台湾成为许多跨国公司的重要原材料、零配件供应地，物流配送需求大幅增长，这在很大程度上推动了台湾物流配送的发展，其现代物流业已经发展到相当高的水平。

思考题

1．分析香港物流业的现状。
2．探讨澳门社会经济环境对其物流业发展的影响。
3．试述台湾物流业发展。

第9章

国际物流地理

学 习 重 点

- 国际物流的含义
- 国际贸易口岸的概念、地位与作用
- 世界上主要海峡和运河
- 世界主要的枢纽港口
- 世界航空区划及主要航线分布
- 国际多式联运及陆路运输

引导案例

快捷的陆桥运输

陆桥运输是指横贯大陆的铁路和公路把海与海连接起来的运输方式。通过陆桥运输可缩短运输时间，提高经济效益。目前国际贸易中常用的大陆桥是西伯利亚大陆桥。20世纪50年代初，西伯利亚大铁路就开始了一般性的海陆联运，承运欧洲出口到亚洲的1/5的杂货，日本出口到欧洲的1/3的杂货。其主要经营部门是全俄过境运输公司和国际铁路集装箱运输公司。

思考：请依据海—铁—海运输形式，说出从日本等亚太地区至德国汉堡所经过的主要港站。

提示：这条路径是

亚太地区（日本）—（海）→纳霍德卡（东方港）—（铁）→莫斯科—（铁）→圣彼得堡—（海）→汉堡

9.1　国际物流概述

国际物流的完成主要是通过海上运输、航空运输、国际多式联运及陆路运输实现的。

9.1.1　国际物流环境

国际物流是现代物流系统中一个重要的领域，近 20 年来取得了很大的发展。“东欧剧变”和苏联解体后，随着国际贸易壁垒的拆除、新的国际贸易组织的建立，一些地区突破国界限制形成了统一市场，使国际物流出现了新的情况，国际物流形式也随之不断变化。

从企业角度看，近十几年来跨国企业发展很快。越来越多的企业在推行国际战略，在全世界范围内寻找贸易机会、最理想的市场和最好的生产基地，这就必然将企业的经济活动领域由一个地区、一个国家扩展到国际之间。这样一来，企业的国际物流也被提到议事日程上来。企业为支持这种国际贸易战略，必须更新物流观念，扩展物流设施，按国际物流要求对原来的物流系统进行改造。

9.1.2　国际物流的含义

所谓国际物流，就是组织商品在国际间进行合理流动，也就是发生在不同国家之间的物流。国际物流的实质是按国际分工协作的原则，依照国际惯例，利用国际化的物流网络、物流设施和物流技术，实现商品在国际间的流动与交换，以促进区域经济的发展和世界资源的优化配置。与国内物流系统相比，国际物流具有以下几个特点。

1. 物流渠道长，物流环节多

国际物流系统往往需要跨越多个国家和地区，需要跨越海洋和大陆，物流渠道长，还要经过报关、商检等业务环节。这就需要在物流运营过程中合理选择运输路线和运输方式，尽量缩短运输距离，缩短商品在途时间，合理组织物流过程中的各个业务环节，加速商品的周转并降低物流成本。

2. 物流环境的复杂性

由于各国社会制度、自然环境、经营管理方法、生产习惯等的不同，特别是不同国家之间物流环境上的差异，使国际组织商品流动成为一项复杂的工作。物流环境的差异使一个国际物流系统需要在几个不同法律、人文、习俗、语言、科技及设施的环境下运行，这无疑会大大增加物流的难度和系统的复杂性。

3. 国际物流对标准化要求较高

统一标准对于国际物流来说是非常重要的，可以说，如果没有统一的标准，国际物流水平就无法提高。目前，美国、欧洲国家基本实现了物流工具、设施的统一标准。在物流信息传递技术方面，不仅需要实现企业内部的标准化，而且要实现企业之间及统一物流市场的标准化，这样才能使各国之间、各企业之间物流系统的交流更加简单有效。

4. 国际物流中的风险

国际物流的复杂性也将带来一定的风险，主要包括政治风险、经济风险和自然风险。政治风险主要指由于所经过国家的政局动荡，如罢工、战争等原因造成商品可能受到损害或灭失；经济风险主要指因从事国际物流发生的资金流动而产生的汇率风险和利率风险；自然风险则指物流过程中，可能因自然因素（如海风、暴雨等）而造成的商品延迟、商品破损等风险。

5．国际物流的多种运输方式组合

国际物流中运输距离长，运输方式多样，有海洋运输、铁路运输、航空运输、公路运输，以及由这些运输手段组合而成的国际综合运输。

9.1.3 国际物流的产生与发展

国际物流活动随着国际贸易和跨国经营的发展而发展，经历了以下几个阶段。

1．20世纪50～70年代

20世纪50～60年代，国际上形成了较大数量的物流，在物流技术方面出现了大型物流工具，如20万吨的油轮、10万吨的矿石船等。70年代，国际物流不仅在数量上进一步发展，船舶的大型化趋势进一步加强，而且国际物流服务水平的要求提高，大数量、高服务型物流从石油、矿石等物流领域向难度较大的中小件杂货领域深入，其标志是国际集装箱和国际集装箱船的发展。国际各主要航线的定期班轮都投入了集装箱船，很快地提高了散杂货的物流水平，从而使国际物流服务水平获得了很大提高。在这个阶段国际航空物流和国际联运在数量上大幅度增加。

2．20世纪70年代末期至80年代中期

这一阶段国际物流的突出特点是出现了“精细物流”，物流的机械化、自动化水平提高，物流设施和物流技术得到了极大发展。例如，建立了配送中心，广泛运用电子计算机进行管理；出现了立体无人仓库，一些国家建立了本国的物流标准化体系等。同时，伴随新时代人们需求观念的变化，国际物流着力于解决“小批量、高频度、多品种”的物流问题，出现了不少新技术和新方法，这就使现代物流不仅覆盖了大量商品、集装杂货，而且也覆盖了多品种的商品，基本覆盖了所有物流对象，解决了所有物流对象的现代物流问题。

3．20世纪80年代中期至90年代初

在这个阶段，随着经济技术的发展和国际经济往来的日益扩大，物流国际化趋势开始成为世界各国共同面对的局面。各国企业越来越注意改善国际性物流管理，降低产品成本，改善服务，扩大销售，使企业在激烈的国际竞争中获得胜利。另外，伴随着国际多式联运物流的发展，出现了电子数据交换系统等信息技术。信息的作用是使国际物流向成本更低、质量服务更高、更大量化、更精细化方向发展。可以说，20世纪八九十年代的国际物流已进入了物流信息时代。

4．20世纪90年代初至今

这一阶段国际物流的概念和重要性已为各国政府所普遍接受。很多企业的贸易伙伴遍布全球，要求企业物流国际化，即物流设施国际化、物流技术国际化、物流服务国际化、商品运输国际化、包装国际化和流通加工国际化等。世界各国广泛开展国际物流理论和实践方面的大胆探索，人们也逐步认识到，只有广泛开展国际物流合作，才能促进世界经济繁荣，“物流无国界”的理念被人们广泛接受。

9.1.4 国际物流的种类

根据不同的标准，国际物流可以分为以下几种类型。

1．根据商品在国与国之间的流向分类

根据商品在国与国之间的流向，可以将国际物流分为进口物流和出口物流。当国际物流服务于一国的商品进口时，为进口物流；当国际物流服务于一国的商品出口时，为出口物流。

2．根据商品流动的关税区域分类

根据商品流动的关税区域，可以将国际物流分为不同国家之间的物流和不同经济区域之间的物流。区域经济的发展是当今国际经济发展的一大特征，例如，欧盟国家由于属于同一关税区，成员国之间物流的运作和它们与其他国家或经济区域之间的物流运作在方式和环节上存在较大的差异。

3．根据跨国运送的商品特性分类

根据跨国运送的商品特性，可以将国际物流分为国际军火物流、国际商品物流、国际邮品物流、国际捐助或救助物资物流、国际展品物流、废弃物物流等。本书所论述的国际物流主要是指国际商品物流。

此外，根据国际物流服务提供商的不同，可以将国际物流的运营企业分为国际货运代理、国际船务代理、无船承运人、报关行、国际物流公司、仓储和配送公司等。

9.1.5　国际物流与国际贸易之间的关系

国际物流是随着国际贸易的发展而产生和发展起来的，并已成为影响和制约国际贸易发展的重要因素。国际贸易与国际物流之间是相互促进、相互制约的关系。

1．国际贸易是国际物流产生和发展的基础和条件

最初，国际物流只是国际贸易的一部分，但是生产的国际化和国际分工的深化加速了国际贸易的快速发展，促使国际物流从国际贸易中分离出来，以专业化物流经营的姿态出现在国际贸易之中。跨国经营与国际贸易在规模、数量和交易品种等方面的大幅度增长，促进了商品和信息在世界范围内的大量流动和广泛交换，物流国际化成为国际贸易和世界经济发展的必然趋势。

2．国际物流的高效运作是国际贸易发展的必要条件

国际市场竞争日益激烈，要求国际贸易商以客户和市场为导向，满足国内外消费者定制化的需求。消费者对商品多品种、小批量的需求使得国际贸易中的商品品种、数量迅猛增长，对国际物流的运作要求也大幅度提高。在这种情况下，专业化、高效率的国际物流运作对于国际贸易的发展是一个非常重要的保障。缺少高效国际物流系统的支持，国际贸易中的商品就有可能无法按时交付，并且物流成本也将提高。

3．国际贸易对国际物流提出新要求

随着世界经济的飞速发展和政治格局的风云变幻，国际贸易表现出一些新的趋势和特点，从而对国际物流也提出了越来越高的要求。

（1）质量要求

国际贸易的结构正在发生着巨大变化，传统的初级产品、原料等贸易品种逐步让位于高附加值、精密加工的产品。由于高附加值、高精密度商品流量的增加，对物流工作质量提出了更高的要求。

（2）效率要求

国际贸易活动的集中表现就是合约的订立和履行，而国际贸易合约的履行是由国际物流系统来完成的。

（3）安全要求

由于国际分工和社会生产专业化的发展，大多数商品在世界范围内进行着分配和生产。在组织国际物流、选择运输方式和运输路径时，要密切注意所经地域的气候条件、地理条件，还应注意沿途所经国家和地区的政治局势、经济状况等，以防止这些不可抗拒的自然力和人为因素造成商品灭失。

（4）经济要求

国际贸易的特点决定了国际物流的环节多、备运期长。在国际物流领域，控制物流费用、降低成本这两方面具有很大潜力。对于国际物流企业来说，选择最佳物流方案，提高物流经济性，降低物流成本，保证服务水平，是提高竞争力的有效途径。

（5）环保要求

物流作为国际贸易的桥梁，能否适应全球的绿色化发展趋势，直接影响各国对外贸易的发展。首先，绿色壁垒是许多国家对外经济贸易活动中必须跨越的一道门槛，为保证商品顺利进入国际市场，就必须发展绿色物流。其次，绿色物流可以帮助企业节约资源，降低经营成本，同时在生产经营中体现绿色物流思想，将会大大提高企业形象，有利于增强企业核心竞争力，提高企业经济效益。这些都会大大提高企业的国际竞争力，促进国际贸易的发展。

总之，国际物流必须适应国际贸易结构和商品流通形式的变革，向国际物流合理化方向发展。

9.1.6 国际贸易口岸

1. 口岸的概念

口岸，原指设在海口的商埠，也称通商口岸。据《政治经济学辞典》解释，商埠是“一个国家指定的准许外国人前来通商的地方”。由此可知，口岸原来的意思是指由国家指定对外通商的沿海港口。《辞海》也将口岸解释为“对外通商的港埠”。随着历史的进步，如今这种将口岸仅仅理解为对外通商的港埠的看法，已经远远不能适应现代国际交往的实际，也不能准确地反映“口岸”这个概念的真正内涵。口岸已不仅仅是指设在沿海的港口，在口岸进行的也不仅仅是经济贸易往来（通商），还包括政治、外交、科技、文化、旅游和移民等方面的往来。随着陆、空交通运输的发展，对外贸易的货物、进出境人员及其行李物品、邮件包裹等，可以通过铁路、公路和航空直达一国腹地。因此，在开展国际联运、国际航空、国际邮包邮件交换业务及其他有外贸、边贸活动的地方，国家也设置了口岸。改革开放以来，中国外向型经济由沿海逐步向沿边、沿江和内地辐射，口岸也由沿海逐渐向边境、内河和内地城市发展。

现在，除了对外开放的沿海港口之外，口岸还包括：国际航线上的飞机场；山脉国境线上对外开放的山口；国际铁路、国际公路上对外开放的火车站、汽车站；国界河流和内河上对外开放的水运港口。

2. 口岸的分类

口岸可以从不同的角度进行分类，常用的分类方法有如下几种。

（1）按批准开放的权限划分

按照批准开放的权限，可将口岸分为一类口岸和二类口岸。一类口岸是指由国务院批准开放的口岸（包括中央管理的口岸和由省、自治区、直辖市管理的部分口岸）；二类口岸是指由省级人民政府批准开放并管理的口岸。

（2）按出入境的交通运输方式划分

按照出入境的交通运输方式划分，可将口岸分为港口口岸、陆地口岸和航空口岸。

港口口岸是指国家在江、河、湖、海沿岸开设的供人员和货物出入国境及船舶往来停靠的通道。港口口岸包括海港港口口岸和内河港口口岸。内河港是建造在河流（包括运河）、湖泊和水库内的港口，为内河船舶及其客货运输服务。

陆地口岸是指国家在陆地上开设的供人员和货物出入国境及陆上交通运输工具停站的通道。陆地口岸包括国（边）境，以及国家批准内地可以直接办理对外进出口经济贸易业务和人员出入境的铁路口岸和公路口岸。

航空口岸又称空港口岸，是指国家在开辟有国际航线的机场上开设的供人员和货物出入国境及航空器起降的通道。

此外，在实际工作中，还经常使用边境口岸、沿海口岸、特区口岸、重点口岸、新开口岸和老口岸等概念。这些分类虽然尚未规范化，但在制定口岸发展规划和各项口岸管理政策方面，还是有一定的积极作用的。

3．口岸的地位和作用

1）口岸象征着一个国家的主权。有国家就有领土和疆界，有领土和疆界就必然要对出入境活动进行管理，口岸权是国家主权的重要体现。

2）口岸是对外开放的门户。加强口岸管理，在维护国家安全、维护国家利益、保障国内安定局面方面具有极其重要的作用。

3）口岸是国际货物运输的枢纽。口岸作为国际物流系统中的一个子系统，是国际货物运输的枢纽，它必须与交通运输发展规划相配套，与外经贸的发展规划相协调。

9.2　国际海上运输

海洋运输是各国对外贸易的主要运输方式，其结构模式是“港口—航线—港口”。海运通过国际航线和大洋航线联结世界各地的港口，其所形成的运输网络对区域经济的世界化和世界范围内的经济联系发挥着极其重要的作用。

长期以来，世界海运市场一直被少数发达国家和传统海运大国所垄断，目前，国际航运市场的重心正向亚太地区转移。

9.2.1　国际航区划分

按地理环境结构，国际航区分为太平洋航区、大西洋航区、印度洋航区和北冰洋航区。其主要航线和港口分述如下。

1．太平洋航区

太平洋位于亚洲、美洲、大洋洲和南极洲之间，从白令海峡到南极洲的罗斯冰障，南北长约15 900千米，从巴拿马至中南半岛的克拉地峡，东西宽约19 900千米，面积17 968

万平方千米，占世界海洋总面积的 49.8%，是世界上最大的洋。太平洋东南部通过南美洲南端的麦哲伦海峡、德雷克海峡与大西洋相通，中美洲的巴拿马运河是连通两大洋的便捷通道；太平洋西部通过大洋洲和亚洲之间的海峡和内海及澳洲和南极洲之间的海域与印度洋相通，东南亚的马六甲海峡、龙目海峡是连通两大洋的重要水道。太平洋是世界重要的海运大洋。随着东亚的发展及美国、加拿大等国的经济关系重心转向太平洋，世界航运中心正从大西洋移向太平洋。

2．大西洋航区

大西洋位于欧洲、非洲、美洲和南极洲之间，面积约 9 300 万平方千米，是世界第二大洋，大西洋西部通过巴拿马运河与太平洋连通，东部经直布罗陀海峡、地中海、苏伊士运河、红海（印度洋属海）可连接印度洋，由东南绕好望角也可进入印度洋。大西洋航运发达，是世界海运量最大的洋。

3．印度洋航区

印度洋面积约 7 492 万平方千米，是世界第三大洋，由于它介于亚洲、非洲、大洋洲之间，与欧洲也只隔着一个地中海，故印度洋在贯通世界东西交通方面占有重要地位，同时它也是中东地区国家石油输出的主要路径。该航区主要航线有横贯印度洋东西的大洋航线和通达波斯湾沿岸产油国的航线。横贯印度洋东西的航线包括从亚太地区和大洋洲横越印度洋西行的航线，从欧洲、非洲横越印度洋东行的航线，基本连通太平洋、大西洋和印度洋，在这组航线上，东端的马六甲海峡和西端的苏伊士运河是两个交通枢纽。波斯湾输油航线一面西行（经苏伊士运河或好望角）至欧洲和美国，一面东行（经马六甲海峡或龙目海峡）至亚太地区。

4．北冰洋航区

北冰洋大致以北极为中心，介于亚洲、欧洲和美洲之间，为三洲所环抱，在亚洲与北美洲之间通过白令海峡连通太平洋，在欧洲与北美洲之间以冰岛—法罗海槛和威维亚·汤姆逊海岭（地处冰岛与英国之间）与大西洋分界，通过丹麦海峡及北美洲东北部的史密斯海峡与大西洋连通，面积约 1 310 万平方千米，是世界四大洋中最小的洋。北冰洋系亚、欧、北美三大洲的顶点，有联系三大洲的最短航线，但所处纬度较高，气候恶劣，洋面大部分常年冰冻，冬季洋面冻结范围高达 85%以上，夏季浮冰的洋面亦达 60%多，故称北冰洋。北冰洋航运不发达，主要航线有：

1）挪威海和巴伦支海西南部航线，全年可通航。

2）夏季，北极海域的苏联沿岸有不定期航班到远东港口，但必须有破冰船做先导开航，航线为摩尔曼斯克—符拉迪沃斯克（海参崴）。

3）摩尔曼斯克—斯匹卑尔根群岛（挪威）—雷克雅未克（冰岛）—伦敦。

9.2.2 世界主要枢纽港口

港口是水、陆、空交通的集结点和枢纽，是工农业产品和外贸进出口物资的集散地，也是船舶停泊、装卸货物、上下旅客、补充给养的场所。世界上的国际贸易海港有 2 500 多个，其中吞吐量超过 1 000 万吨的有 100 多个，5 000 万吨以上的有 20 多个。图 9.1 和表 9.1 分别是 2012 年全球十大港口货物吞吐量和集装箱吞吐量排名。除中国的宁波—舟山港、上海港、天津港外，荷兰鹿特丹港、美国的纽约港、日本的东京港、德国的汉堡港和不来梅哈芬港、比利时的安特卫普港、加拿大的温哥华港、新加坡的新加坡港、法国的马赛港和英国的伦敦港均为世界著名大港，在世界货物贸易运输中均占有重要地位。

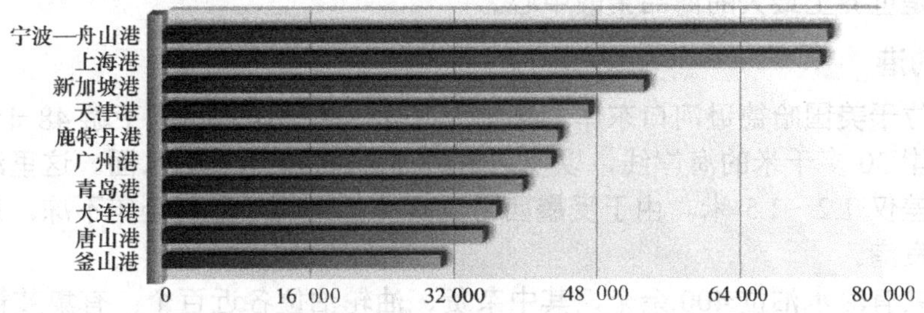

图 9.1　2012 年全球十大港口货物吞吐量排名（单位：万吨）

表 9.1　2012 年全球十大港口集装箱吞吐量排名　　　　单位：万标准箱

2011 年排名	2012 年排名	港口名称	2011 年吞吐量	2012 年吞吐量	增长率
1	1	上海港	3 173.9	3 253	2.49%
2	2	新加坡港	2 993.77	3 160	5.55%
3	3	香港港	2 440.74	2 310	-5.36%
4	4	深圳港	2 249.88	2 294	1.96%
5	5	釜山港	1 617.53	1 703.1	5.29%
6	6	宁波—舟山港	1 463.93	1 617	10.48%
7	7	广州港	1 430.79	1 452.2	1.5%
8	8	青岛港	1 302.04	1 450	11.36%
10	9	天津港	1 149.41	1 230.3	7.04%
9	10	鹿特丹港	1 190	1 187	−0.25%

1．鹿特丹港

鹿特丹港是欧洲第一大港，全球最重要的物流中心之一。鹿特丹港位于莱茵河和马斯河入海的三角洲，濒临世界海运最繁忙的多佛尔海峡。它是西欧水、陆交通的要道，也是荷兰和欧盟的货物集散中心，运入西欧各国的原油、石油制品、谷物、煤炭、矿石等都经过这里，因此鹿特丹港有“欧洲门户”之称。

鹿特丹港港区占地面积 100 多平方千米，其中陆域 78.52 平方千米，水域 21.48 平方千米。供远洋海轮用的码头岸线长达 38 千米，共有 951 个泊位，航道最大水深 22 米。港口装卸设备齐全，有岸壁起重机 400 台，全旋转浮吊 18 台，固定臂浮吊 34 台，岸上吸粮机 26 台，集装箱装卸机械 20 台，干船坞 7 座，浮船坞 31 座。20 世纪 80 年代初期，该港口就使用了电子计算机导航系统。

据鹿特丹港务局统计资料，目前港区内拥有 5 个炼油厂，43 家化工和石化公司，3 家工业燃气生产商，6 个原油码头，19 个独立的石油和化工产品储罐和分销码头，4 个第三方食用油和油脂码头，4 个食用油和油脂生产厂，以及 1 500 千米的管线。鹿特丹港拥有各类码头集散站（terminal）共计 90 多个，其中集装箱码头 9 个，多功能码头 17 个，全天候码头 1 个，滚装码头 7 个，固体散装货码头 15 个，液态散装货码头 35 个。

鹿特丹港是国际水、陆、空交通的重要枢纽，目前有 500 多条航线的船籍港或停靠港，通往全球 1 000 多个港口，货运量占荷兰全国的 78%。2010 年，鹿特丹港货物吞吐量达 4.3 亿吨，其中液态散装货 2.1 亿吨，固态散装货 8 459 万吨，集装箱货物 1.12 亿吨（1 110 万标准箱），其他货物 2 368 万吨。目前，鹿特丹港年进港远洋轮船约 3.4 万艘，内河船只约 13.3 万艘，是世界上最大的商品集散中心。

2．纽约港

纽约港位于美国哈德逊河口东岸，濒临大西洋，包括哈德逊河下游 48 千米长的水线，长岛海峡沿岸 30 多千米的海岸线，以及斯塔腾岛西部 32 千米的水面。这里海岸曲折，港宽水深，潮差仅 1.2～1.5 米。由于受墨西哥湾暖流的影响，港口全年不冻，是大西洋沿岸的一个天然良港。

纽约港共有深水泊位 400 余个，其中杂货、油轮泊位各近百个；有集装箱泊位 37 个，是世界上最大的集装箱码头。港中各种设施齐备，有起重 500 吨的大型浮吊及各式吊车；各种仓库 170 多个，面积 0.7 平方千米；另有冷藏库 10 万立方米，各种港口作业船 300 多艘；港内有干船坞 67 座。

3．新加坡港

新加坡是全球最大的海洋转口运输中心之一，拥有完整的港口及海事服务，全球范围的海港网络以及全面的物流服务方案，也是亚太地区的邮轮中心。迄今至少有 250 家船公司，将新加坡与全世界 123 个国家和地区的 600 多个港口相连接。每天都有船只从新加坡港开往全世界各个主要港口。

由于常年的出色工作，新加坡港务集团被世界公认为全球首屈一指的综合性海港与物流服务公司，是“亚洲最佳集装箱码头经营者”大奖的常年获得者，先后 13 次获得亚洲货运业奖 (AFIA) 殊荣，新加坡港口也先后 14 次被选为“亚洲最佳海港”。

新加坡邮轮中心已经成为世界各大邮轮公司在东南亚的枢纽港，年均接待约 700 万名来自世界各地的游客，多次被英国的《梦幻世界邮轮观光地》杂志评为“最有效率码头经营者”，多次蝉联“最佳国际客运周转港口”的头衔。

新加坡港务集团在新加坡本土共经营 4 个集装箱码头，即布拉尼码头、巴西班让码头、丹戎巴葛码头和岌巴码头。4 个码头的泊位总数为 37 个，年均处理全球集装箱转口总量的 25%，以及全球集装箱总量的 7.4%。新加坡港务集团下属的 PSA 海事私人有限公司，是首屈一指的海事服务供应机构，在新加坡、中国香港、东南亚、中东和非洲提供一系列的海事服务，包括引航、远洋与码头拖船、国际打捞和紧急反应、重型起重机、海上运输和海事咨询等服务。

新加坡港务集团注重以科技带动生产力，致力于应用科技来提高运作效率，使客户得以享有越来越快捷、有效和衔接紧密的服务。早在 20 世纪 80 年代，就首创了新加坡港务集团电脑综合码头作业系统，这是一个企业资源策划系统，能协调并整合整个港口的运作。另一个由新加坡港务集团开发的系统是海港网络，它是新加坡首个也是唯一可将全新加坡的海事业者通过网络联系起来的电子商务系统，经过 30 多年的创新发展，已进入世界港口电子信息管理的先进行列。

新加坡港务集团积极向海外拓展，迄今在全球 8 个国家参与了 13 个港口发展项目：比利时的安特卫普和泽布吕赫港，文莱的麻拉集装箱码头，中国的大连、福州及广州集装箱码头，印度的突提科林集装箱码头及皮帕瓦维港，意大利的沃特里和威尼斯集装箱码头，韩国的仁川集装箱码头，葡萄牙的赛恩斯集装箱码头和也门的亚丁集装箱码头。

4．汉堡港

汉堡港距易北河流入北海的入海口 110 千米，航道水深 11 米以上，大型海轮通行无阻。

它有 300 多条国际海运航线与世界各主要港口联系，素有“德国通向世界的门户”之称。在全长 320 千米的河岸上，所建码头长达 65 千米。每年约有 18 500 艘次船只停靠。

汉堡港港口面积 100 平方千米，有转运站、仓库、巨型吊车、19 座装卸桥和专用铁路货运站。汉堡港海外中心面积 0.11 平方千米，是世界最大的有顶仓库，每天可处理 2.8 万吨出口货物。勃却凯集装箱码头面积 0.34 平方千米，是西欧最大的集装箱码头。

汉堡港一半的货物来自中国和波罗的海国家。汉堡港是集海港、物流、运输服务于一体的枢纽港，是西欧与斯堪的纳维亚地区的主要海港和进出口贸易中心。汉堡港拥有 200 多家船运公司、100 多家大型国际贸易公司，还有举世闻名、实力雄厚的造船中心以及电子、电器、机械、 石化、食品等生产加工基地。

5. 安特卫普港

安特卫普港位于比利时北部，斯海尔德河下游，距北海 89 千米。安特卫普港是比利时第二大工业中心和北欧北部的贸易中心，也是世界著名大港之一，该港年吞吐量 9 000 万～1 亿吨，可容纳 10 万吨级的船舶，码头起重机的起卸能力为每天 800 吨。

整个港区面积为 178 平方千米，其中各种类型的码头面积共 13.50 平方千米，工厂区面积 31.25 平方千米，室内仓库面积 2.86 平方千米，露天仓库面积 7.84 平方千米。码头全长 99 千米，港区铁路线长 839 千米，港区内公路线长 295 千米。码头起重机 455 台，机动吊车 71 台，集装箱装卸设备 14 台。木材堆放场面积 0.73 平方千米。集装箱滚装船的码头泊位有 18 个。港区内还有设备完善的储油仓，各种油库总容量约 1 200 万立方米，冷库 43 万立方米。

安特卫普港在欧洲、非洲班轮航线上发挥了巨大的作用，其欧洲、非洲航线班轮挂靠率和装卸量之高据欧洲港口之首。安特卫普的欧洲、非洲集装箱货物贸易的主要客户是南非，大约占欧洲、非洲集装箱贸易总量的 1/4，运量为欧洲、非洲贸易航线之最。尼日利亚是仅次于南非的欧洲、非洲集装箱贸易第二大客户，第三是塞内加尔。

6. 东京港

东京港是西太平洋和远东的国际集装箱枢纽港之一，位于日本荒川河口和多摩尔河口之间。港湾区域面积（水域）54.53 平方千米，临港地区面积（陆域）10.80 平方千米，防波堤长 7.1 千米。包括栈桥在内的港口码头线总长 23.78 千米，各种型号船舶的泊位总数 181 个；其中集装箱船泊位 14 个，集装箱码头线长 4.28 千米。每周有 350 余艘次的国际集装箱班轮，把东京港与世界各地的港口紧密联系起来。

20 世纪 90 年代末，东京港的青海集装箱码头建成，码头线全长 1.35 千米，码头占地 413.132 平方千米，共 4 个泊位，水深 15 米，岸边装卸桥 9 台。编号为 11 号的该码头可以停靠 5 万吨级集装箱船。除了集装箱码头，东京港还有许多可以为内贸航线和专用航线船舶服务的其他类型码头。

自 20 世纪 60 年代起，东京港以大规模资金和技术投入了集装箱码头的建设，迄今已成为举世闻名的、拥有现代化集装箱码头、堆场和高科技港口设施的日本国际贸易的主要门户。

7. 洛杉矶港

洛杉矶港位于加利福尼亚州的南部，濒临太平洋的圣佩德罗湾，在洛杉矶城市南部大约 32 千米处。

洛杉矶是美国的一座综合性大港，拥有 27 个分别装卸汽车、集装箱、散杂货、油料和液化气等货物的码头港区，年货物吞吐量达到 1.2 亿吨。于 2002 年竣工的 32 千米长的港口铁路线全程立交网络，每天可以让100列满载集装箱的火车，以64千米的时速长驱进出港口码头，把集装箱直接运送到停泊在码头的船边，或者通过加利福尼亚州南部的阿拉梅达大陆铁道新干线，直接运往美国内地。

洛杉矶 Pier-400集装箱码头有36个港区进口和20个出口，港区码头各个紧要地点和出入口总共安装了200台闭路摄像探头的监视网络，码头上建有面积达到40英亩、拥有12条轨道的火车调配场，每一条轨道上可以停放8节满载集装箱的车皮，也就是说，同时可以让96节车皮在长达8千米的港口码头轨道线上装卸集装箱。该特大型集装箱码头的堆场上拥有1 800个冷藏集装箱电源插头，在冷藏运输方面的能力也非常大。

洛杉矶港通过对主航道进行疏浚，由先前的13.7米增深到16.2米，可满足8 000标准箱的以上的大型船舶进出港，这对跨太平洋中转贸易的部署非常重要。

8．不来梅哈芬港

不来梅市从中世纪开始便是西北欧最重要的贸易城市和通商口岸之一。由于不来梅市距离威悉河河口大约72千米，航道自然水深有限，加之泥沙淤积使不断扩大规模的商船逐渐无法靠港。于是，不来梅市在1827年从相邻的汉诺威王国（今下萨克森州）购买了一块威悉河下游靠近入海口的土地，用于建设除不来梅北区威格萨克港区以外的一个外港。这个港口被命名为“不来梅哈芬”，在德语中是“不来梅的港口”的意思。不来梅哈芬以港立市，港口从老港区“旧港”一步步扩大，如今拥有集装箱港区、汽车港区、渔业港区、水果码头和豪华游轮码头。从居民数量来看，不来梅哈芬是德国西北部北海沿岸最大的城市。

不来梅哈芬港距离公海32海里，入港航程短是该港口能够为航运企业缩短航行时间和节省运营成本的一大天然优势。借助潮水，该港可以停靠吃水达15米的大型船舶。不来梅哈芬的集装箱港区和汽车港区位于不来梅哈芬市北部的自由港内。3个集装箱码头在威悉河岸一字排开，形成世界上最长的河岸集装箱码头岸线，滚装码头则位于通过船闸与威悉河隔开的北港和凯撒港港区内，以保证滚装船作业不受潮汐变化的影响。

得益于优越的水文条件和高效的码头作业，不来梅哈芬港成了西北欧地区对于斯堪的纳维亚、波罗的海沿岸国家和俄罗斯最重要的转运港之一，拥有十分密集的支线航运网络。

在汽车滚装业务方面，不来梅哈芬汽车港是世界上最大的汽车港之一。汽车滚装码头总占地面积为2.40平方千米，另有7个多层车库，可供9万多辆汽车同时停放。港区共有10个远洋泊位和8个近洋船舶泊。除了汽车装卸以外，滚装码头还用于大型机械设备、特种车辆等重大件货物的转运。该码头的运营商为BLG汽车物流。欧洲汽车制造商通过不来梅哈芬港主要出口到北美、东亚和近东地区；而进口车辆则主要来自欧洲其他国家、亚洲和北美地区。全球所有知名的滚装船航运企业均有通往不来梅哈芬港的航线，每年有超过1 200艘汽车滚装船挂靠。

不来梅哈芬港也被称为“欧洲的冷库”，集装箱码头拥有将近5 700个冷箱接口，紧邻集装箱码头坐落着具有3.3万欧式托盘仓储能力的BLG冷库，该冷库分为冷藏与冷冻区域，可用于食品与非食品的临时储存。除仓储服务外，冷库还提供货运和报关代理服务，办公楼内设有动植物检疫局边检站。

不来梅州雇员联合会的一项报告显示，不来梅哈芬市每四个工作岗位当中就有一个直接或者间接地与港口业、造船修船业或鱼类及食品加工工业有关。

9．伦敦港

伦敦是英国的首都，世界政治、文化、经济、交通中心之一，也是世界最大城市之一。伦敦位于英格兰东南部，跨泰晤士河下游延伸达69千米。伦敦港是西北欧最大的集装箱港，年装卸货量超过 6 000 万吨，经由伦敦港进口的货物占英国进口货物量的 80%。

伦敦港有 3 个码头区：①皇家码头区，面积 4.1 平方千米。这是世界上最大的水域码头之一，水域面积约 0.23 平方千米，水深达 12 米。②印度与米勒沃尔码头区，面积 18 平方千米，水域面积 0.51 平方千米，码头长 10 千米。③提尔伯里码头区，该码头从老城内著名的伦敦桥一直延伸到泰晤士河口附近，长 40 千米，面积 4.3 平方千米，水域面积 0.06 平方千米，伦敦的集装箱码头就位于此。粮食码头建有储存能力 10 万吨的地下粮库。

10. 温哥华港

温哥华港位于巴拉德湾和弗雷泽河三角洲之间，与温哥华岛隔岸相望，靠近美国华盛顿州。早在 19 世纪 70 年代，温哥华原为伐木工人的居住地，当时称为格兰维尔，直至 1886 年才更名为温哥华。巴拿马运河于 1915 年正式通航后，加拿大西部地区生产的大量谷物和木材，通过温哥华港，沿着北美西部海岸一路南下，再经过巴拿马运河向东，进入大西洋，再运往欧洲。于是，温哥华迅速发展成繁荣的海港城市。温哥华港拥有规模宏大的海港码头和自动化程度很高的谷物装卸设施。温哥华港的交通非常发达，有加拿大国家铁路、加拿大太平洋铁路、跨越加拿大的 BCR 大铁路和伯灵顿北部大铁路 4 条铁路和多条公路线，可直接从温哥华港口码头通向加拿大和美国的内陆腹地，港口旁边有国际机场。

作为世界上天然深水良港之一的温哥华港，港口码头分布在南起加拿大和美国接壤的国界罗伯特海岸，沿着加拿大太平洋西海岸，一直北上延伸 233 千米，抵达印第安阿穆和布拉湾北岸的海岸线上。温哥华港口码头对于世界上任何船舶，包括超巴拿马型集装箱船，均没有船舶水尺的限制。而且，拥有在北美大陆西海岸港口中服务范围最广泛、最发达的铁路运输服务网络。

温哥华港所拥有的 25 个港区码头，可为国际航运船舶提供全方位的装卸服务。大部分港口码头都分布在温哥华的布拉湾海岸线上，也有一部分港口码头分布在罗伯特海岸上，但距离温哥华市中心不远，仅仅 35 千米。

温哥华港货物吞吐量中的 80 %以上是散货，比较典型的如煤炭、硫黄、钾碱、粮食、石油化工产品和木屑，每年通过温哥华港的 17 个散货码头装运进出口。专用杂货码头有 3 座，主要装卸森林产品，如锯木、胶合板、新闻卷纸、纸浆等，占温哥华港杂货总运量的 95 %，但仅占温哥华港货运总量的 5 % 。

温哥华港是加拿大规模最大的多用途综合性港口，每年与世界上 90 多个国家或地区进行 290 亿美元以上的货物贸易。温哥华港口为加拿大国内提供了 62 000 个工作岗位，国民生产总值达到 16 亿美元。

9.2.3 世界主要海峡和运河

1. 世界主要海峡

海峡是两块陆地之间连接两个水域的狭窄水道，是世界航运的交通要道。全世界有海峡 1 000 多个，其中可航行的有 130 多个，重要海峡有 40 多个。在国际航道中有货运船舶通过的海峡主要有马六甲海峡、霍尔木兹海峡、英吉利海峡和多佛尔海峡、直布罗陀海峡、曼德海峡、黑海海峡等。

（1）马六甲海峡

在马来半岛与苏门答腊岛之间有一条细长的水道，呈东南—西北走向。它的西北端通安达曼海，东南端连接南海，这就是马六甲海峡，如图 9.2 所示。

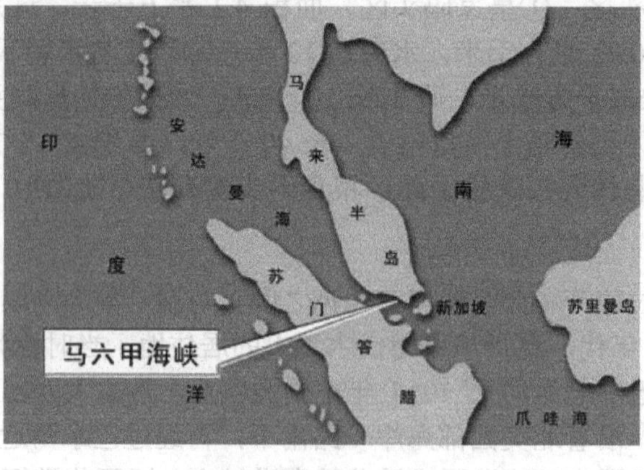

图 9.2　马六甲海峡

马六甲海峡全长约 1 080 千米，西北部最宽处达 370 千米，东南部最窄处只有 37 千米。马六甲海峡是连通太平洋与印度洋的咽喉要道，是亚、非、澳、欧地区沿岸国家往来的重要海上通道，许多发达国家进口的石油和战略物资都要经过这里运输。16 世纪初，葡萄牙航海家开辟了大西洋至印度洋的航线。1869 年，苏伊士运河开通，大大缩短了从欧洲到东方的航路，马六甲海峡的通航船只急剧增多。近年来，过往该海峡的船只每年达 8 万多艘次，马六甲海峡成为世界最繁忙的海峡之一。海峡沿岸的新加坡港是世界著名大港，年吞吐量居世界第 4 位。港内码头岸线长达三四千米，可同时容纳 30 余艘巨型轮船停泊，拥有 40 万吨级的巨型船坞，能修理世界上最大的超级油轮。

（2）霍尔木兹海峡

霍尔木兹海峡位于亚洲西部，介于阿曼穆桑达姆半岛与伊朗之间，东接阿曼湾，西连波斯湾（阿拉伯人称阿拉伯湾），呈“人”字形，如图 9.3 所示。由于它是波斯湾进入印度洋的必经之地，因此有“海湾咽喉”之称。海峡东西长约 150 千米，最宽处达 97 千米，最窄处只有 48.3 千米。海峡的最深处为 219 米，最浅处为 71 米。霍尔木兹海峡是波斯湾的门户，在战略和航运方面占有十分重要的地位。

图 9.3　霍尔木兹海峡

（3）英吉利海峡和多佛尔海峡

英吉利海峡和多佛尔海峡位于英国和法国之间，如图 9.4 所示。

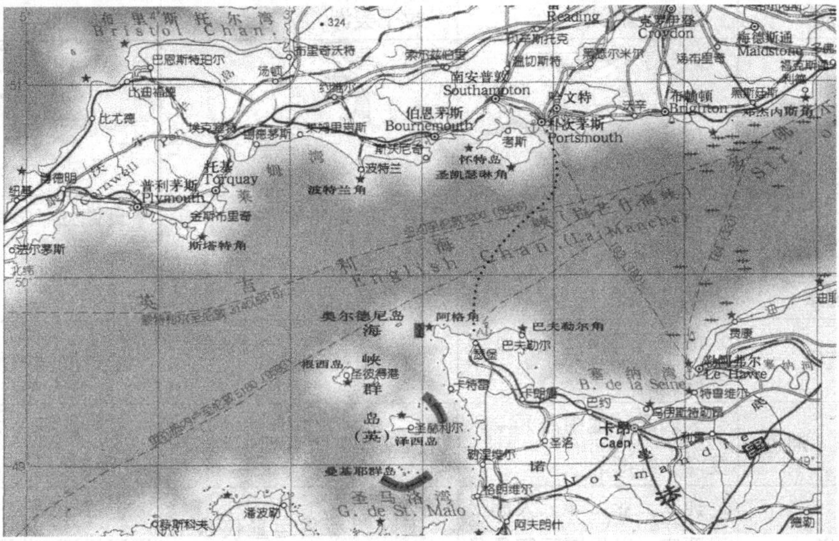

图 9.4　英吉利海峡和多佛尔海峡

英吉利海峡西通大西洋，东部与北海连通。多佛尔海峡地处英吉利海峡东部，西南连大西洋，西北通北海，是从英国去欧洲大陆最短的海道。这两个海峡是西北欧 10 多个国家与世界各国联系的主要通道，每年通过的船只达 12 万多艘次。但两海峡内潮高浪涌，多雾和暴风，虽然沿海有现代化的通航设备和浮标装置，但仍给航行带来一定困难。

（4）直布罗陀海峡

直布罗陀海峡地处欧洲伊比利亚半岛和非洲西北角之间，是连通地中海和大西洋的唯一水道。海峡东西长约 65 千米，宽 14～43 千米，水深 50～1 181 米，是西欧、北欧各国船只经地中海、苏伊士运河通往印度洋的咽喉要道，每天过往船只在千艘次以上，有“西方海上生命线”之称。

（5）曼德海峡

曼德海峡位于阿拉伯半岛西南部与非洲大陆之间，是连接印度洋的亚丁湾和红海的水道。其长约 8 千米，宽 26～43 千米，水深 29～323 米。曼德海峡是红海中最狭窄的地段，也是红海北上通苏伊士运河、南下通印度洋的咽喉要道，地理位置十分险要，颇具战略意义。曼德海峡自古以来就是连通印度洋和红海的一条活跃通道，现为国际上主要的石油通道，西方国家称其为“世界战略的心脏”。

（6）黑海海峡

黑海海峡位于土耳其的亚洲部分与欧洲部分之间，包括东北部的博斯普鲁斯海峡、马尔马拉海峡和达达尼尔海峡，全长 375 千米。黑海海峡是黑海—爱琴海—地中海间的唯一海上通道，经济和军事地位十分重要，每年有数万艘商船和军舰通过该海峡。

2．世界上主要的运河

运河被称为“世界的桥梁”，在国际航运中发挥着重要作用。世界主要运河有苏伊士运河、巴拿马运河和基尔运河，如表 9.2 所示。

表 9.2　世界上主要的运河

运　河	苏伊士运河	巴拿马运河	基尔运河
所处洲	亚洲—非洲	拉丁美洲	欧洲
示意图	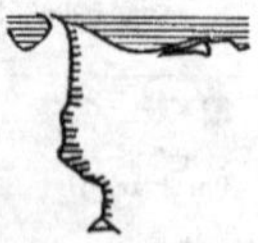		
位　置	亚、非两洲分界线，苏伊士地峡	南、北美洲分界线，中美地峡	日德兰半岛南部、德国北部
所属国家	埃及	巴拿马	德国
沿岸气候	地中海气候、热带沙漠气候	热带雨林气候	温带海洋气候
连通的海洋（河流）	大西洋（地中海）—印度洋（红海）	太平洋—大西洋	波罗的海—大西洋（北海）
意　义	扼欧、亚、非三大洲交通要害，世界国际贸易货运量最大的国际运河	国际贸易货运量仅次于苏伊士运河	世界上通过船只最多的国际运河，世界第三大通航运河
长度（千米）	173	81.3	98.7
通航能力（万吨）	≤25	5～10	
比原航线缩短航程	比绕好望角航线缩短 800～10 000 千米	比绕麦哲伦海峡缩短 14 500 千米	比绕卡特加特海峡缩短 685 千米

（1）苏伊士运河

苏伊士运河（Suez Canal）位于埃及东北部，扼欧、亚、非三大洲交通要害，连通红海和地中海、大西洋和印度洋，使大西洋、地中海与印度洋连接起来，大大缩短了东西方的航程。苏伊士运河是世界第一大运河。

苏伊士运河全长 170 多千米，河面平均宽度为 135 米，平均深度为 13 米。苏伊士运河从 1859 年开凿到 1869 年竣工用了 10 年时间。运河开通后，英、法两国就垄断了苏伊士运河公司 96%的股份，每年获得巨额利润。

（2）巴拿马运河

巴拿马运河是通过巴拿马地峡连通大西洋与太平洋的通航运河，该运河的开通使太平洋至大西洋的航程缩短了 1 万多千米，因此素有“世界桥梁”之称。该运河是仅次于苏伊士运河的世界第二大运河。巴拿马运河全长 81.3 千米，最窄处为 152 米，最宽处为 304 米，从运河中线分别向两侧延伸 16.09 千米所包括的地带称巴拿马运河区，总面积为 1 432 平方千米。

巴拿马运河的开通极大地促进了世界海运业的发展。目前，已有占全球贸易运输量 5%的货物通过该运河被送往世界各地。美国、日本和中国是巴拿马运河最大的 3 个使用国。1996 年，中国香港和记黄埔集团有限公司获得了巴拿马运河两端的巴波亚和克里斯托瓦尔港的经营权，管理期限为 25 年，到期后可再延长 25 年。

（3）基尔运河

基尔运河又名北海—波罗的海运河，是连通北海与波罗的海的重要水道。它位于德国北部，西起北海畔易北河口的布伦斯比特尔科格，向东延伸 98 千米，到达荷尔台瑙（波罗的海的基尔湾）。基尔运河全长 98.7 千米，河面宽 103 米，深 13.7 米，建有 7 座高桥（高约 43 米），可通行海轮。

小知识

第一次世界大战前，基尔运河属德国政府所有。第一次世界大战后，根据 1919 年《凡尔赛和约》，实行运河国际化，但仍由德国进行管理。1936 年希特勒推翻《凡尔赛和约》的有关规定，关闭了基尔运河。第二次世界大战后，又重新实行所有国家船只自由通航的规定。

每年通过基尔运河的船只约 65 000 艘次，其中 60%是德国船只。基尔运河是通过船只最多的国际运河，运输货物以煤、石油、矿石、钢铁为主。该运河是波罗的海航运的重要路线。

9.2.4　海上运输航线分布

海洋运输（Ocean Transport）简称海运，是指利用商船在国内外港口之间通过一定的航区和航线运输货物的方式。国际海洋货物运输按船舶的营运方式来分，有班轮运输和租船运输两种。

班轮运输（Liner Transport）也叫定期船运输，它是指在一定的航线上，在一定的停靠港口，定期开航的船舶运输。租船运输（Charter Transport）又称不定期船运输，是相对于班轮运输而言的另一种远洋船舶营运方式。它和班轮运输不同，没有预先制定的船期表，没有固定的航线，停靠港口也不固定，且无固定的费率本。

世界上主要海港和航线如图 9.5 所示。

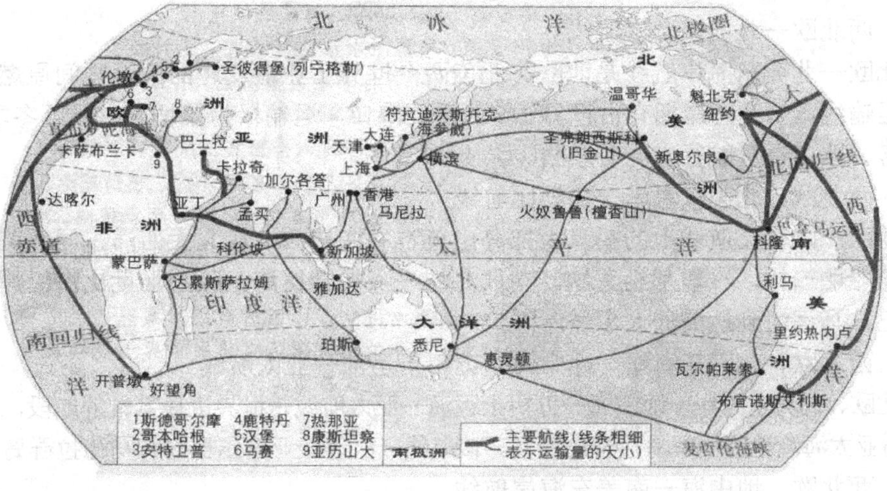

图 9.5　世界上主要海港和航线

1．太平洋航线

（1）远东—北美西海岸航线

远东—北美西海岸航线包括从中国、朝鲜、日本、俄罗斯远东海港到加拿大、美国、墨西哥等北美西海岸各港的贸易运输线。从中国的沿海各港出发，偏南的经大隅海峡出东海；偏北的经对马海峡穿过日本海，或经清津海峡进入太平洋，或经宗谷海峡穿过鄂霍茨克海进入北太平洋。

（2）远东—加勒比、北美东海岸航线

从远东至加勒比、北美东海岸常经夏威夷群岛南北端至巴拿马运河后到达。从中国北方沿海港口出发的船只大部分经大隅海峡或经琉球庵美大岛出东海。

（3）远东—南美西海岸航线

从中国北方沿海各港出发的船只多经琉球庵美大岛、硫黄列岛、威克岛、夏威夷群岛南部的莱恩群岛穿越赤道进入南太平洋，至南美西海岸各港。

（4）远东—东南亚航线

远东—东南亚航线是中、朝、日等国的货船去东南亚各港，以及经马六甲海峡去印度洋、大西洋沿岸各港的主要航线。东海、台湾海峡、巴士海峡、南海是该航线上船只的必经之路。

（5）远东—澳大利亚、新西兰航线

远东至澳大利亚东南海岸分两条航线：中国北方沿海港口及朝鲜、日本到澳大利亚东海岸和新西兰港口的船只，需经琉球久米岛、加罗林群岛的雅浦岛进入所罗门海、珊瑚湖；中、澳之间的集装箱船需在香港加载或转船后经南海、苏拉威西海、班达海、阿拉弗拉海，后经托雷斯海峡进入珊瑚海。中、日去澳大利亚西海岸航线经菲律宾的民都洛海峡、望加锡海峡及龙目海峡进入印度洋。

（6）澳新—北美东西海岸航线

从澳新至北美西海岸多经苏瓦、火奴鲁鲁等重要港口到达；至北美东海岸则取道社会群岛中的帕皮提，经巴拿马运河到达。

2. 大西洋航线

（1）西北欧—北美东海岸航线

西北欧—北美东海岸航线是西欧、北美两个世界工业最发达的地区之间原燃料和产品交换的运输线，航线两岸拥有占世界 1/5 的重要港口，运输极为繁忙。该航区冬季风浪大，并有浓雾、冰山，对航行安全有威胁。

（2）西北欧、北美东海岸—加勒比航线

西北欧—加勒比航线上的船只大部分出英吉利海峡后横渡北大西洋，同北美东海岸各港出发的船舶一样，一般都经莫纳、向风海峡进入加勒比海。除到加勒比海沿岸各港外，还可经巴拿马运河到达美洲太平洋岸港口。

（3）西北欧、北美东海岸—地中海—苏伊士运河—亚太航线

西北欧、北美东海岸—地中海—苏伊士运河—亚太航线是世界上最繁忙的航段，它是北美、西北欧与亚太海湾地区间贸易往来的捷径。该航线一般途经亚速尔群岛和马德拉群岛上的港口。

（4）西北欧、地中海—南美东海岸航线

该航线一般经非洲西北部大西洋中的加那利群岛和佛得角群岛上的港口，如拉斯帕尔马斯、普腊亚等。

（5）西北欧、北美东海岸—好望角—远东航线

该航线一般是巨型油轮的油航线。佛得角群岛、加那利群岛是该航线上过往船只停靠的主要港口。

（6）南美东海岸—好望角—远东航线

这是一条以石油、矿石运输为主的运输线。该航线处于西风漂流海域，风浪较大。一般西航偏北行，东航偏南行。

3．印度洋航线

印度洋航线以石油运输为主，此外也有不少大宗货物的过境运输。

（1）波斯湾—好望角—西欧—北美航线

该航线上主要航行超级油轮，是世界上最主要的海上石油运输线。

（2）波斯湾—东南亚—日本航线

该航线东经马六甲海峡（20 万载重吨以下的船舶可行）或龙目海峡、望加锡海峡（20 万载重吨以上的超级油轮可行）至日本。

（3）波斯湾—苏伊士运河—地中海—西欧，北美航线

该航线目前可通行载重 30 万吨级以上的超级油轮。

除了以上 3 条油运线之外，印度洋航线还有：远东—东南亚—东非航线；远东—东南亚，地中海—西北欧航线；远东—东南亚—好望角—西非，南美航线；澳新—地中海—西北欧航线；印度洋北部地区—欧洲航线。

4．世界集装箱海运干线

集装箱运输兴起于 20 世纪 30 年代，第二次世界大战以后开始发展。随着海上集装箱运输的出现，集装箱运输进入蓬勃发展时期。目前，世界主要集装箱航运地区有远东、西欧、北美和澳大利亚，这 4 个地区货运量大，消费水平高，适于集装箱运输的货源充足，连接这几个地区的集装箱航线便成为全球海上集装箱航运干线。

（1）远东—北美航线

该航线由远东—北美太平洋沿岸航线和远东—北美大西洋沿岸航线组成。该航线除承担太平洋沿岸附近地区的货物运输外，还连接北美大西洋沿岸、墨西哥湾沿岸各港及通往美国中西部的内陆联合运输，是目前世界上最繁忙的航线。

（2）北美—欧洲，地中海航线

该航线以美国东岸为中心，由北美东岸、五大湖—西北欧、地中海之间的航线组成，开展对西北欧、地中海及澳大利亚地区（经印度洋）的集装箱运输业务。其所联系的港口在欧洲主要有汉堡港、鹿特丹港、安特卫普港、勒阿弗尔港、南安普敦港等。

（3）欧洲、地中海—远东航线

该航线除联系远东和欧洲各港外，还把北美大西洋沿岸、加勒比海地区、地中海、中东、澳新等地区连接起来。

除上述三大集装箱航线外，还有远东—澳新航线、澳新—北美航线和欧洲、地中海—西非、南非航线。这 6 条集装箱运输干线联结着世界主要贸易区，构成了世界海上集装箱运输网络的骨架，并与分布于全球各地的集装箱运输支线一起构成覆盖全球的集装箱运输网。干支线运输网通过中转港连接起来。目前世界上集装箱海运干线中的中转港主要有：远东地区的中国香港、中国高雄，连接中国大陆、菲律宾和越南；东南亚地区的新加坡，联结泰国、印度尼西亚和马来西亚；印度洋上的索科特拉岛，联结缅甸、南亚各国、东非沿海各国；地

中海中部的马耳他岛，连接地中海和黑海沿岸各港；波多黎各和牙买加，联结加勒比海、南美各国。

9.3 国际航空运输

航空运输是一种现代化的、先进的运输方式，其运输速度快，直线运距短，可以跨越自然障碍。近年来，由于飞机性能的改进和各地地面航空设施的增加，航空运输成为现代运输业中最重要的形式之一，对进行国际联系具有重要意义。

9.3.1 世界航空区划

与其他运输方式不同的是，国际航空货物运输中与运费有关的各项规章制度、运费水平都是由国际航空运输协会统一协调、制定的。在充分考虑世界各国家、地区的社会经济、贸易发展水平的基础上，国际航空运输协会将全球分成3个航空运输划分区（IATA Traffic Conference Areas），简称航协区，每个航协区内又分成几个亚区。由于航协区的划分主要是从航空运输业务的角度考虑的，依据的是不同地区不同的经济、社会及商业条件，因此它与我们熟悉的世界行政区划有所不同。航协区可分为一区、二区、三区。

一区（TC1）：包括北美、中美、南美、格陵兰、百慕大和夏威夷群岛。

二区（TC2）：由整个欧洲大陆（包括俄罗斯的欧洲部分）及毗邻岛屿，冰岛、亚速尔群岛、非洲大陆和毗邻岛屿，亚洲的伊朗及伊朗以西地区组成。该区也是与我们所熟知的政治地理区划差异最大的一个区，它主要有3个亚区。

1）非洲区：包括非洲大多数国家和地区，但非洲北部的摩洛哥、阿尔及利亚、突尼斯、埃及和苏丹不包括在内。

2）欧洲区：包括欧洲国家，摩洛哥、阿尔及利亚、突尼斯3个非洲国家，土耳其（既包括其欧洲部分，也包括其亚洲部分），俄罗斯（仅包括其欧洲部分）。

3）中东区：包括巴林、塞浦路斯、埃及、伊朗、伊拉克、以色列、约旦、科威特、黎巴嫩、阿曼、卡塔尔、沙特阿拉伯、苏丹、叙利亚、阿拉伯联合酋长国、也门等。

三区（TC3）：由整个亚洲大陆及毗邻岛屿（已包括在二区的部分除外），澳大利亚、新西兰及毗邻岛屿，太平洋岛屿（已包括在一区的部分除外）组成。

1）南亚次大陆区：包括阿富汗、印度、巴基斯坦、斯里兰卡等南亚国家。

2）东南亚区：包括中国（含港、澳、台地区）、东南亚诸国、蒙古国、俄罗斯的亚洲部分和土库曼斯坦等独联体国家及密克罗尼西亚等群岛国家。

3）西南太平洋洲区：包括澳大利亚、新西兰、所罗门群岛等。

4）日本、朝鲜区：仅包括日本和朝鲜。

9.3.2 世界主要航空线的分布

1．航空线的确定

由飞机飞行的起讫点和经停点连接而成的线路，称为空中交通线，简称航空线。航空线通常以飞行线路的起讫点和经停点命名。通常根据旅客、货物、邮件等运输量的不同，设置定期的班机航空线和非定期的临时航空线。

2．航空线的划分

（1）航空支线

座位数在 50～100 个的飞机飞行的线路，称为航空支线。支线运输是指短距离、小城市之间的非主要航线运行。

（2）航空干线

座位数在 200～300 个的飞机飞行的线路，称为航空干线。通常国际航线和长距离的航线都为干线。

3．世界重要航空线

（1）北大西洋航空线

北大西洋航空线连接西欧、北美两大经济重心区，是当今世界上最繁忙的航空线，主要往返于西欧的巴黎、伦敦、法兰克福和北美的纽约、芝加哥、蒙特利尔等机场。

（2）北太平洋航空线

北太平洋航空线连接远东和北美两大经济重心区，是世界又一重要航空线，它从北京、香港和东京等重要国际机场经过北太平洋上空到达北美西海岸的温哥华、西雅图、旧金山、洛杉矶等重要国际机场，再接北美大陆其他航空中心。太平洋上的火奴鲁鲁（檀香山）、阿拉斯加的安克雷奇国际机场是该航空线的重要中间加油站。

（3）西欧—中东—远东航空线

西欧—中东—远东航空线连接西欧各主要航空港和远东的北京、香港、东京、首尔等重要机场，是西欧与远东两大经济重心区之间的往来航空线。

9.3.3　世界航空港的分布及航空组织

1．国际航空港

世界上不少国家的首都和重要城市都建有国际航空港，目前，世界上建有重要国际航空港的国家和地区有以下几个。

1）亚洲的北京、上海、香港、东京、首尔、马尼拉、新加坡、仰光、曼谷、雅加达、新德里、加尔各答、卡拉奇、德黑兰、贝鲁特、吉达、迪拜；非洲的开罗、阿尔及尔、喀土穆、内罗毕、达喀尔、拉各斯、约翰内斯堡、布拉柴维尔。

2）欧洲的伦敦、巴黎、布鲁塞尔、阿姆斯特丹、法兰克福、柏林、维也纳、苏黎世、华沙、莫斯科、罗马、雅典、布加勒斯特、马德里、哥本哈根、斯德哥尔摩。

3）北美洲的纽约、华盛顿、芝加哥、亚特兰大、洛杉矶、旧金山、迈阿密、西雅图、达拉斯—沃斯堡、休斯敦、蒙特利尔、多伦多、温哥华。

4）拉丁美洲的布宜诺斯艾利斯、里约热内卢、圣保罗、利马、圣地亚哥、加拉加斯、墨西哥城、圣胡安。

5）大洋洲的悉尼、奥克兰、火奴鲁鲁、楠迪。

目前全球有 1 000 多家航空公司，30 000 多个民用机场，6 000 多架喷气式飞机。美国是世界上航空运输业最发达的国家，东亚的新兴工业化国家和地区航空运输业发展最为迅速。此外，英国、德国、法国、俄罗斯、意大利、日本、巴西等国的航空运输在世界上也都占有重要地位。2012 年全球十大货运机场排名如表 9.3 所示。

表9.3 2012年全球十大货运机场排名

排名	机场	地点	代码（IATA / ICAO）	吞吐量（万吨）
1	香港国际机场	中国香港	HKG / VHHH	397
2	孟菲斯国际机场	美国田纳西州孟菲斯	MEM / KMEM	392
3	上海浦东国际机场	中国上海	PVG / ZSPD	310
4	泰德·史蒂文斯安克雷奇国际机场	美国阿拉斯加州安克雷奇	ANC / PANC	263
5	仁川国际机场	韩国仁川	ICN / RKSI	254
6	迪拜国际机场	阿拉伯联合酋长国迪拜	DXB / OMDB	227
7	法兰克福国际机场	德国黑森州法兰克福	FRA / EDDF	222
8	路易维尔国际机场	美国肯塔基州路易维尔	SDF / KSDF	219
9	巴黎－夏尔·戴高乐机场	法国巴黎	CDG / LFPG	210
10	东京国际机场	日本东京	HND / RJTT	195

2. 主要的国际航空组织

国际航空运输组织是国家间航空运输企业自愿联合组织的政府间或非政府性的国际组织。最重要的国际航空组织有：

1）国际航空运输协会（International Air Transport Association，IATA），属于民间行业组织，总部设在日内瓦。

2）国际民用航空组织（International Civil Aviation Organization，ICAO），政府性组织，是联合国的一个专门机构，总部设在蒙特利尔。

3）国际机场协会（Airports Council International，ACI），ACI是世界各地机场组成的国际组织，主要目的是促进会员间的合作，以及会员与政府、航空公司和飞机制造商之间的合作。目前，ACI在全球拥有535家组织和1 500个会员机场。

9.4 国际多式联运及陆路运输

9.4.1 国际多式联运概述

1. 国际多式联运的概念

国际多式联运（International Multimodal Transport）是一种以实现货物整体运输的最优化效益为目标的联运组织形式。它通常是以集装箱为运输单元，将不同的运输方式有机地组合在一起，构成连续的、综合性的一体化货物运输。

2. 国际多式联运特征

按照《联合国国际货物多式联运公约》的规定，构成国际多式联运必须具备如下条件：

1）必须具有一份多式联运合同。

2）必须使用一份全程多式联运单证。

3）必须是使用至少两种不同运输方式的连续运输。

4）必须是国际间的货物运输。

5）必须由一个多式联运经营人对货物运输的全程负责。

6）实行全程单一运费费率。

小知识

《联合国国际货物多式联运公约》于 1980 年 5 月 24 日在日内瓦签订。该公约旨在调整多式联运经营人和托运人之间的权利、义务关系及国家对多式联运的管理。

3．国际多式联运的经营人

多式联运经营人是指本人或通过其代表与发货人订立多式联运合同的任何人，他是事主，而不是发货人的代理人或代表，也不是参加多式联运的承运人的代理人或代表，并且负有履行合同的责任。

多式联运经营人可以分为两种：一种为承运人型的多式联运经营人；另一种为无船承运人型的多式联运经营人。

4．国际多式联运经营人的法律责任

（1）统一责任制

在多式联运中，由经营人对整个多式联运过程按单一规范负统一责任。统一责任制是最符合多式联运特点的责任制度，由于其采取了一种法律规范，使经营人和货方之间的法律关系明确，消除了由于各区段承运人相互推卸责任所带来的隐患。

（2）网状责任制

网状责任制是指多式联运经营人对整个运输过程负责，但对不同区段发生的损失适用不同区段的法律。在能确定造成货物灭失、损害的区段时，则按该运输区段所适用的法律规定，如果不能，则采用“隐蔽损害一般原则”来确定使用一种统一规范，而这种统一规范往往是海上区段所适用的。也就是说，对于不能确定损失区段的情况，推定该损失发生在海上，多式联运经营人按海上运输法律承担责任。

（3）修正的统一责任制

修正的统一责任制又称混合责任制，这是将统一责任制和网状责任制相结合的责任制。该制度规定，国际多式联运经营人对货物的灭失或损坏所承担的赔偿责任，基本上按统一责任制判定，但对赔偿的某个方面（如不同运输区段的货物灭失损坏）在限额上又有不同的规定。

5．国际多式联运的主要业务与程序

1）托运申请，订立多式联运合同。

2）空箱的发放、提取及运送。

3）出口报关。

4）货物装箱及接收货物。

5）订舱及安排货物运送。

6）办理保险。

7）签发多式联运提单，组织完成货物的全程运输。

8）运输过程中的海关业务。

9）货物交付。

10）货运事故处理。

9.4.2 陆桥运输

1．大陆桥运输

大陆桥运输是指利用横贯大陆的铁路（公路）运输系统作为中间桥梁，把大陆两端的海洋连接起来的集装箱连贯运输方式。简单地说，就是两边是海运，中间是陆运，大陆把海洋连接起来，形成海—陆联运，而大陆起到了“桥”的作用，所以称为“陆桥”。而海—陆联运中的大陆运输部分就称为“大陆桥运输”。

目前，世界上的大陆桥主要有 4 条：北美大陆桥、西伯利亚大陆桥、玻利维亚大陆桥和亚欧大陆桥（见图 9.6 ）。

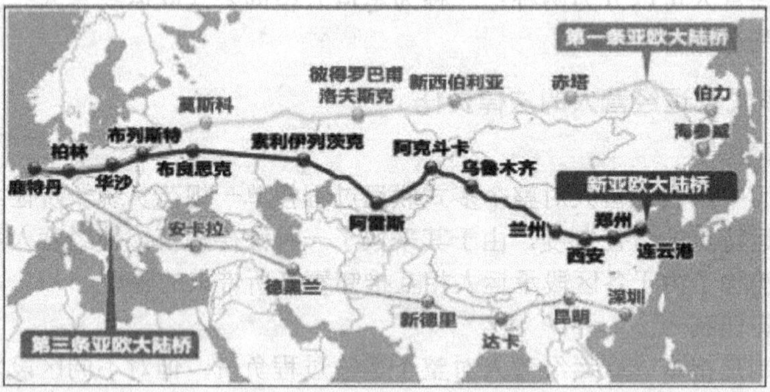

图 9.6 亚欧大陆桥

2．小陆桥运输

小陆桥运输是指货物用国际标准规格集装箱作为容器，从日本港口海运至美国、加拿大西部港口卸下，再由西部港口换装铁路集装箱专列或汽车运至北美东海岸和加勒比海区域及相反方向的运输。

3．微型陆桥运输

日本到美国内陆地区的货物，在西海岸港口上陆后，直接由陆上运输运到美国内陆地区的城市。这样就可免去收货人到港口办理报关、提货等进口手续，方便了货主，这就是微型陆桥运输。

4．半陆桥运输

半陆桥运输是指从东南亚各国（包括孟加拉、缅甸、泰国）到西亚（包括巴基斯坦、伊朗）的货物，利用东印度的加尔各答到西印度孟买的铁路作为陆桥的运输，这条集装箱海陆联线，可以节约绕道印度半岛的航程，由于其运输路线短，又通过印度半岛，所以称它为“半陆桥”。

5. 内陆公共点运输

内陆公共点运输又称内陆公共点或陆上公共点，即使用两种运输方式将卸至美国西海岸港口的货物通过铁路转运抵美国的内陆公共点地区。从美国的北达科他州、南达科他州、内布拉斯加州、科罗拉多州、新墨西哥州起以东的地区均属内陆公共点运输地区，所有经美国西海岸运往这些地区（或反向）的货物，称为内陆公共点运输地区货物，享有内陆公共点运输的优惠费率。内陆公共点运输费率是指太平洋航运公会为争取使运往美国内陆地区的货物途经美国西海岸转运而制定的一个较直达美国东海岸低的费率。

6. 内陆公共点多式联运

内陆公共点多式联运是指使用联运提单，经美国西海岸和美国湾沿海港口，利用集装箱拖车或铁路运输将货物运至美国内陆城市。其运输方式、运输途径、运输经营人的责任和风险与小陆桥运输完全相同。

9.4.3 国际铁路运输

1. 国际铁路运输概述

铁路运输是仅次于海运的一种主要运输方式，它运量较大，速度较快，运输风险明显小于海洋运输，能常年保持准点运营。

国际铁路联运是指发货人由始发站托运，使用一份铁路运单，铁路方面根据运单将货物运往终点站交给收货人的运输。在由一国铁路向另一国铁路移交货物时，不需收、发货人参加，亚欧各国按国际条约承担国际铁路联运的义务。

（1）中俄铁路

中国与俄罗斯铁路的联系拥有很长的历史。长期以来，中国的铁路网络分别在满洲里，绥芬河这两个边境口岸与俄罗斯铁路直接连接，这是因为俄国早在 19 世纪末至 20 世纪初开始兴建西伯利亚铁路，西伯利亚铁路最早的是采用直接通过了中国东北地区的“捷径”路线，即东清铁路，该线起自俄国赤塔，经中国的满洲里、哈尔滨、绥芬河，终到日本海海岸重要港口——海参崴（符拉迪沃斯托克）。满洲里口岸货物运输量大，而绥芬河则是主要为俄罗斯滨海边疆区服务，旅客可以经绥芬河到达格罗杰科沃和乌苏里斯克等地。中俄之间第三个铁路口岸位于吉林省珲春，于 2000 年 2 月开始运作，连接俄罗斯境内的马卡林诺（一个位于乌苏里斯克—喀山—朝鲜边境铁路上的车站），但该口岸至今运量极低，处于非正常运营状态，更由 2004 年 8 月停运，原因是俄罗斯联邦国家铁路和负责营运的金环铁路股份公司因投资主体利益不协调未能达成运输合作协议，卡梅绍娃亚站的口岸查验设施也不完善。现已于 2013 年 8 月 2 日恢复运行。2009 年 3 月 18 日，吉林省政府与俄罗斯滨海边疆区代表团举行了会谈，签署了《中国吉林省与俄罗斯滨海边疆区关于推进图们江运输走廊建设的会议纪要》。2009 年 7 月，双方签署了收购协议，由吉林省东北亚铁路股份有限公司与省投资集团公司共同出资成立省国际物流公司作为该项目实施主体，吉林东北亚铁路公司并与俄方远东铁路公司就恢复珲卡铁路国际联运等有关问题签订协议。东北亚集团将投资改造珲春铁路口岸换装站，换装能力先期由 80 万吨/年提高到 200 万吨/年，最终达到 650 万吨/年以上。中俄铁路口岸列表如表 9.4 所示。

由于中国采用 1 435 毫米的标准轨距，而俄罗斯为 1 520 毫米的宽轨，各口岸均设有轮对更换。

表 9.4　中俄铁路口岸列表

地区	中方边境口岸	俄方边境口岸	开通营运	开办国际联运
内蒙古	满洲里	后贝加尔	1903 年	1951 年
黑龙江	绥芬河	格罗杰科沃 [俄语：Пограничный (Приморский край)]	1902 年	1951 年
吉林	珲春	马卡林诺（俄语：Краскино）	2003 年	—

（2）中朝铁路

中国与朝鲜半岛的铁路连接始于 20 世纪初。日俄战争期间，日本为了方便从朝鲜、辽东半岛一带调运物资、部队，于是修建了一条由奉天（今沈阳市）通往安东（今丹东市）的铁路，称安奉铁路（今沈丹铁路）。1911 年鸭绿江大桥建成后，安奉铁路与朝鲜半岛的京义线铁路接轨。图们和集安铁路口岸于 20 世纪 30 年代（中国东北处于伪满洲国控制时）开设商埠，分别连接朝鲜咸镜北道南阳口岸和慈江道满浦市。两国铁路轨距均为 1 435 毫米的标准轨，来往两地的铁路车辆无须换轮。

1954 年，中朝两国签订了《关于国境铁路联运协定》。1954 年 4 月 1 日，朝鲜开办了与中国、苏联及东欧社会主义国家之间的国际货物联运。同年 6 月 3 日，来往北京及平壤的联运客车开始运行。至今，双方仍然一直按照定期签订《中朝联运议定书》展开货物、旅客联运。货运方面，新义州至丹东间定时开行若干对货物列车。客运方面，已开行了来往北京—平壤、丹东—新义州的联运客运列车服务。联合国粮食计划署对朝鲜的粮食援助也主要由中国经铁路输入。中朝铁路口岸列表如表 9.5 所示。

表 9.5　中朝铁路口岸列表

地区	中方边境口岸	朝方边境口岸	开通营运	开办国际联运
辽宁	丹东	新义州	1904 年	1954 年
吉林	图们	南阳	1933 年	1954 年
吉林	集安	满浦	1939 年	1954 年

（3）中越铁路

中国与越南之间的第一条铁路是建成于 1910 年的滇越铁路，为轨距 1 000 毫米的窄轨铁路。当时法国为加紧控制其殖民地——法属印度支那，并与英国竞争在云南的利益，迫令清政府容许其建筑一条连接中越的铁路，铁路通车以后滇越铁路全线仍为法国人所控制。后来中日战争和内战的爆发，令这条铁路被迫中断。

中华人民共和国成立后，随着湘桂铁路南端过境的一段[凭祥至镇南关（友谊关）]在 1954 年建成，中越两国铁路在友谊关接轨。1955 年 5 月 25 日，中越两国代表签订了《中越铁路联运协定》和《中越国境铁路协定》，两国于同年 8 月 1 日开始办理货物联运，翌日由北京到越南首都河内的国际联运客车（今 T5/6 次列车）开行。由于当时河内—同登—友谊关一段铁路仍为窄轨，客车不能直通过轨，旅客需在凭祥换乘。1957 年 12 月，滇越铁路恢复通车。

20 世纪 60 年代爆发越南战争，越南的铁路受美军轰炸破坏，为抢通援越物资的运输线，1964 年，中越双方签订了《关于修建铁路和提供运输设备器材的议定书》，协议中包括将河内至友谊关的铁路改造成混合轨距（1000 毫米混合 1435 毫米），由铁道兵负责建设，俗称“三条腿”铁路。自此，中国的铁路列车可以直通河内。

20 世纪 70 年代后期，受中越关系严重恶化影响，1978 年 8 月，越方将中越边界铁路桥——云南省河口县南溪河上的中越友谊桥（河口大桥）近越南的部分炸毁，滇越铁路中断。1979 年北京—河内的旅客列车一度中断。冷战结束后中越关系逐步改善，1996 年 2 月 14 日，滇越铁路正式恢复通车，办理货运。1997 年 4 月 18 日，滇越铁路恢复国际旅客联运。2002 年 3 月，中越两国铁路首次开行桂林—下龙湾的旅游专列，前后共开行 70 多趟，运送游客 14 000 多人。由于东盟自由贸易区的成立，促进了中国与东盟国家的进出口贸易，对越贸易总额持续攀升，至今每天均有数趟货物列车往来。2009 年 1 月 1 日起，开行广西南宁至河内（嘉林）的国际联运客车。中越铁路口岸列表如表 9.6 所示。

表 9.6　中越铁路口岸列表

地区	中方边境口岸	越方边境口岸	开通营运	开办国际联运
云南	河口	老街	1910 年	1957 年
广西	凭祥	谅山	1955 年	1955 年

（4）中蒙铁路

1952 年 9 月 15 日，中国、苏联、蒙古国三国政府签订了关于修建集宁到乌兰巴托铁路、开办三国之间铁路联运的协定。其中由集宁经二连到国境的集二铁路，为当时中国唯一一条宽轨（1 524 毫米）铁路，于 1955 年 12 月 1 日建成通车。而北起蒙俄边境的乌兰乌德、与西伯利亚铁路相连、途经蒙古国首都乌兰巴托、南至中蒙边境扎门乌德的蒙古国纵贯铁路（俄语：Трансмонгольская железная дорога，或称中蒙铁路）也于 1955 年年底修通，至此中蒙两国铁路接轨。1955 年 12 月 26 日，开行北京到蒙古国首都乌兰巴托的直通旅客列车。1956 年 1 月 4 日，由北京经乌兰巴托到莫斯科的 3/4 次（今 K3/4 次）直通国际旅客列车开始运行，列车均需要在集宁换轮库换轮，而国际联运货物换装则在集宁北站进行。但在 20 世纪 60 年代中苏交恶，为防止苏联经铁路越过国境进行“突击”，1965 年 10 月，中国将集二铁路全线改为标准轨距，而换轮库也随之迁到二连。

目前，中蒙之间已开通北京—乌兰巴托、呼和浩特—乌兰巴托、二连浩特—扎门乌德—乌兰巴托的国际联运旅客列车。而二连浩特口岸是中蒙之间最大的口岸，也是唯一的铁路口岸，承担著中蒙间 70%的货运量，中国由蒙古国进口的矿产、原油亦主要经铁路运送。而目前世界上最大的铁路列车国际换轮库也设在二连。

为合作开发蒙古国的那林苏海特煤田，蒙古国政府在 2008 年 8 月 20 日批准该国蒙古之金有限公司兴建蒙古国那林苏海图煤田至中国策克口岸的策那铁路，并与临策铁路（巴彦淖尔市临河区—阿拉善盟额济纳旗济纳策克口岸）连接，成为继二连浩特后的又一个中蒙铁路口岸，实现蒙古国煤田与中国境内铁路的直通运输。中蒙铁路口岸列表如表 9.7 所示。

表 9.7　中蒙铁路口岸列表

地区	中方边境口岸	蒙方边境口岸	开通营运	开办国际联运
内蒙古	二连	扎门乌德	1955 年	1956 年
内蒙古	策克	西伯库伦	在建	—

（5）阿拉山口（往哈萨克方向）

中国与中亚国家哈萨克斯坦的铁路有两个连接点。两国在 1992 年 12 月 1 日起正式开办经由阿拉山口—多斯特克铁路口岸的国际联运，1992 年 6 月 21 日开通阿拉木图—乌鲁木齐国际旅客列车。

2012 年 12 月 23 日，哈霍尔果斯至阿腾科里铁路口岸正式通车运营，这是继阿拉山口口岸之后，中哈建立的第二个铁路口岸。12 月 22 日 12 时，中华人民共和国开行的 2001 次列车、哈萨克斯坦开行的 3602 次列车在中哈铁路接轨点通过，相向驶向对方车站，标志着由中哈两国元首共同关心推动的中哈霍尔果斯至阿腾科里铁路口岸通车运营。

这是继中国连云港—阿拉山口—哈萨克斯坦阿拉木图—荷兰鹿特丹的新亚欧大陆桥开通运营 20 年后，中国第二条向中亚、西亚、欧洲开放的国际铁路通道。霍尔果斯铁路口岸年过货量初期设计为 1 500 万吨，远期目标为 3 000 万吨。

由于阿拉山口处于“新亚欧大陆桥”的关键位置，口岸货物运量自开通后持续增长，由 1993 年年运量 57 万吨升到 2006 年超过 1 300 万吨。在 2007 年由中国各主要港口（连云港、天津、青岛等）经阿拉山口口岸开往阿拉木图方向的集装箱列车为 755 列，以连云港—阿拉木图的列车为例，全程约 4 700 千米，运行时间为 7～8 天。2007 年 10 月，中国首次开行连云港—莫斯科的国际铁路集装箱班列，运输时间约 16 天。

由于中国采用 1435 毫米的标准轨距，而哈萨克斯坦为 1520 毫米的宽轨，因此口岸设有换轮库及换装场。

小知识

到港、澳地区的铁路运输按国内运输办理，但又不同于一般的国内运输。

1）货物由内地装车经深圳中转至香港卸车交货，为两票联运，由外运公司签发货物承运收据。京九铁路和沪港直达通车后，内地至香港的运输更为快捷。由于香港特别行政区系自由港，货物在内地和香港间进出需办理进出口报关手续。

2）到澳门地区的铁路运输是先将货物运抵广州南站，再转船运至澳门。

2. 国际铁路联运货物运费的计算

国际铁路联运货物运费计算的主要依据是《国际铁路货物联运协定统一过境运价规程》（以下简称《统一货价》）和各国有关的铁路货物运价规则。

（1）运费计算的原则

1）发送国和到达国铁路的运费均按铁路所在国家的规定办理。

2）过境国铁路的运费，均根据《统一货价》规定按承运当日费率计算，由发货人或收货人支付。例如，中国出口的联运货物，交货条件一般均规定在卖方车辆上交货，因此中方仅负责货物至出口国境站这一段的运送费用；但联运进口货物则要负担过境运送费用和中国铁路段的费用。

（2）过境运费按《统一货价》规定的计算程序计算

1）根据运单上载明的运输路线，在过境里程表中查出各通过国的过境里程。

2）根据货物品名，查出其适用的运价等级和计费重量标准。

3）根据货物运价等级和总的过境里程查出适用的运费率。其计算公式为：

$$基本运费额=货物运费率\times计费重量$$

$$运费总额=基本运费额\times加成率$$

加成率是指运费总额应按托运类别在基本运费额的基础上所增加的百分比。快运货物的运费按慢运运费加100%，零担货物加50%后再加100%，随旅客列车挂运整车费另加200%。

（3）国内段运费按《铁路货物运价规则》计算的程序

1）根据货物运价里程表确定发到站间的运价里程。一般应按最短路径确定，并需将国境站至国境线的里程计算在内。

2）根据运单上所列货物品名，查找货物运价分号表，确定适用的运价号。

3）根据运价里程与运价号，在货物运价表中查出适用的运价率。

4）计费重量与运价率相乘，即得出该批货物的国内段运费，其计算公式为：

$$运费=运价率\times计费重量$$

3．国际铁路联运出口货物程序

（1）托运与承运

发货人在托运货物时，向车站提供货物运单和运单副本，车站接到运单后，审核通过，即签证车站在运单上签字表示受理托运。发货人按签证指定的日期将货物送达指定的货位，装车完毕后发货站在货物运单上加盖承运日期章，为承运。

（2）发运

1）货物进站。

2）请车拨车。

3）装车加固和施封。

9.4.4 国际公路运输

随着经济全球化和区域经济一体化的不断发展，各国经济互利合作、相互依存程度日益加深。中国陆上与俄罗斯等14个国家接壤，拥有长达22 000多千米的陆上边界。国际公路运输无疑是中国与周边国家开展经济、贸易合作的重要纽带。

便捷、高效、低成本的国际公路运输为货物及人员的跨国流动提供了可能，经贸合作的进一步深化则对国际公路运输提出了更高的要求。国际公路运输虽然面临着良好的发展机遇，但其本身除了口岸基础设施薄弱的问题外，还存在一些非物理性障碍。

欧亚各国应进一步加强公路和客货运输站场等口岸基础设施建设，关注本国交通基础设施特别是公路与亚洲公路网和沿线邻国公路的连接，以形成国际运输通道网络；积极协调与国际公路运输有关的国内法律、法规和技术标准的一致性，完善与汽车运输协定、协议相配套的技术标准、操作程序等规范性文件；积极推动在海关、人员出入境、检验检疫等部门间的合作，协调有关法律、法规，方便人员往来与商品流通。

近年来，中国与周边国家间的国际公路运输取得了积极进展。中国已与俄罗斯、蒙古国、哈萨克斯坦、吉尔吉斯斯坦、塔吉克斯坦、乌兹别克斯坦、巴基斯坦、尼泊尔、缅甸、老挝、越南、柬埔寨、朝鲜和泰国14个国家签署了政府间汽车运输协定。中国与周边国家商定开通了242条国际道路运输线路，目前已开通的国际道路客货运输线路共有201条，其中客运线路100条，货运线路101条。最长的客运线是昆明至万象的线路，全程1 380多千米，最长的货运线是乌鲁木齐至阿拉木图的线路，全程1 740多千米。这些线路经过的对外开放口岸已达到 69 对。全国从事国际道路运输的企业已达 181 家，拥有国际道路客货运输车辆 4 848 辆，其中旅客运输车辆 492 辆、客位 22 000 多个；货物运输车辆 4 356 辆、吨位 10 万多个，平均每车载重 20 多吨。2007 年，中国完成国际道路旅客运输量 768.70 万人次，同比增长 9.32%，旅客周转量 3.92 亿人千米，同比增长 45.29%；完成国际道路货物运输量 1 339.50 万吨，同比增长 30.06%；货物周转量 10.02 亿吨千米，同比增长 41.13%；中方客运承运比重占 49.89%，同比增长 22.49%，中方货运承运比重占 49.15%，同比增长 46.48%；查验国际道路运输车辆 137.92 万辆次，同比增长 11.15%（以上统计数据不含内地至港、澳间的运输量）。

国际公路运输已经成为中国与周边国家沿边地区对外贸易和人员往来的重要运输方式之一，为促进中国与其他国家之间的经贸合作、文化交流，巩固和发展睦邻友好关系，发展区域经济，做出了重要贡献。

小知识

《国际公路运输管理规定》于 2005 年 6 月 1 日开始施行，该规定按照《中华人民共和国公路运输条例》和双边、多边汽车运输协定的规定，提高了国际公路运输市场的进入门槛，设立了行车许可证制度，明确了省级公路运输管理机构和口岸国际公路运输管理机构的职责。《国际公路运输管理规定》的实施，推动了中国与周边国家加强双边公路运输合作和交流，从而为中国与周边国家的经贸合作创造了更为便利的条件。

本章小结

- ☑ 国际物流就是组织商品在国际间的合理流动，即发生在不同国家之间的物流。
- ☑ 贸易口岸是由国家指定对外经贸、政治、外交、科技、文化、旅游和移民等往来，并供往来人员、货物和交通工具出入国（边）境的港口、机场、车站和通道。
- ☑ 按地理环境结构不同，可将世界海运航区分为太平洋航区、大西洋航区、印度洋航区和北冰洋航区。世界上的国际贸易海港有 2 500 多个，其中年吞吐量超过 1 000 万吨的有 100 多个，5 000 万吨以上有 20 多个。
- ☑ 全世界有海峡 1 000 多个，其中可航行的有 130 多个，重要海峡有 40 多个。运河被称为“世界的桥梁”，在国际航运中发挥着重要作用。世界主要运河有苏伊士运河、巴拿马运河和基尔运河。
- ☑ 国际航空运输协会将全球分成 3 个航协区。世界重要的航空线有：北大西洋航空线、北太平洋航空线、西欧—中东—远东航空线。
- ☑ 国际多式联运是一种以实现货物整体运输的最优化效益为目标的联运组织形式。海—陆联运中的大陆运输部分称为“大陆桥运输”。国际铁路联运是发货人由始发站托运，使用一份铁路运单，铁路方面根据运单将货物运往终点站交给收货人的运输。国际公路运输已经成为中国与周边国家沿边地区对外贸易和人员往来的重要运输方式之一。

思考题

1．在国际物流地理中，贸易口岸处于何种地位？有哪些作用？

2．太平洋航区的主要航线有哪些？

3．比较海洋运输与航空运输的优缺点。

4．国际上有一个与西亚地区密切相关的政治地理概念——“中东”。请同学们查阅地图，找出两者所包括的相同国家，以及该区域在国际海运中处于重要战略地理位置的海峡，分析该地区为什么被称为“三洲五海之地”。

参 考 文 献

[1] 中华人民共和国国家统计局. 2014 统计公报.

[2] 国家林业局. 2012 中国林业发展报告.

[3] 中国物流与采购网.

[4] 中华人民共和国农业部网站.

[5] 中华人民共和国国土资源部网站.

[6] 中华人民共和国交通运输部网站.

[7] 中商情报网 http://www.askci.com/.

[8] 王智利. 物流经济地理（第 2 版）[M]. 北京：首都经济贸易大学出版社，2013.

[9] 陈焰. 物流经济地理[M]. 北京：中国物资出版社，2005.

[10]曾宪培，陈鹏. 物流经济地理[M]. 北京：机械工业出版社，2004.